国家社科基金重大项目（18ZDA098）

数字政府研究报告：
中国政府采购透明度研究

匡小平　吴军民　等著

中国财经出版传媒集团
中国财政经济出版社

图书在版编目（CIP）数据

数字政府研究报告：中国政府采购透明度研究／匡小平等著．--北京：中国财政经济出版社，2023.2

ISBN 978－7－5223－1853－0

Ⅰ.①数… Ⅱ.①匡… Ⅲ.①政府采购－研究报告－中国 Ⅳ.①F812.45

中国国家版本馆CIP数据核字（2023）第014334号

责任编辑：彭　波　　　　责任印制：史大鹏

封面设计：卜建辰　　　　责任校对：徐艳丽

中国财政经济出版社 出版

URL：http：//www.cfeph.cn

E－mail：cfeph@cfeph.cn

社址：北京市海淀区阜成路甲28号　邮政编码：100142

营销中心电话：010－88191522

天猫网店：中国财政经济出版社旗舰店

网址：https：//zgczjjcbs.tmall.com

北京财经印刷厂印刷　各地新华书店经销

成品尺寸：170mm×240mm　16开　22.5印张　374 000字

2023年2月第1版　2023年2月北京第1次印刷

定价：88.00元

ISBN 978－7－5223－1853－0

（图书出现印装问题，本社负责调换，电话：010－88190548）

本社质量投诉电话：010－88190744

打击盗版举报热线：010－88191661　QQ：2242791300

CONTENTS 目录

第三篇　专题报告

第四篇 地方实践

第一篇　理论基础

第一章　政府采购信息公开的数字治理逻辑

第一节　数字治理的层次与维度

在人类社会发展过程中，国家治理形态始终与经济基础及信息传播结构相匹配，并随其变化而变化，达到两者之间的耦合。控制论创始人维纳曾指出，世界由三大要素组成：一是信息，二是物质，三是能量。其中，信息是人们在适应外部世界和控制外部世界中，同外部世界进行交换的内容的名称，没有信息，整个世界是无序的，有了信息，物质和能量才有其千差万别的性质和状态。[①] 以互联网、大数据、云计算、人工智能及物联网、区块链等为代表的数字技术，正成为一股席卷全球的巨大能量，推动着世界范围内信息的快速整合与流动，创造了一个万物互联的数字融合世界。与此同时，随着数字技术的不断发展与应用，也在加速全社会的数字化进程，其不仅重构了组织与组织、组织与人、人与人之间的信息传播与交流方式，还以一种前所未有的力量重塑当代国家治理体系，推动着国家治理的数字化转型。

一、数字治理的内涵

科学哲学家托马斯·库恩用“范式革命”来解释科学的演进历程，“范式”实际上是一种世界观，是人们认识世界的坐标、参照系与基本方式。数

---

① 维纳．控制论——或关于在动物和机器中控制和通讯的科学（第二版）［M］．郝季仁，译．北京：科学出版社，1961：96.

字治理就是数字时代的治理新范式，其核心特征是全社会的数据互通、数字化的全面协同与跨部门的流程再造，形成“用数据说话、用数据决策、用数据管理、用数据创新”的治理机制。从广义上来说，“数字治理”涵盖了政府、企业、社会组织和民众等多元主体为适应信息社会形态而出现的治理变革，它包括对经济和社会资源的综合治理，涉及如何影响政府、立法机关以及公共管理过程的一系列活动。① 狭义上的“数字治理”则更多聚焦政府本身利用数字信息技术而推动政府治理方式、手段和过程的数字化、自动化与智能化，指在政府与社会、政府与以企业为代表的经济社会的互动和政府内部的运行中运用信息技术，从而简化政府行政，简化公共事务的处理程序，并提高民主化程度的一种治理模式。② 简单来说，数字治理包含两种含义：一种是对数据的治理，另一种是基于数字技术的治理。

（一）对数据的治理

数据要素作为新兴生产要素和关键的治理资源，已成为各国竞争的主要领域，大数据的挖掘利用可以赋能数字经济，但在数据全生命周期的开发应用中却面临着数据安全的风险，如5G、物联网等技术实现方式可能导致安全风险叠加或升高，而人工智能等技术的不合理应用可能导致算法歧视、信息茧房、大数据杀熟等风险，特别是深度伪造技术滥用引发公众信任危机和网络政治安全风险。同时，作为数字技术能力输出载体，数字基础设施承载汇聚海量高价值数据，容易成为高级别甚至国家级攻击的目标。因此，对数据的治理是数字治理的重要内容，数据要素的所有权、使用权、监管权，以及信息保护和数据安全等都需要全新的治理体系，通过明确数据治理范式，进行适当干预和规制，明确数据治理的合法边界与责任主体，从而保护公众数据的安全。

Jiang 等（2021）认为数据治理本质上是一个人们通过认知能力对环境中的数据进行管理和控制，从而提高数据价值的过程，其重要性在于有效的数据优化和促进科学决策。③ Janssen 等（2020）认为大数据、开放数据和关联

① 韩兆柱，马文娟．数字治理理论研究综述［J］．甘肃行政学院学报，2016（01）：23－35.

② 黄璜．对“数据流动”的治理——论政府数据治理的理论嬗变与框架［J］．南京社会科学，2018（02）：53－62.

③ Jiang G，Cai X，Feng X，et al. Effect of data environment and cognitive ability on participants’ attitude towards data governance［J］．Journal of Information Science，2021（1）：1－22.

数据的兴起推动大数据算法系统的形成，并且这些系统通常以机器学习、神经网络和其他形式的人工智能为基础运行。它们都依赖于数据，并且对个人、社区和整个社会的决策产生重大影响，因此，它们的失败是不能容忍的，它们需要受到严格的监管和道德要求的约束。① 大数据时代的到来，数据量正在爆炸性地增长，但从目前我国政府数据开放的数据收集数量情况来看，数量较少，质量不高，存在严重的“信息孤岛”情况。从前期政府数据开放的实践结果来看，就开放的数据本身，数据所涉及范围较广，但未从数据源头进行数据整合，导致数据繁多冗杂，缺少准确性。能够查阅开放各部门所提供的数据，但关于数据的质量、格式、内容没有统一的标准，导致数据质量参差不齐，在开放的广度和深度上都未有所突破，缺少高价值的数据。而且我国目前暂未建设全国性统一的政府数据开放平台，缺乏国家层面统一、完善的平台来公布国家数据信息，因此公众与政府之间依旧存在信息鸿沟。总体上就是各部门政府网站的数据直接搬运呈现在网站上，没有进行规范化的整合。虽然没有国家层面的平台，但各地方政府已自行建立政府数据开放平台。从目前的运行情况来看，各地政府数据开放平台虽然开放了下属各级部门部分有限的政府数据，但开放程度也未达到国际水平，数据需求者只能根据数据领域和机构名称进行分类查找，下级部门有限的数据，更新频率较低，且部分部门数据量较少，并不能完全准确地包括各类数据，暂未达到政府数据开放制度所要求的精细化原则，政府提供数据的质量有待提高。

（二）运用数字技术进行治理

通过运用数字与智能技术优化治理技术体系，进而提升治理能力大数据、人工智能等新一代数字技术，为国家治理进行全方位的“数字赋能”，改进治理技术、治理手段和治理模式，实现复杂治理问题的超大范围协同、精准滴灌、双向触达等。

一是运用数字技术深化跨部门的协同治理。数字技术在信息处理和流动方面具有智能化、互动性等优势特征，能够深化各部门之间的协同治理。一方面，数字技术将人、地、物、事、组织及其变化信息等全部纳入统一的治

---

① Janssen M, Brous P, Estevez E, et al. Data governance: Organizing data for trustworthy Artificial Intelligence [J]. Government Information Quarterly, 2020, 37 (3): 1–8.

理平台之中，打破了空间维度上以地域、部门为边界的“条块分割”局面，以及政府内部的“数据孤岛”现象，推动了政府层级间、部门间信息互联互通，通过数据共享协同提升社会治理水平。不仅如此，数字化改革还打通底层数据、优化业务流程、压缩组织冗余、收缩政府边界，更深层地推动政府内部机能的化学融合，同时借助可量化、可评比、可操作的指标，打造出权责明确而又精简、高效、统一的数字政府，破解了部门间、层级间协同难题。另一方面，数字技术为市场部门、社会组织部门等了解公共事务、参与社会治理提供了更透明化、更具参与性和平等化的新渠道，通过政府与社会各主体之间共同维护数据的充分流动，实现了资源完全共享，推动各社会治理主体之间科学有效的协同与合作，工业社会强结构、强标准、强控制的“中心化社会结构”，逐步变成多边协同、网络耦合的“多中心社会结构”，为构建共建共治共享的社会治理制度奠定了基础。

二是运用数字技术进行公共服务的精准治理。新一代数字信息技术创新了社会治理的路径和方法，建立了用“数据说话，数据决策，数据管理，数据创新”的数字化治理，在某种程度上代替一定的人的管理功能。依托大数据平台，可以构建系统化、动态化监测和评估社会治理状况的评估体系，推动社会治理方式从经验化向科学化、人工化、智能化转变，以实现精准、实时和预防式的智慧治理体系，并以此塑造更具弹性、灵活性和调适性的治理运行机制，提升社会治理决策的科学化和精准化，全面提高社会治理效能。例如，通过对基层社区的各方面信息进行标准化收集，可以将纷繁复杂的治理事务转化为规范化的信息话语，同时，数字技术通过采集不同场景、不同类型的数据加以分析，形成人员活动路径与行为轨迹，通过对信息的动态监管进行精准识别和分类应对，可以达到风险防控和科学精准决策的治理效果。不仅如此，综合运用大数据、云计算、物联网等数字技术，可以对各类应急突发事件进行建模分析，研判突发事件（自然灾害、社会安全事件等）发生的概率及影响，进一步提升未雨绸缪的能力。一旦潜在事件发生可能性提升到门槛值，智能化的预警预报与精准化的应急干预功能自动开启，进而实现突发事件中的精准治理。

三是运用数字技术强化基层社会的自主治理。依托现代数字技术，可以为分散在不同空间的社区居民，特别是流动性较大的居民提供多样化的社交平台和话语表达平台，重塑了基层社会治理的公共话语体系，拓宽了基层治理中不同利益主体话语博弈和公共对话的渠道，增强了基层群众公共事务的参与度，推动了基层社会从形式化的居民自治回归实质性的居民自治。不仅如此，依托数字技术可以强化居民重大事务决策权、日常事务知情权和自下而上评议权，并保障居民自治中民主选举、民主决策、民主管理、民主监督的全面推进，使居民在基层公共空间的权力关系网络中逐渐从被动对象转变成能动者，进而激发基层自主治理的内源动力。

二、数字治理的层次

数字治理之所以能够跨越国家边界成为全球治理改革的大趋势，关键原因在于，数字技术为解决各类治理难题提供了新思路、新方法、新手段，进而受到全球各国的广泛欢迎。正如网景公司创始人安德森在2011年提出“软件吞并世界”这一概念所指出，各个产业的数字化转型不仅意味着数字技术作为工具嵌入人类社会之中，更意味着数字技术已经作为人类社会运行的基本规则而成为管理、分类、约束乃至决定整个社会运行的重要因素。数字治理不仅在物质层面通过云计算、大数据、移动互联网、物联网、可穿戴计算机设备和人工智能进一步改变着我们获得信息、与人交流、组织活动、获得服务的方式。与此同时，数字治理所具有的开放性、互动性、智能化、精准化等特征，本身亦蕴含着开放、合作、平等、共享等价值理念。

从物质层面来说，数字治理既不是一个抽象概念，也不是某个单一的数字化工程，而是一个系统性的物质工程，包括新型数字基础设施、数据资源体系、开放创新体系和协同治理体系，也包括政策法规体系、组织领导体系、标准规范体系、数据治理体系、安全保障体系、建设运营体系等。在强大的信息技术支撑下，各种数据信息都能以数字化形式自动采集、整合、存储、管理、交流和再现，在万物互联的语境下，数据不再仅仅是人类思维独有的实体产物。智能终端与可穿戴计算设备的出现，使人类的行为、位置、生理数据等都成为可供记录和分析的精准数据，而任何物品都成为数据产生的节点，并开始反映出客观世界的部分。数据，成为客观世界的映射，而数字治理的语境是对数据和数据创造的“镜像世界”，也包括数字化的所有过程和行为。

数字技术的发展推动构建数字治理生态，为人类开辟了一条用“智治”实现“善治”的新路径。正因为如此，仅依靠物质层数字治理体系建设以形成确定性的治理规则并不能完全实现治理目标，价值层数字治理能力建设同样必不可少。可以说，基于数字技术的社会治理过程是政府、市场、社会和公众等不同行动者的一次观念上的认知“升级”，数字技术赋予社会治理创新自身的价值追求和行动逻辑，创新社会治理的目标是实现人们对美好生活的向往，因而，在数字治理的过程中，应有鲜明的价值取向目标导向，始终将人的主体性置于中心位置，在把握信息传播规律的基础上加强社会主义核心价值观的引导与教育，在包容网络不同意见的基础上推进主体间的对话共识，在开放数据资源、网络资源的基础上注重数字文化和数字伦理建设，夯实数字治理的文化与价值之基。

三、数字治理的维度

根据数字治理的物质和价值两个层面，可以将数字治理主要划分为五个维度，其中物理层面包含治理手段、治理主体、治理对象以及治理范围四个维度，价值层面主要涉及数字治理的理念。

（一）治理手段

1. 技术手段。数字治理中面临的很多问题和挑战都是与新技术、新应用、新业态相伴而生的，应以技术“治”技术，充分发挥大数据、云计算、人工智能等技术在数字治理中的作用。充分利用数据采集、清洗、分析、展现等大数据技术在数字治理中的作用，这既是大数据技术的优势所在，也是加强数字治理的必然趋势。以数据为基本要素，运用信息通信技术、计算机以及各类智能传感器收集数据，借助5G、大数据、云计算、物联网、边缘算法、区块链等工具存储、分析、处理和传递数据，通过高效的云服务、公共数字平台、开放的深度学习框架和人工智能算法等数据基础设施，实现具体问题与治理主体、解决方案的智能匹配，达到精准精细高效治理的目的。具体来说，在数据搜集方面，通过数字技术挖掘多维多源数据，确保数据量“充足”；在数据分析方面，深度学习和挖掘数据的内在特征，挖出数据隐含的价值；在数据呈现方面，让数据更可视化、可理解和可操作，赋予数据鲜活的“生命力”；在数据跟踪方面，通过数字技术手段实时获取各组织运行数据，加强对各组织的动态管理。

2. 制度手段。数字技术参与治理是一把“双刃剑”，唯有在发展中不断完善社会治理方式，在鼓励技术参与治理应用的同时，及时关注和跟踪出现的问题，适时制定与修订有关法律法规，通过制度规范有关行为、明确各方责任义务，减少社会风险、化解社会矛盾。一是制定不同层次的数据开放共享政策。数据共享是大数据产生价值的根本，通过数据之间的有效关联，能够融合多个已有信息系统中的数据，并创造性地解决新问题。因而，需要进行数据共享的顶层制度设计，建立明确的共享制度，以及符合国情的法律法规和激励机制，以促进数据开放、共享、流通和交易。二是构建数据保护的法律体系。大数据、云计算、物联网、移动互联等技术融合发展，极大地扩展了人类生产生活空间。然而，无论是“数据”还是“网络”，都面临诸多治理方面的挑战，如数据收集过程中对于个人隐私数据的侵害，网络的匿名性、行为的复杂性、连接的全球性、资源的丰富性使网络安全风险叠加。因此，在立足数字化建设和发展中，需要同步做好风险防范和安全保障，出台数据和网络安全的法律法规，保障国家、组织和个人的数据安全。三是建立数字治理成效第三方评价机制。政府对数字发展、绩效与问责等方面的需求，企业对行业发展与规范等方面的需求，以及个人对数据隐私保护等方面的需求，决定着建立数字治理成效第三方评价机制的必要性和重要性。通过建立数字治理成效第三方评价机制，可以有效评估政府在数字治理中的引导作用、平台企业的经济效益、社会效益是否得到充分释放，消费者权益是否得到有效保障等。①

（二）治理主体

在人类历史发展的绝大多数时期，政府一直在治理中处于支配性、统治性地位。然而，在数字化条件下，信息快速流动的扁平化和交互化打破了政府单一治理局面，互联网平台、企业、社会组织、网络社群、个人等在社会治理中日益拥有前所未有的影响力、支配力和控制力，政府不再是唯一有效的治理主体，数字化条件下的治理日益呈现出多元主体协同共治的格局。在治理主体方面，应把握好政府主导与多元主体共同参与的平衡，

---

① 李韬．数字治理的多维视角、科学内涵与基本要素［J］．南京大学学报（哲学·人文科学·社会科学），2022，59（01）：70－79，157.

互联网、大数据、人工智能等数字技术和应用的快速发展，进一步呼应与强化了“治理”本身所包含的民主、协商、多元特性，应合理界定政府、企业、社会组织和个人在数字治理中的角色，充分发挥各参与主体在治理中的作用。一是应充分发挥政府在数字治理中的主导作用。针对数字化条件下的复杂问题，政府应转变治理理念，站在更高层次上协调多元治理主体的角色和责任，不断创新自身运行和服务方式，不断提高政府的运行效率、服务水平和治理能力。二是更好发挥互联网平台或企业在数字治理中的主体责任。在数字化时代，平台作为新的社会组织模式、产业组织模式，在治理中日益发挥着关键性作用。一方面，平台深度参与到全球治理、国家治理、社会治理，特别是超大型互联网平台作为非国家行为体在全球治理、地区治理中作用日益凸显。另一方面，平台作为“监管者”，应对平台参与主体及内部治理承担主体责任，通过平台准入机制、价格机制、信用机制、激励机制、信息保护、退出机制等强化监管，明确主要参与主体的行为规范，确保平台相关业务在国家政策、法律监管范围内开展。三是充分发挥社会组织、行业协会、网络社群、社会媒体在平台治理中的协同作用。四是积极发挥个人在平台治理中的促进作用。

（三）治理对象

就治理对象而言，数字技术开辟了人类社会全新图景，在物理空间、社会空间和网络空间的映射共振中，新的治理对象范畴不断创生，表征为物理世界与虚拟世界治理对象的相互融合。数字技术所创造的线上空间不仅意味着政府需要应对处于虚拟世界的全新治理对象，还意味着政府需要同时关注处于物质世界的传统治理对象与处于虚拟世界的全新治理对象两者之间的有机联系。越来越多的实务工作者与理论研究者注意到，在治理对象层面上，物质世界与虚拟世界是难以分割的。在虚拟世界治理所遭遇的困境其根源往往来源于物质世界，如在我国推行“互联网 + 政务服务”的过程中，一方面，网上服务虽然在理论上能够为群众办事带来相当的便利，但是受限于线下部门的办事流程等体制性因素阻碍，网上服务在提高公共服务满意度上可能并不能得偿所愿。[①] 另一方面，考虑到虚拟世界并不能够完

---

① 孟庆国．线上线下融合是政务服务创新发展方向［J］．中国行政管理，2017（12）：14 – 16.

全成为物质世界的线上镜像，也即“数字网络结构并不能完整反映整个社会的现实情况”,[①] 人们越来越强调基于整体性的视角来辩证看待物质世界与虚拟世界的相对优势，并在治理过程中提倡“线上线下融合”的策略。[②]

（四）治理范围

就治理范围而言，数字政府的治理形态表征为对国内视野与国际视野的一体兼顾。这意味着，数字政府治理的国内视野与国际视野两者之间并不是分割开来的，而是构成了一个有机联系的整体。在传统意义上，数字政府建设主要聚焦于本国地理疆界范围内的相关治理议题，在这一基本背景下，以“跨层级、跨地域、跨系统、跨部门、跨业务”为核心构成的“六跨”成为数字政府在推动协同治理工作上的基本原则。然而，虚拟世界“在全球层面的互联互通跨越了建立在地理疆界基础上的主权国家范畴，使国内深化改革与全球治理变革产生了同构性”,[③] 这意味着，在“六跨”的基础上，数字政府的治理范围不仅囊括诸多境内议题，同时也包含具有跨境色彩的一系列全球议题。而这些全球议题则为数字政府的治理有效性带来了机遇和挑战。以跨境数据流动为例，虽然互联网“端对端”技术结构使数据的跨境流动失去了来自主权国家的制度约束，并可能由此带来国家安全、信息泄露等一系列风险，但是实务工作者与理论研究者应该意识到跨境数据流动本身不仅伴随着全球化发展而必然存在，而且极大促进了国际区域间经济文化的繁荣发展与信任构建。尤其在当前新冠肺炎疫情正在冲击和重塑全球化既有格局与既定趋势的背景下，如何在不损害国家利益的前提下实现对数字政府治理全球议题的妥善处理，从而重建国家间的联结和信任，对于致力于引领“人类命运共同体”构建的中国而言至关重要。[④]

（五）治理理念

进入大数据时代，海量数据信息的复杂多样性、即时传输性、高度开放

---

① 贾开．数字治理的反思与改革研究：三重分离、计算性争论与治理融合创新［J］．电子政务，2020（05）：40－48.

②④ 鲍静，范梓腾，贾开．数字政府治理形态研究：概念辨析与层次框架［J］．电子政务，2020（11）：2－13.

③ 鲍静，贾开．数字治理体系和治理能力现代化研究：原则、框架与要素［J］．政治学研究，2019（03）：23－32.

性逐渐打破了政府对数据信息的垄断局面。社会公众都成为数据信息的生产者与传输者，随着网络的全面普及，数据信息共享的边际成本日益递减。数据信息的民主化、大众化趋势使政府基于信息垄断形成的政府权威难以存续，数字化技术的应用及普及恰如其分地为政府治理理念的转变提供了切入点，促使政府抛弃“统治”经济社会的治理理念，重塑以人为本的治理理念。重塑以人为本的政府治理理念，是解决新时期社会主要矛盾的关键之策。①

以人为本的治理理念就是要以人民为中心、以人的发展为目标的治理，人的自由全面发展是衡量经济发展和社会进步的根本标尺，充分了解民意、倾听民声并将其纳入公共决策的制定，实现经济社会发展成果人民共享的根本利益。在这一背景下，电子政务的建设也开始更多地涉及“如何满足处于需求端的公民对电子政务的实际诉求，并提升其持续使用意愿”这一核心问题。以需求为基础的数字化变革，通过运用现代信息技术，实现对组织结构的优化和行政事务的管理，推动不同主体之间联通的去中介化，实现政府、企业、社会组织和公众之间的信息互通、高效互动和互助互信。因此，数字治理理论更加关注技术层面的机构重组和流程再造，更加重视公众和社会需求，强调在做好信息公开、数据治理和隐私保护的前提下，坚持以人为本，加强社会的自我监督和自我管理。

第二节　数字时代的政府采购

一、政府采购的数字化转型

（一）政府采购的起源与制度化建设

政府采购是指各级国家机关、事业单位和团体组织，使用财政性资金采购依法制定的集中采购目录以内的或者采购限额标准以上的货物、工程和服务的行为。我国政府采购行为历来就有，早在封建社会，政府便有意识地进

① 王晓东．新时代地方政府数字治理：问题及政策选择［J］．忻州师范学院学报，2022，38（2）：62－67.

行采购，只不过此时期的政府采购数量比较少、范围也较窄，政府采购的产品多用于统治者的奢侈性消费，而很少用于扩大再生产。不仅如此，在很长一段时间内，政府采购一直处于一种分散无序的状态，由于政府采购的支出数额巨大，如果不进行有效的管理，很可能造成公共支出的严重浪费。因此，通过建立政府采购制度，可以有效地规范政府采购行为。

一般认为，政府采购制度最早形成于18世纪末和19世纪初的西方自由资本主义国家。1782年，英国政府首先设立文具公用局，作为特别负责政府部门所需办公用品采购的机构，该局以后发展为物资供应部，专门采购政府各部门所需物资。伴随着世界经济贸易自由化的进程，一些工业化国家为了进一步开拓国外市场，政府采购市场为各国所重视，要求打破贸易壁垒，欧美国家首先提出应将政府采购纳入多边体制，并利用关贸总协定“东京回合”谈判的机会，在1979年制定了《政府采购守则》，该守则由各缔约方在自愿原则基础上签署，并通过相互谈判确定政府采购开放的程度。在乌拉圭回合（第八轮谈判）中，对《政府采购守则》的内容进行了大幅度调整，并在此基础上形成了取代关贸总协定的世界贸易组织的《政府采购协议》，该协议于1996年正式生效。

此后，不仅世界贸易组织积极致力于各国政府采购市场的开放，一些区域性组织也将政府采购纳入区域贸易自由化计划。如亚太经济与合作组织（APEC），1995年在大阪召开的APEC领导人会议签署了《大阪行动纲领》，将政府采购列入贸易与投资自由化领域。作为当时签字的成员之一，此次会议直接推动了我国政府采购制度的建立。1997年，财政部正式向国务院法制办提出制定政府采购条例的建议，与此同时，初步完成了政府采购条例的草拟稿。1998年，国务院批复的财政部“三定”方案中，赋予其“拟定和执行政府采购政策”的职能。为此，财政部在预算司设立了专门机构，负责履行政府采购管理职责，由此拉开了政府采购制度改革的序幕。2000年6月，财政部对内部机构进行改革，政府采购的管理职能由预算司调整到新组建的国库司，国库司内设立了政府采购处，负责全国政府采购的管理事务。2003年1月，《中华人民共和国政府采购法》正式实施，标志着我国政府采购制度改革进入了全面推行阶段，全国政府采购工作也开始步入制度化的快车道。[①] 2014年12月底，国务院召开常务会议通过《中华人民共和国政府采购法实

① 朱龙杰. 政府采购概论［M］. 北京：东南大学出版社出版社，2018：2－6.

施条例》，该条例对有关采购当事人、采购方式和相关程序、采购合同以及相应的采购过程中的监督检查和法律责任等作出了明确的规定。2015 年 7 月，财政部下发《关于做好政府采购信息公开工作的通知》，在该文件中对公开媒体、内容、监督处罚等内容提出了更为具体的要求，要求以采购全部阶段公开为目标，完善阳光采购工作。2019 年 12 月，财政部修订了《政府采购信息公告管理办法》，并于2020 年 3 月起施行。

（二）政府采购的数字化转型及其意义

政府采购数字化是以新一代信息技术为支撑，重塑政府采购信息化管理架构、业务架构、技术架构，构建政府采购大数据库，通过搭建大数据驱动的政府采购新机制、新平台、新渠道，完善流程再造，优化政府采购各环节的组织架构、操作流程与管理服务，深度挖掘数据在政府采购各个环节的作用，形成便捷、高效的“用数据决策、用数据服务、用数据创新”的现代化政府采购模式。20 世纪 90 年代，随着电子计算机网络技术的广泛运用，互联网贸易作为一种崭新的贸易方式迅速发展，而政府采购中运用现代信息和通信技术也已成为非常普遍的现象。此后，以大数据监管、信息公开、监督预警、信用评价、负面清单、投诉处理电子化登记为基础的综合监管和服务体系在政府采购中全面发挥作用。2018 年 11 月，习近平总书记主持召开中央全面深化改革委员会第五次会议，审议通过《深化政府采购制度改革方案》。会议要求，应加快形成采购主体职责清晰、交易规则科学高效、监管机制健全、政策功能完备、法律制度完善、技术支撑先进的现代政府采购制度。由此可知，数字采购既是《深化政府采购制度改革方案》的重点内容，又是落实深改精神的重要技术支撑和必由之路。2020 年 10 月，党的十九届五中全会提出了建设数字中国、数字经济、数字社会和数字政府的发展目标和任务。政府采购作为连接数字经济和数字政府的一座桥梁，实现政府采购数字化是新时代政府采购改革的重要方向。政府采购数字化不仅可以驱动政府采购的标准化，还可以降低政府采购成本，增强政府采购的治理效能。

1. 规范了政府采购的规则与流程，提升了政府采购的标准化水平。在政府采购数字化转型之前，政府采购的流程极为烦琐，涉及环节非常多，既耗费人力又增加了人为因素的干扰。政府采购数字化建设可以规范政府采购平台的业务标准、服务标准和技术标准。通过数字化平台，可以制定完善的采购规则与流程，梳理用户、资质、权限、商品、公告、合同、流程等关键内容，减少不必要的流程和人为因素的干扰。一是采购需求更标准。针对政府采购的公众服务，通过枚举将采购总体需求结构化改进，使采购需求、采购文件、投标文件的编制更加模块化、结构化。二是建设更规范的供应商库源，吸收具有责任意识和能力的采购人员。通过社会统一使用的信用代码和市场监管企业的法人资料库，获取供应商基本信息，建立法定关系，实现供应商的注册以及变更，通过资料审查同步推送，这不仅能支持各层级的审核需要，也能降低成本，提升工作效率。三是以数字化驱动标准化，降低投标难度。因部分供应商投标经验不足，有时会在投标文件中出现低级失误，导致无效投标或造成丢分。为有效解决此类问题，中直机关采购中心早在 2018 年组织协议供货、电子商城项目中就探索试行准入承诺制，对于可以通过互联网或者相关信息系统查询到的标准化证明材料，供应商可在招标文件中直接承诺是否满足相应条件，无须再提供详细证明。当前，承诺制已在更多中直机关政府采购项目中试行，简化了准入程序，减少了因资格审查材料提供不齐全等问题导致的无效投标。

2. 改变了采购人与供应商之间的交易方式，节省了交易成本。政府采购数字化转型的本质是将科技革命的技术优势融入政府采购的全生命周期中，搭建高效、便捷、智能化的在线政府采购平台，以便采购人和供应商在电子平台完成交易。传统政府采购的主流方式是让采购人“找”商品，供应商无处展示其优质商品和服务，采购人往往被“操作难、流程长、所求非所得”所困扰。而实行政府采购数字化，不仅可以消除地域限制，保障所有供应商都有平等机会参与全国甚至世界市场竞争，还可以通过网上发布招标公告、网上申报、审批等方式，将以前一个月的工作量，几天甚至几小时内就能完成，从而大大缩短了政府采购的周期，降低了政府采购的成本。例如，在传统的现场开标中，供应商需要依次使用 CA 证书对投标文件进行解密，而且需要在开标场所等待开标结果，耗时较长。自从中直机关采购中心上线了远程开标系统之后，供应商“足不出户”，只需要一台连接互联网的电脑，即可远程对投标文件进行解密，完成开标过程，实现“零距离”投标，这不仅省去了纸质投标文件制作成本，还节省了往返开标场所的交通成本。不仅如此，上线远程开标系统之后，运用数字化技术，大大缩短了开标时间，特别是对于参与供应商多达数百家的协议定点采购项目，以往开标需要近 1 天时间，采用远程开标仅用不到 1 个小时即顺利完成，这也为供应商节省了大量的时间成本。

3. 实施了全程的数字化监管，增强了政府采购的治理效能。政府采购数字化转型通过采购数据的有效性、实时性、开放性和共享性，可以对政府采购过程进行全程的数字化监管，进而增强政府采购的治理效能。一是强化了政府采购的风险防控能力。政府采购数字化利用云计算、人工智能、大数据等信息技术，对采购主体、过程以及相关环节进行有效监控和智能预警。不仅如此，通过人工智能算法对政府采购大数据进行深度挖掘，建立用户诚信账号和双向评价机制，有利于刻画政府采购主体的信用画像，对供应商、专家和代理机构的信用等级和交易风险提前进行评估和预判，进而强化财政监督管理能力和政府采购的风险防控能力。二是提升了政府采购的防腐能力。政府采购通过数字化将信息在政府平台上公示，社会公众可以更加容易地通过网络获取有关政府采购的信息，监督政府的采购过程。同时，相关的部门单位，如财务、审计等部门也能够进行信息共享，各部门之间通过相互监督、相互协调，可以形成更具有监管力度的平台，进而推动廉洁政府的建设。此外，政府采购数字化能够将所有的采购环节都在系统上进行并保存在系统之中，减少了人为操作，实现了整个采购过程的公开透明，有效地防止了采购中“寻租”行为的产生，实现了现代技术和政府管理的结合，使采购活动更加公平、透明。三是增强了政府采购的决策能力。数字化采购的重心是利用大数据分析和人工智能等新技术，对供应链和供应商进行持续的管理。尤其是通过在线平台获取大量数据，为确定市场动态、供应商供给能力提供依据，并根据实时数据的分析，做出决策及时的采购决策和采购执行，以适应数字化经济的运行方式和速度。与此同时，政府采购数字化平台具备强大计算能力、海量数据存储能力、大数据融合分析能力、易用开放的云计算服务能力，将政府采购数据与国家宏观调控、国家安全管理、公共服务、环境保护、生产制造等数据联动，将各类数据的应用场景形成具象化模型，为多部门协同决策提供更为宽广的决策思路。

二、数字时代政府采购的基本原则与方式

（一）政府采购的基本原则

根据《政府采购法》第三条规定，政府采购应当遵循公开透明原则、公平竞争原则、公正原则和诚实信用原则。

1. 公开透明原则。政府采购被誉为“阳光下的交易”，主要是指有关政府采购的法律、政策程序和采购活动都要公开、透明。一是政府采购的法律法规、实施细则和各类政策性文件都必须及时公开，便于任何部门、企业、团体或个人及时了解和掌握；二是政府采购的程序必须全程透明，以便于社会化监督；三是采购项目信息要在政府采购指定媒体上发布，招标信息及中标或成交结果要公开，开标活动要公开，投诉处理结果或司法仲裁决定等都要公开，使政府采购活动在完全透明的状态下运作，全面、广泛地接受监督。

2. 公平竞争原则。公平竞争原则是市场经济运行的重要法则，也是政府采购的基本规则，主要是指政府采购的竞争是有序竞争，要公平地对待每一个供应商，不能有歧视某些潜在的、符合条件的供应商参与政府采购活动的现象，而且采购信息要在政府采购监督管理部门指定的媒体上公平地披露。公平竞争原则要求政府采购要在充分有效的竞争环境下开展，通过竞争，可以在采购人与供应商之间建立有序的良性运行的机制，可以鼓励供应商按市场价值规律的作用为采购人提供质量好的商品及服务，并且可以尽量想方设法降低成本，通过竞争机制，采购人可以对供应商进行筛选，优胜劣汰，通过竞争使采购人可以获得物美价廉的商品及服务，完成采购的目标，且节约财政资金，这样的结果可使双方当事人获得双赢的局面。

3. 公正原则。公正原则是为采购人与供应商之间在政府采购活动中处于平等法律地位而确立的。该原则要求政府采购管理机关应制定统一的政策、法规和制度，并坚持在执行中对这些原则做到不偏不倚、一视同仁。同时，也要求采购机构应当按照采购计划和采购程序进行政府采购，并对所有的供应商一碗水端平，设置的条件应当一致，不能对供应商提出合同以外的、苛刻的要求或不现实的条件。

4. 诚实信用原则。诚实信用原则是市场经济活动的基本道德准则，也是民事活动中的基本原则，更是现代法治社会的一项基本法律规则。诚实信用原则要求政府采购当事人在政府采购活动中，应当以诚实、守信和善意的态度履行政府采购合同义务和其他法律义务，在政府采购过程中讲究信誉，兑现承诺。不得规避法律规定、散布虚假信息或者滥用权利，不得有欺诈、伪造、串通、隐瞒等行为。[①]

---

① 朱龙杰．政府采购概论［M］．北京：东南大学出版社，2018：2－6.

（二）政府采购的方式

实行政府采购制度以前，采购活动通常由采购人自行以讨价还价方式确定成交供应商。随着社会的发展，政府采购支出规模扩大，采购事项增多，传统讨价还价方式采购问题层出不穷，损公肥私、质次价高等现象经常发生，于是，政府以制度的形式规定了政府采购的方式。特别是随着信息化技术的高速发展、政府采购制度的不断完善，政府采购方式逐渐出现多样化趋势，依靠数字技术完成采购过程的采购方式也开始广泛应用。根据《政府采购法》规定，政府采购方式包括公开招标、邀请招标、竞争性谈判、单一来源采购、询价及国务院政府采购监督管理部门认定的其他采购方式。2014 年底，财政部新增了“竞争性磋商”采购方式。

1. 公开招标。公开招标是历史上第一种采购方式，是指采购人按照法定程序，通过发布招标公告的方式，邀请所有潜在的、不特定的供应商参加投标，采购人通过事先确定的标准，从所有投标者中择优选择中标的供应商。公开招标由于充分竞争，投标不受地域限制，招标人有较大的选择余地，打破垄断，公平竞争，不仅杜绝了传统采购存在的弊病，而且还能采购到物美价廉的货物、工程和服务，深受采购人的肯定。其不足之处在于招标周期长，工作复杂，投入资金较多。

2. 邀请招标。邀请招标是指采购人从符合相应资格条件的供应商中，通过随机方式选择若干供应商（不少于三家），并向其发出投标邀请书的采购方式。邀请招标的方式在供应商不多的情况下还是比较便捷的，节省时间又节约资金。但由于该采购方式限定了可以投标的供应商的范围，公开化程度不及公开招标，竞争充分性亦受到限制，同时，由于只邀请一定比例的供应商，也可能存在邀请倾向性。

邀请招标主要适用于：一是只能从有限范围的供应商处采购的；二是采用公开招标方式的费用占政府采购项目总价值的比例过大的。

3. 竞争性谈判。竞争性谈判是指谈判小组从符合相应资格条件的供应商名单中确定不少三家的供应商参加谈判的采购方式。谈判小组应由采购人的代表和有关专家共三人以上的单数组成，其中专家人数不得少于成员总数的三分之二。竞争性谈判的采购方式具有较大的灵活性，采购人可以选择到自己认为比较理想的供应商或承包商，但公众难以进行监督，易产生非法交易。

在某种程度上，政府采购在面临特殊情况时，特别是在公开招标和邀请性招标方式难以进行的情况下，采用竞争性谈判，可以使采购工作按照采购人的意愿完成，因此，具有高效率和灵活性的特点。但是由于竞争性谈判的公开程度不高，采购人具有很大的主观性，供应商容易受到实施歧视性待遇，双方地位不平等，就容易产生不公正，使原本应该正常进行的交易，要用不正常手段来完成，而在监督上也有很大的难度。

竞争性谈判主要适用于招标后没有供应商投标或者没有合格标的或者重新招标未能成立的；技术复杂或者性质特殊，不能确定详细规格或者具体要求的；采用招标所需时间不能满足用户紧急需要的；不能事先计算出价格总额的等情形。

4. 单一来源采购。单一来源采购又称为直接采购，是指达到了招标采购的限额标准和公开招标数额标准，由于采购项目的特殊情况，只能或者必须从唯一供应商处采购的方式。由于单一来源采购只同唯一的供应商签订合同，缺乏竞争性，采购主体缺少讨价还价的余地，有可能增加采购成本，更由于交易仅有双方，容易产生腐败。

单一来源采购主要适用情形：一是只能从唯一供应商处采购的；二是发生了不可预见的紧急情况不能从其他供应商处采购的；三是必须保证原有采购项目一致性或者服务配套的要求，需要从原供应商处添购，且添购资金总额不超过原合同采购金额百分之十的。单一来源采购在执行过程中应注意保证采购项目质量，双方应商定合理价格；不存在任何其他合理的选择或替代的情况；添购是指在原有采购项目上增加，而不是新购置一种商品。

5. 询价。询价是指对三家以上的供应商提供的报价进行比较，确定最优供应商的采购方式。这是一种快捷的采购方式，通常情况下，如果采购的品牌型号规格单一、标准统一，现货货源相当充足，且价格变化幅度小的政府采购项目，就可以选用询价方式进行采购。询价采购的方法简单、快捷，要求供应商的报价不能随便更改，因而可以节省采购的成本，使采购人在最短的时间内衡量哪个供应商的产品最适合采购。但是要注意，很多本应采用公开招标方式的项目，或者规格并不统一的产品，常常用询价的方式予以采购，并由此产生了很多舞弊行为，所以应严格规范与限定。

这种采购方法适用的范围较小，主要适用于采购的货物规格、标准统一，现货货源充足且价格变化幅度小，同价值较低的货物或服务。

6. 其他采购方式。国务院所属的政府采购监督管理部门依法认定的方式，也可以应用于政府采购，如批量采购、小额采购、定点采购等。为了适应政府采购各种项目的实际需要，“采购法”做出了原则性规定。当根据政府采购项目的具体情况，其他采购方式比较适合时，经国务院政府采购监督管理部门认定，也可以适用。需要注意的是，虽然其他采购方式也有很多，但其顺序是只能先选择前面五种方式，只有特别的情况下才能选择其他采购方式。①

7. 竞争性磋商。竞争性磋商采购方式是指采购人、政府采购代理机构通过组建竞争性磋商小组与符合条件的供应商就采购货物、工程和服务事宜进行磋商，供应商按照磋商文件的要求提交响应文件和报价，采购人从磋商小组评审后提出的候选供应商名单中确定成交供应商的采购方式。竞争性磋商在“明确采购需求”阶段，采购程序、供应商来源方式、磋商或谈判公告要求、响应文件要求、磋商或谈判小组组成等方面与竞争性谈判的要求基本一致。但在“竞争报价”阶段，竞争性谈判采用的是“最低价成交”，而竞争性磋商采用了类似公开招标的“综合评分法”，之所以这样设计，就是为了在需求完整、明确的基础上实现合理报价和公平交易，并避免竞争性谈判最低价成交可能导致的恶性竞争，将政府采购制度功能聚焦到“物有所值”的价值目标上来，达到“质量、价格、效率”的统一。

竞争性磋商的适用情形：一是政府购买服务项目；二是技术复杂或者性质特殊，不能确定详细规格或者具体要求的；三是因艺术品采购、专利、专有技术或者服务的时间、数量事先不能确定等原因不能事先计算出价格总额的；四是市场竞争不充分的科研项目，以及需要扶持的科技成果转化项目；五是按照招标投标法及其实施条例必须进行招标的工程建设项目以外的工程建设项目。

三、政府采购数字化面临的挑战与发展路径

（一）政府采购数字化面临的挑战

与蓬勃兴起的数字经济相比，政府采购数字化转型在实践中受到了一定的制约，面临数字化平台的运营缺乏法律保护、数据权属难以明确、信息的

① 朱龙杰．政府采购概论［M］．北京：东南大学出版社，2018：2－6.

开放共享不足、信息安全存在隐患等问题。

1. 政府采购数字化的法制保障不足。政府采购数字化发展缺乏完善的法制保障。这一方面表现在政府采购数字化平台发展缺乏相应的法律保障和法律地位，政府采购平台的运营模式类似于电商网购平台，但由于其集中竞价的特点和公益属性，不能完全适用于《电子商务法》。同时，《政府采购法》中的政府采购当事人未包含政府采购数字化平台运营商，运营商的责任、权利和义务未明确，未获得相应的法律地位。此外，现有财政法规也无法覆盖到此类平台机构，使此类平台运营商潜在的提质增效作用得不到充分发挥。另一方面，政府采购数字化的制度供给也存在不足，虽然国家已经出台了《促进大数据发展行动纲要》，但在数据标准、数据开放、数据安全、数据共享、数据主权等仍缺乏详细的规范。此外，从政府采购的制度设计来看，虽然《深化政府采购制度改革方案》提出了数字采购的方向，但在政府采购的各环节如何对政府购买服务相关数据进行收集、挖掘、分析仍缺乏具体的制度安排。这些制度供给上的不足都影响了政府采购数字化转型的进程。①

2. 政府采购数据难以充分开发利用。政府采购数字化转型的目标是依托于大数据实现政府购买服务需求的精准识别、精准监管与科学决策，以此提升政府采购的效能，而这一目标得以实现的基本前提是政府数据的完备与共享。一方面，在数字化政府采购过程中产生了诸多的数据，包括政府采购预算数据、项目数据、监管数据、代理机构数据、供应商资料数据、评审专家数据、采购救济数据、绩效评价（评估）数据及其他资料数据等，这些数据目前分别沉淀在采购人、采购代理机构、监管部门、行业协会和民调机构等主体中，出现了数据割裂、“数据孤岛”的现象，政府采购数据难以进行充分的整合，这极不利于政府采购数据的开发利用与资源的优化配置。另一方面，虽然政府采购数字化平台中集合了采购人和供应商信息、采购合同、交易记录等各类数据，但由于这些原始数据来源于不同的采购人和供应商，单个数据有对应的所有者，而集合数据的所有者难以明确。政府采购数据没有明确的所有权、管理权和使用权，对数据的开发利用就会存在侵权的风险，不利于各类数据的深度挖掘和开发利用，大量的采购数据成为冗余资产，进而导致政府采购数字化转型的价值难以充分体现。

---

① 王志刚，舒亚琦．政府采购数字化转型与数字政府建设［J］．中国招标，2021（06）：49－51.

3. 政府采购数字化信息存在安全隐患。政府采购数字化转型要求实现政府采购信息的公开、共享，这的确可以使政府采购信息资源能够在更多领域、更多渠道进入公众视野，便于公众更好地了解并监督政府采购工作。但政府采购数字化转型涉及的部门系统较多，特别是国库支付系统、各部门财务管理系统等。同时，政府采购信息中还涵盖了诸如商业秘密、个人隐私等信息，如政府采购投标商务文件中包含的经营信息、技术文件中包含的技术信息、授权书中所包含的身份证信息和自然人的银行存款信息等。这些在政府采购数字化平台上存储的海量数据使政府信息、公民信息极易为多方记录和掌握，有一些非法分子很可能利用自身技术手段泄露国家重要信息，使国家安全面临巨大挑战，或者出于利益因素考虑，交易部分个人资料，严重侵害公民隐私。①

（二）政府采购数字化的发展路径

政府采购数字化转型不是一蹴而就的，需要统筹规划，精准施策。具体来说，可以从以下几方面努力。

1. 完善相关法律制度体系，推进政府采购数字化转型的进程。政府采购数字化平台既是政务平台，又是电商平台，具有公益性和商业性的双重属性。完善政府采购数字化平台相关的法律制度体系的建设十分必要。健全数字政府采购的相关法律法规，对政府采购前需求数据的收集与挖掘、购买项目实施过程中数据的存储与共享、采购绩效数据的监督使用等进行规范化的制度设计。如加快修订《政府采购法》，明确政府采购当事人涵盖政府采购数字化平台运营商，明确运营商的责任、权利和义务；构建完善的数据产权制度，建立规范高效的数据要素市场，明确数据的边界、标准、原则以及数据资源的采集、传输、存储、利用等。明确数据的所有权、管理权、使用权，使数据成为可流通的资产，不断挖掘数据的经济价值。

2. 加大政府采购数据开放共享力度，充分挖掘政府数据资源的价值。加大政府采购数据的开放共享力度，需打破地区间和部门间的信息壁垒，这一方面要求在政府的不同部门之间打造标准化、规范化、统一化的政府采购数据资源共享平台，将政府采购数据所涉及的部门全部纳入这个数据平台中，从而便

---

① 赵晔. 政府采购数字化转型亟待突破五大困境［N］. 中国政府采购报，2021－09－03（003）.

于政府采购数据资源的共享与应用；另一方面，需在政府部门、社会组织、服务对象之间建立采购数据资源的对接与共享机制，在这种机制下，政府发布的购买服务数据可以向社会组织与社会公众开放，社会组织购买服务项目过程执行性数据可以向政府与社会公众开放，而服务对象对于公共服务需求数据和服务满意度数据可以向政府部门和社会组织及时反馈，这样通过三方数据的对接与共享实现服务过程的实时监管、服务方式的及时调整、服务结果的精确评估。

3. 强化数字化平台的信息安全保障，提高精准监督能力。数据安全和隐私保护是政府采购数字化转型过程中重要的公共服务，因此，应从顶层设计角度制定政府采购数据开放共享的基本准则与立法规范，在鼓励数据共享与透明化的基础上设立数据开放、数据挖掘与分析的底线；从政府角度要强化对政府购买服务数据信息安全的监管与审查，防范购买主体、承接主体违规使用政府采购数据现象的发生。同时，政府采购数字化平台要加强信息网络和信息系统的安全防护，对采购人、供应商、国库支付系统和财务管理系统的涉密信息加强保密防护和安全监测，严防信息泄露。[①]

第三节　数字治理驱动的政府采购信息公开

一、数字时代政府采购信息公开的必要性

（一）政府采购信息公开的概念

政府采购信息公开，是指政府采购信息公开主体以符合法律规定的形式将其所有的或归其管理的政府采购信息向信息需求方在法律规定的时限内进行公开的行为。改革开放以来，在政府采购活动中，由于我国的政府预算编制不细，而且具体预算不公开，供应商根本掌握不到采购信息。具体的采购活动情况也只有当事人知悉，外界无从得知。这种状况给供应商带来了诸多不便，也容易导致“暗箱”操作，从而产生一系列问题。在推行政府采购制

① 冯天宇．“数字政府”建设背景下的政府采购制度改革［J］．江苏理工学院学报，2021，27（5）：70－73，126.

度初期，一些地区在本地区的报纸上发布采购公告，费用很高，也给其他地区供应商及时了解信息带来困难，供应商反映强烈。随着数字技术的发展，社会公众运用网络和信息技术可以了解政府的采购预算、采购计划、采购过程和采购结果，政府有哪些采购需求，什么时候开始采购，如何开展采购活动等。政府采购信息公开方便了社会公众获取，减少获得政府采购信息的负担，避免了供应商为获得政府采购的信息投入过多的财力和人力。

（二）数字时代政府采购信息公开的必要性

一是加快政府职能转变的要求。大数据、互联网等现代信息技术的发展，人们的生活方式、工作方式逐渐发生变化，人们已经具备或即将具备通过网络同政府打交道的能力。当人们在逐步了解网络和利用网络，在非公共领域有了一些良好的服务体验后，将不愿再忍受公共领域存在的低劣的、非个性化的服务。如果通过网络可以查询自己的通话记录、详细清单，人们也希望通过网络查询医疗记录，查询户籍信息；如果通过网络可以进行采购交易，人们也希望采取类似的方式进行缴税。在信息时代，人们希望无论是在家中，还是在办公室里，都能得到全天候的及时的公共服务。作为管理国家和社会事务并且为所有社会成员提供服务的政府，顺应信息时代的发展，积极推进政府采购数据公开，运用大数据等现代信息技术促进政府职能转变、简政放权、放管结合和优化服务，是数字时代的必然要求。

二是促进政府采购市场公平竞争的需要。在高度信息化的今天，人人依靠信息、利用信息，信息之于个体的发展相当于空气之于人的呼吸。在庞大的政府采购市场中，只有信息公开才能保证政府采购潜在供应商及其他参与者在公开的平台上展开有效竞争。例如，采购人提出需求的时间、需求的商务指标和技术指标、采购人对评标结果的确认情况都能及时在网上公布，那么，采购人就很难拖延提出需求，很难设计倾向性指标，对评标结果提出异议也会非常慎重；如果专家评审能够在一定范围内公开，受到特邀监督员、有关供应商代表的即时监督，那么专家在评标时可能出现的不负责任、粗疏、引导其他评标专家、不公正打分等现象也会有很大程度的减少。[①] 因而，政府采购信息公开作为数字时代整个政府采购过程中必不可少的组成部分，是

① 高莹．公开透明应成为政府采购的首要原则［J］．中国政府采购，2007（04）：67－69.

确保政府采购竞争公平、结果公正的必然要求。

三是保障公民知情权的要求。我们的时代是一个公民权利意识和网络技术已迅猛发展的时代，在这样的时代背景下，公民对知情权有着更高的要求与渴望。所谓知情权，也即“信息获取权”，分为“一般信息获取权”和“特殊信息获取权”。① 政府采购信息除了与政府采购相关的所有法律、法规、规章以及其他规范性文件这类一般的信息外，还包括与具体政府采购活动相关的政府采购项目、采购程序性文件、采购结果等信息。前一类政府采购信息可以是以上讨论的“一般信息”，后一类政府采购信息中也含有“一般信息”（如需公示的政府采购预算、预备招标公告、招标公告、资格预审公告、中标公告、评审专家库、供应商库、供应商黑名单库、采购代理机构名单库等采购文件），这些都是不以信息申请人对于信息需求为前提的一般性和普适性的信息，公开义务主体必须主动公开之，便于公众和供应商知悉。后一类政府采购信息除了“一般信息”之外，都属于“特殊信息”，“特殊信息”需要依申请才能决定是否被公开。也就是说，公民的知情权不是完全没有限制，政府为了国家安全、保持商业秩序和保护个人隐私，不得公开涉及“国家秘密、商业秘密、个人隐私”的政府信息。

二、数字治理驱动下的政府采购信息公开

（一）政府采购信息公开的范围逐渐扩大

信息要为人们所知晓，必须通过一定的传播渠道。政府采购信息发布渠道由法定的国家行政机关依法指定，通常表现为报纸杂志等官方媒体，随着数字化信息的不断发展，更加方便迅速的网络成为越来越重要的传播渠道，政府采购信息公开的范围也随之逐渐扩大。如全国多数省区市已实现或部分实现在线发布采购公告、免费获取采购文件、提交采购（响应）文件、实行电子开标和电子评审；与财政业务、采购单位内部管理等信息系统衔接，实现了合同签订、履约验收、信用评价、用户反馈、提交发票、资金支付等功能；多数地区已建成电子交易平台或依托其他电商平台实现在线交易，实现

① 戚红梅．我国政府信息公开制度立法目的之探讨［J］．河北法学，2013，31（05）：163－169.

采购人和成交供应商的名称、成交金额以及成交标的名称、规格型号、数量以及单价等交易记录公开。

（二）政府采购信息公开的内容逐步规范

随着数字治理的不断深入，财政部门全面推进信息发布制度化，各级财政部门均结合自身实际制发政府采购信息公开工作的专门指导性文件、技术规范、标准化文本和具体工作制度，推动政府采购信息公开内容的规范化。一是健全信息公开责任制度，将信息公开情况作为对集中采购机构考核和对采购人、社会代理机构监督检查的重点内容，对信息公开要求落实不到位、未按规定发布信息或信息发布不实的行为依法依规问责；二是建立省、市、县标准统一的政府采购网上公开信息系统，运行“一站式”信息聚合和检索平台，确保所有依法应当发布的政府采购信息均在中国政府采购网及其地方分网发布；三是建立政府采购网上公开信息系统违规动态预警和处置机制，把政府采购信息公告模板嵌入业务系统之中；四是建立完备的平台管理制度和规程，明确采购人或代理机构信息公告安全责任，按照中国政府采购网数据接口规范进行建设，实现预算金额在500万元以上地方采购项目信息按规定向中国政府采购网推送发布。

（三）政府采购信息公开的效率持续提升

近年来，全国多地财政部门按照“数字财政”的规划要求，积极加快政府采购数字化建设，推进云计算、大数据、电子商务等新技术、新模式在政府采购领域的深度应用。特别是在政府采购信息公开方面，政府采购数字化平台为增强政府采购透明度，建立统一开放、竞争有序的政府采购市场，发挥了重要的作用。一是政府采购数字化平台具有业务流程自动化流转和公开透明的特性，可以推进政府采购意向公开，强化采购预算、采购意向、采购计划之间的关联，实现从预算管理、计划备案、意向公开、公告发布，到结果公开和履约评价的全生命周期闭环管理，规范采购流程，强化内控管理，提升政府采购工作的效率和水平。二是政府采购数字平台搭建的电子交易系统可以实现公开招标、邀请招标、竞争性谈判等法定采购方式的项目采购委托、立项、需求确认、编标、发标、评标、定标、归档等全流程在线处理。三是通过数字化平台可以实现信息发布全覆盖，政府采购的法律法规政策、采购项目、监管处罚以及其他采购相关信息按规定实现全面公开；保障采购项目信息发布链条完整、采购项目信息公告和监督处罚信息公示完整；确保信息发布及时性，采购项目的中标公告、合同公告以及投诉、监督检查等处理决定公告按规定及时发布。

（四）政府采购信息公开的监管得到强化

云计算、大数据、电子商务等新技术新模式在政府采购领域得到了深度推广应用，绝大多数省区市已不同程度地实现了政府采购监管与互联网、大数据的深度融合，财政部门运用大数据分析技术开展对采购项目执行情况和信息公开情况进行核查和动态监管，极大地强化了对政府采购信息公开的监管。通过数字化信息技术，政府采购信息公开可使政府采购信息需求人，如公众、供应商、具有监督职责的有关部门等能够及时获知相关信息，在采购前、采购过程中和采购完成后对相关采购项目进行及时、有效的监督。采购前的信息公开可起到预防违法行为（如“天价采购”）发生的作用；在采购进行中依法及时公开相关采购信息，可使各利益相关方及时监督采购过程有没有依法进行；更重要的是，在采购完成后，如有出现与采购过程、采购当事人、采购的物品或服务有关的问题，一是便于事后追责，二是可以减少可能发生的损失与不良影响。

第四节　政府采购信息公开的数字治理意义

信息公开的预算制度是现代财政制度的基本内容。政府采购信息公开对于促进廉洁阳光法治服务型政府建设、市场竞争中性优化营商环境以及提升公共服务有效供给质量等方面发挥着积极而重要的作用。

一、促进廉洁阳光、法治服务型政府建设

政府采购资金来源的公共性和资金用途的非营利性，内在地决定了政府采购信息公开在廉洁阳光、法治服务型政府建设中的重要地位。作为反腐败

的有效手段，政府采购信息公开把政府采购活动置于阳光之下，防止腐败分子与采购单位、供应商之间非法合谋，从而有效遏制“寻租”行为、“暗箱”操作等腐败现象。作为政府采购预算执行的关键环节，政府采购信息公开能有效规范政府采购行为，节约财政资金公开，保障市场主体、社会公众对政府采购的合理性与合法性进行有效监督，强化预算管理与硬化预算约束。作为提升国家治理效能的有效途径，政府采购信息公开能促进财政更好地承担优化资源配置、维护市场统一、促进社会公平、保障国家长治久安等功能，推进国家治理体系与治理能力现代化。

二、促进市场化国际化营商环境建设

从现代财政制度的功能定位来看，优化资源配置、维护市场统一是从经济性角度来定位的，其落脚点是竞争，基本原则是竞争中性；而促进社会公平、保障国家长治久安则是从社会性角度来定位的，其落脚点是公平，基本原则是公开透明。竞争中性原则要求在政府采购领域对各类所有制企业的要素获取、准入许可、经营运行等方面都予以公平对待，消除不同所有制企业在资源配置和政策优惠上的市场扭曲，不论是公有企业还是私营企业，也不论是外资企业还是内资企业，都享有平等的市场竞争主体地位。政府采购市场是我国开放市场的组成部分。随着我国对外开放的力度越来越大，政府采购市场开放的步伐也不断加快，截至 2020 年 11 月我国已向世贸组织提交了加入 GPA 第 7 份出价。公开透明原则要求在政府采购活动中把采购公告、采购内容、采购规格、评审标准、采购结果向所有参与招标活动或招标相关的企业公开。政府采购透明度建设就是践行竞争中性、公开透明的原则，促进政府采购资源配置功能发挥，为市场竞争主体营造一个开放、透明、公平的竞争环境。

三、促进高质量公共服务多元有效供给

高质量发展是新时代我国经济社会发展的主题。在政府采购领域，就是要坚持以人民为中心的发展思想，坚持新发展理念，推动节约能源、保护环境、扶持不发达地区和少数民族地区等目标实现。高质量发展强调经济社会

发展的活力、创新力和竞争力，而经济社会发展的活力、创新力和竞争力都与开放发展密不可分。没有开放发展，经济社会发展便会陷入封闭僵化而失去活力，创新力、竞争力也就因此丧失了前提基础和平台空间。同时，开放发展不仅内蕴着公共信息与公共服务的公开透明，而且天然地指向各方行动主体的共同参与。共同参与既是公共品的一种供给模式，也是一种治理行动，政府采购信息公开为公共品共同参与治理创造环境与条件，实现社会对政府采购活动的监督管理，促进公共服务高质量多元有效供给。

第二章　政府采购透明度理论与实践

第一节　政府采购透明度的理论渊源及含义

作为财政支出管理“三驾马车”之一的政府采购，是保证财政执行准确性、高效性的基本环节。政府采购透明度是评价财政执行准确性、高效性的重要标准，它要求凡是涉及政府采购的法规、规章、政策以及采购方式、采购程序、采购标准等全过程、全要素信息都要按规定向社会公众或相关供应商公开。

一、马克思主义关于财政透明度的论述

财政的主体是国家或政府，它是伴随阶级国家的出现而产生的政治经济现象。马克思、恩格斯财政透明度思想闪耀于唯心主义国家观的批判和巴黎公社革命的反思之中。马克思认为，以黑格尔唯心主义为代表的法哲学把国家权力神秘化，视国家权力如宗教、官吏如祭司，国家和官吏均披上神秘的面纱，造成国家与社会的对立、人民与公共权力的隔绝。他指出，“官僚机构的普遍精神是秘密，是奥秘。保守这种秘密在官僚界内部是靠等级制组织，对于外界则靠它那种闭关自守的公会性质”。①

国家权力神秘化是权力转化为货币的绝妙手段，一切公共权力都有秘密行使的倾向，不公开本身既是权力神秘化，也是腐败的根源。因此荡涤官僚

① 马克思，恩格斯．马克思恩格斯全集（第1版）第1卷［M］．北京：人民出版社，2016：301－302.

腐败，首先要使权力去神秘化。那如何去除权力神秘化呢？马克思认为，必须铲除权力神秘化孳生的政治土壤，确立民众对国家权力及其运行的知情权利：一方面要实现全面批判的转型，从“对天国的批判变成对尘世的批判，对宗教的批判变成对法的批判，对神学的批判变成对政治的批判”；① 另一方面要清除历史遗留下的政治错觉，即那种认为行政与国家只是官僚“祭司”的神秘“圣职”、官僚在“神国”可以为所欲为而民众只能膜拜景仰的旧政治意识。

马克思高度赞扬巴黎公社这一人类历史上第一次无产阶级政权的伟大尝试，鲜明地指出“公社的旗帜是世界共和国的旗帜”，是“社会解放的政治形式”。公社以无比恢宏的气魄彻底清除了国家等级制，国家和国家机关不是社会主人而是社会公仆；实行政治公开、全民普选制度，市政委员由各区全民投票选出并对选民负责；用随时可以罢免的工人勤务员来代替“骑在人民头上作威作福的老爷们”，一切公职“不再归一个受过训练的特殊阶层所私有”。② 马克思尤为肯定巴黎公社的政治公开性原则，它“把自己的所言所行一律公布出来，把自己的一切缺点都让公众知道”，“他们光明正大地进行工作”，将“一切有关社会生活事务的创议权”都置于公众的监督之下。③ 例如，公社将财政经济纳入公开监督的范畴，颁布法令并设立专门机构实现对铁路运输、军工企业的生产一定程度的国家监督，把那些逃亡资本家的企业交给工人合作社经营，没有逃亡的资本家，其企业生产由公社派人进行监督；一举把税收的规定权和征收权掌握在公社自己手中，规定“用于全国性的公共需要的税款由公社的公职人员征收，并由公社自己支付于各项公共需要”，各项公共需要的开支只能用于“政府应执行的合理职能”和给付公职人员工资。④ 为最大限度地减轻公社财政负担，更为奠定“共和国真正民主制度的基础”，公社公开宣布取消常备军和国家官吏，规定所有公职人员不论职位高低，都领与工人一样的工资，由此实现了所有资产阶级革命都提出的但从

① 马克思，恩格斯．马克思恩格斯选集（第3版）第1卷［M］．北京：人民出版社，2012：2.

② 马克思，恩格斯．马克思恩格斯全集（第1版）第3卷［M］．北京：人民出版社，2016：141－142.

③ 马克思，恩格斯．马克思恩格斯选集（第3版）第3卷［M］．北京：人民出版社，2012：65，167.

④ 马克思，恩格斯．马克思恩格斯选集（第3版）第3卷［M］．北京：人民出版社，2012：168.

未真正实施的“廉价政府”主张。但正如马克思所指出的那样，“无论廉价政府或‘真正共和国’，都不是它的终极目标，而只是它的伴生物”。[①] 政治公开性原则亦是建立共产主义政权的“伴生物”。

马克思结合巴黎公社政治公开性而展开的对国家权力神秘化的批判，是马克思主义民主监督理论的直接来源，为中国新民主主义革命和社会主义建设提供了有力的思想武器。在井冈山革命根据地时期，毛泽东看到了政治民主、经济公开对根据地政权和红军的重要意义，因此，他在《井冈山的斗争》（1928）一文中谈到，尽管红军物质生活菲薄、战斗频繁，但因为在红军内部贯彻民主集中制原则，实行政治民主、官兵平等、经济公开，不仅令士兵满意，更使得新俘虏认识到国民党军队和红军是完全不一样的军队，“军队内的民主主义制度，将是破坏封建雇佣军队的一个重要的武器”。[②] 在抗日战争时期，把包括政治和财政公开在内的知情权有机嵌入于“三大法宝”的实践之中。毛泽东提出，要在抗日民族统一战线政权中实行“三三制”原则，“提倡民主作风，遇事先和党外人士商量，取得多数同意，然后去做”；要在抗日根据地广泛开展减租减息、大生产运动，采纳民主人士意见和建议，实行精兵简政政策。[③] 在解放战争时期，毛泽东把政治与财政公开作为民主方法的重要内容，强调要用政治民主、经济民主的方法放手发动士兵群众、指挥员和一切工作人员，“必须使士兵选出的代表有权协助（不是超过）连队首长管理连队的给养和伙食”，“达到政治上高度团结、生活上获得改善”的目的；[④] 要在人民内部实行民主制度，人民有言论集会结社游行等自由权利，选举权只给人民不给反动派，要用民主的方法教育和改造人民。[⑤] 新中国成立后，随着资本主义工商业的社会主义改造基本完成，实现了新民主主义向社会主义的历史性转变。1954 年，毛泽东在共产党执政后制定的第一部《宪法》中，明确规定了民众享有言论、出版、信仰和结社的自由权利，同时将包括政治公开、财政公开在内的知情权涵盖在这些自由权利之中。在《关于正确处理人民内部的矛盾问题》《论十大关系》以及党的八

---

① 马克思，恩格斯．马克思恩格斯选集（第 3 版）第 3 卷［M］．北京：人民出版社，2012：101.

② 毛泽东．毛泽东选集（第 2 版）第一卷［M］．北京：人民出版社，1991：65.

③ 毛泽东．毛泽东选集（第 2 版）第二卷［M］．北京：人民出版社，1991：741.

④ 毛泽东．毛泽东选集（第 2 版）第四卷［M］．北京：人民出版社，1991：1275.

⑤ 毛泽东．毛泽东选集（第 2 版）第四卷［M］．北京：人民出版社，1991：1475 – 1476.

大报告中，毛泽东系统地总结了社会主义建设的经验，分析了社会主义社会的基本矛盾和主要矛盾，提出了调动一切积极因素为社会主义建设服务的基本方针、策略。比如，在共产党和民主党派的关系上，要实行“长期共存，互相监督”的方针；在科学文化工作中，要实行“百花齐放，百家争鸣”的方针。

马克思总结了巴黎公社的政治公开性原则并以此来批判国家权力神秘化，而毛泽东则将马克思政治公开性原则中国化，把民主视为一种领导方法和领导艺术，政治与财政公开都属于方法的范畴。这些理论为新时代我国政府采购透明度建设提供了宝贵的思想素材，政府采购透明度建设的终极目标不是追求财政执行效益，也不是实现财政透明，而是为建设更高水平、更高质量的服务型政府创造条件。

二、改革开放后我国政府采购透明度的提出

自党的十一届三中全会以来，党和国家对政府与市场的关系认识不断深化。从党的十二大提出“计划经济为主、市场调节为辅”“有计划的商品经济”、党的十三大提出“国家调节市场，市场引导企业”到十四大提出“市场对资源配置起基础性作用”。随着政府—市场关系认识的深化和市场化改革的深入推进，政府信息公开（包括政府采购信息公开）也逐渐提上了议事日程。

政府采购是随着公共财政体制框架建立而提出来的。1994 年分税分级财政体制改革建立了财政收入稳定增长机制，但财政支出管理领域却存在诸多突出问题，如分配方法落后、资金管理监督不力、效益不高、滋生腐败等问题。为了增强预算管理的规范性和透明度，也为了配合中纪委反腐倡廉的需要，财政改革重点由横向财政公平转向支出效益管理，因而预算制度则成为支出管理的核心内容。江泽民指出，要善于正确运用预算、转移支付等财政手段，发挥财政在资源配置、收入分配、调控经济、监督管理上的重要职能作用；同时，“财税工作不仅要算经济账，还要算政治账、社会账”，同时还要“坚持量力而行、量入为出、勤俭节约、开源节流，有所为，有所不为”。[①] 胡锦涛在党的十七大报告中指出，政府工作必须坚持以人为本，积极回应社会关切，着力解决人民群众反映的突出问题，“让权力在阳光下运

---

① 江泽民. 关于财政税收工作问题［DB/OL］. 国务院公报，2000 年第16 号，2000 年1 月19 日.

行”，保障人民的知情权、参与权、表达权和监督权。

自20世纪90年代以来，我国逐渐建立起了公共财政框架，明确公共财政的目的是要解决政府在财政大包大揽模式的“越位”和日益增长的社会公共需要“缺位”现象问题。[①] 为建立起科学民主的财政预算制度，也为在上层建筑领域、在政府行政管理制度层面贯彻落实“三个代表”“科学发展观”的要求，财政部把推行政府采购作为财政支出改革的重要内容。1996～1998年，财政部在上海、河北、深圳等地启动了政府采购试点工作，并同时推进财政预算和执行向社会公开。[②] 1999年4月，财政部发布实施的《政府采购管理暂行办法》首次对开展采购工作进行规范，同时配套出台涉及招标投标、运行规程和信息公开公告等暂行办法，有力促进了政府采购的推行和实践需要。2000年9月，财政部颁布实施《政府采购信息公告管理办法》（财库〔2000〕7号，2004年修订即财政部〔2004〕19号令），规定了政府采购信息的内涵、公告原则、公告主体、公告内容等。2002年6月29日九届全国人大常委会二十八次会议通过了《政府采购法》（2003年1月1日起实施，2014年修订），其中第一章第三条将“公开透明”和“公平竞争”作为规范政府采购行为的重要原则，其中“公开透明”的具体内容包括信息披露、适用规则、采购操作过程以及仲裁的公开透明。

政府采购透明度建设任务的提出，一方面是加强财政支出管理构建社会主义社会和谐社会的必然要求，另一方面也是融入经济全球化的迫切需要。2001年中国加入世界贸易组织（WTO），透明度原则是WTO的重要原则，其中《政府采购协议》（GPA）要求缔约方遵循谈判原则确定具体的开放项目并形成市场开放清单，同时要求各缔约方发布政府采购信息的刊物清单以及发布政府采购法律、法规、采购程序等信息的刊物。2008年5月，《政府信息公开条例》（国务院令〔2007〕492号）开始实施，第一次在法律上对公民知情权做出明确规定，将政府集中采购项目的目录、标准及实施情况纳入主动信息公开范围。不过，这一时期我国政府采购信息公开工作总体上处于试点探索向全国推广普及阶段，各试点地区所积累的经验为政府采购透明度建设的全国推广提供了宝贵而有益的经验。

---

① 楼继伟．40年重大财税改革的回顾［J］．财政研究，2019（02）：3－29.

② 陈继兴．以“三个代表”为指导 加快广东建设公共财政的步伐——学习贯彻江泽民同志“七一”讲话精神的思考［J］．财政研究，2001（10）：46－48，82.

三、党的十八大以来政府采购透明度建设的理论创新

党的十八大以来，以习近平同志为核心的党中央高举中国特色社会主义伟大旗帜，坚持完善和发展中国特色社会主义制度，统筹推进“五位一体”总体布局、协调推进“四个全面”战略布局，为深化政府采购制度改革提供了全面的理论基础。党的十八大报告提出，推进权力运行公开化、规范化，完善党务、政务、司法以及其他各领域办事公开制度。党的十八届三中全会把推进国家治理体系和治理能力现代化作为全面深化改革的总目标，提出要在强化权力运行制约和监督体系、深化财税体制改革等方面取得决定性成果。党的十八届四中全会提出，全面推进依法治国，加快建设社会主义法治国家，全面推进和落实政务公开，完善财政预算立法，加强外部监督作用，规范政府行为边界。党的十九大报告强调，建立全面规范透明、标准科学、约束有力的预算制度，更加注重采购活动的规范透明，不断推进政府采购信息公开。在习近平新时代中国特色社会主义思想指导下，政府采购管理制度改革得到了扎实推进，政府采购信息公开在全国范围内普及，信息公开的制度建设和理论创新取得了新的突破。

2014 年 3 月，国务院办公厅印发《2014 年政府信息公开工作要点》（国办发〔2014〕12 号），要求坚持把公开透明作为政府工作的基本制度，在政府采购信息公开方面，要公开政府采购项目预算、采购过程、采购结果、中标成交结果，逐步建立政府采购预算、执行、结果全过程全要素的信息公开制度。2015 年 3 月，国务院公布实施的《政府采购法实施条例》（国务院令〔658〕号）对政府采购方式与采购环节的公开时限、信息公开范围、监督处罚投诉信息公示以及公共服务项目公开等做了具体规定。随后，财政部下发了《财政部关于做好政府采购信息公开工作的通知》（财库〔2015〕135 号）和《财政部关于进一步做好政府采购信息公开工作的通知》（财库〔2017〕86 号）等文件，要求地方高度重视并积极落实《政府采购法实施条例》中有关政府采购信息公开的规定，扩大信息公开范围，规范公开渠道、公开内容和时限要求，加强“互联网 +”政府采购建设，强化采购项目全流程公开，完善信息发布管理监督机制。

2018 年 11 月，中央全面深化改革委员会第五次会议审议通过了《深化政府采购制度改革方案》（以下简称《方案》），强调深化政府采购制度改革要坚持问题导向，强化采购人主体责任，健全政府采购监督管理机制。2019

年5月，国务院发布并实施了新修订的《政府信息公开条例》（国务院令〔711〕号，以下简称《条例》）实施，该《条例》坚持问题导向，坚持“公开为常态、不公开为例外”的原则，在既保障公民知情权、参与权又保护国家秘密、商业秘密、个人隐私和行政机关正常工作的前提下，积极扩大政府信息主动公开范围。为落实《方案》和《条例》要求，财政部于2020年3月发布了新修订的《政府采购信息发布管理办法》（财政部令〔101〕号，以下简称《办法》），《办法》以问题为导向，聚焦信息发布管理，规范政府采购信息发布行为，明确财政部门的信息发布责任。

第二节　治理现代化视角下的政府采购透明度

一、治理现代化的概念

治理现代化的本质是实现人和社会关系的现代化。现代化理论肇始于20世纪60年代西方社会科学研究。“现代化”（modernization）意为“成为现代的”（to make modern），反映了从传统农业社会向现代工业社会转变的历史过程，亦指完成现代化过程的工业化国家的发展状态。[①] 马克斯·韦伯从科学视角出发，提出具有“职业化、科学化、理性化”特征的官僚制策略，从而奠定了治理现代化的基础。[②] 沿着结构功能的分析途径，艾森斯塔特对现代化理论进行了深入探索，强调社会有机体不断进行分化整合可以重塑社会结构弹性，强化社会从传统变迁到现代的能力。[③] 但在政治参与水平尚低的情况下，高强度的社会动员和社会分化会造成政治体系超负荷运转，由此带来的社会的不稳定性制约了现代化进程。[④] 从目前来看，现代化不仅是世界

---

① 罗荣渠．现代化新论：中国的现代化之路（增订本）［M］．上海：华东师范大学出版社，2013：3.

② 约翰逊．社会学理论［M］．南开大学社会学系，译．北京：国际文化出版公司，1988：510－520.

③ 艾森斯塔特．现代化：抗拒与变迁［M］．张旅平，等译．北京：中国人民大学出版社，1998：49.

④ 塞缪尔·P. 亨廷顿．变化社会中的政治秩序［M］．王冠华，等译．上海：上海人民出版社，2008：366－367.

各国，尤其是发展中国家共同追求的目标，更是中国特色社会主义的重大历史任务。超越传统西方现代化的局限性来认识中国现代化的内涵特质，为中国特色社会主义现代化以及国家治理体系和治理能力现代化提供方法论与学理基础，具有重大现实意义。研究国家治理的资深学者、清华大学国情研究院的胡鞍钢教授曾指出，现代化是“全社会范围，一系列现代要素以及组合方式连续发生的由低级到高级的突破性的变化或变革的过程。”

二、政府采购透明度与治理现代化的关系

政府采购透明度与治理现代化之间有着非常紧密的联系，一方面，不断提升政府采购透明度是推进国家治理体系和治理能力现代化的客观要求，也是提升政府治理能力的重要手段；另一方面，推进政府治理现代化，就是要适应现代化建设的发展趋势和基本要求，切实转变政府职能，创新行政管理方式，提高政府治理的科学化、民主化、法治化水平，增强政府公信力和执行力，建设法治政府、责任政府、廉洁政府和服务型政府。而要达到这一目的，其中很重要的一条就是推行阳光行政，建设透明政府。

一是提升政府采购透明度是推进治理科学化的需要。当前，我国发展进入新阶段，改革进入攻坚期和深水区，政府所面对的新情况新问题层出不穷。要实现有效的政府治理，就要按照社会治理的规律办事，遵循科学的理念、方法，增强社会治理专业性。政府信息公开透明可实现政府施政过程与广大群众，特别是相关专家、学者之间的良性互动，畅通信息反馈机制，便于政府了解群众呼声，特别是及时听取相关专业意见和建议，发现和有效分析治理中存在的问题，并找到解决问题的途径和办法。

二是提升政府采购透明度是推进治理民主化的需要。治理现代化的一个重要准则就是民主化，这就意味着，公共治理和制度安排都必须保障主权在民或人民当家作主，所有公共政策要从根本上体现人民的意志和人民的主体地位。而政务公开透明是治理民主化的基本前提，只有政府信息公开了，才能依法保障公民的知情权，进而推动个人积极参与政府治理、表达个人意志、反映自身诉求，行使管理国家事务、管理经济和文化事业、管理社会事务的权力。

三是提升政府采购透明度是推进治理法治化的需要。在治理现代化过程中，能否按照法治规则推进治理是重要标准。要实现政府治理的法治化，就

要提高运用法治思维和法治方式的能力，在公共事务治理中做到有法可依、有法必依、执法必严、违法必究。而信息公开透明正是政府向社会作出的依法行政、践行法治的承诺，可使公众判断政府行为的合法性，在政府行为违法造成自身损害的情况下，可以寻求法律救济，维护自己的正当权益。通过信息公开透明，可以倒逼政府落实依法行政的要求，承担政府应当担负的责任，真正建设责任政府和服务型政府，推动政府治理的现代化进程。①

三、治理现代化视角下的政府采购透明度

（一）政府采购透明度面临的挑战

1. 信息公开的法律依据与日益丰富的公开内容不适应。当前政府信息公开的内容越来越丰富，广大群众对政府信息公开的要求越来越高。《中华人民共和国政府信息公开条例》是当前政府信息公开的基本法律依据，但只是一部行政法规。而政府管理的各个方面基本上有相应法律进行规范和调整，哪些是可公开的，哪些是不可公开的，有些法律也作出了明确界定。这些法律规定与《中华人民共和国政府信息公开条例》的原则要求、与正在推进的具体公开事项、与广大群众的信息需求都有差距。而法律的效力层次是高于行政法规的，目前以《中华人民共和国政府信息公开条例》为依据推进政府信息公开面临法律依据不足的尴尬局面。

2. 政府采购信息公开不足。发布政府采购信息是政府采购透明化最直接的表现形式，但是在实际的操作中却存在大量的症结。一是部分应该及时公开发布的信息不公开发布或者不能及时公开发布。部分地区政府的采购监管部门在公布信息时，对于一些按规定应该在全国范围内公布以便于社会监督的信息，只限于在本地区发布；对于一些应该通过公告招标的形式进行的信息发布，通过小范围内的通知招标方式，把信息的覆盖范围尽可能控制在预先设想的范围内。二是未按规定发布所有应当发布的信息。例如，有的地方政府未按规定在政府采购网地方分网上发布所有应当发布的政府采购项目信息和监管处罚信息，这主要表现在所有应当发布的采购项目信息中有的项目

① 杨维刚．以政府信息公开促治理能力提升［J］．新湘评论，2014（21）：19－21.

未在中国政府采购网地方分网发布；存在监管处罚信息未在中国政府采购网地方分网发布的情况；政府采购项目信息发布链条、公告、公示内容完整性不足；监督处罚信息公告内容不完整。三是面向中小企业采购信息公开不足。实行政府采购并不单纯是为了节约财政资金，在编制和审批政府采购预算时也可以体现政府的调控意图。例如，我国为了支持中小企业发展，要求政府采购项目适宜由中小企业提供的，预留采购份额专门面向中小企业采购。由此，大部分地区在分网设立了“中小企业专区”，发布支持中小企业发展的相关政府采购政策，但未在中国政府采购地方分网公开各部门面向中小企业采购情况，包括预留项目执行情况和本部门其他项目面向中小企业采购情况。

3. 信息公开监督体系有漏洞。政府采购过程中信息不透明之所以久治不愈，根源还在于监督体系出现了很大的漏洞。这主要表现在采购中的“审批关”“招投标关”和“公告关”等都有纰漏，使一些地方的监督形同虚设。例如，在“审批关”中，一些职能部门“既当裁判员，又当运动员”，角色上的交叉使地方财政部门是否能有效地履行监督职能令人怀疑；在“招投标关”中，一些地方只是走个程序，实际上却猫腻多多；在“公告关”中，本意是公开让社会监督和审核，但实际上许多政府采购信息公开要素不齐全，而且能不公开则不公开，能简化则不细化，信息能笼统则不具体。[①]

（二）治理现代化视角下提升政府采购透明度水平的路径

1. 加强政府信息公开立法。将《政府信息公开条例》上升为《政府信息公开法》，提高政府信息公开的立法层次，解决好政府信息公开法律依据不足的问题。进一步修改和完善《保守国家秘密法》，根据新的发展形势合理界定国家秘密范围，划清政府信息公开的边界，解决好哪些能公开、哪些不能公开的问题。在国家层面制定政府信息公开细则，进一步细化政府信息公开的范围、内容，国家各有关部门制定本系统、本领域的政府信息公开标准化文本，进一步明确、细化本系统、本领域的政府信息公开目录、内容和公开程度，为政府信息公开工作提供指引。

2. 完善信息公开责任制度。一是既要明确对应公开而不公开、不及时公开的法律责任，也要对那些滥用申请公开权甚至恶意申请者，进行必要的法

① 尹传刚. 以监督和公开提升政府采购透明度［N］. 深圳特区报，2016－11－15（B08）.

律惩戒，以维护正常的政府信息公开秩序，利用好有限的政府信息公开资源；二是完善政府信息发布协调机制，建立函询、协商、会签等制度，确保不同部门之间发布信息的准确性、一致性和协调性；三是强化采购监管部门主体责任，大力推动落实《政府采购公告和公示信息格式规范（2020 年版）》，督促指导采购单位和采购代理机构按照本格式规范编制发布政府采购信息，规范政府采购公告和公示信息发布行为。完善信息发布机制，明确所有依法应当发布的政府采购信息在省级政府采购网发布的监管责任，落实“谁采购、谁负责”的原则，提升信息发布的及时性、完整性、全面性。

3. 推进面向中小企业采购信息公开的进程。面对当前经济发展的下行压力，省、市地方分网应及时有效地公开各部门面向中小企业的采购情况以及预留项目的执行情况，政府应扶持中小企业，特别是一些环保企业、残疾人企业、监狱企业的发展，同时也要大力支持贫困地区的发展，努力把政府采购工作与国家的环保建设、扶贫政策等结合起来，探索制定各项具体措施和工具手段，为中小企业营造良好的营商环境。

4. 提高政府采购监督力度。一是扩大行政监督部门的监督范围，斩断采购机构与供应商等利益关系；二是审计、监察机关应加大过程监督，及时向公众通报结果，让公众监督参与到政府采购中，改变以往单一行政监督模式的弊端；三是建立采购供应商的“负面清单”，定期公布采购清单企业，并对违反诚信条约，徇私舞弊的企业进行严厉查处，在媒体上曝光，并加入“黑名单”，限制甚至取消其供应商资格。

第三节　国际比较视野下的政府采购透明度

一、欧盟国家政府采购透明度建设的实践

（一）欧盟的政府采购信息公开制度

欧盟采购实体包括国家、地区和地方政府、法律规定的实体和社团，欧共体（欧盟的前身）的政府采购协议远远超前于其他经济组织，早在 1966

年，欧共体就通过了有关政府采购的专门规定，比 GATT 的《政府采购协议》还要早 13 年。之所以欧共体对政府采购非常关注，主要是因为政府采购金额在欧共体的 GDP 和贸易额中占有很大的比重，欧共体希望通过一系列协议和指令，其中包括政府采购的立法和协议来达到消除贸易壁垒，促进货物、资本和人员流动的目标。

第二次世界大战结束后，为恢复战后经济与维护安全稳定，欧洲加快了联合统一进程，并于 1993 年颁布了《马斯特里赫特条约》也即《欧洲联盟条约》（以下简称《条约》），在该《条约》中提到公众拥有信息获取的权利，承认公众获得欧盟信息的重要性，并在其附件第 17 号宣言提到，“会议认识到决策过程的透明度会加强欧盟机构的民主性质和公众对行政管理的信心。会议因此责成欧盟委员会最晚于 1993 年向部长理事会提交改善公众获得欧盟机构信息的措施的报告”。[①] 1993～1994 年，通过欧共体部长理事会确认了公众获取文件范围。1997 年，欧盟理事会总秘书处公布了欧洲理事会的阿姆斯特丹会议文件，其中包括由欧盟首脑会议通过的《阿姆斯特丹条约》（简称《阿约》）草案。《阿约》在 1999 年正式生效，该条约对《马斯特里赫特条约》及成立欧洲各共同体的条约进行了修改，扩展了公众的权益范围，并将“获得信息、接受培训和代表的权利”进行正式确认。2001 年，欧洲议会与部长理事会出台了公众可以获得欧洲议会、部长理事会与欧盟委员会文件的统一规章，即 2001 年第 1049 号文件获验规章，并出台了实施细则。该规章包括目的、受益人与范围、定义、例外、成员国文件、申请、最初申请的处理、确认申请的处理、敏感文件的处理、申请后的获得、登记、通过电子形式或登记而直接获取的方法、官方杂志上的发布、信息、机构的行政管理实践、文件的复制、报告、实施措施、生效时间等条款，并特别强调“公众原则上应能获得各机构的所有文件”。[②] 欧盟于 2006 年开始向社会征求修改意见，并自 2007 年开始发布“欧盟机构文件公共获取活动绿皮书”。[③]

（二）欧盟政府采购信息公开制度的特点

一是欧盟坚持与成员国有所差别的总体原则。欧盟坚持著名的“从属政

---

① 周汉华．外国政府信息公开制度比较［M］．北京：中国法制出版社，2003：325.

② 周汉华．外国政府信息公开制度比较［M］．北京：中国法制出版社，2003：334－336.

③ 闫慧，李璐．欧盟政府信息公开制度评析［J］．南京社会科学，2008，48（5）：28－32.

策”，即在欧盟层面上进行的立法只能是在比成员国单独立法更有效率的领域内进行的。欧盟层面政策关注与公众直接相关的问题，而具体技术层面的问题则交由成员国政府解决。欧盟委员会1993年宣布“公众对理事会与委员会所拥有的文件享有最大可能的获取权”。此原则与许多成员国的国内信息公开原则基本相仿，但在某些方面超出了成员国。成员国立法所确立的公开范围是已经最终成型的“官方文件”，而根据欧盟准则，尚未作出最后决定的“内部文件”也属于公开范围。

二是欧盟信息公开注重平等参与。欧盟的信息公开制度注重公众个人和成员国等层次上的平等积极参与。对于个人，欧盟官方杂志每年公布立法计划，并告知公众可以对立法提出评论的时限；同时出版了《欧盟文件获取公民指南》，采用FAQs的方式将公民如何获取欧盟公布的信息和未公布的信息的方法、程序组织起来。

三是欧盟强调政府信息公开与个人数据保护两者并重。在出台第1049/2001号规章之前，欧洲议会和理事会于2000年12月18日通过了第N45/2000号规章，即《关于欧洲机构在处理个人信息的过程中以及这些数据自由流动中对个人的保护》规章。内容分为总则、个人数据处理合法性基本规则、救济、国际通讯网络环境下的个人数据保护和隐私、独立监督权威者：欧洲数据保护监察员、最后条款等六大部分。在一定程度上表明，政府信息公开是以个人数据保护为基础的。

四是欧盟非常重视制度的实施和评价。欧盟委员会从2002年开始连续多年出版欧盟1049/2001号决议的年度执行情况统计报告，并出版了《关于欧洲议会、理事会和委员会文件的公共获取的1049/2001号规章原则的实施情况》。从联盟文件获取的法律体系和框架、文件获取权利的范围、文件获取权利的限制、文件获取权利的实施情况、公开与活跃信息、回顾与展望等方面进行了论述。这不仅反映了欧盟政府信息公开主管部门执行制度的决心和能力，也反映了欧盟对公民负责任的态度和行为。

二、政府间国际组织政府采购透明度建设的实践

以透明国际、经合组织（OECD）等为代表的国际组织一直致力于推动政府采购的公开透明。特别是自2009年以来，许多发达国家都纷纷把政府采

购作为刺激本国经济增长的重要工具，并作为应对金融危机的有力手段。在这个过程中，随着国际贸易数量增加、公共部门与私营部门之间交易增多的同时，政府采购中的浪费、欺诈和腐败等也有所增加。为此，许多国家不得不采取措施，以增加政府采购的透明度和促进采购各方的诚信建设。

（一）“透明国际”透明度建设

透明国际（Transparency International）由约 100 个国家分会共同组成，1993 年作为非营利组织成立于德国，国际秘书处位于德国柏林。透明国际以推动全球反腐败运动为己任，在 90 多个国家成立了分会，已成为对腐败问题研究最权威、最全面和最准确的国际性非政府组织。1995 年，透明国际制定出清廉指数。清廉指数以对象为商人的问卷调查为基础，按世界各国本土贪污情况的普遍性进行排名。透明国际由 1999 年起公布行贿指数，按各国的跨国公司于外地行贿的普遍性作排名。透明国际并不调查或揭露个别的贪污个案，他们设计一系列用以打击贪污的工具并与公众组织、企业及政府合作落实。透明国际最大成就在于把贪污问题提上国际议程，在联合国反贪污公约和经济合作与发展组织反贿赂公约制定和采纳过程中，发挥着不可或缺的角色。

（二）国际货币基金组织透明度建设

国际货币基金组织（IMF）于 1945 年在华盛顿成立，与世界银行并列为世界两大金融机构，其职责是监察货币汇率和各国贸易情况，提供技术和资金协助，确保全球金融制度运作正常。国际货币基金组织积极投身于透明度建设，1998 年，国际货币基金组织发布了《财政透明度示范章程——原则宣言》和《财政透明度手册》（《财政透明度良好做法守则——原则宣言》的解释性文件，涵盖其全部内容）。《财政透明度手册》在 2001 年进行了修订，《修订的财政透明度手册》中关于“财政透明度”的核心理念是，政府应当定期向公众公开公共财政信息，并保证提供的信息是全面而真实的。同时指出财政透明度应遵从的四项基本原则，分别是作用和责任的澄清、公众获取信息的难易程度、预算编制执行和报告的公开、对真实性的独立保证。之后，《财政透明度手册》（2007）要求政府应明确职责、公开预算程序、方便公众获得信息和确保真实性（见附录一）。国际货币基金组织的《财政透明度手册》在推进财政透明度提升的过程中提供了一个很好的指南，成为各个国家在公共财政的基础上建立财政透明度的原则性指导文件。

（三）亚太经济合作组织透明度建设

亚洲太平洋经济合作组织（APEC），简称亚太经合组织，是亚太地区重要的经济合作论坛，也是亚太地区最高级别的政府间经济合作机制。20 世纪 80 年代末，随着“冷战”的结束，国际形势日趋缓和，经济全球化、贸易投资自由化和区域集团化的趋势日渐成为潮流，亚洲地区在世界经济中的比重也逐年增加。1989 年，亚太经济合作会议首届部长级会议的举行，标志着亚太经济合作组织的成立。亚太经济合作组织成立之初是一个区域性经济论坛和磋商机构，是亚太区内各地区之间促进经济增长、合作、贸易、投资的论坛。其运作是通过非约束性的承诺与成员的自愿强调开放对话及平等尊重各成员意见，不同于其他经由条约确立的政府间组织。该组织在推动区域贸易投资自由化，加强成员间经济技术合作等方面发挥了不可替代的作用。APEC 透明度建设进程可以分为四个阶段：

第一阶段：确定基本原则。1995 年日本大阪会议通过了《大阪行动议程》，指出“确保各自的、将影响 APEC 经济体之间货物、服务及资本流动的法律、规章和行动程序的透明度”，制定了政府采购的透明度行动准则。

第二阶段：确定基本框架。2001 年上海会议达成了《上海共识》(2001)，并指出“拓展亚太经济远景目标”；拓展和更新《大阪行动议程》；加强透明度原则，执行已通过的加强透明度条款的选择性菜单和原则。

第三阶段：确定具体准则和时间表。2002 年墨西哥洛斯卡沃斯会议通过了《APEC 领导人关于执行 APEC 透明度标准的声明》，重申了《上海共识》的透明度原则承诺，明确了透明度框架、概念、原则及时间表。

第四阶段：讨论实施方案。2003 年 2 月和 2003 年 6 月于泰国清迈和孔敬召开了两次高官会议。会议首先讨论了美国代表提交的《2005 年透明度问题：一个确保实施领导人透明度标准宣言的 APEC 的透明度战略》的白皮书，并将其作为 APEC 在该领域 2003 年和 2004 年的工作计划蓝本。随后高官会又通过了向贸易部长会议提交的《2005 年前的透明度：实施领导人透明度标准》的主席报告，在吸纳各成员意见的基础上对在 2005 年之前实施 APEC 透明度战略的必要性、框架、工作进程和领导人行动计划进行了论述和安排。

通过这两次高官会议，如何贯彻领导人透明度标准声明的行动纲领和具体方案已经基本形成。①

（四）世界贸易组织透明度建设

世界贸易组织（WTO）成立于1995年，其前身是关税和贸易总协定（GATT），总部在瑞士日内瓦。1994年，缔约方签署了《政府采购协议》，该协议于1996年正式生效。世界贸易组织从诸边协议《政府采购协议》开始推进透明化建设，力争能够取得各国对于《政府采购透明度协议》的共识和支持。该协议要求成员方正式实施的有关政府采购的政策、法令及条例，以及成员政府或政府机构与另一成员政府或政府机构签订的影响政府采购政策的现行协议等都必须公开，同时规定有关采购的信息应通过各种稳定而广泛的媒介，持续及时地向所有感兴趣的团体公布。② 在1996年12月召开的WTO部长级会议上，决定成立“政府采购透明化工作组”，每年召集会议，讨论和研究世界和各国（地方）政府采购透明化的有效手段，审议各成员方提交的透明化报告，并于会后向WTO做书面汇报。

（五）经济合作与发展组织透明度建设

经济合作与发展组织（OECD）的前身为欧洲经济合作组织。1960年，加拿大、美国及欧洲经济合作组织的成员国等共20个国家签署《经济合作与发展组织公约》，决定成立经济合作与发展组织。在公约获得规定数目的成员国议会的批准后，《经济合作与发展组织公约》于1961年在巴黎生效，经济合作与发展组织正式成立。在透明度建设方面，2006年，OECD发布了《评估国家采购系统的方法论》，把“公共采购制度的完整性和透明度”作为四个支柱之一，并设置了“控制和审计系统的效能，上诉机制的效率，信息的可获得性，道德和反腐败政策和措施有效性”四个一级指标和若干个分项指标。2008年，OECD又启动了增强公共采购透明度的项目，其发布的《OECD基准报告》中提到了公共采购透明度，即透明度是有效服务传递的重要工具，并发挥着增加国家制度诚信的作用。而在OECD公共采购诚信原则

① 盛斌．APEC透明度标准研究及中国的对策［J］．亚太经济，2003（06）：14－17.

② 王丛虎，涂晓霞．政府采购透明度及其相关问题分析——基于OECD成员国2008年以来的改革实践［J］．中国政府采购，2013（04）：25－28.

中，公开透明贯穿于政府采购整个过程，即包括需求评估、招标管理、合同过程、资金支付等内容。

自2009以来，OECD成员都在采购信息获取上积极变革。

一是提升政府采购信息的可获取性。如瑞士于2009年修改了政府采购法律的相关条款，以简化采购手续和重构采购流程；同时又规范了电子采购的使用，创新了现代化的公共采购，其变革的根本目的就是提高政府采购的透明度。

二是提升公开透明的时效性。如智利为了确保信息公开的时效性，自2008年起强化了信息系统的管理，在公开发布招标信息的同时，也向供应商提供获取信息的地址。除此之外，政府设立了框架协议透明度奖，以激励信息公开的及时性等。

三是强化政府采购信息的完整性。如智利政府向社会各界发布政府采购评估过程的信息及评估理由，以确保政府参与人全面了解采购信息。同时，智利政府还把对整个采购过程透明的评价作为构建绩效评估体系的重要指标，并通过设立中立的测量标准进行评估，以期量化采购透明，为下一年的采购预算提供数据支持。

四是强化公开透明的可靠性。如意大利公共合同监督权力机构已经建成一些符合法律的国家数据库。其目的就是提高透明度、简化程序和保持竞争。这样，意大利就确保了由权威机构对数据库内容的修改和更新，同时也在一定程度上保证了公开透明的可靠性。而这些可靠性的信息也反过来能够检测采购市场功能障碍和异常。①

第四节　改革开放后我国政府采购透明度进程

一、试点推广时期（20世纪80年代至2002年）

改革开放以后，党和政府对信息资源的利用和信息制度的建设高度重视。

---

① 王丛虎，涂晓霞．政府采购透明度及其相关问题分析——基于OECD成员国2008年以来的改革实践［J］．中国政府采购，2013（04）：25－28.

1987 年 10 月，中共十三大报告提出“提高领导机关的开放程度，重大事情让人民知道，重大问题经人民讨论”“要通过各种现代化的新闻和宣传工具，增强政务和党务活动的透明度。”1988 年，河北省藁城市在全国首创公开办事制度、公开办事结果、接受群众监督——“两公开一监督”的工作。接着，河北省海兴县借鉴藁城市的经验，并对公开的内容和形式进行了规范。尽管这项工作在当时并没有形成全国范围的大气候，也没有从政府信息公开制度建设的角度予以规范和研究，但为以后我国政府信息公开制度的构建吹响了号角。

20 世纪 90 年代后期，随着村务公开的开展，政务公开进一步得到中央的重视，该项工作逐步扩展到行政领域。1996 年 1 月，按照中央纪委第六次全会的要求，一些地区和部门进行了乡镇政务公开制度的试点工作；1997 年，国务院在部署反腐败和廉政建设任务时指出：“地方各级政府尤其是乡镇、基层站所及‘窗口’行业，办理与群众利益密切相关的事项，除属于国家保密的事项以外，都应该采用适当的方式向群众和社会公开，以接受群众监督。”在总结前期经验的基础上，党的十五大明确提出，城乡基层政权机关和基层群众性自治组织，都要健全民主选举制度，实行政务和财务公开，让群众参与讨论和决定基层公共事业和公益事业，对干部实行民主监督。随后，国家各级机关及地方政府纷纷以各种方式尝试推行政务公开、警务公开、审判公开、检务公开等公开制度。①

在党的重视和政策引导下，2000 年 12 月，中办、国办发出《关于在全国乡镇政权机关全面推行政务公开制度的通知》（中办发〔2000〕25 号），政务公开工作开始在乡镇一级政权有组织有制度的展开。2000 年 9 月，财政部在发布的《政府采购信息公告管理办法》中指出，“应当公开的政府采购信息在报刊和网络等有关媒介上公开披露。”“省级政府采购管理机构还可以指定其他报刊和网络等媒介公告信息，但公告的信息内容必须一致。”“凡提供给指定媒介公开披露的政府采购信息，均应加盖单位公章，确保信息真实、准确、可靠。”2001 年 12 月，中国正式加入世贸组织（WTO），并按照 WTO 透明度原则做出了如下承诺：定期出版提供中国外贸体制信息的刊物；有关对外贸易的中国法律和国务院法规以及各部委的规章均对外公布；有关对外贸易的行政法规和指令在外经贸部的政府网站和刊物上公布；有关外汇措施

① 鞠蓓蓓．当代中国透明政府建设探析［D］．南京：南京航空航天大学，2012.

的信息可在国家外汇管理局网站和新闻媒体获得；有关中国的海关法规、进出口关税税率和海关程序均在《国务院公告》和新闻媒体上公布等；设立咨询点，可在此获得相关信息。2002年11月，广州市率先公布《广州市政府信息公开规定》（以下简称《规定》），这是我国第一部由地方政府制定的全面、系统规范政府信息公开行为的政府规章。该《规定》第六条、第七条分别指出"政府信息以公开为原则，不公开为例外。政府信息公开应当遵循合法、及时、真实和公正的原则。""公开权利人行使获得政府信息的权利，不得侵犯他人隐私、商业秘密、国家秘密或其他社会公共利益。任何个人或组织不得非法阻挠或限制公开义务人公开政府信息的活动以及公开权利人行使依法获取政府信息的权利。"2002年11月，党的十六大提出"认真推行政务公开制度""完善公开办事制度"。

二、全面普及时期（2003~2007年）

2003年"非典"的全面爆发，让人们迫切感受到政府信息公开的价值，"非典"事件也让政府认识到各相关部门有责任满足公众对公共突发事件的了解欲望；人们也渴望通过政府权威信息的发布来消除社会上的恐慌情绪，稳定人心。2003年6月，全国政府信息公开领导小组成立，对全国政府信息公开工作进行领导。

2004年3月，国务院印发《全面推进依法行政实施纲要》，把行政决策、行政管理和政府信息公开作为推进依法行政的重要内容，在这样的背景下，政府信息公开开始从政务公开中剥离出来，形成一个独立的行政问题，而透明政府的内涵也变得越来越充实完善。2004年9月，财政部颁布实施修改后的《政府采购信息公告管理办法》（财政部令〔2004〕19号），对政府采购信息公开进行了具体的规定，如采购人、采购代理机构应当按照有关政府采购的法律、行政法规和本办法规定公告政府采购信息；政府采购信息公告应当遵循信息发布及时、内容规范统一、渠道相对集中便于获得查找的原则；县级以上各级财政部门负责对政府采购信息公告活动进行监督、检查和管理；财政部负责确定政府采购信息公告的基本范围和内容，指定全国政府采购信息发布媒体，省级（含计划单列市）财政部门负责确定本地区政府采购信息公告的范围和内容，可以指定本地区政府采购信息发布媒体；政府采购信息应当首先在财政部指定的政府采购信息发布媒体上公告，地方的政府采购信息可以同时在其省级财政部门指定的政府采购信息发布媒体上公告。之后，党的十六届四中全会进一步从加强党的执政能力建设的高度，明确提出“坚持和完善政务公开、厂务公开、村务公开等办事制度”。

2005年1月，党中央印发《建立健全教育、制度、监督并重的惩罚和预防腐败体系实施纲要》（中发〔2005〕3号），明确提出“健全政务公开、厂务公开、村务公开制度”。2005年3月，发布《中共中央办公厅、国务院办公厅关于进一步推行政务公开的意见》，把政务公开的意义提高到了加强党的执政能力建设的高度。经过多年努力，政务公开基本形成了“党委统一领导、政府主抓、政府办公厅（室）组织协调、纪检监察机关监督检查”的领导体制和工作机制。①

2006年10月，党的十六届六中全会明确提出“深化政务公开，依法保障公民的知情权、参与权、表达权、监督权”。

2007年1月，《中华人民共和国政府信息公开条例》（以下简称《条例》）公布，《条例》在国际社会政府信息公开制度立法加快的大背景下，针对存在的问题，与时俱进地制定公布，从形式上使我国政府信息公开工作有了统一的全国性的具有较高位阶的制度和依据。《条例》确立的“公开是原则，保密是特例”的理念，首次从法律上对政府信息公开做了明确规定，使广大群众对行政机关的职责权限、办事程序、办事结果、监督方式等信息能够一目了然，保障了群众的知情权、参与权和监督权。同时也进一步强化了对行政权力的监督和制约，促进了政府职能和工作作风转变，推动了政府的廉政建设。2007年10月，党的十七大提出“依法实行民主选举、民主决策、民主管理、民主监督，保障人民的知情权、参与权、表达权、监督权”，“增强决策透明度和公众参与度”。政府决策最广泛、最直接、最经常涉及广大公众的利益，如果决策没有群众的广泛参与，缺乏有力、有效的监督，腐败则难以避免。阳光是最好的防腐剂，公众的千百双眼睛就是阳光，增强决策透明度和公众参与度，能够让所有相关的人在程序公正的情况下参与到政策的制定中来，在矛盾双方的冲突、对抗、协商、对话中，逐步达到意见的一致，从而保证行政政策、行政决定的顺利贯彻执行。

---

① 闫娟．试论中国透明政府制度建设的问题及对策［D］．北京：外交学院，2008.

三、全面深化改革时期（2008 年至今）

2008 年 5 月，《政府信息公开条例》生效实施。随着这一法规的贯彻和实施，中共中央和国务院又多次发文，要求大力推行政务公开，完善政府新闻发布制度和信息公布制度，提高工作透明度和办事效率。之后，我国各级政府都建立了政府门户网站并通过政府门户网站以及其他形式，强化政务公开，实行阳光行政。

2011 年，90 多个中央部门公布了部门预算和决算，人们普遍关心的“三公经费”也得到公开。不仅如此，各级政府还十分重视立法听证、价格听证、决策听证等形式，问政于民、问需于民、问计于民，倾听民情民意。政府各部门举行公共事务听证会逐渐常态化，并将人民的满意程度作为政府评价的重要指标。

2015 年 7 月，财政部发布《关于做好政府采购信息公开工作的通知》（财库〔2015〕135 号，以下简称《通知》）。《通知》高度重视政府采购信息公开工作，并指出公开透明是政府采购管理制度的重要原则。做好政府采购信息公开工作，既是全面深化改革、建立现代财政制度的必然要求，也是加强改进社会监督，提升政府公信力的重要举措，对于规范政府采购行为，维护政府采购活动的公开、公平和公正具有重要意义。因此，《通知》要求建立健全责任明确的工作机制、简便顺畅的操作流程和集中统一的发布渠道，确保政府采购信息发布的及时、完整、准确，实现政府采购信息的全流程公开透明。各地区、各部门要依法公开政府采购项目信息，并按照财政预决算公开的要求，公布本单位政府采购预算安排及执行的总体情况，实现从采购预算到采购过程及采购结果的全过程信息公开。各地区、各部门要高度重视，充分认识政府采购信息公开工作的重要性和紧迫性，认真做好政府采购信息公开工作，将政府采购活动置于阳光之下，管好“乱伸的权力之手”。

2017 年 4 月，财政部发布《关于进一步做好政府采购信息公开工作有关事项的通知》（财库〔2017〕86 号），直指政府采购信息公开不及时不全面的问题，对政府采购信息公开工作、提高政府采购透明度作出了具体规定，除了重申之前的信息公开的要求之外，还有如下新要求：一是要求加强中国政府采购网地方分网建设，建立健全地方分网与公共资源交易平台的信息互联互通机制，实现与公共资源交易电子服务系统之间的信息共享；二是对政府采购中其他新型的采购方式作出了补充规定，其中把协议供货和定点采购作为重点，自2017年9月1日开始，除按照规定在中国政府采购网及地方分网公开入围采购阶段的相关信息外，还应当公开具体成交记录；三是在考核与监督中提出了动态监管、大数据、第三方评估的要求，重点加强对单一来源公示、采购文件、采购结果和采购合同等信息的比对，运用大数据分析技术开展对采购项目执行情况和信息公开情况的核查和动态监管。

随着改革的深入和社会信息化的快速发展，《中华人民共和国政府信息公开条例》（国务院令〔2007〕492号）在实施过程中遇到一些新情况、新问题，有必要修改完善。2019年4月，国务院公布修改后的《政府信息公开条例》（国务院令〔711〕号），此次对条例的修订，坚决贯彻落实党中央、国务院全面推进政务公开的精神，加大政府信息公开力度，既在公开数量上有所提升，也在公开质量上有所优化；积极回应人民群众对于政府信息公开的需求，体现近年来政府信息公开工作的新进展、新成果，解决实践中遇到的突出问题。条例修订主要包括三个方面内容：一是坚持公开为常态，不公开为例外，明确政府信息公开的范围，不断扩大主动公开；二是完善依申请公开程序，切实保障申请人及相关各方的合法权益，同时对少数申请人不当行使申请权，影响政府信息公开工作正常开展的行为作出必要规范；三是强化便民服务要求，通过加强信息化手段的运用提高政府信息公开实效，切实发挥政府信息对人民群众生产、生活和经济社会活动的服务作用。值得一提的是，新条例规定各级政府应当加强依托政府门户网站公开政府信息的工作，利用统一的政府信息公开平台集中发布主动公开的政府信息。政府信息公开平台应当具备信息检索、查阅、下载等功能，各级政府应当在国家档案馆、公共图书馆、政务服务场所设置政府信息查阅场所。

为了进一步规范政府采购信息公开行为，提高政府采购活动透明度，2019年11月，财政部对2004年颁布的《政府采购信息公告管理办法》作了修订，并公布修改后的《政府采购信息发布管理办法》（财政部令〔2019〕101号），新办法将旨在深化政府采购制度改革，更好贯彻落实上位法和衔接其他部门规章，进一步解决实践中突出问题。主要修订内容包括四大方面：一是聚焦信息发布管理。删除了《政府采购信息公告管理办法》中有关政府采购信息公开范围和内容的具体规定，重点对政府采购信息发布行为进行规范。二是删除与上位法不一致的内容。如依照政府采购法有关集中采购目录及标准由国务院和省级人民政府公布的规定，删除了《政府采购信息公告管理办法》中关于集中采购目录及标准由财政部门公告的规定。三是明确财政部门的信息发布责任。规定除政府采购项目信息外，监督检查处理结果、集中采购机构考核结果等监管信息也应在指定媒体上公告。四是突出网络公开主渠道作用。将中国政府采购网及其省级分网明确为政府采购信息的汇总平台，要求政府采购信息应当在中国政府采购网或其省级分网发布，同时删除了《政府采购信息公告管理办法》中明显指向报纸、杂志等纸质媒体的规定。此外，针对政府采购信息发布过程中存在的信息发布错误、隐瞒信息、差别提供信息等问题，新办法规定了相关解决措施：明确要求政府采购信息应当按照财政部规定的格式编制；完善了发布主体在不同媒体发布的同一政府采购信息的内容不一致时的处理原则；强化了指定媒体的相关责任。

第五节　新时代我国政府采购透明度经验

进入新时代以来，政府采购透明度建设坚持习近平新时代中国特色社会主义思想指导，坚持问题导向，深化政府采购制度改革，正确处理透明度建设的主体与客体、改革创新与监督管理、信息公开与信息安全之间的关系，推进国家治理体系与治理能力现代化。

一、正确处理信息公开主体与客体的关系

主体与客体是对立统一的存在。政府采购信息既是发布主体信息发布行为的直接对象，也是发布主体需求、利用和改造的对象。但是，在实践中政府采购信息发布曾备受一些问题困扰，如信息完整性与及时性程度低、信息发布渠道不统一、格式不规范以及信息遗漏发布或选择性发布等。因此，必须正确认识和处理信息发布主体与客体的辩证统一关系，明确发布主体对客体的主体性责任。具体来说，就是信息发布主体要对自身所发布的信息的真实性、准确性与合法性负责，明确财政部门对本级预算单位的政府采购信息

发布活动监管的主体责任，明确中国政府采购网及其省级分网的指定媒体地位，指定媒体要切实履行发布主体身份核验、信息发布及时性与无偿性、信息安全防护等方面的责任。

二、正确处理改革创新与规范治理的关系

改革创新是动力，规范治理是保障。改革创新是对现有制度的破与立，为制度完善发展提供不竭动力。自20世纪90年代中期我国启动政府采购试点改革以来，各地积极探索创新政府采购模式，拓宽透明化采购范围，创新政府采购信息发布体制机制，政府采购制度建设取得了显著成效。但同时也应看到，政府采购透明度建设仍然存在一些问题，如信息公开重要性认识不足、信息未依法依规全面公开、地方实践做法与国家规范要求一致性问题等。因此，全面推进政府采购透明度建设，一方面要坚持善破善立、破立相容，坚持改革创新与规范治理相协调，既要摒弃“改革要上路，法律先让路”的错误观念，又要防止以改革之名行守旧之实；另一方面，要坚持治理思维与治理原则，在信息公开的法律法规框架内推进政府信息发布工作；同时还要规范政府采购信息的发布渠道、发布内容、发布标准和信息监管工作，建立统一的政府采购信息发布平台，推进信息发布内容与标准化、规范化以及信息要素的完整性、及时性，明确财政部门、采购人和采购代理机构主体责任，强化监督指导考核机制实效。

三、正确处理信息公开与信息安全的关系

透明公开是原则，信息安全是基础。信息是意义的载体，其本质特征是转换性、传递性、依附性以及共享性、价值性；同时，信息又是一种战略资源和高价值资产，信息安全事关国家安全、社会发展和人民群众工作生活。电子化采购既是一个技术问题，更是一个管理问题。作为技术问题，它是互联网、大数据、云计算、人工智能等信息技术在政府采购领域的普及应用，政府采购信息数据的特殊价值使其在收集、存储、使用、共享、跨境传输等中更容易受到网络攻击，因此要充分利用新技术提升网络安全态势感知能力，筑牢信息安全防火墙。作为管理问题，电子化采购是深化政府采购制度改革

的重要内容，它不仅提高了采购效益，节约了交易成本和财政资金，而且通过“网上全公开、网下无交易”“全程留痕、全程追溯”、线上线下全程参与顺应了公众的公开透明需求，提供审计部门跟踪监督、调查取证的便利途径，有效抑制腐败机会和案件发生，进而提升公众对政府部门的信任程度。因此，在政府采购电子化实践中要避免两种倾向：一种是片面认识和估计网络攻击、网络病毒的形势及其严重性，消极使用乃至抵触政府采购电子化，拒绝政府采购信息网络公开；另一种是淡化甚或麻木网络安全威胁，缺乏信息安全意识，忽视政府采购电子化平台建设。

第三章　数字时代的政府采购透明度评估

第一节　数字时代政府采购透明度评估定位

如果说工业时代是基于特定时空环境下的统一标准化机器大生产，信息时代是时空与规模化生产弱性关联条件的比特式生产，那么数字时代则是信息以数字形式存在并以数字技术为运行规则的数字生产。以大数据、区块链、云计算、物联网等为代表的数字技术与社会生产、社会治理的深度融合，塑造了政府采购透明度评估的数字品格。

一、政府采购透明度评估的数字维度

在一般意义上，人们通常将所有探讨事件、事务、过程或人的价值的活动都被冠以“评估”之名。据 Freeman（1977）等人的考证，系统的社会项目评估最早出现在 20 世纪 30 年代的教育和公共健康领域，当时的社会科学家致力于用严格的研究方法评估社会项目。[①] 第二次世界大战以后，随着社会政策和公共行政运动、美好运动的推动，评估实践和评估研究获得了突飞猛进的发展，自然科学工具、社会科学的概念和方法在社会项目评估、政策分析中广泛应用并日趋科学化、精确化和标准化。正如彼得·罗西（2002）等人所总结的那样，评估方法质量控制标准已经得到了很好的发展，当代社

① Freeman, H. E. 1977. The Present Status of Evaluation Research [C]. in M. A. Guttentag and S. Saar (eds.), Evaluation Studies Review Annual. Vol. 2, pp. 17－51. Beverly Hills, CA: Sage.

会科学中的系统观察、测量、抽样、研究设计和数据分析技术已经发展到了相当高的水平，已经能够对社会行为的特征进行有效的、可靠的、准确的数字化表述和测量。[①] 评估不再只是简单地搜集、整理与决策有明确关系的资料，还要评估的方法、过程与时俱进，其中重要的是数字技术的拓展应用。

何谓“数字”？据考证，它起源于拉丁文“digitus”，原指的是手指或脚趾，主要是因为原初社会通常10以下的数字是在手指或脚趾上计数，后演变为二进制系统中的“0”和“1”，用以离散地表示出现/不出现的所有事件或变量。[②] 随着电脑计算机技术的产生和普及应用，人们一般把利用计算机技术将声、光、电、磁以及语音、文字、图像等信息转化为数字信号或数字编码并用于传输与后续处理的过程称为数字化过程，它在逻辑上是一种算法即二进制算法。正如尼葛洛庞帝所指出的那样，“计算不再只和计算机有关，它决定我们的生存”。同时，他还指出，由这一“计算”网络相连接的世界将是一个民族价值观让位于社区价值观、数字化邻居取代传统时空邻居的全新世界，“我们经由电脑网络相连时，民族国家的许多价值观将会改变，让位于大大小小的电子社区的价值观。我们将拥有数字化的邻居，在这一交往环境中，物理空间变得无关紧，而时间所扮演的角色也会迥然不同”。[③] 在这种“算法”逻辑支配下所演化生成的数字化状态，要求任何信息的传输和使用应当具有永久性、可复制性、即时性、高效性、动态性和倾向秩序性等核心特质，驱动政府治理结构向扁平化、分权化、无缝化网络结构转型。随着数字化技术在政府治理中的广泛渗透，传统组织架构被数字技术不断革新乃至突破，数字技术从技术层面的程序再造上升为政府管理和服务的效率提升和内涵发展，为传统政府治理的扁平化、分权化、无缝化以及多元参与提供了数字技术支撑，进而推动了“以公民为中心”“以人为本”的治理理念转变。

作为治理的技术、过程与理念转变的直接体现，政府采购透明度评估彰显了鲜明的数字时代品质。所谓政府采购透明度，指的是采购监管部门和采

---

① 彼得·罗西，霍华德·弗里曼，马克·李普希．项目评估：方法与技术（第6版）［M］．北京：华夏出版社，2002：10－15.

② 颜佳华，王张华．数字治理、数据治理、智能治理与智慧治理概念及其关系辨析［J］．湘潭大学学报（哲学社会科学版），2019（5）：25－31.

③ 尼葛洛庞帝著．数字化生存（第3版）［M］．胡泳，等译．海口：海南出版社，1997：15－16.

购主体依照政府采购法律制度规定向社会公众及时、完整、真实、准确地发布政府采购项目信息和政府采购监管信息，以及与信息发布相关的管理制度、政策措施和电子信息技术应用。在具体形式上，它有一套结构性的以信息发布行为与管理为指向的量化评价指标；在要素构成上，它包括但不限于监督指导、平台建设、采购项目信息发布、“互联网+”政府采购建设以及公众或第三方参与；在结果运用上，它是评价财政支出全面绩效管理的重要指标。[①] 因此，政府采购透明度评估是政府治理由传统电子政务治理向数字政府治理转变的重要技术应用场景之一，其关注和倡导的是治理主客体之间的数字化信息互动以及社会大众利用数字技术参与公共事务治理的能力。[②] 这一技术应用场景的效应是双向互动的，它既有从政府组织体系内部向体系外部的信息公开，也是外部成熟技术应用向政府内部的透明提升驱动，从而实现政府组织治理信息公开赋能和外部社会公众知情参与赋权的双向互动。

因此，数字时代的政府采购透明度评估至少在以下两个维度展开：其一，在政府数字治理机制下开展信息公开治理应具有透明性，信息公开的各项策略和流程不应成为政府内个别部门或人员的私有或保密的内容，而应该按规定对政府内外人员公开，让人们对信息公开工作都有一定的认识和理解。同时，信息公开治理考核的内容、指标、办法、结果是公开的，这是保证“以公民为中心”“以人为本”多元共治的重要手段。其二，运用数字化手段进行科学合理的透明度评估，评估实施的重要承载者是具有专业化水平的第三方评估机构，政府将政府采购信息公开的项目评估委托给第三方评估机构，由他们对政府采购信息公开情况进行科学有效评估，实现社会公众对政府采购的监督权、知情权、参与权治理。

二、数字时代政府采购透明度评估定位

自评估成为社会科学研究的重要学术领域和政府官员知识结构的一部分以来，评估定位就一直是人们高度关注的焦点问题，因为只有知道评估本身

---

① 吴军民，毛家慧，熊高鹏．国家治理现代化视阈下政府采购透明度提升的实践路径［J］．当代财经，2022（5）：25－37.

② 黄璜．对“数据流动”的治理——论政府数据治理的理论嬗变与框架［J］．南京社会科学，2018（2）：53－62.

是什么、在国家和组织治理中扮演什么角色才能把评估做好。关于“评估”有三种典型的观点：一是把评估视为一种权力优势，评估方对被评估方的不对称优势所对应的权力；二是把评估作为一种抉择依据，政策制定者、资助机构、纳税人以及项目的规划者、管理者、对象为获得某些期望的结果而对值不值得做、启动新项目与修订既有项目进行抉择；三是把评估看作一种身份正义，评估者自身会以主持正义者的身份出现，行使与其身份相应的正义职责。这些观点不无正确，但均难以适应数字时代要求。我们认为，数字时代的评估其核心要义应在于为政府和社会需求方提供专业化、数字化服务，在政府与社会公众之间建立起信息共享、多元共治机制，促进社会中潜在的购买方（或者是向第三方评估机构购买服务的政府）拥有选择第三方评估机构的专业化知识信息，形成政府采购评估的选择机制。

（一）作为讲政治的评估

如前所述，项目评估是伴随社会政策及公共行政运动、美好社会运动蓬勃发展的，政府政治和意识形态是评估的基本品质。作为实践活动，人们在设计评估方案时，必须根据特定的政治经济社会环境进行调试、修订和修改，将评估的目的和评估结果的受众、被评估项目的性质以及评估实施的政治和行政环境作为选择评估方案的重要因素，因为所评估项目本身就存在或包含于个体和组织处理各种问题的政治决策之中。① Weiss（1993）就旗帜鲜明地主张，评估是在一定政治背景下的理性活动，他认为政治考量介入评估实践主要通过三种方式：第一，要求进行评估的项目和政策都是政治决策的产物，设计、界定、实施和资助都在政治过程中完成，并受到来自各方的压力；第二，归根结底评估是为了满足决策要求，所以评估报告要进入决策领域；第三，评估本身就具有政治意涵，评估本身的特点往往使针对某些问题的评估变成了政治性陈述，使项目选择、项目目标、项目合法性、项目用途甚至评估第三方或社会科学家角色都变成政治性问题。② 总之，评估的政治品质是评估实践和评估研究的前提。

---

① 尼葛洛庞帝著．数字化生存（第3版）［M］．胡泳，等译．海口：海南出版社，1997：17.

② Weiss，Carol H. 1993. Politics and Evaluation：A Reprise with Mellower Overtones［J］. American Journal of Evaluation，Vol. 14，No. 1，pp. 107 - 109.

（二）作为数字技术的评估

人们对评估的要求是：评估既应满足高质量的科学研究标准，同时也应为决策者提供决策所需的充分的、专业化信息。不过，在传统评估环境和条件下，这两种要求往往很难满足甚或难以兼容，因为评估不仅需要时间、经费、设备以及努力程度，还需要特定的研究结构与研究标准、测量信度与效度、相关政策与评估项目之间的平衡。数字时代为评估的高标准科学研究与专业化信息决策间的兼容提供了新的机会和实现途径。以云计算、大数据、物联网、人工智能、互联网等新一代数字技术为人们构建或正在构建一个基于全感知、全场景、全智能的数字世界，通过数字化技术实现对评估项目的精准映射，驱动评估从理念到实践全过程的创新和重塑。数字化评估的本质是在信息技术驱动下的决策转型，其根本目的在于提升评估项目相关行动者的决策能力。因此，数字时代的决策者项目评估者应具有数字化思维，其鲜明特点是断点与非连续、破界与融合、突变与颠覆、分布式与多中心，映射在政府采购透明度评估上就是要求评估者不停留于“用数据说话、靠数据决策、依数据执行”，而是整合各类信息平台实行系统评估、协同评估和分享评估。

（三）作为公众参与的评估

公众参与政策评估成为公众参与政策过程的重要实践。公众作为评估主体的模式主要有两种：一种是不特定的社会公众作为评估主体，公众利用信息网络技术对项目进行评估，评估参与人数众多，评估主体具有开放性、不稳定性特点；另一种是以特定的社会公众作为评估主体，专业化、职业化是其显著特征。就前者来说，实际上是社会公众问政的重要形式，公众对政府所提供的产品和服务是否满意、满意程度如何以及如何提高政府服务的质量水平，不仅对公共政策的技术过程有指引价值，而且有助于提升社会政治民主和行政民主的水平。就后者来说，它更多指的是第三方评估或者是外部专业评估，第三方评估能有效避免立法机构、司法机构、行政机构、政党等内部评估者的自身利益或部门利益纠葛，能更好地秉持价值中立原则，从而向公众提供更为客观、公正、专业的评估结果。数字时代的政府采购透明度评估必须让公众参与、让公众评价，让更多更广泛的公众享有透明度进展所带来的成果。

（四）作为治理赋能的评估

政府采购是财政支出管理的“三驾马车”之一。以“互联网＋”为代表的数字化技术在政府采购领域的应用极大地拓展了政府采购权能。近些年来，我国各省区市政府采购网上公开信息系统建设取得长足的发展，从政府采购全流程电子化操作、网上超市、网上招标到在线支付、在线监管、网上验收评价实现了全省区市“一张网”。此外，中国政府采购网地方分网、电子档案管理系统、大数据分析系统、公共资源交易平台、政府采购电子商城等与电商平台的多层次合作，进一步促进了“互联网＋”政府采购的深度融合。例如，一些省区市的政府采购与苏宁、京东等电商平台线上线下结合，线上提供便捷的在线下单，线下门店提供体验、快速物流、上门沟通等面对面服务，不仅给予客户更好的体验和服务，也积极地将市场化力量引入政府财政资金治理，实现了政府采购制度与服务政府治理的结合。“互联网＋”采购使政府支出管理活动的运行以及治理建立在网络化、数字化、智能化的基础之上，是技术理性向制度理性的新跨越。以公众需求为导向的政府信息数据的收集、整理、共享、分析、传播和保护，服从和服务于社会治理体系和治理能力现代化的根本要求。

第二节　政府采购透明度的结构要素分析

一、政府采购透明度的主体

（一）政府采购透明度的主体

政府采购透明度主体，是指掌握政府采购信息并有义务将其公开的主体，即信息公开义务主体。通常来讲，占有政府采购相关信息并负有公开责任的是政府部门。为了保障公民、法人和其他组织依法获取政府信息的权利，提高政府工作的透明度，建设法治政府，充分发挥政府信息对人民群众生产、生活和经济社会活动的服务作用。2019 年，国务院制定了《中华人民共和国政府信息公开条例》，在第十条中明确规定“行政机关制作的政府信息，由制作该政府信息的行政机关负责公开。行政机关从公民、法人和其他组织获取的政府信息，由保存该政府信息的行政机关负责公开；行政机关获取的其他行政机关的政府信息，由制作或者最初获取该政府信息的行政机关负责公开。法律、法规对政府信息公开的权限另有规定的，从其规定。”“行政机关设立的派出机构、内设机构依照法律、法规对外以自己名义履行行政管理职能的，可以由该派出机构、内设机构负责与所履行行政管理职能有关的政府信息公开工作。”“两个以上行政机关共同制作的政府信息，由牵头制作的行政机关负责公开。”

为了进一步明确政府采购透明度的主体及其信息公开方式，2020 年财政部颁发的《政府采购信息发布管理办法》（财政部令 101 号）中指出“财政部门、采购人和其委托的采购代理机构（以下统称发布主体）应当对其提供的政府采购信息的真实性、准确性、合法性负责。”“中国政府采购网及其省级分网和省级以上财政部门指定的其他媒体（以下统称指定媒体）应当对其收到的政府采购信息发布的及时性、完整性负责。”“发布主体应当确保其在不同媒体发布的同一政府采购信息内容一致。在不同媒体发布的同一政府采购信息内容、时间不一致的，以在中国政府采购网或者其省级分网发布的信息为准。同时在中国政府采购网和省级分网发布的，以在中国政府采购网上发布的信息为准。”

（二）信息公开主体存在的问题

由于政府采购的目的具有公共性与非营利性，政府采购主体与私人采购主体比较起来，缺乏追求利润最大化的动机，同时也缺乏有效的激励和约束机制，容易造成公共资金的浪费。因而，如何精打细算，用好每一分公共资金，使公共资金发挥其最大效益，采购到质优价廉的货物、工程和服务，是政府采购的宗旨之所在，该宗旨只有通过政府采购信息的公开才能达至。然而，政府采购信息公开主体在进行信息公开的实践中存在一些问题，影响了政府采购信息公开的水平。

一是政府依职权公开在一定程度上演变为依申请公开。依职权公开，也称为主动公开，指政府依据法律赋予的职权，无须对方的请求而主动实施的公开行为。依申请公开，是指政府必须有对方的申请才能实施的公开行为。依申请公开是主动公开的制度补位和主动调节，主动公开反映宏观设计、整体情况，依申请公开体现具体实现、个案考量，两者有效衔接共同构成信息公开基础制度。在实践过程中，政府信息是否公开由被申请机关对申请人的实体权益和被申请公开政府信息的公共利益或影响的第三方利益，按照比例原则或利益位阶等进行裁量，进而作出决定。在此过程中，由于申请人、被申请机关、第三方和部门之间在政府信息公开工作中因主观认识、价值取向等不同易造成冲突。政府机关"非理性人"的角色特征，机关工作人员由于学识水平等对政府信息公开功能、范围、程度和方式等的不同理解，导致政府依职权公开在一定程度上演变为依申请公开。与此同时，申请人滥用申请权利的可能倾向，第三方对自身权益的过分认真对待，以及政府机关基于自身职能等触发的部门保护本能，在实践中也易交织成团，产生纠纷。[①]

二是公开主体随意扩大不公开范围。有学者总结公开例外情形，大致包括"三安全、一稳定""国家秘密、商业秘密和个人隐私"、过程性信息、影响国家利益或公共利益（社会公共利益）、执法信息和内部公开事项、工作秘密等。[②] 不难看出，实践中存在的公开例外，既有法定的强制例外，也有实践总结的酌定例外，事实上因为行政行为的裁量性本质，使现实中易出现政府信息保密范围过于宽泛，甚至公开主体滥用保密措施的现象。再加上有些行政人员认为政府信息是政府行政的结果，当然归属于政府所有，既然归政府所有，政府就有权决定信息公开的范围。很多非绝对公开例外的信息被公开主体随意扩大为公开例外，很多政府信息处于封闭和闲置状，而政务信息一旦被贴上保密的标签（即便是没有必要保密的事项），也会成为政府部门不公开的理由，许多信息将被永久尘封而无法发挥其应有的价值。

二、政府采购透明度的客体

（一）政府采购透明度的客体

《中华人民共和国政府信息公开条例》（国务院令〔2019〕711号）规定

---

① 罗亚苍．依申请的政府信息公开：在公开和例外之间——对全国法院政府信息公开十大典型案例的启示与反思［J］．行政法论丛，2015，18（2）：404.

② 余凌云．政府信息公开的若干问题 基于315起案件的分析［J］．中外法学，2014，26（4）：907－924.

“行政机关编制、公布的政府信息公开指南和政府信息公开目录应当及时更新。政府信息公开指南包括政府信息的分类、编排体系、获取方式和政府信息公开工作机构的名称、办公地址、办公时间、联系电话、传真号码、互联网联系方式等内容。政府信息公开目录包括政府信息的索引、名称、内容概述、生成日期等内容。”以及除政府规定的保密事项外的政府信息均应当公开。《政府采购信息发布管理办法》（财政部令〔2020〕101 号）中指出“政府采购信息是指依照政府采购有关法律制度规定应予公开的公开招标公告、资格预审公告、单一来源采购公示、中标（成交）结果公告、政府采购合同公告等政府采购项目信息，以及投诉处理结果、监督检查处理结果、集中采购机构考核结果等政府采购监管信息。”具体来说，这些要求公开的政府采购信息包括除保密事项外的有关政府采购的法律、法规、规章和其他规范性文件；省级以上人民政府公布的集中采购目录、政府采购限额标准和公开招标数额标准；政府采购招标业务代理机构名录；招标投标信息，包括公开招标公告、邀请招标资格预审公告、中标公告、成交结果及其更正事项等；财政部门受理政府采购投诉的联系方式及投诉处理决定；财政部门对集中采购机构的考核结果；采购代理机构、供应商不良行为记录名单；法律、法规和规章规定应当公告的其他政府采购信息。①

（二）信息公开客体存在的问题

一是政府采购信息要素不完备。信息公开的完备性可以从宏观和微观两个层面讨论。宏观上的完备性是指按规定公开的信息应全部都公开，在具体的政府采购活动中，政府采购必须做到每个环节都公开透明，每个环节都经得起“阳光暴晒”。微观上的完备性，是指在某一类信息中的某一条信息的完整。然而，在现实中，不论宏观层面的各环节抑或是微观层面的某一条信息的完备性都存在一定的问题。例如，在政府采购信息公开过程中存在招标文件、竞争性谈判文件、竞争性磋商文件以及询价文件缺失的情况；各类招标方式的采购公告中未说明公告期限，缺少采购项目需落实的政府采购政策，缺少采购项目的名称、数量、简要规格描述或项目基本概况介绍，缺少采购项目联系人姓名和电话等问题。

---

① 姜爱华．中国政府采购制度改革：成就、挑战与对策［J］．地方财政研究，2018（04）：60－65.

二是政府采购信息发布不一致。《政府采购信息发布管理办法》（财政部令〔2020〕101号）第十一条规定“发布主体应当确保其在不同媒体发布的同一政府采购信息内容一致。”然而，有的省区市在中国政府采购网地方分网未对省级以上集中采购目录、政府采购限额标准和公开招标数额标准进行集中统一的发布；有的注册为本省区市的政府采购招标业务代理机构名录均与中国政府采购网中央主网不一致。大多数省区市的公共资源交易平台普遍存在与政府采购网站发布的信息不一致的问题，未包含所有的政府采购信息。政府采购信息发布不一致的情况，导致了信息“碎片化”、公众查询难等问题，影响了政府信息公开的权威性。

三、政府采购透明度的环境

近年来，国务院和财政部下发了数道“金牌政令”，来推动政府采购信息公开和透明，但政府采购主体和相关管理机构信息公开方面为何行动迟缓、被动呢？主要原因还是在于政府采购透明度的环境存在一些问题。

一是政府采购信息公开意识不强。在过去很长时间内，各级政府包括财政税收的政府部门，只有征税、收费、花钱、拨款的行政实践，而没有任何公开自己如何收支花钱、公布自己的财政预算信息这回事，更没有自己手中掌管的资金和款项支出受他人约束和制约制度性安排。在财政学界、法学界乃至学术各界的理论讨论和社会公众和媒体的舆论压力下，特别是《政府信息公开条例》颁布和实施后，政府部门被要求公开自己的财政收入是如何来的，又是如何支出去的，钱花到了什么地方去了，许多政府官员对此不是很习惯，甚至有本能的反感和抵触。他们已经习惯性地把政府财政收支和行政花费视为保密信息，许多政府部门的领导尚未彻底放弃这种政府财政的“保密思维”，因而不大愿意公开自己的财政收支信息。此外，某些政府采购主体和相关管理机构受传统思想和部门之间形成的利益格局影响，对政府采购信息公开的重要性认识不足，主观上不愿意公开。在资金的使用过程中往往因为个别人的主观意识，资金使用不透明，不公开。有的采购人、采购代理机构、政府采购监管部门将信息当作单位资源、个人资源，担心公开会影响权力行使，存在畏难、抵触情绪，千方百计找借口不公开或不完全公开；有的担心让供应商知道信息太多太全不利于采购与监管，甚至认为是作茧自缚。这些认识上的误区，导致了对政府采购信息能不公开则不公开，能简化则不细化，能笼统则不具体等错误倾向。[①]

二是信息公开机制不完善。就政府采购公开透明的政策执行者而言，各个执行者能否达成共识，并形成统一行动是决定公开透明政策能否得以有效贯彻执行的关键因素。就目前而言，我国政策采购公开透明政策涉及的执行者非常广泛，由于行业领域和主管部门的不同，执行组织也就分散于不同行业领域，并隶属于不同的行业主管部门。而这些部门之间的协调沟通还缺乏一个和谐互动的长效机制。与此同时，政府采购公开透明政策的执行包括众多环节或机制，这其中最为重要的当属激励机制和监督机制。理论研究已经表明，激励机制是确保政策执行者具有持续积极性的基础，也是其内在的驱动力。而监督机制则属于外在的驱动力，是政策执行者履职尽责的保障，也是公开透明政策得以顺利实施的重要基础。然而，从实践上看，各地都提出了要积极落实财政部提出的政府采购公开透明的具体要求，但是尚缺乏有效的实现机制。这主要表现为缺乏激励机制以及监督机制中的绩效评价机制和惩戒机制。[②] 此外，政府采购信息公开配套机制尚未完全建立、责任追究和救济机制不完善等方面的因素也影响到了政府采购信息的公开，进而影响透明度的提高。

三是政府采购信息公开技术支持不足。我国政府采购信息化建设在规范各级政府采购执行平台的运作方面起到了积极作用，各级政府采购部门与相关职能部门横向、纵向网络动态协调系统的建立，让采购活动主体的相关部门能够积极地参与到招标采购活动中，提高政府采购活动的透明度。但这些仅仅是政府采购信息化的初步模式，实现政府采购信息化还需要做到政府采购管理交易平台等业务系统的建立。近年来电子采购兴起，采购信息化技术问题更显严重，很多政府采购及其信息披露过程中所要求的技术都跟不上发展的需要，各地区或机构之间的信息化采购系统兼容性差，影响了政府采购信息的有效共享与公开透明。

① 杭正亚．政府采购透明度提高与信息公开［J］．中国政府采购，2019（03）：34－38.

② 王丛虎，门钰璐．“互联网＋监管”在政府采购中的应用［J］．财政监督，2019（15）：5－9.

四、政府采购透明度的途径

（一）政府采购透明度的途径

《中华人民共和国政府信息公开条例》（国务院令〔2019〕711号）规定“行政机关应当建立健全政府信息发布机制，将主动公开的政府信息通过政府公报、政府网站或者其他互联网政务媒体、新闻发布会以及报刊、广播、电视等途径予以公开。”“各级人民政府应当加强依托政府门户网站公开政府信息的工作，利用统一的政府信息公开平台集中发布主动公开的政府信息。政府信息公开平台应当具备信息检索、查阅、下载等功能。”“各级人民政府应当在国家档案馆、公共图书馆、政务服务场所设置政府信息查阅场所，并配备相应的设施、设备，为公民、法人和其他组织获取政府信息提供便利。行政机关可以根据需要设立公共查阅室、资料索取点、信息公告栏、电子信息屏等场所、设施，公开政府信息。行政机关应当及时向国家档案馆、公共图书馆提供主动公开的政府信息。”《政府采购信息发布管理办法》（财政部令〔2020〕101号）规定“中央预算单位政府采购信息应当在中国政府采购网发布，地方预算单位政府采购信息应当在所在行政区域的中国政府采购网省级分网发布。除中国政府采购网及其省级分网以外，政府采购信息可以在省级以上财政部门指定的其他媒体同步发布。”

（二）信息公开途径存在的问题

虽然国务院颁布了多种信息公开的途径，但在现实生活中，人们还是会经常遇到信息“找不到、找不快、找不准”的痛点问题。究其原因，一是信息推送不及时。部分发布主体对信息公开重视不够，对主动公开政府信息的职责不了解，对信息公开的原则、范围、方式和目标不明确，造成有些信息发布不及时、不充分。例如，预算金额在500万元以上地方采购项目信息，地方分网未及时通过数据接口同时推送至中央主网发布。二是信息公开平台建设问题。在推动地方政府数字化进程中，很多地方政府的信息平台或门户网站已逐渐成为本级政府进行社会公共事务管理和服务工作的重要方式，公众可以通过政府公共信息平台了解相关法律、政策、法规并参与社会管理等活动，同时政府通过这一重要“窗口”，使公共信息得到有效利用并服务于社会，从而提升了政府的行政能力。然而，本来是为了适应信息化时代方便、快捷、容量大等特点而建立的政府网站，却常常得不到有效的更新。[①] 不仅如此，信息公开平台还存在全链条搜索机制不健全，搜索采购项目时不可显示该项目全部相关信息，以及信息搜索功能不便捷，不符合可通过三个以上要素进行模糊搜索的问题。三是指定媒体变相有偿发布问题。指定媒体变相有偿发布问题《政府采购信息发布管理办法》（财政部令〔2020〕101号）第十五条规定“指定媒体应当向发布主体免费提供信息发布服务，不得向市场主体和社会公众收取信息查阅费用。”但是在实践中依然存在部分指定媒体变相收费的情况。

第三节　数字时代政府采购透明度评估作用

一、有利于促进政府采购的规范化、透明化程度

随着政府采购透明度评估工作的逐步推进，各地区财政部门也越来越重视政府采购透明度工作，并已深刻地认识到政府采购信息公开工作的重要性。近年来各地区财政部门均不同程度地加强和规范本地区政府采购信息公开工作，重视政府采购信息发布平台建设，普遍加强了对采购项目信息发布的监管力度，网站建设更加完善，电子化采购迅速推进，信息发布总体规范及时。政府采购透明度总评分也由此呈现出逐年上升的趋势，特别是在评估要求更高更严的情况下，政府采购透明度得分有所提高，这既是各地区财政部门对政府采购信息公开工作高度重视、加强督促指导的结果，也反映出科学、规范的透明度评估对实际工作的促进作用。

开展政府采购透明度评估工作，是促使各级各部门切实提高政府采购透明度的重要举措，彰显了财政部严管政府采购信息公开的决心，也为各级财

① 张创新，滕霞．地方政府信息化平台建设存在的问题与对策分析［J］．行政与法，2011（05）：1－3.

政部门进一步加强和规范本区域内的政府采购信息公开提供了重要的契机和抓手。通过政府采购透明度评估工作，可以全面地把握政府采购的公开透明情况，及时地总结政府采购信息公开的工作经验，优化政府采购信息公开的工作方式，推动政府采购的透明度建设。

二、有助于保障公民对政府采购的知情权、监督权

政府采购透明度评估从政府采购相关文件和各地财政部门存在的问题出发，通过深入细致的调查，评估各地财政部门的整改落实情况，在一定程度上杜绝和防止了地方财政部门的惯性思维和应付做法，促进各地财政部门及时整改本部门在政府采购透明度工作中存在的问题，并认真贯彻落实国务院关于政府采购信息公开工作的条例和财政部的相关文件精神，扎实推进政府采购信息公开工作。

公开政府采购信息，建立透明政府，有助于保障公民对政府采购信息的知情权与监督权，是得民心、顺民意的事情。政府采购透明度评估通过科学、量化的指标设计、样本选取和评估方法，围绕政府采购信息公开的监督指导、平台建设、信息发布、整改落实、配合评估等方面，对政府采购活动的主体、客体和环境进行多层次、全方位的评估，可以及时、准确、适当地向公众提供政府采购透明度工作的信息资讯。其中，“及时”代表信息的时效性，“精确”代表信息的准确与完整性（量化），而“适当”则代表取得信息的合法、合理性（网络大数据）。通过开展政府采购透明度评估工作，公众获得了政府采购的相关信息，而政府也可以据此争取到当事人与人民群众的理解、信赖和监督。

三、有助于推进国家治理体系和治理能力的现代化

政府采购透明度除了需要健全的法律制度外，同时还需要公众强烈的“阳光”意识。评估机构开展的政府采购透明度评估是在财政部委托下以第三方主体的身份对各地财政部门政府采购透明度情况进行评估，这避免了以往相关政府部门调查评估所产生的既是“运动员”又是“裁判员”双重身份的尴尬，摆脱了利益相关部门的利益羁绊，打破了“自拉自唱”的格局，实

现了政府采购透明度评估工作的公平公正，增强了公众参与阳光政府建设的意识。同时，评估机构参与到政府采购透明度的评估工作中，拓展了公众参与阳光政府建设的路径，推进了国家治理体系和治理能力的现代化进程。

从国际社会来看，透明度评估越来越受到关注，2003 年 4 月，世界银行和经合组织发展援助委员会（DAC）联合发起采购系统评估方法（MAPS），其目标是通过提供分析系统关键信息作为通用工具来评估和改进公共采购系统。2003 年 10 月 31 日，第 58 届联合国大会全体会议审议通过了《联合国反腐败公约》，其中明确提出“各缔约国均应当根据本国法律的基本原则在其力所能及的范围内采取适当措施，推动公共部门以外的个人和团体，例如，民间团体、非政府组织和社区组织等，积极参与预防和打击腐败”。在国际社会先进水平的引导下，我国也开始对标对表国际经验，大力号召社会组织参与透明度评估，2015 年 5 月民政部就印发了《关于探索建立社会组织第三方评估机制的指导意见》，这标志着从国家层面充分肯定了我国评估工作的新方向。因而，开展政府采购透明度评估不仅有助于提升我国政府采购的水平，在推动我国政府采购与国际接轨方面也发挥着积极的作用。

第二篇　年度评估报告

第四章　2017年中国政府采购透明度评估报告

第一节　评估概况

本次评估的主要内容是：（1）监督指导，即财政部门制发的指导性文件、管理制度、监督检查等情况；（2）平台建设，即中国政府采购网地方分网建设情况；（3）采购项目信息公开，即政府采购活动按规定公开相关信息的情况。

一、评估依据

本次评估依据《中华人民共和国政府信息公开条例》（国务院令〔2007〕492号）、《财政部关于做好政府采购信息公开工作的通知》（财库〔2015〕135号）和《财政部关于进一步做好政府采购信息公开工作的通知》（财库〔2017〕86号）等相关文件规定。

二、评估原则

（一）依法评估原则

评估指标体系设计遵循依法依规原则，即所有指标均有法律、法规和政府相关文件等依据或原则性规定。

（二）客观评估原则

本次评估以公开的采购信息为评估内容，将主观且模糊的判断转化为客观且具操作性的评估指标，最大限度地减少评估人员的自由裁量空间。

（三）系统评估原则

本次评估采取被评估单位书面反馈和地方政府采购分网测评相结合的方式进行系统评估。

（四）公众导向原则

本次评估着眼于公众是否可及时、准确、全面、便利地获得政府采购公开相关信息，从外部观察相关信息是否依法公开、是否可便捷获取。

三、评估对象

本次评估的对象为全国22个省、5个自治区、4个直辖市和5个计划单列市。

四、评估指标

中国政府采购透明度指标体系设有一级指标3个、二级指标15个、85个观测点，总计100分。此外，协议供货和定点采购以及电子交易平台信息公开情况也纳入评估，有8个观测点，但只计减分、不计加分，即未达指标要求扣分，达到要求不计分，8分扣完为止。

五、评估方法

评估成绩包括地方采购分网测评和被评估单位书面反馈评估两个部分。网站测评的总体是2017年7月1日至9月30日间采购分网上发布的相关信息。

每个地区项目组跟踪调查30条公开招标信息和20条其他采购方式信息（即邀请招标、竞争性谈判、竞争性磋商、询价和单一来源），其评估得分取50个被抽取项目的平均值。每类采购方式中的公告/公示—预算金额—中标/成交结果—招标文件/通知书—采购合同等环节信息完备。

第二节　总体评估结果

项目组通过对 36 个样本地区的书面反馈分析和地方采购分网测评，并经评估专家多次讨论、复核，最终确定全国省级政府和计划单列市政府的采购透明度平均得分为 84. 2。这一结果表明，我国政府采购信息公开工作总体上是值得肯定的。

从一级指标来看，监督指导平均分为 27. 4，平台建设均值为 27. 8，信息公开（即地方政府采购分网信息发布）均值为 29. 0。其中，采购项目信息公开分值为 20. 8，监督处罚信息公开分值平均为 8. 6（见表 4. 1）。政府采购透明度评分及排序前十名（见表 4. 2）。

表 4. 1　　总体评估情况

评估内容（100 分）	评估得分
监督指导（30 分）	27. 4
平台建设（30 分）	27. 8
信息公开（40 分）	29. 0
其中：采购项目（30 分） 监管处罚（10 分）	20. 8 8. 6
总评分	84. 2
综合评价结果	良

表 4. 2　　政府采购透明度前十名省市

地区	得分	排名	地区	得分	排名
天津市	95. 0	1	福建省	93. 1	6
北京市	94. 4	2	河北省	92. 4	7
广东省	94. 1	3	贵州省	90. 1	8
山东省	94. 1	3	安徽省	88. 7	9
湖南省	94. 0	5	厦门市	87. 7	10

政府采购透明度评分及排序（见表 4. 2）。在 36 个被评估单位中，得分居前十名的地区分别是，天津市（95. 0 分，第一名）、北京市（94. 4 分，第

二名)、广东省（94.1 分，第三名)、山东省（94.1 分，第三名)、湖南省(94.0 分，第五名)、福建省（93.1 分，第六名)、河北省（92.4 分，第七名)、贵州省（90.1 分，第八名)、安徽省（88.7 分，第九名)、厦门市(87.7 分，第十名)。

总体而言，被评估地区在监督指导、平台建设方面做得较好，但政府采购分网信息发布工作尚待改进，采购项目信息公开仍显薄弱。

第三节 政府采购信息公开亮点

评估发现，根据党中央和国务院关于公开透明预算制度建设的总体部署，财政部大力推进政府采购信息公开工作，各地认真贯彻落实，加大信息发布、政策法规解读、监督处罚和信息反馈力度，注重信息公开效果，政府采购信息公开工作取得显著成效。

一、各地采购信息公开制度建设成效显著

根据国务院和财政部要求，各省区市都制定了指导性文件，明确信息公开的内容、范围和要求，并制定了标准化文本，确保信息有章可循，切实提高了政府采购活动透明度。如北京、天津、上海、广东、山东、福建等各省市在转发并落实财政部关于政府采购信息公开文件的同时，结合自身实际发布了《政府采购管理暂行办法》《政府采购网信息发布管理办法》《政府采购信息公告模版》《集中采购成交数据交换接口技术规范》等指导性文件，围绕组织结构、方式方法、集采数据公开工作等作出了具体、清晰的规定，这些文件的制定为政府采购信息公开工作打下了坚实的制度基础。

二、地方政府采购信息公开机制不断完善

各地普遍指定中国政府采购网地方分网作为本地区指定媒体之一，不断健全信息公开工作机制，将信息公开情况作为对集中采购机构考核和对采购

人、社会代理机构监督检查的内容，建立了与中国政府采购网中央主网信息推送接口和市县政府采购信息发布接口，并实现信息有效推送。如北京、天津、四川、山东等省市将政府采购分网作为采购信息发布的唯一指定媒体，更好地保证了信息公开的权威性。多数地区建立并制定了网站安全管理制度和突发应急处置机制，如天津、北京、福建、广东、湖北、浙江、湖南、河北等省市对网络攻击、信息破坏、信息内容安全、网络故障、服务器故障、软件故障、灾害性事件等建立专门的处置机制。

三、政府采购分网已实现所辖区域全覆盖

除个别地区外，所有其他省、自治区、直辖市和计划单列市的地方分网都实现了对所辖县（市/区）的全覆盖，所有被评估地区使用财政部指定域名的地方分网均可正常访问；建立市县政府采购信息发布接口，实现各市县信息有效推送，按规定实现了与中国政府采购网中央主网信息的有效推送。

四、政府采购分网服务功能得到有效提升

各地加大力度升级改造地方分网，安全防护水平显著提高，栏目设置多元化，多数具备信息发布和查询使用功能。例如，北京、天津、云南、重庆、山西、湖北等省市出台专门文件对政府采购分网站栏目和内容予以明确规定。政府采购分网与公共资源交易平台的信息互联互通得到加强，基本实现与公共资源交易电子服务系统之间的信息共享。如北京、天津、广东、浙江、湖南、安徽等省市均实现了省级政府采购系统与省级公共资源交易平台的整合与交易信息共享。

五、基本实现政府采购信息全面完整公开

多数地区按规定全面完整地公开了政府采购项目信息，要素齐全且时间符合要求；网站栏目涵盖政府采购的政策法规、采购项目全过程和监督处罚

等主要栏目。例如，北京、广东、湖南、安徽、山东、深圳等省市政府采购信息公开内容覆盖政府采购活动全流程和政府采购监管各环节，涉及政府采购项目信息、监管信息及其他信息等10大项的内容。再如，天津、福建、上海、江苏、浙江等省市通过设定各类采购信息公告格式模板，以确保信息公开要素齐全、内容完整。

第四节　政府采购信息公开存在的问题

评估发现，各地政府采购信息公开工作在取得显著成效的同时，也存在一些突出的问题，这些问题主要有政府采购透明度地区差异大、部分地区监督指导工作力度低、网络服务功能不完善等六个方面。

一、政府采购透明度地区差异较大

通过此次评估可以发现，各地按照中央建立公开透明预算制度的有关要求卓有成效地开展政府采购信息公开工作，不过地区差异较大。总体来看，沿海地区、发达地区透明度得分较高，中西部地区、欠发达地区得分较低；得分最高的与得分最低的相差41分，低于80分的仍有8个地区，而个别地区甚至不到60分。

二、部分地区监督指导工作力度低

监督指导反馈材料评估结果显示，仅有8个地区得满分（30分），未达到平均分（27.4）的有21个地区，其中有3个地区在25分以下。少数地区存在指定政府采购信息分网与实际运行网站不一致，或没有使用财政部指定的中国政府采购网地方分网的情况。部分地区的监督指导的考核工作指标说明较简单、抽象，未就信息同步发布的机构、负责人及相关技术性规定做明确而充分说明。

三、地方采购分网服务功能欠完善

各地平台建设评分总体不高，政府采购分网服务功能仍欠完善。其主要表现在：（1）信息下载链接有效性不足，一些地区的采购链接无效或下载后显示乱码；（2）缺乏便捷查询设置；（3）信息查询阅读限制性条件多，个别网站大量信息加密甚至付费才可浏览；（4）网站交互性差，部分网站缺乏论坛、留言板、邮箱等交互方式；（5）部分地区未建立与中国政府采购网中央主网信息推送接口，未全面覆盖所辖县/区。

四、地方采购分网版块栏目不统一

信息网络发布平台板块设计单一、栏目各异。有的地区板块设计多元，栏目涵盖政策法规、政策解读、经验交流、曝光监督、采购方式、采购品目、专题专栏等多种栏目，但有些地区的栏目较为单一，仅有政策法规、采购方式、监督处罚等三个基本栏目，甚至有栏目而无具体信息。另外，各地对栏目内涵与外延的理解差异也很大，如有的地区将采购方式、采购品目等归在采购信息栏目，而有的地区则是采购方式和采购信息并列。

五、信息公开及时性、完整性欠缺

信息公开评估整体成绩欠佳。一些地区的招标文件、采购合同没有公开或公开不完整。部分地区采购项目公告环节不完整，信息公告长期未更新，未公开采购项目预算金额、电子交易平台具体成交记录以及监管处罚决定，未按规定公告相关采购项目评标委员会或评审专家名单信息等。

六、政府采购信息公告内容不规范

政府采购信息要素公告不规范，存在信息公开内容不详、格式不规范等问题。部分地区的政府采购分网有邀请招标栏目而无内容，或存在单一来源采购、竞争性谈判、竞争性磋商等要素说明不充分的情况。个别地区的违法失信行为记录内容不齐全，事由说明过于简单。

第五节　提高政府采购透明度的若干建议

一、严格执行政府采购信息公开制度

各地要进一步认真落实《政府采购信息公告管理办法》，严格执行政府采购信息公开管理制度。聘请执纪部门、监督部门、第三方机构的各方面专家从外部监督政府采购信息公开制度执行情况。

二、健全信息发布责任追究机制

各省区市要在规范信息发布渠道的基础之上，继续弥补信息公开过程中的短板。强化信息公开的主体责任，明确政府采购信息的主体责任，按照谁发布谁负责的原则对发布信息的合法性和真实性进行负责并且承担相应的主体责任。

三、拓宽政府采购信息发布渠道

在充分利用报纸、杂志、电视等传统媒介信息发布渠道的同时，创新性地利用“互联网+”网络信息手段，推广普及政府采购 App，利用无线终端推送信息，全面提高政府采购透明度。

四、建设统一的政府采购电子交易平台

积极推进统一的政府采购电子交易平台建设，大力推进政府采购交易和管理信息系统的开发和推广应用，促进政府采购信息资源的利用和共享，规范政府电子化采购流程。

五、加强政府采购信息公开队伍建设

在县级以上财政部门设立政府采购信息公开办公室，组织、指导、协调各部门的政府采购信息公开工作。配置信息公开工作专职工作人员，定期开展采购信息公开业务培训，提升信息公开工作的专业化水平。

六、将透明度评估纳入主管部门绩效考核

积极引入第三方机构对政府采购信息公开工作开展定期评估，将评估成绩纳入地方采购分网主管部门的绩效考核，并与主要负责人、工作人员工资福利和职位升迁相挂钩。积极引导和调动采购人、采购代理机构参与政府采购透明度制度建设的积极性，提升信息公开意识。

第五章 2018年中国政府采购透明度评估报告

第一节 评估依据与原则

一、评估依据

本次评估活动依据国务院和财政部发布的相关条例、规章制度和政策文件依法依规进行。这些条例、规章制度和政策文件主要有《中华人民共和国政府采购法》（2002）、《中华人民共和国政府采购实施条例》（2014）、《中华人民共和国政府信息公开条例》（国务院令〔2007〕492号）、《政府采购信息公告管理办法》（财政部令〔2004〕19号）、《政府采购非招标采购方式管理办法》（财政部令〔2013〕74号）、《财政部关于做好政府采购信息公开工作的通知》（财库〔2015〕135号）、《政府采购货物和服务招标投标管理办法》（财政部令〔2017〕87号）以及《财政部关于进一步做好政府采购信息公开工作的通知》（财库〔2017〕86号）等。

二、评估原则

本次评估所遵循的原则主要有依法评估、客观评估、系统评估和公众需求等原则。

（一）依法评估原则

本次评估的指标体系设计遵循依法依规原则，各项指标来源于国务院、财政部发布的有关政府采购信息公开的相关文件，依照法律规章的规定独立开展评估活动。

（二）客观评估原则

客观事实是政策评估遵循的基本原则之一。本次评估以政府采购信息公开的客观事实为主体内容，依据国务院和财政部的相关文件规定对各省、直辖市、自治区和计划单列市的政府采购分网发布的信息进行客观评估。

（三）系统评估原则

系统评估要求对政策活动的主体、客体和环境进行多层次、全方位的评估。本次评估不仅评估各省、自治区、直辖市和计划单列市政府采购职能部门的监督指导、平台建设工作，也评估政府采购地方分网采购信息公开的全面性、规范性和及时性，同时还对各地的监督处罚、整改落实等情况进行评估。

（四）公众需求原则

公开透明是现代法治政府的基本特征。政府采购信息公开对于保障人民群众在公共领域的知情权、参与权、监督权，完善现代国家治理体系具有重要意义。本次评估以公众对采购信息公开的需求为导向，以促进政府采购信息公开更全面、更准确、更便捷为目标，科学严谨、规范务实地开展评估活动。

第二节 评估内容、对象与指标

一、评估内容

评估的主要内容包括：（1）监督指导，即各省、自治区、直辖市和计划单列市针对政府采购信息公开工作建立的工作机制和发布的指导性文件、工作计划、监督检查制度等；（2）平台建设，包括中国政府采购网地方分网向中央主网信息推送、网站建设、资源库建设等；（3）采购项目信息公开，包括政府采购项目、监督处罚、电子交易平台建设等；（4）整改落实，即针对2017年评估存在问题进行整改的情况；（5）与第三方评估机构合作，即要求地方在规定时间内提交自评反馈材料且材料内容规范、翔实。

二、评估对象

评估的对象是全国22个省、5个自治区、4个直辖市和5个计划单列市的政府采购部门，共36个评估地区。

评估组围绕政府采购信息公开的监督指导、平台建设、信息公开以及整改落实等方面，分析当前政府采购信息公开的现状与特征，发现信息公开工作存在的问题，提出提高政府采购透明度的建议与措施。

三、评估指标

政府采购透明度指标体系由5个一级指标、15个二级指标和100个观测点构成，指标加权总分为100分。其中，一级指标包括“监督指导”“平台建设”“信息公开”“整改落实”和“与第三方机构合作”，每个一级指标包括若干二级指标。

“监督指导”下设4个二级指标（10个观测点），包括政府采购信息公开工作机制、指导性文件、信息同步发布制度和检查指导工作制度等。“平台建设”下设5个二级指标（15个观测点），包括信息推送机制、网站布局、网站栏目设计、网站服务功能和网站互动渠道等。“信息公开”下设4个二级指标（70个观测点），包括采购项目、监管处罚、协议供货/定点采购方式（即减分项）和电子交易平台（即加分项）等内容。“整改落实”下设1个二级指标（2个观测点），包括信息公开工作自评和问题整改落实等。“与第三方机构合作”下设1个二级指标（3个观测点），包括自评反馈报告时间要求、内容规范且具体要求以及协同配合要求等。

在上述二级指标中，“采购项目”是“信息公开”一级指标中的重要内容，其分值占总分的40%。采购项目信息公开评估是对采用公开招标、邀请招标、竞争性谈判、竞争性磋商、询价采购和单一来源采购等采购方式的项目信息公开情况进行评估，重点评估采购公告、预算金额、中标（成交）公告、招标（谈判/磋商）文件、采购合同等关键环节按规定应公开的信息。所有上述信息经科学筛选和量化处理后，成为二级指标下的相应观测点，每个观测点赋予的分值为 1～4 分，共计 100 个观测点，加权总分为 100 分。

第三节　评估方法与程序

一、评估总体

项目组通过地方自评反馈、搜索政府采购地方分网上主动公开的采购项目与监管处罚信息、浏览和使用政府采购地方分网的服务功能、查阅地方公开的政策文件以及典型地区实地调研等多种方式全面调查各省、自治区、直辖市和计划单列市的政府采购信息公开程度。

关于采购项目与监管处罚信息，其总体来源于地方政府采购分网按规定发布的所有相关信息。

二、抽样与评估方法

项目组采用等额抽样方法在每个省（自治区、直辖市和计划单列市）选取 50 个采购项目，共计 1800 个项目。其中公开招标项目 30 个，邀请招标、竞争性谈判、竞争性磋商、询价采购和单一来源采购等方式各 4 个项目，调查每个采购项目从采购公告、采购公告、中标（成交）结果、招标（谈判/磋商）文件到采购合同等关键环节的所有信息的公开程度。具体操作程序如下：

（1）聘请了一批知名专家对指标设计、评估方法进行充分讨论、确定评估指标体系，设计评分表并形成操作手册；

（2）选取 31 个省级政府、5 个计划单列市共计 36 个样本地区；

（3）每个样本地区选取 50 个采购项目信息，其中公开招标项目 30 个，其他采购方式项目各4个，共计20个；

（4）登录各省、自治区、直辖市及计划单列市财政部指定的政府采购分网，并进行项目搜索；

（5）搜索并逐一评阅公开招标与非公开招标项目的4～5个关键环节的公告及其相关信息；

（6）根据操作手册要求，对按照规定应发布的采购项目信息所形成的观测点进行打分；

（7）每个项目、地方反馈由三人分别评分，后汇总加权取平均分，计算公式如下：

$$\overline{X} = \frac{1}{k}\left(\frac{\sum_{i=1}^{n} a_1 + \sum_{i=1}^{n} b_1 + \sum_{i=1}^{n} c_1 + \sum_{i=1}^{n} d_1 + \sum_{i=1}^{n} e_1 + \sum_{i=1}^{n} f_1}{n}\right) \tag{5-1}$$

其中，k为6种采购方式总和，a为公开招标，b为邀请招标，c为竞争性谈判，d为竞争性磋商，e为询价采购，f为单一来源采购。

三、评估实施过程

评估实施过程大体上可分为四个阶段，即实地调研、评估培训、正式评估和评估结果确定的过程。这些过程概要说明如下：

1. 7～8月，项目组对典型地区的政府采购部门、高校进行了实地调研和交流学习；

2. 9月14～15日，项目组招聘、面试在校本科生、研究生作为评分调查员，签订项目承诺书；

3. 9月19日，评分调查员集中培训，由项目组副组长吴军民教授讲解评分细则、方法和注意事项并现场演示评分操作；

4. 9月20～21日，评分调查员分散学习评分操作手册、逐字弄懂指标与观测点意义，21日下午14：30～16：30集中反馈学习情况；

5. 9月26日下午，评分调查员在财税与公共管理学院三楼实验集中，由研究生指导评分操作；

6. 9月27日，评分调查员进行采购项目全过程、全要素信息的评分操作考核，考核合格者方可参加正式评分；

7. 9月28~29日，集中开展网站试评分；

8. 10月1~7日，集中开展网站正式评分；

9. 10月8~9日，集中对地方提交的书面材料进行评分；

10. 10月12~16日，各组汇总、核对评分初步结果；

11. 10月17~19日，集中对初步评估结果进行复核；

12. 10月20~31日，撰写、修改各省（直辖市/自治区）和计划单列市评估报告；

13. 10月23日，召开专家会议研究讨论初评结果；

14. 11月5~15日，各省（直辖市/自治区）和计划单列市评估报告反馈意见收集；

15. 11月16~18日，结合地方反馈意见修改、调整分省评估报告和总报告；

16. 11月19日，召开专家会议研究确定最终评估结果；

17. 11月23日，提交评估总报告。

第四节 评估结果

本部分将从总体概况、地区评分情况、一级指标评分情况等三个方面报告评估结果。

一、总体概况

在本次评估中，36个样本地区均提交了自评反馈报告，项目组结合该报告与网站调查、各地出台的政府采购相关文件调查进行综合评估，整个评估活动持续近4个月时间。

如表5.1所示，在计附加/减分情况下，全国省级和计划单列市政府采购透明度总评为87.2分，综合评估结果为良。从评估内容得分来看，监督指导18.5分（总分20分），平台建设17分（总分20分），信息公开44.3分（总分50±5分），整改落实4.5分（总分7分），与第三方机构合作2.9分（满分

3 分)。其中，信息公开包括 4 个二级指标，其评估分值分别是：采购项目为 32.5 分，监管处罚为 8.8 分，减分项为 -0.1 分，加分项为 +3.1 分。

表 5.1　　政府采购透明度总体情况

评估内容（100 ±5 分）		评估得分
监督指导（20 分）		18.5
平台建设（20 分）		17.0
信息公开（50 ±5 分）		41.3
其中：采购项目		32.5
监督处罚		8.8
附加/减分（±5）		+3
整改落实（7 分）		4.5
与第三方评估机构合作（3 分）		2.9
总评分	计附加/减分	87.2
	不计附加/减分	84.2
综合评估结果		良

与 2017 年相比，2018 年透明度得分稳中有升，省级政府和计划单列市政府的采购透明度得分提高了 3 分（2017 年为 84.2 分）。其原因是：一方面，与 2018 年的评估指标有较大调整有关，在新增网站服务功能、咨询投诉互动渠道、整改落实与第三方评估机构合作等指标的同时，提高了采购项目信息公开的分值和比重；另一方面，体现了各地财政部门对政府采购信息公开的重视程度，通过规范性评估各地采购管理部门工作取得一定的进步。

二、地区评分情况

本部分将报告总分及名次分为计附加/减分与不计附加/减分两种情况。

表 5.2 为计附加/减分的透明度得分情况。在 36 个被评估单位中，得分居前十名的地区分别是湖北省（第一名，101.1 分)、福建省（第二名，99.4 分)、北京市（第三名，96.1 分)、广东省（第三名，96.1 分)、海南省（第五名，95.4 分)、上海市（第六名，94.9 分)、天津市（第七名，94.5 分)、浙江省（第八名，93.5 分)、江苏省（第九名，92.9 分）和山东省（第十名，91.0 分)。

表5.2　政府采购透明度前十名省市（计附加/减分）

地区	得分	排名	地区	得分	排名
湖北省	101.1	1	上海市	94.9	6
福建省	99.4	2	天津市	94.5	7
北京市	96.1	3	浙江省	93.5	8
广东省	96.1	3	江苏省	92.9	9
海南省	95.4	5	山东省	91.0	10

与2017年相比，北京市、天津市、山东省、福建省和广东省仍在前十名之列，其他地区均有变化。值得注意的是，在新的评估指标体系中，没有低于70分的地区，反映了政府采购透明度总体上有了一定的提高。

从表5.2和图5.1来看，透明度得分在90分及以上的地区有16个，占评估地区总体44.45%；80～89.9分的地区有14个，占38.89%；70～79.9分的地区有6个，占16.67%。评估结果显示，在计加减分项的情况下，有83.3%左右的地区其政府采购透明度得分在良好及以上。

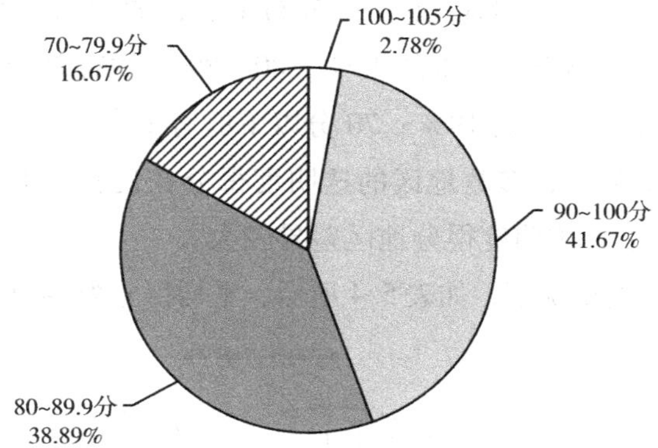

图5.1　政府采购透明度分值分布情况（计附加/减分）

表5.3为不计附加/减分的透明度得分情况，平均得分为84.2分。前十名的地区分别是湖北省（第一名，96.1分）、福建省（第二名，94.4分）、广东省（第三名，91.1分）、北京市（第三名，91.1分）、山东省（第五名，91.0分）、海南省（第六名，90.4分）、湖南省（第七名，90.2分）、甘肃省（第八名，90.1分）、上海市（第九名，89.9分）、天津市（第十名，89.5分）。与2017年相比，仍在前十名之列的有福建省、广东省、湖南省、天津市和北京市。

在计附加/减分和不计附加/减分的评估排名中，均在前十名之列的有福建省、广东省、湖北省、海南省、上海市、山东省、天津市和北京市。

表 5.3　　政府采购透明度前十名省市（不计附加减分）

地区	得分	排名	地区	得分	排名
湖北省	96.1	1	海南省	90.4	6
福建省	94.4	2	湖南省	90.2	7
广东省	91.1	3	甘肃省	90.1	8
北京市	91.1	3	上海市	89.9	9
山东省	91.0	5	天津市	89.5	10

在不考虑附加/减分项的情况下，与 2017 年相比，平均得分保持不变，高于90 分及以上的地区有 8 个；最高分提高了 1.1 分（2017 年最高分为 95.0 分），第十名（89.5 分）也提高了 1.8 分，最低分提高了 14.2 分（2017 年最低分为 54.0 分）。评估结果表明，总体上政府采购透明度有了提高。

从评估总得分（不计附加/减分）分布来看，如图 5.2 所示，90 分及以上的有 8 个地区，占调查总样本的 22%；80～89 分的有 20 个地区，占 56%；70～79 分的有 7 个地区，占 19%；70 分以下的有 1 个地区，占 3%。评估结果显示，不计加减分项，多数地区的透明度得分在良及以上，但也有个别地区得分在 70 分以下，透明度得分地区差异较大。

在不计附加分的情况下，如表 5.4 所示，平均得分为 84.1 分。前十名的地

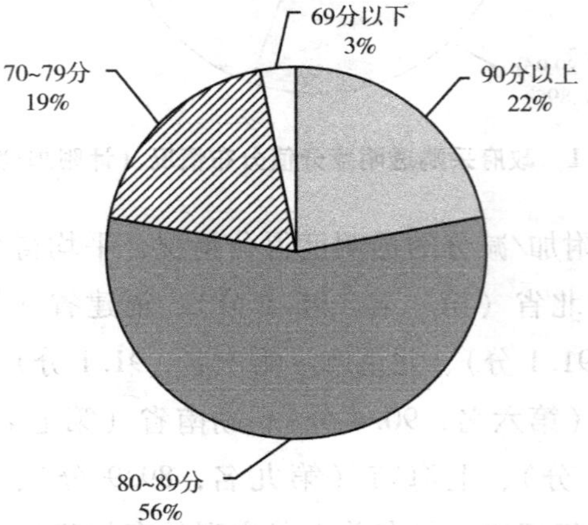

图 5.2　政府采购透明度分值分布（不计附加/减分）

区分别是湖北省（第一名，96.1 分）、福建省（第二名，94.4 分）、广东省（第三名，91.1 分）、北京市（第三名，91.1 分）、山东省（第五名，91.0 分）、海南省（第六名，90.4 分）、湖南省（第七名，90.2 分）、甘肃省（第八名，90.1 分）、上海市（第九名，89.9 分）、天津市（第十名，89.5 分）。与 2017 年相比，仍在前十名之列的有福建省、广东省、湖南省、天津市和北京市。

表 5.4 政府采购透明度前十名省市（不计附加分）

地区	得分	排名	地区	得分	排名
湖北省	96.1	1	海南省	90.4	6
福建省	94.4	2	湖南省	90.2	7
广东省	91.1	3	甘肃省	90.1	8
北京市	91.1	3	上海市	89.9	9
山东省	91.0	5	天津市	89.5	10

三、一级指标评分情况

本部分将报告监督指导、平台建设、信息公开、整改落实和与第三方评估机构合作等 5 个一级指标评分情况，并对信息公开一级指标中的采购项目、监督处罚和加减分项评估结果做简要说明。

（一）监督指导评分情况

监督指导有 4 个二级指标、10 个观测点，总分 20 分。如表 5.5 所示，所有地区的得分均在 16 分及以上，平均分为 18.5 分，最高分为 20 分。与 2017 年相比（有 8 个地区得满分，30 分），2018 年的指标内容基本维持不变，但分值有较大幅度降低，且对信息推送、指导检查的常态化工作机制设计了更为具体的观测点。

表 5.5 监督指导评分情况

地区	得分	排名	地区	得分	排名
湖北省	20.0	1	山东省	20.0	1
福建省	20.0	1	安徽省	20.0	1
北京市	20.0	1	云南省	20.0	1
天津市	20.0	1	广西壮族自治区	20.0	1
江苏省	20.0	1	湖南省	19.2	10

其中，满分地区有 9 个，占被调查地区的 25%；18 分及以上的地区有 27 个地区，占被调查地区的 75%；17～17.9 分的有 7 个地区，占 19%；16～16.9 分的有 2 个地区，占 6%（见图 5.3）。

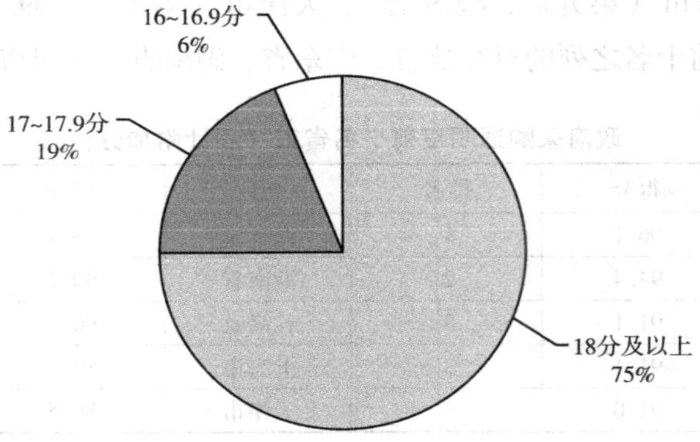

图 5.3 监督指导分值分布情况

（二）平台建设评分情况

平台建设有 5 个二级指标、15 个观测点，分值亦为 20 分。如表 5.6 所示，该项指标前十名的地区分别是广东省（19.0 分）、海南省（19.0 分）、厦门市（19.0 分）、湖北省（18.7 分）、福建省（18.7 分）、天津市（18.7 分）、浙江省（18.6 分）、宁夏回族自治区（18.3 分）、北京市（18.0 分）、上海市（18.0 分）、重庆市（18.0 分）、大连市（18.0 分）、云南省（18.0 分）和陕西省（18.0 分）。

表 5.6 平台建设评分情况

地区	得分	排名	地区	得分	排名
海南省	19.0	1	宁夏回族自治区	18.3	8
广东省	19.0	1	北京市	18.0	9
厦门市	19.0	1	云南省	18.0	9
湖北省	18.7	4	重庆市	18.0	9
福建省	18.7	4	大连市	18.0	9
天津市	18.7	4	陕西省	18.0	9
浙江省	18.6	7	上海市	18.0	9

与 2017 年（共 30 分）相比，该项指标做了很大调整，不仅分值比重降低（共 20 分），而且新增了网站建设、网站布局与栏目设计、网站服务功能的评估，评估指标和观测点更加重视用户体验。没有地区在此项指标上得满分，表明政府采购的平台建设还应进一步改善服务，提高用户体验满意度。

在上述地区中，平台建设得分在 14 ~ 15.9 分的有 7 个地区，占 19.40%；16 ~ 17.9 分的有 15 个地区，占 41.70%；18 ~ 19.9 分的地区有 14 个，占 38.90%（见图 5.4）。总体而言，平台建设仍不甚理想，应进一步整合资源，加大对平台建设的投入，改善平台的服务与管理质量，提高运营效率。

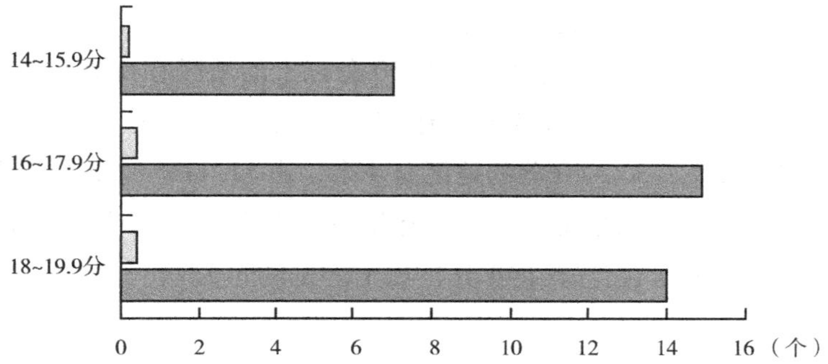

	18~19.9分	16~17.9分	14~15.9分
□占调查总体%	38.90%	41.70%	19.40%
■调查样本（个）	14	15	7

图 5.4　平台建设评分情况

（三）信息公开评分情况

信息公开有 4 个二级指标、70 个观测点，总分 50 ±5 分。如表 5.7 所示，该项指标得分居前十名的地区分别是湖北省（第一名，54.1 分）、福建省（第二名，52.7 分）、上海市（第三名，52.1 分）、广东省（第四名，51.1 分）、北京市（第五名，50.6 分）、天津市（第六名，50.2 分）、海南省（第七名，49.4 分）、江西省（第八名，49.1 分）、江苏省（第九名，48.4 分）和浙江省（第十名，48.2 分）。

表 5.7　信息公开评分情况（计附加/减分）

地区	得分	排名	地区	得分	排名
湖北省	54.1	1	天津市	50.2	6
福建省	52.7	2	海南省	49.4	7
上海市	52.1	3	江西省	49.1	8
广东省	51.1	4	江苏省	48.4	9
北京市	50.6	5	浙江省	48.2	10

与 2017 年相比（总分 40 分），在 2018 年度新的信息公开评估指标下，北京市、广东省、福建省和上海市仍在前十名之列，而其他省区市的位次则有新的变化。例如，湖北省、天津市、江西省、浙江省、海南省、江苏省的信息公开评分在 2018 年进入了前十名。

在上述地区中，信息公开评分在 50 分以上的地区有 6 个，占被评估地区总数的 16.67%；45～50 分的地区有 14 个，占 38.89%；40～45 分的地区有 8 个，占 22.22%；35～40 分的地区有 4 个，占 11.11%；35 分以下的地区有 4 个，占 11.11%。总体而言，信息公开评分优秀（50 分及以上）的比重较低，77.78% 的地区在良好（40 分）以上。见图 5.5。

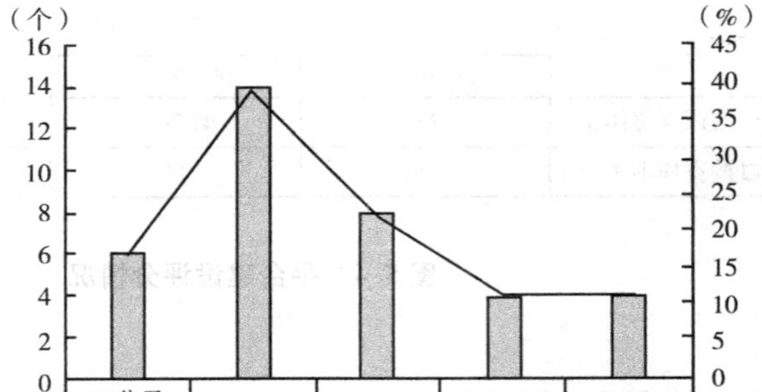

	50分及以上	45~50分	40~45分	35~40分	30~35分
评估样本量	6	14	8	4	4
占评估样本百分比	16.67%	38.89%	22.22%	11.11%	11.11%

图 5.5　信息公开分值分布情况（计附加/减分）

表 5.8 为不计附加分的信息公开评分情况。居前十名的依次是湖北省（第一名，49.1 分）、甘肃省（第二名，47.9 分）、福建省（第三名，47.7 分）、上海市（第四名，46.5 分）、山东省（第五名，46.5 分）、广东省（第

六名，46.1分）、北京市（第七名，45.6分）、湖南省（第8名，45.5分）、天津市（第九名，45.2分）和海南省（第十名，44.4分）。

表5.8　信息公开评分情况（不计附加分）

地区	得分	排名	地区	得分	排名
湖北省	49.1	1	广东省	46.1	6
甘肃省	47.9	2	北京市	45.6	7
福建省	47.7	3	湖南省	45.5	8
上海市	46.5	4	天津市	45.2	9
山东省	46.5	5	海南省	44.4	10

1. 采购项目信息公开评分情况。

采购项目信息公开是“信息公开”一级指标下的二级指标，其分值为40分。如表5.9所示，得分在前十名的地区分别是湖北省（第一名，39.1分）、甘肃省（第二名，37.9分）、福建省（第三名，37.7分）、天津市（第四名，37.2分）、上海市（第五名，37.1分）、山东省（第六名，36.5分）、内蒙古自治区（第七名，36.3分），广东省、江西省和厦门市并列第八名(36.1分)。

与2017年相比，2018年评估指标内容没有调整，只是分值及其相应比重有所增加，由30分提高到了40分，相应地在加权总分值中其比重则由30%提高到了40%。其中，仍在前十名之列的地区有福建省、甘肃省和广东省。

表5.9　采购项目信息公开评分情况

地区	得分	排名	地区	得分	排名
湖北省	39.1	1	山东省	36.5	6
甘肃省	37.9	2	内蒙古自治区	36.3	7
福建省	37.7	3	广东省	36.1	8
天津市	37.2	4	江西省	36.1	8
上海市	37.1	5	厦门市	36.1	8

在采购项目信息公开中，得分在20~25分的地区有4个，占调查总体的11.11%；25~30分的有4个地区，占11.11%；30~35分的有11个地区，

占 30.56%；35～40 分的有 17 个地区，占 47.22%。分析结果表明，采购项目信息公开总体情况不甚理想，没有满分（40 分）的地区，同时，约 58.33% 的地区采购信息公开处于在良好（32 分以上），而 30 分以下的地区占比仍有 22.22%，各级财政部门应进一步加强采购项目信息公开工作（见图 5.6）。

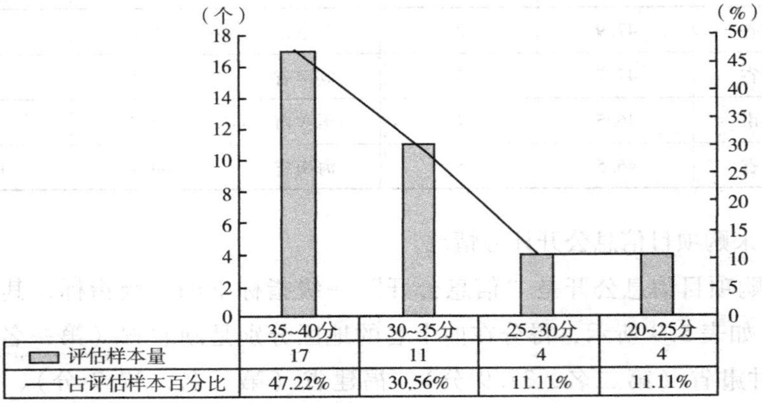

图 5.6　采购项目信息公开分值分布情况

2. 监管处罚信息公开评分情况。

作为信息公开的二级指标，监管处罚信息公开的所占分值为 10 分，分值和具体观测点与 2017 年一致。评估结果显示，所有地区都能较好地公开监管处罚信息，所公开的投诉处理决定、监督检查处理决定、集中采购机构与社会代理采购机构考核结果以及违法失信行为记录等信息内容具体，要素完备，符合时间要求。其中，此项得分为满分（10 分）的地区有北京市、上海市、广东省、江苏省、安徽省、山东省、福建省、河南省、湖北省、湖南省、四川省、贵州省、宁夏回族自治区、甘肃省、河南省等省市。因此，总体来看，监管处罚信息公开工作是值得肯定的。

3. 加分项与减分项评分情况。

2018 年的评估指标新增了加分项指标，对各省区市有电子交易平台或依托其他电商平台的信息公开情况进行评估，评估的重点是电子交易全过程在平台上的实现程度和操作便捷性程度，分值为 +5 分。项目组结合各地自评反馈报告和专家、评分员的实际操作进行综合评分。截至 2018 年 10 月 1 日，全国有建立并运营电子交易平台或依托其他电商平台的地区共有 23 个省、直辖市和自治区，这些地区政府采购交易全过程事项均可在电子交易平台上办理，实现交易记录公开，绝大多数的电子交易平台操作界面友好、便捷，重视用户体验，整体满意度较高。其中，北京市、天津市、上海市、重庆市、广东省、浙江省、江苏省、福建省、河北省、河南省、湖北省、海南省、江西省、安徽省、山西省、宁夏回族自治区、内蒙古自治区、西藏自治区以及深圳市、青岛市、宁波市等的电子交易平台附加分均为满分。

（四）整改落实评分情况

2018 年新增“整改落实”评估指标，主要是针对 2017 年对各省、自治区、直辖市和计划单列市评估中发现的问题，评估各地整改和落实国务院、财政部有关政府采购信息公开文件精神的情况。被评估地区均能认真贯彻落实国务院关于政府信息公开工作的条例和财政部的相关文件精神，扎实推进政府采购信息公开工作。

被评估地区能认真贯彻落实国务院和财政部有关政府采购信息公开的文件精神，取得一定成绩。如表 4.2 所示，分值在 5 分以及上的有 13 个地区，占被评估地区总数的 36.1%；分值在 4 ~5 分的有 19 个地区的，占 52.8%；分值在 3 ~4 分的有 4 个地区，占 11.1%。但评估也发现，部分地区未能针对 2017 年评估发现的问题加以认真整改，以致过往出现的问题在 2018 年的评估中仍然存在。

（五）与第三方评估机构合作

根据评估指标提供材料的规范性、针对性、具体性以及在规定时间内提交，既反映被评估地区的工作作风，也反映其与第三方评估机构的协作程度。基于此，项目组在 2018 年的评估指标体系中新增了“与第三方评估机构合作”的评分，其主要观测点是内容规范性程度、反馈所评分事项的具体性以及对评估人员的尊重程度等。

评估发现，绝大多数地区都能按指标要求提供自评反馈报告，如北京市、上海市、广东省、湖北省、福建省、江苏省、湖南省、甘肃省、安徽省、河南省，但有 9 个地区被不同程度地扣分，被扣分原因主要是自评反馈报告内容不够规范、未能针对指标要求反馈情况以及未能在规定时间内提交自评材料等。

第五节　政府采购信息公开工作的成效

根据党中央和国务院关于公开透明预算制度建设的总体部署，各地大力推进政府采购信息公开工作，认真贯彻落实，加大信息发布、政策法规解读、监督处罚和信息反馈力度，注重信息公开效果，政府采购信息公开工作取得了明显成效。本部分将从监督指导、平台建设、信息公开等三个方面总结各省、自治区、直辖市以及计划单列市政府采购透明度建设所取得的成效。

一、监督指导

（一）采购信息公开制度进一步完善

各地结合本省区市实际情况制定指导性文件，推进政府采购信息公开工作。明确信息公开内容、范围和要求并制定标准化文本，确保采购信息及时完整公开，切实提高政府采购活动透明度。各省区市在转发并落实财政部关于政府采购信息公开文件的同时，结合自身实际发布《政府采购管理暂行办法》《政府采购网信息发布管理办法》《政府采购信息公告模版》《集中采购成交数据交换接口技术规范》等指导性文件，围绕组织结构、方式方法、集采数据公开工作等内容做出详细规定，为规范本地区政府采购信息公开工作提供了制度保证。

（二）采购信息公开机制进一步健全

各地均严格执行中国政府采购网统一域名制度，使用财政部指定域名建设地方分网，确保财政部指定域名可以正常访问；建立相关工作机制，明确在其他政府采购信息发布媒体发布信息的同时在中国政府采购网地方分网发布并保持信息一致。按照权责一致原则，规定政府采购项目信息由采购人或者其委托的采购代理机构负责公开；政府采购监管处罚信息由财政部门负责公开，法律、法规和规章规定应当公开的其他政府采购信息，由相关主体依法公开。

（三）地方分网实现所辖区域全覆盖

省、自治区、直辖市和计划单列市的地方分网均实现了对所辖县（市/

区）的全覆盖；中国政府采购网地方分网均可正常访问；各地区均已建立市县政府采购信息发布接口，从技术上统一标准和平台，即全省政府采购信息都必须在财政部规定的网站上进行发布，实现全省政府采购信息发布统一要求、统一平台、统一标准；各地区均实现各市县信息有效推送，按规定实现了与中国政府采购网中央主网信息的有效推送。

（四）监督检查工作扎实有效推进

各地区印发本省区市监督检查实施办法，将信息公开作为对集中采购机构考核和对采购人、采购代理机构监督检查的主要内容，并详细制定检查标准，如政府采购工作规范运作情况、公告发布率、公告完整性、质疑答复和投诉举报等内容。明确采购信息公告作为考核评分点，并按规定将信息公开工作纳入年度考核评估指标。采取检查、抽查等方式定期或不定期进行专项督导和专项考核，并定期通报。督促采购人、采购代理机构切实履行政府采购信息公开的责任与义务，对未按规定在指定媒体发布政府采购项目信息的依法处理。例如，北京市、海南省、安徽省和广东省等省市对代理机构信息公开情况进行重点检查，对存在的信息公开等问题，下达整改通知书，情节严重的进行处罚并予以曝光。

二、平台建设

（一）网站布局合理，功能模块优化

通过 2017 年的评估，大多数地方网站对版面布局、模块功能进行了调整与完善。同时，更加注重用户体验，在视觉和交流互动上保持简洁轻化，色彩风格朴素稳重，突出本部门网站的性质定位，给用户以清爽舒适的视觉体验。例如，海南省、甘肃省、湖北省和广东省等网页设计极具地方特色，栏目完整，布局合理，符合财政部门的性质定位。

（二）网站栏目丰富，服务功能增加

一方面，大部分地方网站办事指南规范清晰，包括业务流程、注册指南、采购指南、办事须知、受理投诉联系信息、业务系统操作手册等内容；另一

方面，梳理业务过程的常见问题，方便办事人查询。业务系统采用引导式服务，方便操作使用。大部分地方网站实现多维度检索功能，按照地区、时间、流程归集信息，支持模糊检索和按照项目、采购人、采购机构、采购方式等不同维度检索。例如，福建省和广东省等地方网站办事指南简洁明了、全面准确、规范完整，采购项目支持多维度检索搜索，服务功能得到增强。

（三）平台监督充实，动态监管普及

所有地方分网均有专设监督栏目，将采购项目全流程信息公开纳入动态监管范围，实现对采购项目执行情况和信息公开情况的核查和动态监管，不断推进信息公开工作，提高政府采购透明度。例如，广东省规定完整的采购项目公开包括项目备案、项目委托、委托受理、发布采购公告、发布采购结果、采购合同备案和完成验收报告等内容。点击项目编号就能查看该项目各个阶段的具体内容。通过动态监管能够更加直接了解项目所进行到的阶段，推进政府采购信息公开工作更加规范、透明。

（四）互动渠道多元，注重用户体验

为满足用户办事需要，方便当事人维护自身权益。大部分地方分网公开了政府采购监督管理部门的投诉咨询联系方式，提供了统一入口的咨询投诉、在线提问交流等沟通渠道，基本做到了公众咨询投诉答复信息公开、反馈及时。例如，湖北省在采购网上将咨询投诉链接到湖北省财政公众网，设有在线沟通、在线访谈、咨询投诉和厅长信箱等栏目，办事人能够看到来件公示。福建省采购网将公众咨询链接到福建省财政厅，办事人能够留言咨询，并可通过“公共查询”或“常见问题”查看是否有现成的答复以及查看其他已办结问题，同时设有采购人、代理机构、供应商、采购专家交流咨询群。海南省设有在线咨询栏目并有答复公示。

三、信息公开

（一）采购项目信息按规定公开

各省区市均能严格按照（财库〔2015〕135 号）和（财库〔2017〕86 号）

要求，基本实现了采购项目全过程信息公开。一是采购项目信息全流程公开，包括采购项目公告、采购文件、采购项目预算金额、结果公告、合同公告等信息；二是采购信息公开要素齐全、内容完整；三是采购项目信息发布时间严格按照在要求的时间期限内进行发布。例如，福建省、甘肃省、厦门市、江西省和广东省等地方固化公告内容格式，保证了项目信息公开要素完备、内容详尽。

（二）监督处罚信息公开要素完备

各地基本上实现投诉处理决定、监督检查处理决定和集中采购机构考核结果公开，信息公开内容具体、要素完备、符合时间要求。公开信息包括单位名称、统一信用证代码、单位地址、违规情形、处罚结果、处罚依据和处罚机关等。绝大多数地区能在规定时间内将供应商、采购代理机构和评审专家的违法失信行为记录在本省采购网全文公开，同时，在规定时间内推送到中国政府采购网和工商部门的国家企业信用信息公示系统进行公示。

（三）电子交易平台建设成效明显

有电子交易平台或依托其他电商平台的地区交易全过程事项基本可以在交易平台上办理。通过全流程的电子化办理和监督，采购过程效率显著提高。例如，广东省、安徽省、海南省、浙江省和上海市等省市电子交易平台网页模块功能完备，操作界面便捷，公布信息完整，交易全过程事项可在交易平台上办理。

第六节　政府采购信息公开工作存在的问题

评估发现，各地政府采购信息公开工作在取得显著成效的同时，也存在一些突出问题，如政府采购透明度地区差异大、部分地区监督指导工作力度不够、地方采购分网服务功能欠完善等。

一、透明度得分地区差异较大

各地按照中央建立公开透明预算制度的有关要求卓有成效地开展政府采

购信息公开工作，政府采购透明度得分较2017年（84.2分）相比基本保持稳定，但地区差异仍然存在。从地区来看，沿海地区、发达地区的透明度得分较高，而西部地区、欠发达地区的得分较低。从具体分值来看，若计加减分项，得分最高的地区（101.1分）与得分最低的地区（70.7分）相差近30分；而低于80分的有6个地区，70分以下的有1个地区。总体上，2018年透明度评估得分稳中有升但地区差异较大。

二、监督指导有待进一步加强

部分地区监督指导指标评估结果得分相对不高，有待进一步加强。部分地区未按规定提供信息同步发布的监督、奖励和处罚措施等文件；未能提供采购信息由地方网向中央网推送的证明材料；一些地区监督指导的考核工作指标说明过于简单、抽象；个别地区没有发布地方政府采购信息的统计、档案管理等文件；个别地区没有发布集中机构和社会代理机构考核的办法、程序和措施等文件。

三、地方分网服务功能欠完善

政府采购分网服务功能欠完善，有近10个地区评分处于16分及以下。其主要表现在：(1) 网站布局不合理、模块不清晰，网页设计不易操作、不简明；(2) 缺乏便捷的办事指南及查询设置，搜索困难；(3) 部分地区的政府采购网站交互性差、互动渠道单一，部分地区需要统一去财政厅网站进行咨询投诉，但网站无说明、无链接；(4) 信息查询阅读限制性条件多，个别网站部分信息需要注册或者下载特定软件甚至加密才可浏览。

四、信息公开不统一、不规范

政府采购项目信息公开的内容不完整、格式不规范。一些地区的招标文件、采购合同没有公开或公开不完整；采购项目信息未说明公示期限、采购人或采购代理机构；未公开采购项目预算金额；未按规定公示相关项目评标委员会及评审专家名单信息等；部分地区协议供货及定点采购方式存在具体成交记录以及价格调整规则公示内容不完整；个别地区的违法失信行为记录内容不齐全；合同公示中存在不符合政府采购合同应当自合同签订之日起 2 个工作日内公告的规定；存在中标结果与合同公示相隔多个月问题。

五、地方分网栏目差异较大

政府采购网地方分网的网页布局、功能模块地区差异大。有的地区板块设计多元，栏目涵盖政策法规、政策解读、经验交流、曝光监督、采购方式、专题专栏和在线服务等多类栏目，但有些地区的栏目较为单一，仅有政策法规、采购方式和监管处罚等三个栏目，甚至有栏目而无信息。同时，各地对查询功能渠道的设置差异较大，如部分地区无搜索栏，或仅支持时间、地区和采购项目单一查询方式，缺乏多维度检索和模糊检索功能。

六、内部管理机制有待完善

政府采购涉及多个部门，要求各部门应通过统一的渠道或平台发布相关信息。评估发现，当前信息发布内部管理机制尚存在以下问题有待完善：一是信息公告内容的审核主体以及单位内部岗位设置和职责划分不明晰，部分采购项目信息公告的更正次数较多；二是县/区政府采购项目信息发布与推送量少，存在不按规定推送信息的现象；三是部分地区采购部门未能正确理解信息公开的相关规定，把所有采购项目信息都加以公开。

第七节　提高政府采购透明度的若干建议

针对评估中发现的问题，项目组认为应从完善信息公开制度、加强监督指导与平台建设以及推进信息公告的规范化、标准化等方面，不断提升政府采购透明度。

一、完善政府采购信息公开制度

中国特色社会主义进入了新时代，全面深化改革的总目标是完善和发展中国特色社会主义制度、推进国家治理体系和治理能力现代化。新时代全面深化改革的总目标要求加快推进“放管服”改革，进一步完善政府采购信息公开制度：（1）制定《政府信息公开法》《政府采购信息公开法》，使政府采购制度的法律保障更加有力；（2）增强对政府采购信息公告主体问责的刚性，建立包括警告、记过、撤职、取消业务资格以及依法追究民事、刑事责任的问责体系；（3）借鉴人民陪审员制度，健全政府采购信息公告纠纷仲裁机制；（4）强化政府采购信息公告的内部监督与外部监督，规定内部监督的机构与负责人，引入第三方机构或力量进行外部监督；（5）将政府采购信息公开纳入采购人、集中采购机构主动公开的基本目录，建立由采购人初审、财政部门审核、发布媒体复核的工作制度。

二、深入开展信息公开业务培训

加强政府采购信息公开主管部门与高校、研究机构以及其他第三方机构合作，定期对政府采购管理人员、采购人以及集中采购代理机构的信息公开专业培训，提升政府采购信息公开工作人员的业务水平。定期对集中采购机构、采购人、社会代理机构开展信息公开法律、法规与政策宣传，增强依法依规、主动公开政府采购信息的行动自觉性。

三、进一步充实平台的服务功能

进一步充实政府采购网地方分网的服务功能，使其不仅具有信息发布、咨询投诉、在线交流、征集渠道功能，而且能在线全程办事、线上线下融合，注重客户体验、快捷高效、服务民众，充分发挥和挖掘政府采购平台服务功能。优化网站布局与栏目设计，拓展网站服务功能，提升用户体验；丰富电子交易平台服务内容，实现项目全程可跟踪、随时可追溯；完善项目信息查询设置，统一以项目编号为基础、项目名称为辅的信息一键查询功能。创新

"互联网 +"政府采购网络信息公布手段，推广普及政府采购 App，充分利用自媒体优势，拓展并优化政府采购信息发布渠道。

四、加强信息公开的标准化建设

在规范政府采购信息发布平台的基础上，对信息公开栏目进行标准化设计，例如，省本级、各市、区、县采购信息分开，按采购流程或采购方式发布采购公告，单独设置监督栏目等。推进公开文件的标准化改革，包括采购需求、采购公告、中标结果、成交公告、采购合同等信息公开文件的构成要素、编号、格式等的标准化。同时，做好这些标准化文件的"网络信息标准化"转化工作，便于统计和查询。

五、推广采购信息公开"一张网"

各省（自治区、直辖市）依照自身需求建立了政府采购平台和公共资源交易平台，不同地区的平台建设形式多样、风格各异，反映了地方特色，有利于各地结合实际开展信息公开工作。但存在不足的是，平台不统一增加了公众信息阅读、搜索和查询的不便利性，不利于公众便捷地了解政府采购信息公开政策。因此，推广建设政府采购信息发布"一张网"，促进公共资源交易平台、电子交易平台、政府采购信息平台之间的信息共享，集约建设电子交易平台，是深入推进"放管服"改革的客观要求。

六、深入推进政府购买服务改革

由财政部门全过程地负责政府采购信息公开业务，既难以适应"放管服"改革的要求，也不利于财政部门提高管理效率和服务质量。应在科学合理划分政府采购信息公开业务流程的基础上，以政府购买服务方式把信息公开的非审批业务委托给第三方机构或市场服务机构，既能落实简政放权改革要求，又能节省主管部门人力成本，提高工作效率。

第六章 2019年中国政府采购透明度评估报告

第一节 评估依据与原则

一、评估依据

本次评估活动依据国务院和财政部发布的相关条例、规章制度和政策文件依法依规进行。这些条例、规章制度和政策文件主要有《中华人民共和国政府采购法》(2002)、《中华人民共和国政府采购实施条例》(2014)、《中华人民共和国政府信息公开条例》(国务院令〔2007〕492号)、《政府采购信息公告管理办法》(财政部令第19号)、《政府采购非招标采购方式管理办法》(财政部令〔2013〕74号)、《财政部关于做好政府采购信息公开工作的通知》(财库〔2015〕135号)、《政府采购货物和服务招标投标管理办法》(财政部令〔2017〕87号)、《财政部关于进一步做好政府采购信息公开工作的通知》(财库〔2017〕86号)以及《财政部办公厅关于开展2019年政府采购透明度评估的通知》(财办库〔2019〕239号)等。

二、评估原则

本次评估所遵循的原则主要有依法评估、客观评估、系统评估和公众需求等原则。

(一)依法评估原则

本次评估的指标体系设计遵循依法依规原则,各项指标来源于国务院、财政部发布的有关政府采购信息公开的相关文件，依照法律规章的规定独立开展评估活动。

（二）客观评估原则

客观事实是政策评估遵循的基本原则之一。本次评估以政府采购信息公开的客观事实为主体内容，依据国务院和财政部的相关文件规定对各省、自治区、直辖市、计划单列市财政厅（局）和新疆生产建设兵团财政局（以下称各地区财政部门）的政府采购分网发布的信息进行客观评估。

（三）系统评估原则

系统评估要求对政策活动的主体、客体和环境进行多层次、全方位的评估。本次评估不仅评估各地区财政部门的监督指导、平台建设工作，也评估政府采购地方分网采购信息公开的全面性、规范性和及时性，同时还对各地的监督处罚、整改落实等情况进行评估。

（四）公众需求原则

公开透明是现代法治政府的基本特征。政府采购信息公开对于保障人民群众在公共领域的知情权、参与权、监督权，完善现代国家治理体系具有重要意义。本次评估以公众对采购信息公开的需求为导向，以促进政府采购信息公开更全面、更准确、更便捷为目标，科学严谨、规范务实地开展评估活动。

第二节　评估内容、对象与指标

一、评估内容

评估的主要内容包括：（1）监督指导，即各地区财政部门针对政府采购信息公开工作进行的制度建设、指导市县信息公开工作、指定媒体监管、信息发布机制、监督考核和动态监管；（2）平台建设，包括中国政府采购网地方分网向中央主网信息推送、网站访问、网站建设、平台制度建设以及与公共资源交易平台数据共享；（3）信息发布，包括政府采购项目信息、监管处罚信息、其他政府采购信息和采购意向；（4）整改落实，即针对2018年评估存在的问题进行整改的情况；（5）配合评估，即各地区财政部门在规定时间内提交自评反馈材料且材料内容真实、完整，在评估过程中能及时予以回应第三方评估机构提出的相关问题；（6）“互联网+”政府采购建设情况，主要评估各地区财政部门电子化政府采购平台建设情况和电子卖场建设情况。

二、评估对象

评估的对象是全国22个省、5个自治区、4个直辖市、5个计划单列市财政厅（局）和1个生产建设兵团财政局，共37个被评估地区财政部门。

评估组围绕政府采购信息公开的监督指导、平台建设、信息发布、整改落实、配合评估等方面，分析当前政府采购信息公开的现状与特征，发现信息公开工作存在的问题，提出提高政府采购透明度的建议与措施。

三、评估指标

政府采购透明度指标体系由6个一级指标、19个二级指标和221个观测点构成，指标加权总分为100分。其中，一级指标包括“监督指导”“平台建设”“信息发布”“整改落实”“配合评估”“‘互联网+’政府采购建设”。

每个一级指标包括若干二级指标，“监督指导”下设6个二级指标（15个观测点），包括政府采购信息公开制度建设、指导市县信息公开工作、指定媒体监管、信息发布机制、监督考核和动态监管。“平台建设”下设5个二级指标（15个观测点），包括信息推送、网站访问、网站建设（含附加分项和观察指标）、平台制度建设以及与公共资源交易平台数据共享。“信息发布”下设4个二级指标（183个观测点），包括政府采购项目信息（含扣分项）、监管处罚信息（含扣分项）、其他政府采购信息、采购意向（为观察指标）。“整改落实”下设1个二级指标（2个观测点），两个观测点均为扣分项。“配合评估”下设1个二级指标（4个观测点），包括提交自评报告时间要求（扣分项）、书面说明材料内容真实、完整等具体要求以及协同配合要求。“‘互联网+’政府采购建设”下设2个二级指标（2个观测点），包括电子化政府采购平台建设（附加分项）和电子卖场建设（附加分项）。在上述二级指标中，“政府采购项目”所占的比重是最大的，其分值占总分的30%。采购项目信息公开评估是对公开招标、邀请招标、竞争性谈判、竞争性磋商、询价采购和单一来源采购等采购方式的项目信息公开情况进行评估，重点评估采购公告、预算金额、中标（成交）公告、招标（谈判/磋商）文件、采购合同等关键环节是否按规定公开信息。

所有信息经科学筛选和量化处理后，成为二级指标下的相应观测点，每个观测点赋予的分值为1~5分，加权总分为100分。

第三节　评估方法与程序

一、评估总体

项目组通过各地区财政部门自评报告、搜索政府采购地方分网上主动公开的采购项目与监管处罚信息、浏览功能和使用政府采购地方分网的服务功能、查阅各地区财政部门公开的政策文件以及典型地区财政部门实地调研等多种方式全面调查各地区财政部门的政府采购信息公开程度。

关于采购项目与监管处罚信息，其总体来源于各地区财政部门政府采购分网按规定发布的所有相关信息。

二、抽样与评估方法

项目组采用等额抽样方法在各地区选取50个采购项目，共计1850个项目。其中，公开招标（含邀请招标）项目30个；竞争性谈判、竞争性磋商、询价采购和单一来源采购等方式各4个项目，计16个；如有定点采购、协议供货的，各抽查3个项目，计6个；若不足或没有竞争性谈判、竞争性磋商、询价采购和单一来源采购等方式，则以公开招标项目替代，总量为50个。调查每个采购项目从招标公告、采购公告、中标（成交）结果、招标（谈判/

磋商）文件到采购合同等关键环节的所有信息的公开程度。具体操作程序如下：

（1）聘请了一批知名专家对指标设计、评估方法进行充分讨论、确定评估指标体系，设计评分表并形成操作手册。

（2）选取22个省、5个自治区、4个直辖市、5个计划单列市财政厅（局）和1个生产建设兵团财政局共计37个地区财政部门。

（3）每个样本地区选取50个采购项目信息，其中，公开招标（含邀请招标）项目30个，竞争性谈判、竞争性磋商、询价采购和单一来源采购等方式各4个项目，计16个；如有定点采购、协议供货的，各抽查3个项目，计6个；若不足或没有，则以公开招标项目替代，总量为50个。

（4）登录各地区指定的政府采购分网，并进行项目搜索。

（5）搜索并逐一评阅公开招标与非公开招标项目的4～5个关键环节的公告及其相关信息。

（6）根据操作手册要求，对按照规定应发布的采购项目信息所形成的观测点进行打分。

（7）政府采购透明度所有评估项目由三人分别进行评分，最后汇总加权得出各地区财政部门总分。其中政府采购项目信息分值计算采取两个步骤：①加权计算出政府采购项目信息的原始分值（百分制）；②按照政府采购项目信息占总分的权重，得出地区财政部门该指标最终得分（满分30分）。

第一步计算公式如下：

$$\overline{X} = \frac{\left(\sum_{i=1}^{n} a_i + \sum_{i=1}^{n} b_i\right) \times w_1 + \sum_{i=1}^{n} c_i \times w_2 + \sum_{i=1}^{n} d_i \times w_3 + \sum_{i=1}^{n} e_i \times w_4 + \sum_{i=1}^{n} f_i \times w_5 - \left(\sum_{i=1}^{n} g_i + \sum_{i=1}^{n} h_i\right) \times w_6}{n} \tag{6-1}$$

其中，a_i 为公开招标，b_i 为邀请招标，c_i 为竞争性谈判，d_i 为竞争性磋商，e_i 为询价采购，f_i 为单一来源采购，g_i 为定点采购，h_i 协议采购，n 为各采购方式项目总和，w_1、w_2、w_3、w_4、w_5、w_6 依次为对应的采购方式分数权重。若是个别招标方式没有，以公开招标补充，因此每个地方 w_i 将会不同。假设有30个公开招标，4个邀请招标，4个竞争性谈判，4个竞争性磋商，4个询价采购，4个单一来源采购，3个定点采购和3个协议采购（扣分项），则 w_i 依次为$\frac{20}{30}$、$\frac{2}{30}$、$\frac{2}{30}$、$\frac{2}{30}$、$\frac{4}{30}$和（$\frac{-3}{30}$）；若无定点采购或协议供货，有34个公开招标，4个邀请招标，4个竞争性谈判，4个竞争性磋商，4个询价采购，w_i 依次为$\frac{20}{30}$、$\frac{2}{30}$、$\frac{2}{30}$、$\frac{2}{30}$、$\frac{4}{30}$。

第二步计算公式如下：

$$Y = \overline{X} \times w_7 \tag{6-2}$$

其中，Y 表示各地区财政部门采购项目信息最终得分，w_7 表示政府采购项目信息占总分的权重，即$\frac{30}{100}$。

三、评估实施过程

评估实施过程大体上可分为四阶段，即实地调研、评估培训、正式评估和评估结果确定的过程。这些过程概要说明如下：

1.7月下旬~8月中旬，项目组对典型地区财政部门、高校进行了实地调研和交流学习；

2.9月11~12日，项目组招聘、面试在校本科生、研究生作为评分调查员，签订项目承诺书；

3.9月20日，评分调查员集中培训，由项目组副组长吴军民教授讲解评分细则、方法和注意事项并现场演示评分操作；

4.9月24~25日，在评分调查员分小组的基础上分散学习评分操作手册、逐字弄懂指标与观测点意义，25日晚上19：00~21：00集中反馈学习情况；

5.9月27日，评分调查员在财税与公共管理学院三楼实验集中，由研究生指导评分操作；

6.9月28~30日，部分评分调查员前往厦门参加“2019年政府采购信息化业务培训”；

7.10月9日，评分调查员进行采购项目信息的评分操作考核，考核合格者方可参加正式评分；

8.9月10~11日，集中开展网站试评分；

9. 10 月 12～20 日，集中开展网站正式评分，25 日晚上 19：00～21：00 各小组汇报评估情况；

10. 10 月 22～25 日，各小组汇总、核对评分初步结果；

11. 10 月 28～31 日，集中对初步评估结果进行复核；

12. 11 月 1～8 日，撰写分项目报告和总报告；

13. 11 月 10 日，召开专家会议研究讨论初评结果；

14. 11 月 12～15 日，校对修订总报告；

15. 11 月 17 日，召开专家会议研究讨论 2019 年政府采购透明度评估结果；

16. 11 月 24 日，召开专家会议研究讨论 2019 年政府采购透明度各地区财政部门评估结果；

17. 12 月 2～9 日，各地区财政部门评估报告反馈意见收集；

18. 12 月 9 日晚上 19：00～21：00 各小组汇报各地区财政部门评估报告反馈意见及核实情况；

19. 12 月 10～13 日，结合各地区财政部门反馈意见修改完善评估分报告；

20. 12 月 13～16 日，结合财政部反馈意见和各地区财政部门反馈意见修改完善评估总报告；

21. 12 月 17 日，评估总报告定稿提交。

第四节 评估结果

本部分将从评估总体概况、各地区政府采购透明度评分、一级指标、区域比较、三年比较等五个方面报告评估结果。

一、总体概况

在本次评估中，37 个地区财政部门均提交了自评报告，项目组结合该报告与网站调查、各地出台的政府采购相关文件调查进行综合评估，整个评估活动持续近 5 个月时间。与 2018 年相比，2019 年的评估指标有了较大调整，不仅新增了网站服务功能、咨询投诉互动渠道、整改落实与第三方评估机构合作等评分指标，同时还提高了采购项目信息公开的分值和比重。

如表 6.1 所示，在不计附加分情况下，政府采购透明度总评为 88.44 分，比上年得分提高了 7.42 分（2018 年为 81.02 分），综合评估结果为良。从评估内容得分来看，监督指导 17.92 分（总分 20 分），平台建设 28.76 分（总分 30 分），信息发布 41.92 分（总分 50 -6 分），整改落实 -0.11 分（总扣分 -6 分），配合评估 -0.05 分（总扣分 -3 分）。其中，评估占比最高的信息发布包括 4 个二级指标，其评估分值分别是：采购项目为 24.31 分（总分 30 -3 分），监管处罚为 9.34 分（总分 10 -3 分），其他政府采购 8.27 分（总分 10 分），还有一个观察指标是采购意向，不计分（注：因四舍五入计算方法可能会使得后续数据存在 0.01 的误差）。

表 6.1　　政府采购透明度总体情况

评估内容	评估得分
监督指导（20 分）	17.92
平台建设（30 +3 分） 　其中，附加分（+3 分）	30.41 1.65
信息发布（50 分） 　其中，扣分项（-6 分）	41.92 -0.32
整改落实（扣分项 -6 分）	-0.11
配合评估（扣分项 -3 分）	-0.05
"互联网 +"政府采购建设（附加分 +5 分）	+3.48
总评估分 　计附加分 　不计附加分	 94.05 88.44
综合评估结果	良

在计附加分情况下，政府采购透明度总评分为 94.05 分，比上年得分提高了 10.15 分（2018 年为 83.90 分）。从评估内容得分来看，监督指导 17.92 分（总分 20 分），平台建设 30.41 分（总分 30 +3 分），信息发布 41.92 分（总分 50 -6 分），整改落实 -0.11 分（总扣分 -6 分），配合评估 -0.05 分（总扣分 -3 分），"互联网 +"政府采购建设 3.48 分（附加分 +5 分）。总体来看，本年度政府采购透明度得分的提高，既反映了各地区财政部门对政府

采购信息公开的重视，也反映科学、规范的采购透明度评估对实际工作的促进作用。

二、地区政府采购透明度评分情况

本部分将报告各地区政府采购透明度总分及名次，分为不计附加分与计附加分（为了便于区分，计附加分的项目或图表我们将特别注明）两种情况。表6.2为各地区政府采购透明度得分情况，平均得分为88.44分，比2018年提升了7.42分（2018年得分为81.02）。前十名的地区分别是北京市（第一名，96.42分）、福建省（第二名，95.86分）、厦门市（第三名，95.46分）、广东省（第三名，95.46分）、安徽省（第五名，95.08分）、天津市（第六名，94.96分）、湖南省（第七名，94.86分）、河北省（第八名，94.19分）、云南省（第九名，90.40分）和青岛市（第十名，90.26分）。与2018年相比，仍在前十名之列的有北京市、福建省、广东省、天津市和湖南省。新进入前十名的有厦门市、安徽省、河北省、云南省和青岛市。值得注意的是，在新的评估指标体系中，没有低于70分的地区，反映了政府采购透明度总体上有了一定的提高。

结合表6.2和图6.1可知，90分及以上的有11个地区，占调查总样本的29.73%；80~90分的有23个地区，占62.16%；70~80分的有3个地区，占8.11%。评估结果显示，多数地区的透明度得分在良及以上，没有70分以下的地区。2019年政府采购透明度总评分高于90分及以上的地区比2018年增加了3个（2018年为8个），此外，最低分提高了5.28分（2018年最低分为68.20分）。评估结果表明，总体上政府采购透明度有了较大的提高。

表6.2　政府采购透明度前十名省市

地区	得分	排名	地区	得分	排名
北京市	96.42	1	天津市	94.96	6
福建省	95.86	2	湖南省	94.86	8
厦门市	95.46	3	河北省	94.19	9
广东省	95.46	3	云南省	90.40	1
安徽省	95.08	5	青岛市	90.26	10

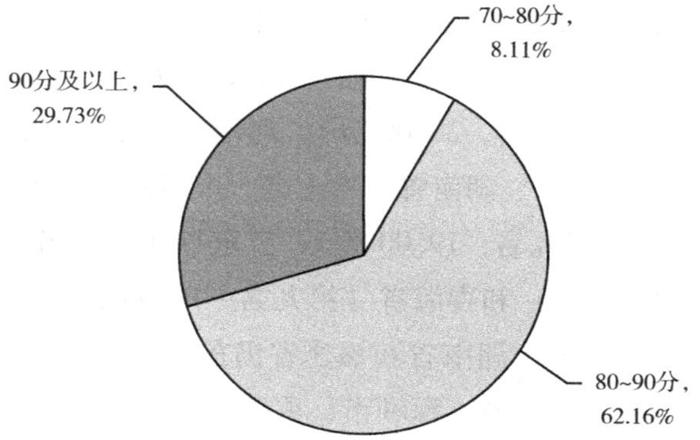

图 6.1 政府采购透明度总评分分布

政府采购透明度评估的附加分项总分为8分，具体包括“平台建设”下的网站建设（含附加分项+3分），“‘互联网+’政府采购建设”一级指标下的电子化政府采购平台建设（附加分项+3分）和电子卖场建设（附加分项+2分）。得分在5分以上的地区有23个，占54.6%；得分在3~5分的地区有14个，占33.33%，3分以下的地区有5个，占12.1%。分析显示，部分地区在网站建设和“‘互联网+’政府采购建设”方面的工作有待加强。

三、一级指标评分情况

本部分将报告监督指导、平台建设、信息发布、整改落实、配合评估和“互联网+”政府采购建设6个一级指标评分情况，并对评分占比较高的信息发布指标中的采购项目、监督处罚、其他政府采购信息、采购意向结果做简要说明。

（一）监督指导

2019年监督指导有6个二级指标、15个观测点，总分20分。与2018年相比，2019年监督指导与2018年分值一样，但指标内容有较大幅度的不同，2019年监督指导方面对指导市县信息公开工作、指定媒体监管的采购信息公开工作有了更加具体的要求，同时指定媒体监管、动态监管工作机制设计也有了更为具体的观测点。

如表6.3所示，所有地区的得分均在14.5分及以上，最高分为20分。监督指导指标得分居前十名的地区分别是北京市（第一名，20.00分）、江苏省（第一名，20.00分）、浙江省（第一名，20.00分）、吉林省（第一名，20.00分）、安徽省（第一名，20.00分）、河南省（第一名，20.00分）、深圳市（第七名，19.50分）、湖南省（第七名，19.50分）、重庆市（第九名，19.00分）、福建省（第九名，19.00分）、广东省（第九名，19.00分）、江西省（第九名，19.00分）和青海省（第九名，19.00分）。与2018年相比，北京市、江苏省、安徽省、湖南省和福建省仍在前十名之列，新进入前十名的有浙江省、吉林省、河南省、深圳市、重庆市、广东省、江西省和青海省。

表6.3　　　　监督指导评分情况

地区	得分	排名	地区	得分	排名
北京市	20.00	1	湖南省	19.50	7
江苏省	20.00	1	重庆市	19.00	9
浙江省	20.00	1	福建省	19.00	9
吉林省	20.00	1	广东省	19.00	9
安徽省	20.00	1	江西省	19.00	9
河南省	20.00	1	青海省	19.00	9
深圳市	19.50	7			

结合表6.3和图6.2可知，监督指导得分在18～21分的地区有20个，占调查总样本的54.05%；15～18分的地区有14个，占调查总样本的35.14%；12～15分的地区有3个，占调查总样本的8.11%。总体而言，监督指导情况整体良好，但少数地区存在以下问题：一是指导市县信息公开工作未以文件、会议、培训等形式对市县财政部门提出政府采购信息公开工作规定的具体要求；二是对市县财政部门政府采购信息公开工作培训未提供明确、具体、充分的支撑材料；三是未以文件、会议、培训等形式明确对指定媒体提出规定的具体工作要求；四是监督考核工作未以文件、会议、培训等形式对采购人、集中采购机构和社会代理机构的信息公开工作给予指导，未将信息公开情况作为对采购人、社会代理机构和集中采购机构考核内容；五是实现对市县级采购项目全流程信息公开的动态监管未提供明确、具体、充分的支撑材料。

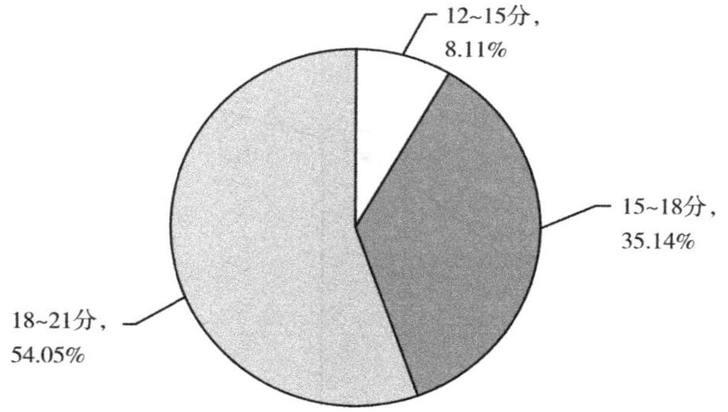

图 6.2　监督指导分值分布情况

（二）平台建设

平台建设有 5 个二级指标、15 个观测点，分值为 30（+3）分，其中包括附加分指标与观察指标。与 2018 年（20 分）相比，平台建设指标做了很大调整，不仅分值比重提高（30+3 分），而且指标内容更为具体细化，删减了主观判断指标，新增了网站访问、网站其他内容或功能、在线提交投诉功能等指标，调整了信息推送、网站建设等指标，将分值落实到各个具体项目使评估指标和观测点更具操作性。此外，平台建设指标还考虑了地方分网网站建设的完善程度，更加重视地方信息间的互联互通。平台建设指标得满分的地区有北京市、广东省、天津市、河北省、浙江省、福建省、安徽省、湖南省、广西壮族自治区和宁夏回族自治区。与 2018 年相比，北京市、天津市、浙江省、福建省、广东省和宁夏回族自治区仍在前十名之列，新进入前十名的有河北省、安徽省、湖南省和广西壮族自治区。

如图 6.3 所示，平台建设得分在 29～30.9 分的地区有 19 个，占调查总样本的 51.35%；27～28.9 分的地区有 15 个，占调查总样本的 40.54%；25～26.9 分的地区有 3 个，占调查总样本的 8.11%。2019 年平台建设有 10 个满分（30 分）的地区，而 2018 年没有。总体而言，各地在平台建设方面取得了很大的进步，但有少数地区存在以下问题：一是部分市县级采购项目未在中国政府采购网地方分网发布，且预算金额在 500 万元以上地方采购项目信息未能实现通过数据接口同时推送至中央主网发布；二是网站信息搜索功能未能通过三个以上要素进行模糊搜索；三是在平台制度建设方面未建立安全管理制度。

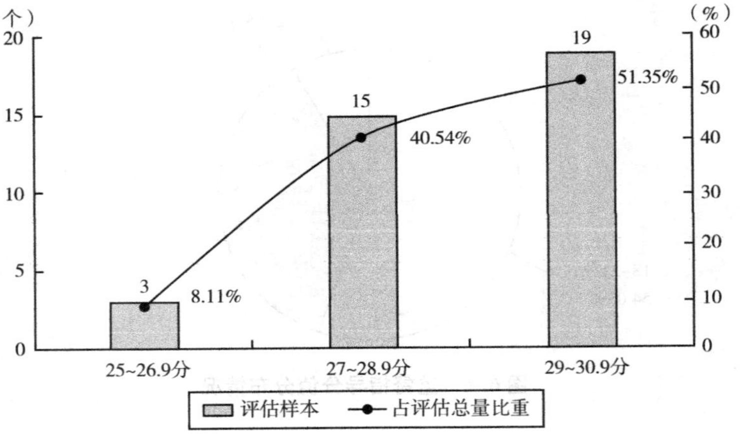

图 6.3　平台建设分值分布情况

如表 6.4 所示，平台建设（计附加分）指标得分居前十名的地区分别是安徽省（第一名，32.50 分）、浙江省（第二名，32.34 分）、福建省（第三名，32.33 分）、天津市（第四名，32.17 分）、宁夏回族自治区（第四名，32.17 分）、宁波市（第六名，31.67 分）、河南省（第六名，31.67 分）、广西壮族自治区（第六名，31.67 分）、北京市（第九名，31.50 分）和海南省（第九名，31.50 分）。

表 6.4　　平台建设评分情况（计附加分）

地区	得分	排名	地区	得分	排名
安徽省	32.50	1	宁波市	31.67	6
浙江省	32.34	2	河南省	31.67	6
福建省	32.33	3	广西壮族自治区	31.67	6
天津市	32.17	4	北京市	31.50	9
宁夏回族自治区	32.17	4	海南省	31.50	9

如图 6.4 所示，平台建设（计附加分）得分在 26 ~ 27.99 分的有 3 个地区，占调查总样本的 8.11%；28 ~ 29.99 分的有 10 个地区，占调查总样本的 27.03%；30 ~ 32.99 分的地区有 24 个，占调查总样本的 64.86%。总体而言，平台建设（计附加分）相比 2018 年取得较大改善，较多地区的地方分网实现改版升级，但有少数地方分网网站在其他内容或功能方面明显欠缺，甚至有的地方分网只实现办事指南功能，无其他内容或功能。

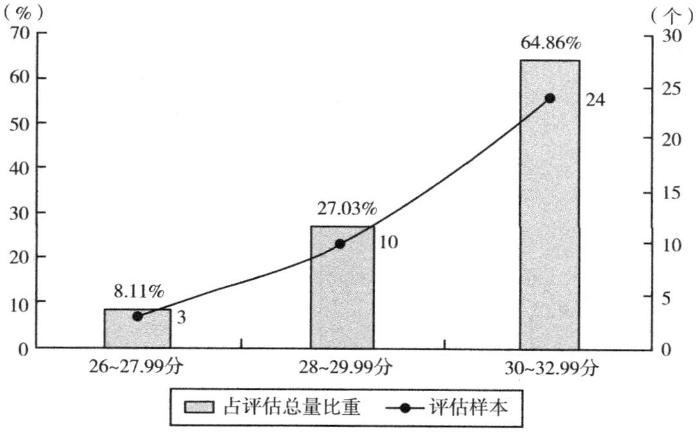

图 6.4 平台建设分值分布情况（计附加分）

（三）政府采购信息发布

信息发布有4个二级指标、183个观测点，总评分为50－6分。如表6.5所示，信息发布评分居前十名的地区依次是厦门市（第一名，47.46分）、福建省（第二名，46.86分）、河北省（第三名，46.69分）、天津市（第四名，46.46分）、广东省（第四名，46.46分）、北京市（第六名，46.42分）、青岛市（第七名，46.09分）、山东省（第八名，45.90分）、大连市（第九名，45.57分）和湖南省（第十名，45.36分）。与2018年相比，福建省、天津市、广东省、北京市、山东省和湖南省仍在前十名之列，新进入前十名的有厦门市、河北省、青岛市和大连市。

表 6.5　　政府采购信息发布评分情况

地区	得分	排名	地区	得分	排名
厦门市	47.46	1	北京市	46.42	6
福建省	46.86	2	青岛市	46.09	7
河北省	46.69	3	山东省	45.90	8
天津市	46.46	4	大连市	45.57	9
广东省	46.46	4	湖南省	45.36	10

如图6.5所示，42～47.99分的地区有18个，占调查总样本的48.65%；36～41.99分的地区有16个，占调查总样本的43.24%；30～35.99分的地区有3个，占调查总样本的8.11%。总体而言，政府采购信息发布情况整体良好。

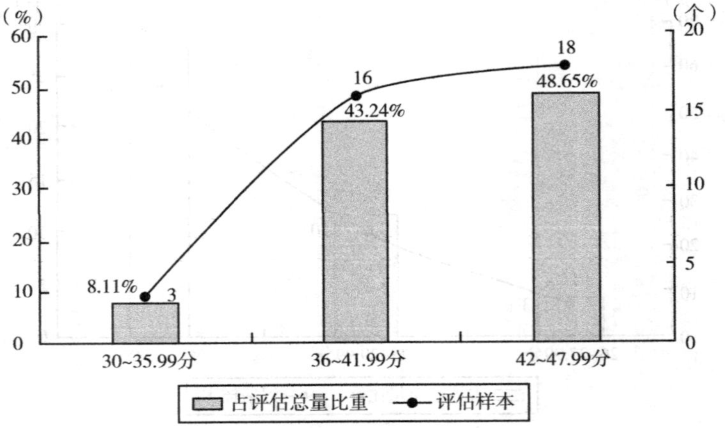

图 6.5　政府采购信息发布分值分布

1. 采购项目信息公开。

采购项目信息公开是一级指标“信息发布”下的二级指标，其分值为 30 - 3 分。与 2018 年相比，2019 年采购项目信息公开评估指标的具体内容有较大的调整，其分值也有所减少，由 2018 年的 40 分减少到了 30 - 3 分，其中对协议供货、定点采购项目等进行抽查，分值为 - 3 分（扣分项）。

如表 6.6 所示，得分在前十名的地区分别是福建省（第一名，30.00 分）、厦门市（第二名，29.46 分）、广东省（第三名，27.46 分）、河北省（第四名，26.97 分）、北京市（第五名，26.64 分）、天津市（第六名，26.46 分）、青岛市（第七名，26.44 分）、云南省（第八名，26.30 分）、山东省（第九名，26.13 分）和湖南省（第十名，25.88 分）。与 2018 年相比，仍在前十名之列的地区有福建省、厦门市、广东省、天津市和山东省，2019 年新进入前十名的有河北省、北京市、青岛市、云南省和湖南省。

表 6.6　　采购项目信息公开评分

地区	得分	排名	地区	得分	排名
福建省	30.00	1	天津市	26.46	6
厦门市	29.46	2	青岛市	26.44	7
广东省	27.46	3	云南省	26.30	8
河北省	26.97	4	山东省	26.13	9
北京市	26.64	5	湖南省	25.88	10

如图 6.6 所示，得分在 15 ~ 20 分的地区有 2 个，占调查总样本的 5.41%；20 ~ 25 分的有 20 个地区，占调查总样本的 54.05%；25 ~ 30 分的有 15 个地区，占调查总样本的 40.54%。分析结果表明，采购项目信息公开总体情况良好，有一个满分（30 分）的地区，且绝大部分地区得分均在 21 分及以上，比上年有很大的增长，少数地区得分不高主要存在以下问题：一是在各类招标方式的采购公告中未能说明公告期限或者公告期限少于规定时长的要求，缺少采购项目需要落实的政府采购政策，缺少采购项目的名称、数量、简要规格描述或项目基本概况介绍，缺少采购项目联系人姓名和电话等；二是在中标、成交结果公告中未说明公告期限；中标、成交公告未在中标供应商确立之日内 2 个工作日内公告；三是招标文件、竞争性谈判文件、竞争性磋商文件以及询价文件缺失；四是采购合同缺失以及采购合同未能在自合同签订之日起 2 个工作日内公告。

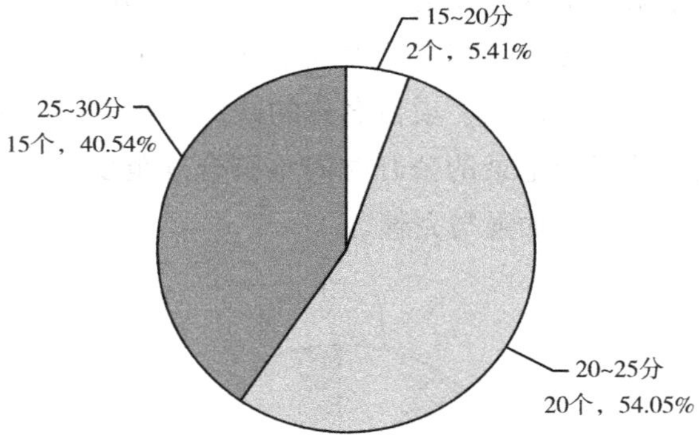

图 6.6　采购项目信息公开分值分布

2. 监管处罚信息公开。

监管处罚信息有 3 个观测点，总分为 10 - 3 分。2019 年这一部分的评估更为细致具体，每个观测点下设置了精准的评分细则，使评估的数据更加可视化。其中，集中机构的考核结果公告分值为 5 分，抽查个数量为 5 个；投诉、监督检查等处理决定分值为 5 分，抽查数量为 10 个；对于评估期间产生的违法失信行为记录公告为 - 3 分（扣分项），抽查数量为 6 个。

评估结果显示，所有地区都能较好地公开监管处罚信息，所公开的投诉处理决定、监督检查处理决定、集中采购机构与社会代理采购机构考核结果以及违法失信行为记录等信息内容具体，要素完备，符合时间要求。此项得分为满分（10 分）的地区有天津市、上海市、重庆市、宁波市、厦门市、深圳市、广东省、海南省、内蒙古自治区和青海省。总体来看，监管处罚信息公开满分的地区在数量上比去年有所减少（2018 年为 14 个），且 7 分以下的地区有 3 个（2018 年没有 7 分以下的地区）。

如图 6. 7 所示，满分（10 分）地区有 10 个，占调查总样本的 27. 02%；9 ~ 10 分的地区有 21 个，占调查总样本的 57. 67%；7 ~ 8 分的有 3 个地区，占 8. 11%；7 分以下的有 3 个地区，占 8. 11%。分析结果表明，监管处罚信息公开总体情况比较理想，其中满分（10 分）的地区有 10 个，同时，94. 60% 的地区采购信息公开良好（6 分以上）。总体而言，监管处罚信息公开工作比上年有很大的进步，但少数地区在监管处罚信息公开工作方面不是很理想，其原因主要有三个：一是集中采购机构的考核工作未能按规定的执行，开展抽查或者监督检查工作，并未按规定对集中采购机构进行考核，无法明确现有的集中采购机构存在的问题；二是财政部门做出的投诉、监督检查决定公告不符合规范要求，存在所涉及采购项目关键信息的缺失，如采购日期、相关当事人的关键信息、项目名称的缺失，相关决定未在规定时间内公开；三是违法失信行为记录的公开时间不符合规范要求。因此，少数地区可以在以上三个方面进行加强与完善。

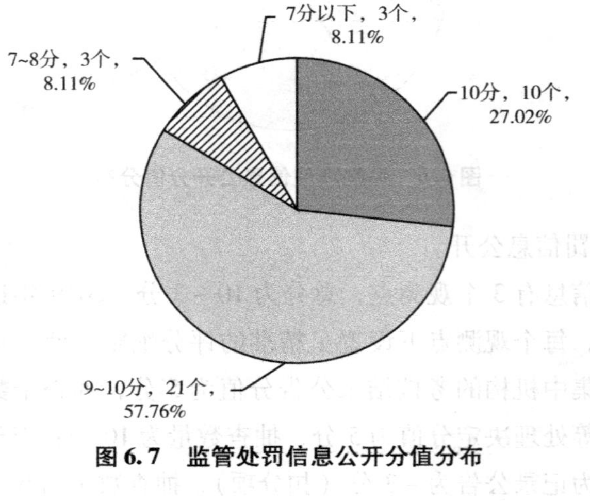

图 6. 7　监管处罚信息公开分值分布

3. 其他政府采购信息公开。

其他政府采购信息含有 5 个观测点，总分为 10 分，是在总结往年经验的基础之上加以创新而设置的评估指标，主要从 5 个维度出发考察各地区采购分网对其他信息发布的完整性、及时性及规范性。调查分析数据显示，大部分地区在其他政府采购信息的考察内容上都能够做到规范及时发布，其中有 12 个省市取得了满分 10 分，分别是北京市、天津市、福建省、河北省、山东省、吉林省、安徽省、湖南省、甘肃省以及深圳市、青岛市、大连市。总体来说，各地在其他政府采购信息发布方面实现程度良好。

从评估得分分布来看，如图 6.8 所示，其他政府采购信息发布得分 8 分以上的地区有 16 个，占调查总样本的 43.24%；6～8 分的地区有 15 个，占调查总样本的 40.54%；6 分以下的地区有 6 个，占调查总样本的 16.22%。总的来说，各地在其他政府采购信息发布方面的工作是值得肯定的，只有少数地区得分较低，其主要问题有三个：一是工商登记注册地为本省的政府采购招标业务代理机构名录与中国政府采购网中央主网发布的不一致；二是县级以上财政部门未在中国政府采购网地方分网发布联系部门、联系电话和通讯地址等信息；三是各部门未在中国政府采购网地方分网公开面向中小企业采购情况，包括预留项目执行情况和本部门面向中小企业采购情况。

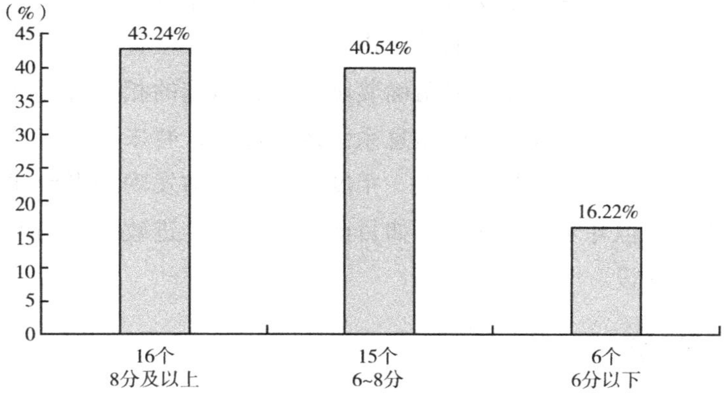

图 6.8 其他政府采购信息公开分值分布

4. 采购意向公开。

采购意向是信息发布下的二级指标，为观察指标，不计入总评分。结合网站调查与地方书面说明，项目组发现多数地区不论是年度采购意向还是季度采购意向，都很少在中国政府采购网地方分网上发布。但有一个地区采购意向工作做得比较好，那就是宁波市，宁波市每月都会将市级需要采购的项目计划在宁波政府采购网上公布，公布内容包括项目名称、预算金额、简要需求、采购方式、是否专门面向小微企业采购等。总体来说，各地区采购意向工作还需要加大公开力度，特别是在面向小微企业采购方面，要鼓励支持小微企业的发展。

（四）整改落实

2019 年的整改落实指标改为扣分项（2018 年为附加分），主要评估各地是否针对 2018 年整改落实不足之处做出了相应的调整完善。2019 年整改落实方面改善较大的有云南省、广西壮族自治区、福建省、厦门市和安徽省，其中云南省在搜索完整度、搜索便捷性、项目分类清晰度方面有较大改进，实施了对政府采购项目全流程信息公开的动态监管，建立了严格的关联、审核及预警机制，强调了政府采购人的主体责任等。被评估地区都能认真贯彻落实国务院和财政部有关政府采购整改落实的文件精神，取得了很大的进步。

绝大部分地区都在上年的基础上进行了不同程度的整改，只有 2 个地区被扣了分，被扣分的原因主要有两个：一是对上一年度评估中发现的监督指导、平台建设问题未提出明确的整改措施，如针对在检查中发现的信息不全问题，虽加大监督检查力度，但明确奖励和处罚措施的相关管理办法尚未形成正式文件；或者由于政府采购信息系统改版原因，暂未实现市县与公共资源交易平台互联互通。二是针对上一年度自查和评估发现的平台建设问题虽提出整改措施，但并未及时落实，如目前尚未完成推进政府采购电子卖场和网上电子商城建设。

（五）配合评估

2019 年配合评估指标体系中新增了“真实性”“完整性”的扣分项，其主要观测点是书面提交材料内容是否存在虚假数据、缺漏项等，重点考察书面说明材料的真实性、完整性程度；此外，还有“及时性”“配合度”指标（扣分项），其主要观测点是提供书面说明材料是否及时以及对第三方评估机构评估人员的工作是否配合等。评估发现，绝大部分地区财政部门都能及时提交纸质版和电子版材料，且都能对评估组提出的问题和遇到的难题给予及时的解决答复，亦只有 2 个地区被扣分，被扣分原因主要是该地区财政部门未能在规定时间内提交自评材料。

（六）“互联网+”政府采购建设

在2018年关于电子卖场评估项目设计的基础上，2019年新增了对电子化政府采购平台建设的评估，考察地方分网采购全流程信息化程度状况。“‘互联网+’政府采购建设情况”下设2个二级指标，且都为附加分项，其中电子化政府采购平台建设情况（附加分3分）、电子卖场（附加分2分）。该项指标得分前十名的地区分别是北京市（第一名，5.00分）、重庆市（第一名，5.00分）、宁波市（第一名，5.00分）、深圳市（第一名，5.00分）、浙江省（第一名，5.00分）、福建省（第一名，5.00分）、安徽省（第七名，4.83分）、厦门市（第八名，4.80分）、吉林省（第九名，4.57分）、天津市（第十名，4.50分）、湖北省（第十名，4.50分）和贵州省（第十名，4.50分）。

如图6.9所示，关于“互联网+”政府采购建设，得分在4~5分的地区有20个，占调查总样本的54.05%；3~4分的地区有4个，占10.81%；2~3分的地区有6个，占16.22%；1~2分以下的地区有4个，占10.81%；1分以下的地区有3个，占8.11%。总体来看，“互联网+”政府采购建设情况存在两极分化的现象，有些地区在电子化政府采购平台和电子卖场建设方面做得非常好，但有些地区却存在以下问题：一是实现了在线发布采购公告、电子采购文件免费获取，但尚未实现提交采购（响应）文件、电子开标、电子评审、电子合同签订、履约验收、信用评估、用户反馈、提交发票、资金支付等功能；二是地方已建设电子卖场，但电子卖场需要注册或者未公布具体成交记录，有的地区网站上存在建设电子卖场的通知，但尚未建立电子卖场。

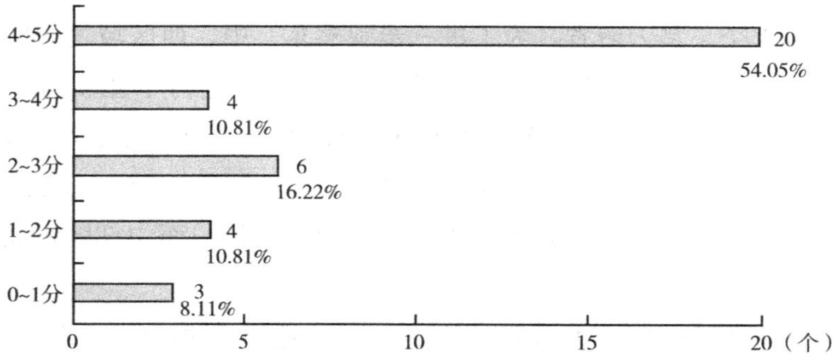

图6.9 “互联网+”政府采购建设分值分布

四、不同区域比较

本报告将37个调查样本划分为东部、中部、西部三个区域：东部区域包括北京市、天津市、河北省、辽宁省、山东省、上海市、江苏省、浙江省、福建省、广东省、海南省、深圳市、宁波市、青岛市、大连市和厦门市；中部区域包括山西省、吉林省、黑龙江省、安徽省、江西省、河南省、湖北省和湖南省；西部区域包括四川省、重庆市、陕西省、贵州省、云南省、西藏自治区、甘肃省、青海省、宁夏回族自治区、内蒙古自治区、广西壮族自治区、新疆维吾尔自治区和新疆生产建设兵团。

与此同时，我们也对南北区域的地方政府采购透明度评分进行了比较。其中，南部区域包括江苏省、安徽省、浙江省、上海市、湖北省、湖南省、江西省、福建省、云南省、贵州省、四川省、重庆市、广西壮族自治区、广东省、海南省、深圳市、厦门市和宁波市；北部区域包括山东省、青岛市、山西省、河南省、河北省、陕西省、甘肃省、天津市、北京市、大连市、黑龙江省、吉林省、辽宁省、青海省、西藏自治区、新疆维吾尔自治区、宁夏回族自治区、内蒙古自治区和新疆生产建设兵团。

（一）东、中、西部比较

在东、中、西部区域中，东部区域总评分进入前十名的地区有7个，分别是北京市、福建省、厦门市、广东省、天津市、河北省和青岛市。中部区域进入前十名的地区有2个，分别是安徽省和湖南省；西部区域进入前十名的地区只有1个，是云南省。为了进一步观察东、中、西区域之间的政府采购透明度情况，我们将东、中、西区域的总平均分进行了比较分析，如图6.10所示，东部区域的总平均分为90.56分，中部区域的总平均分为87.98分，西部区域的总平均分为86.10分。总体来看，东部区域不论在进入前十名的数量还是在总平均得分方面都明显优于中部区域，而中部区域又稍优于西部区域。

为更具体地了解东、中、西部区域政府采购透明度之间的情况，本报告分别从监督指导、平台建设、信息发布、整改落实、配合评估和“互联网+”政府采购建设等6个一级指标做进一步的比较分析。

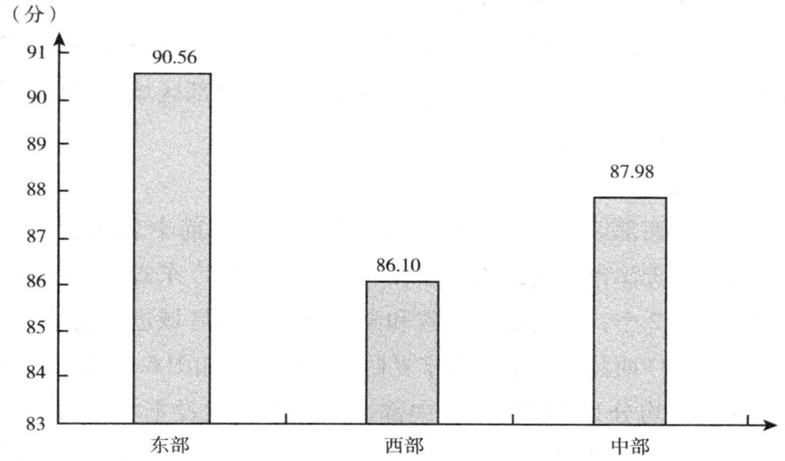

图 6.10　东、中、西部得分比较

1. 监督指导比较。

在东、中、西部区域中，东部区域监督指导评分进入前十名的地区有 6 个，分别是北京市、江苏省、浙江省、深圳市、福建省和广东省；中部区域进入前十名的地区有 5 个，分别是吉林省、安徽省、河南省、湖南省和江西省；西部区域进入前十名的地区有 2 个，分别是重庆市和青海省。

如图 6. 11 所示，东部区域的监督指导平均分为 18. 09 分，中部区域的监督指导平均分为 18. 63 分，西部区域的监督指导平均分为 17. 27 分。总体来

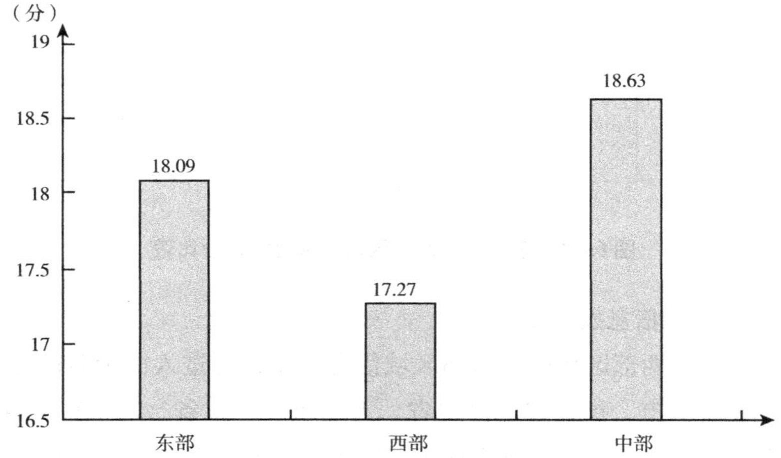

图 6.11　东、中、西部区域监督指导得分比较

看，东部区域监督指导评分进入前十名的数量稍多于中部区域，而中部区域又多于西部区域。值得注意的是，中部区域监督指导平均分要高于东部区域和西部区域，而东部区域监督指导平均分又稍高于西部区域。可见，西部区域在监督指导工作方面有待加强。

2. 平台建设比较。

在东、中、西部区域中，东部区域平台建设进入前十名的地区有 6 个，分别是北京市、天津市、河北省、浙江省、福建省和广东省；中部区域进入前十名的地区有 2 个，分别是安徽省和湖南省；西部区域进入前十名的地区有 2 个，分别是广西壮族自治区和宁夏回族自治区。如图 6. 12 所示，东部区域的平台建设平均分为 29. 01 分，中部区域的平台建设平均分为 28. 55 分，西部区域的平台建设平均分为 28. 57 分。总体来看，东部区域平台建设评分进入前十名的数量远多于中部区域和西部区域，中部区域平台建设评分进入前十名的数量与西部区域基本持平，在平台建设平均分方面，东部区域稍高于中部区域和西部区域，中部区域与西部区域基本持平。

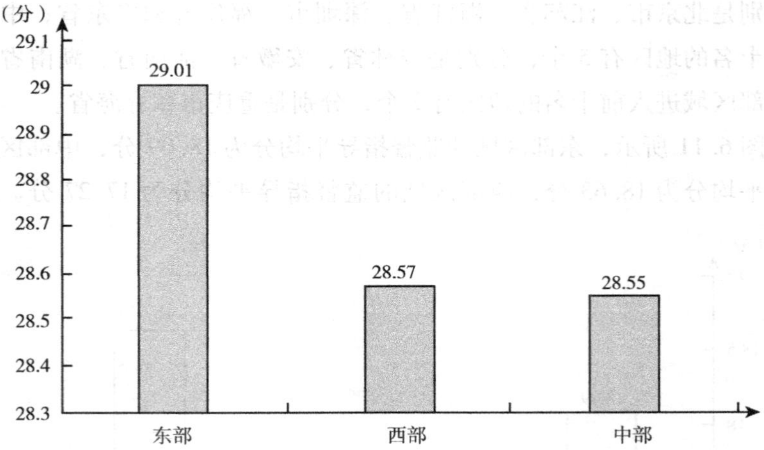

图 6. 12　东、中、西部区域平台建设得分比较

3. 政府采购信息发布比较。

在东、中、西部区域中，东部区域信息发布评分进入前十名的地区有 9 个，分别是厦门市、福建省、河北省、天津市、广东省、北京市、青岛市、大连市和山东省；中部区域进入前十名的地区只有 1 个，是湖南省；西部区域没有进入前十名的地区。如图 6. 13 所示，东部区域的信息发布平均分为

43.52 分，中部区域的信息发布平均分为 40.80 分，西部区域的信息发布平均分为 40.64 分。总体来看，东部区域信息发布评分进入前十名的评估地区数量远远多于中部区域，而中部区域又多于西部区域，值得注意的是，西部区域没有进入前十名的地区。在信息发布平均分方面，东部区域要高于中部区域和西部区域，而中部区域又稍高于西部区域。

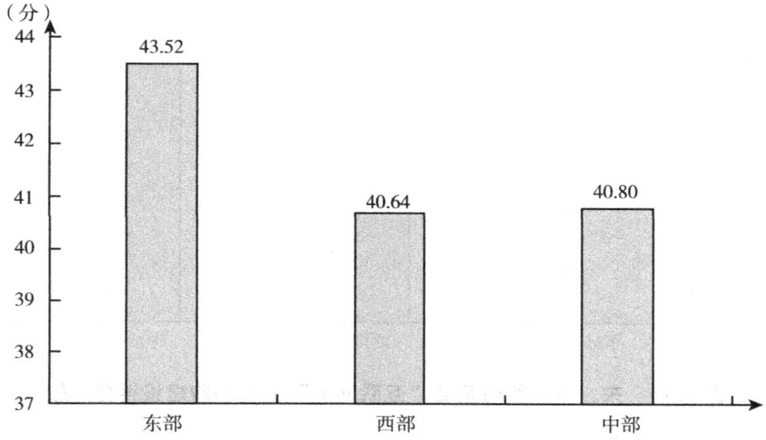

图 6.13　东、中、西政府采购信息发布得分比较

4. 整改落实比较。

东、中、西部区域的绝大部分地区都进行了不同程度的整改，整个整改情况良好，只有 2 个地区被扣分。

5. 配合评估比较。

评估发现，东、中、西部区域的绝大部分地区都能按文件要求按时提供自评反馈报告，且基本能对评估组提出的问题和遇到的难题给予及时的答复解决，只有 2 个地区被扣分。

6. “互联网 +” 政府采购建设比较。

在东、中、西部区域中，东部区域“互联网 +”政府采购建设评分进入前十名的地区有 7 个，分别是北京市、宁波市、深圳市、浙江省、福建省、厦门市和天津市；中部区域进入前十名的地区有 3 个，分别是安徽省、吉林省和湖北省；西部区域进入前十名的地区有 2 个，分别是重庆市和贵州省。

如图 6.14 所示，东部区域“互联网 +”政府采购建设平均分为 3.73 分，中部区域的“互联网 +”政府采购平均分为 3.48 分，西部区域的“互联网 +”政府采购平均分为3.17分。总体来看，东部区域“互联网+”政府采购建设评分不论是进入前十名的数量还是平均分方面都优于中部区域，而中部区域又优于西部区域。可见，西部区域在“互联网+”政府采购建设工作方面有待加强。

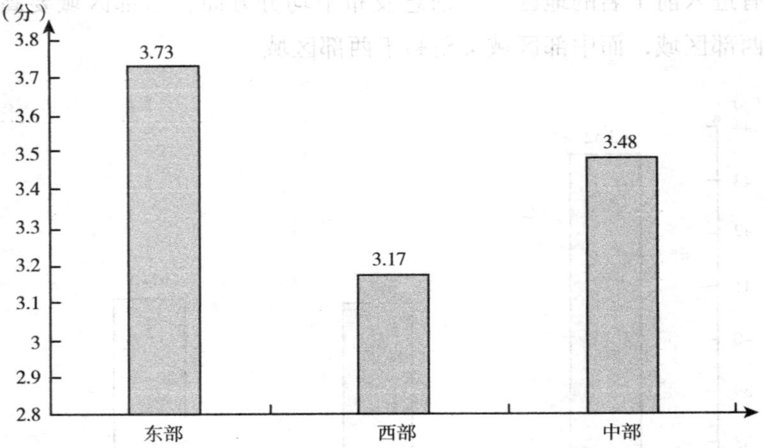

图6.14　东、中、西部区域“互联网+”政府采购建设得分比较

（二）南、北部区域比较

在南、北部区域中，南部区域总评分进入前十名的地区有6个，分别是福建省、厦门市、广东省、安徽省、湖南省和云南省；北部区域进入前十名的地区有4个，分别是北京市、天津市、河北省和青岛市。为了进一步观察南、北部区域之间的政府采购透明度情况，我们将南、北部区域的总平均分进行了比较分析。如图6.15所示，南部区域的总平均分为90.19分，北部区域的总平均分为86.78分。总体来看，南部区域进入前十名的数量高于北部区域，在总平均分方面南部区域也明显高于北部区域。

本部分亦从监督指导、平台建设、信息发布、整改落实、配合评估和“互联网+”政府采购建设等6个一级指标报告南北区域透明度的比较分析情况。

1. 监督指导比较。

在南、北部区域中，南部区域监督指导评分进入前十名的地区有9个，分别是江苏省、浙江省、安徽省、深圳市、湖南省、重庆市、福建省、广东省和江西省；北部区域进入前十名的地区有4个，分别是北京市、吉林省、河南省和青海省。如图6.16所示，南部区域的监督指导平均分为18.50分，

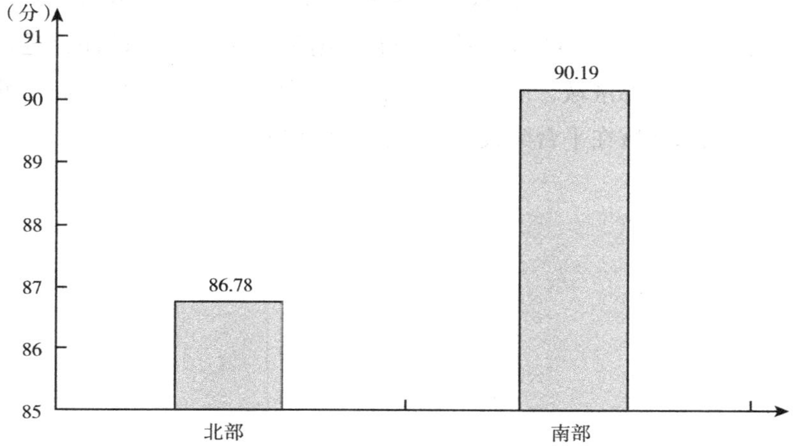

图 6. 15　南、北部区域得分比较

北部区域的监督指导平均分为 17. 37 分。总体来看，南部区域监督指导评分进入前十名的数量要多于北部区域，同时，南部区域监督指导平均分也要高于北部区域。可见，北部区域在监督指导工作方面有待加强。

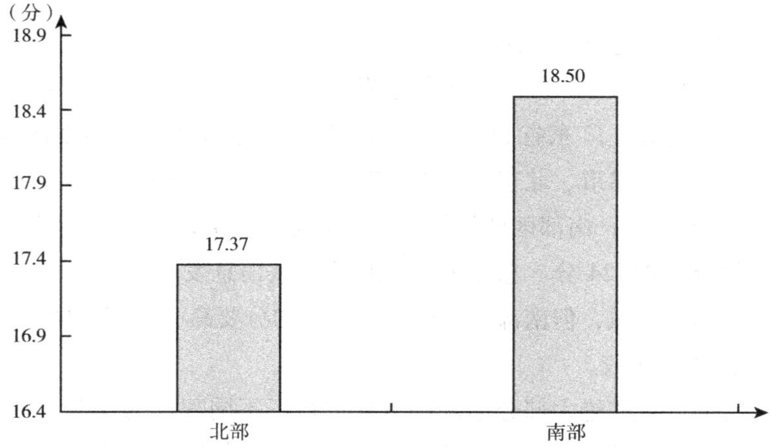

图 6. 16　南、北部区域监督指导得分比较

2. 平台建设比较。

在南、北部区域中，南部区域平台建设评分进入前十名的地区有 6 个，分别是浙江省、福建省、广东省、安徽省、湖南省和广西壮族自治区；北部区域进入前十名的地区有 4 个，分别是北京市、天津市、河北省和宁夏回族自治区。如图 6. 17 所示，南部区域的平台建设平均分为 29. 10 分，北部区域的平台建设平均分为 28. 43 分。总体来看，南部区域平台建设评分进入前十名的数量远多于北部区域，同时，南部区域平台建设平均分也稍高于北部区域。可见，北部区域在平台建设工作方面有待加强。

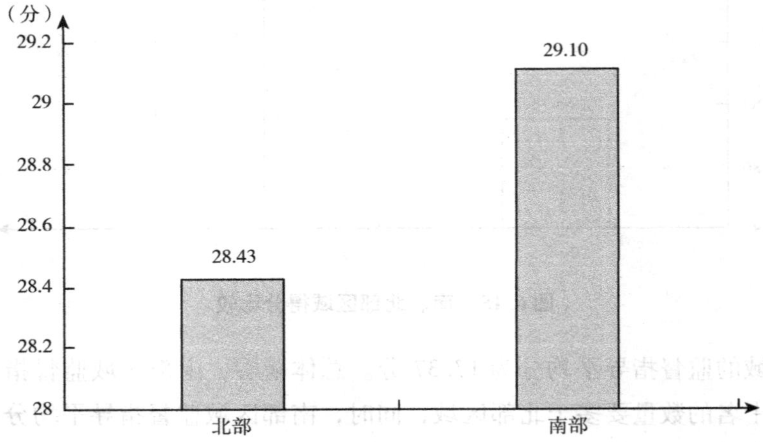

图 6. 17　南、北部区域平台建设得分比较

3. 政府采购信息发布比较。

在南、北部区域中，南部区域信息发布进入前十名的地区有 4 个，分别是厦门市、福建省、广东省和湖南省；北部区域进入前十名的地区有 6 个，分别是河北省、天津市、北京市、青岛市、大连市和山东省。

如图 6. 18 所示，南部区域的信息发布平均分为 42. 64 分，北部区域的信息发布平均分为 41. 24 分。总体来看，北部区域信息发布评分进入前十名的数量要多于南部区域，但南部区域信息发布平均分要高于北部区域。

4. 整改落实比较。

南、北部区域的绝大部分地区基本都进行了不同程度的整改，整改情况良好，只有位于北部区域的 2 个地区扣了 2 分。总体而言，北部区域在整改落实工作方面有待加强。

5. 配合评估比较。

南、北部区域的绝大部分地区都能按文件要求按时提供自评反馈报告，且大多能对评估组提出的问题和遇到的难题给予及时的答复解决，只有南部区域的 2 个地区被扣分。总体来看，南、北区域配合评估情况相差不大。

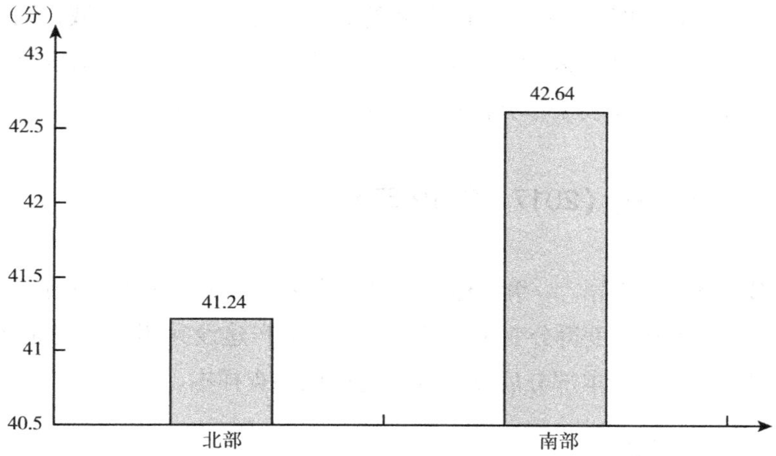

图 6.18　南、北政府采购信息公开得分比较

6. “互联网 +” 政府采购建设比较。

在南、北部区域中，南部区域“互联网 +”政府采购评分进入前十名的地区有 9 个，分别是重庆市、宁波市、深圳市、浙江省、福建省、安徽省、厦门市、湖北省和贵州省；北部区域进入前十名的地区有三个，分别是北京市、吉林省和天津市。

如图 6.19 所示，南部区域的“互联网 +”政府采购平均分为 4.28 分，北部区域的“互联网 +”政府采购平均分为 2.76 分。总体来看，南部区域

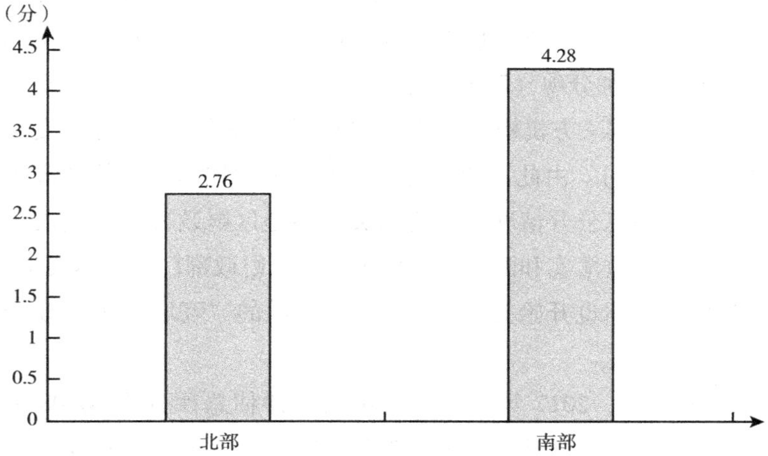

图 6.19　南、北“互联网 +”政府采购建设得分比较

“互联网+”政府采购评分进入前十名的数量远远多于北部区域，同时南部区域“互联网+”政府采购平均分也高于北部区域。可见，北部区域在“互联网+”政府采购建设工作方面有待加强。

五、三年比较（2017~2019年）

本部分将从总评分、一级指标评分和区域评分情况等三个方面比较2017~2019年政府采购透明度得分变化情况。因新疆生产建设兵团财政局是2019年度新增调查样本，故本部分后续比较未包括该调查样本。

（一）总评分比较

近三年政府采购透明度评估严格按照财政部制定的评估指标体系对各地区财政部门进行评估，三年来评估总评分均为100分，但在具体的评估内容和指标分值上有比较大的变化。从评估内容来看，2018年在2017年评估内容的基础上，新增加了“整改落实”（7分）和“与第三方机构合作”（3分）两个评估指标，2019年在2018年评估内容的基础上，新增加了“‘互联网+’政府采购建设”（附加分+5分）评估指标。从评估指标分值的变化来看，一级指标“监督指导”从2017年的30分降低为2018年的20分，2019年与2018年分值一样；一级指标“平台建设”由2017年的30分降低为2018年的20分，而2019年又在2018年的基础上提升为30分；一级指标“信息公开”由2017年的40分提升为2018年的50分，2019年与2018年的分值一样；一级指标“整改落实”由2018年的加分项（7分）变成了2019年的扣分项（-6分）；一级指标“配合评估（与第三方机构合作）”由2018年的加分项（3分）变成了2019年的扣分项（-3分）。由此可知，近三年政府采购透明度评估越来越重视各地区财政部门的信息公开情况，且逐渐关注各地区财政部门的整改落实和配合评估情况，把整改落实和配合评估作为各地区财政部门的基本要求。此外，政府采购透明度评估也开始关注各地区财政部门的“互联网+”政府采购建设情况。

如图6.20所示，2017年政府采购透明度评估总评分为80.08分，2018年政府采购透明度评估总评分为81.02分，2019年政府采购透明度评估总评分为88.51分。总体来看，政府采购透明度总评分呈上升趋势，政府采购透明度取得了明显进步，特别是 2019 年比 2018 年进步更加明显。随着财政部对政府采购透明度评估工作的逐步推进，各地区财政部门也越来越重视政府采购透明度工作，近三年均不同程度地加强和规范政府采购信息公开工作，政府采购透明度评分也由此呈现出逐年上升的趋势。

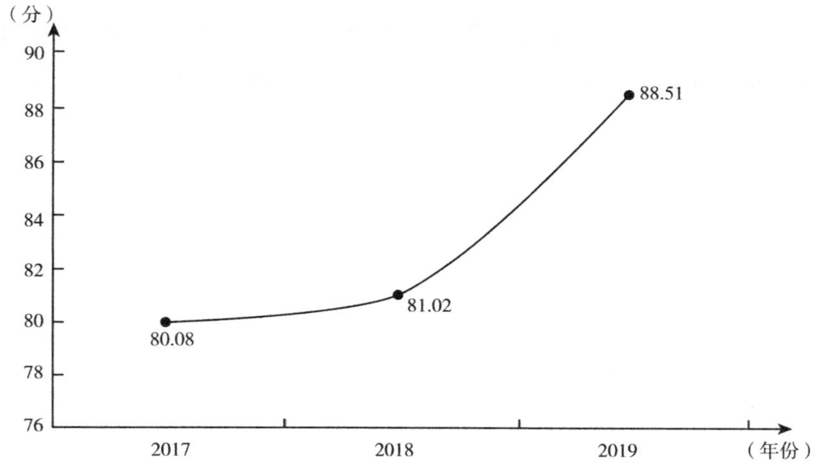

图 6.20　总分值三年比较

（二）一级指标评分比较

随着政府采购透明度评估工作的不断扩展，2019 年在前两年的基础上增加了很多新的指标，为了统一比较分析，本部分选取报告 2017 ~ 2019 年各地区共同考察的监督指导、平台建设和信息公开 3 个一级指标，同时考虑到每年一级指标的分值权重不一致，我们将分别对三个一级指标进行加权比较分析。

1. 监督指导比较。

近三年监督指导评估内容有比较大的变化，2018 年与 2017 年相比，指标内容基本维持不变，但分值有较大幅度降低，且对信息推送、指导检查的常态化工作机制设计了更为具体的观测点。2019 年与 2018 年相比，分值一样，但指标内容有较大幅度的不同，2019 年监督指导对指导市县信息公开工作、指定媒体监管的采购信息公开工作有了更加具体的要求，同时指定媒体监管、动态监管工作机制设计也有了更为具体的观测点。由此可知，近三年监督指导的评估内容越来越具体、细致和规范，对各地区财政部门的监督指导工作要求也越来越高。

如图6.21所示，2017年监督指导评分为17.67分，2018年监督指导评分为17.29分，2019年监督指导评分为17.97分。总体来看，政府采购监督指导三年评分呈现“V”字形特征。根据各地区反馈和调查研究，之所以呈现“V”字形特征，主要是因为2017～2018年各地区机构调整、部门改革、人员变动和工作交接等原因，导致部分地区对监督指导方面的工作受到不同程度的影响。

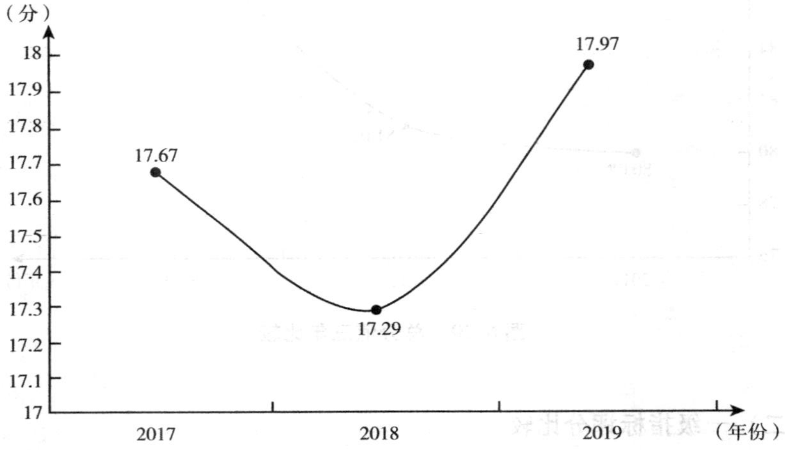

图6.21　监督指导分值三年比较

2. 平台建设比较。

近三年平台建设评估内容发生了很大的变化，2018年与2017年相比，该项内容做了很大调整，不仅分值比重降低，而且新增了网站建设、网站布局与栏目设计、网站服务功能的评估，评估指标和观测点更加重视用户体验。2019年与2018年相比，平台建设指标分值比重提高，指标内容更为具体细化，删减了主观判断指标，新增了网站访问、网站其他内容或功能、在线提交投诉功能等指标，调整了信息推送、网站建设等指标，将分值落实到各个具体项目使评估指标和观测点更具操作性，同时，平台建设指标还考虑了地方分网网站建设的完善程度，更加重视地方信息间的互联互通。由此可知，近三年平台建设评估内容更加具体细化，评估侧重点从偏重宏观硬件到偏重主观体验再到主观与客观的结合，评估内容逐渐得到完善。

如图6.22所示，2017年平台建设评分为27.32分，2018年平台建设评分为24.93分，2019年平台建设评分为28.77分。与监督指导得分相似，平台建设得分亦呈现“V”字形特征。之所以呈现“V”字形特征，一方面是由于平台建设考核的重点和方向发生了变化，2017年比较注重宏观层面一般性硬件的评估，而2018年细化了平台建设指标，侧重对用户体验的评估，由于更多受到主观因素的影响导致评分有所下降，2019年在主观评估的基础上增加了对客观指标的评估，因此评分又有所提升。另一方面是由于2017～2018年各地区机构改革衔接，导致平台建设工作有所弱化，评分也因此降低，而2018～2019年各地区改革逐渐稳定，平台建设工作又得到了应有的重视，评分也随之提升。

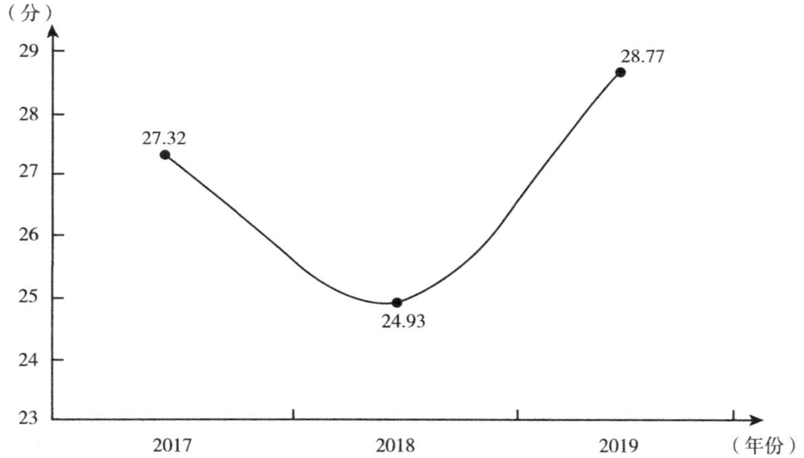

图6.22　平台建设分值三年比较

3. 政府采购信息公开比较。

近三年信息公开评估内容发生了比较大的变化，2018年与2017年相比，不仅分值比重提升，而且在原有基础上新增了加分项指标内容，增加了对各省区市有电子交易平台或依托其他电商平台的信息公开情况的考察，重点评估电子交易全过程在平台上的实现程度和操作便捷性程度。2019年与2018年相比，分值不变，但新增了其他政府采购信息指标，主要考察各地区采购分网对其他信息发布的完整性、及时性及规范性。同时，新增了采购意向观测指标，该指标暂不计入总评分。由此可知，信息公开内容一直是政府采购透明度评估的重点，特别是近两年的分值比重更大，评估的内容也越来越多，越来越具体、细致和规范，尤其注意的是今年开始关注各地区财政部门的采购意向，这对政府采购信息公开的程度提出了更高的要求。

如图6.23所示，2017年信息公开评分为32.12分，2018年信息公开评分为39.38分，2019年信息公开评分为41.94分。总体来看，政府采购信息公开评分变化非常明显，基本呈逐年上升趋势，特别是2018年相对2017年评分上升明显，2019年比2018年略有上升。信息公开一直作为政府采购透明度评估的重点，各地区财政部门也已经深刻地认识到信息公开工作的重要性，都大力推进政府信息公开工作，认真贯彻落实，加大信息发布、信息反馈力度，注重信息公开效果，因此政府采购信息公开工作呈现出逐年上升的趋势。

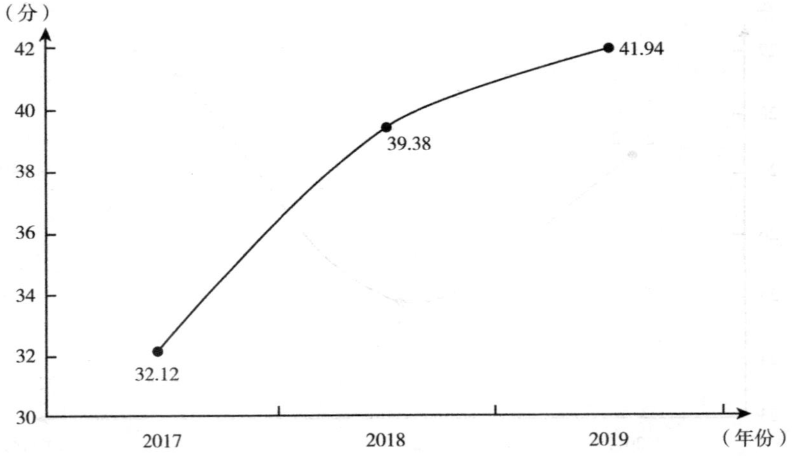

图6.23　政府采购信息公开分值三年比较

（三）不同区域三年比较

本部分将报告2017～2019年东、中、西部区域评分比较情况和南、北区域评分比较情况，主要对区域的总情况和一级指标情况进行比较分析。

1. 东、中、西部区域三年比较。

首先来看东、中、西部区域的情况。

（1）总评分比较。

在东、中、西部区域中，2017年东部区域总评分进入前十名的地区有6个，分别是广东省、河北省、福建省、北京市、上海市和山东省；中部区域进入前十名的地区有4个，分别是安徽省、湖南省、吉林省和湖北省；西部区域中没有进入前十名的地区。

2018 年东部区域总评分进入前十名的地区有 8 个，分别是福建省、广东省、厦门市、海南省、上海市、浙江省、天津市和江苏省；中部区域进入前十名的地区有 1 个，是安徽省；西部区域进入前十名的地区有 1 个，是青海省。

2019 年东部区域总评分进入前十名的地区有 7 个，分别是北京市、福建省、厦门市、广东省、天津市、河北省和青岛市；中部区域进入前十名的地区有 2 个，分别是安徽省和湖南省；西部区域进入前十名的地区只有 1 个云南省。

总体来看，在政府采购透明度方面，东、中、西部区域三年总评分进入前十名的地区数量变化稍有不同，主要表现在东部区域进入前十名的地区数量呈现出先上升后下降的趋势，中部区域进入前十名的地区数量略有减少，西部区域进入前十名的地区数量有所增加，这说明西部区域政府采购透明度工作相对东部区域和中部区域进步更快。

在东、中、西部区域平均方面，如图 6.24 所示，2017 年东部区域的平均分为 83.07 分，中部区域的平均分为 81.45 分，西部区域的平均分为 75.19 分；2018 年东部区域的平均分为 83.96 分，中部区域的平均分为 79.95 分，西部区域的平均分为 77.81 分；2019 年东部区域的平均分为 90.56 分，中部区域的平均分为 87.98 分，西部区域的平均分为 86.12 分。总之，近三年东、

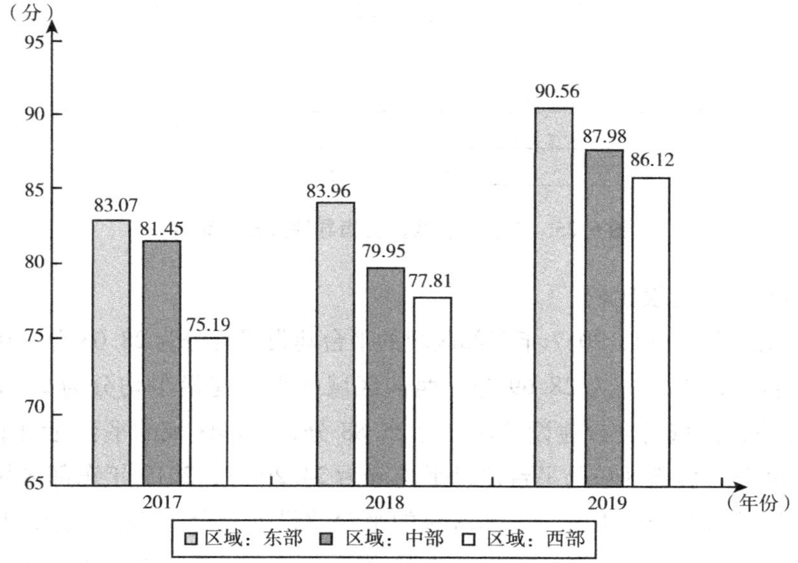

图 6.24 东、中、西总评分三年比较

中、西部区域之间的政府采购透明度总平均分均呈上升趋势，其中东部区域和西部区域总平均分逐年上升，中部区域稳中有进。

（2）监督指导比较。

如图 6.25 所示，2017 年东部区域的监督指导平均分为 18 分，中部区域的监督指导平均分为 18.25 分，西部区域的监督指导平均分为 16.83 分；2018 年东部区域的监督指导平均分为 17.60 分，中部区域的监督指导平均分为 17.29 分，西部区域的监督指导平均分为 16.86 分；2019 年东部区域的监督指导平均分为 18.09 分，中部区域的监督指导平均分为 18.63 分，西部区域的监督指导平均分为 17.38 分。总体来看，近三年东、中、西部区域监督指导平均分均稳中有进，2018 年比 2017 年有所下降，但 2019 年比 2018 年又有明显提高，总体情况也优于 2017 年。

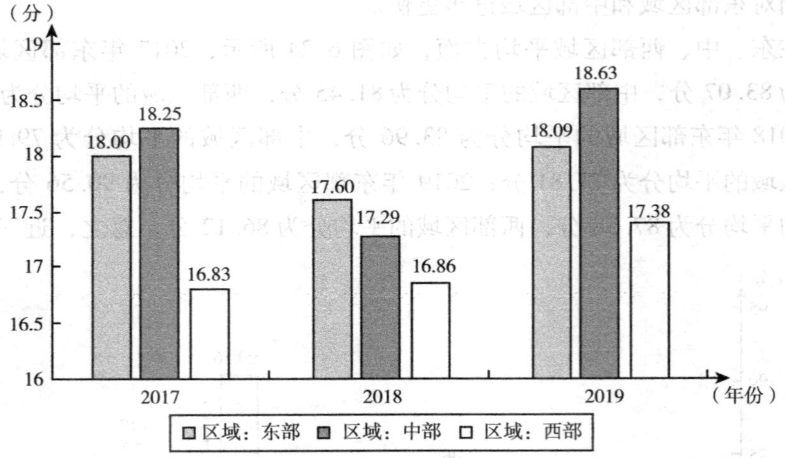

图 6.25　东、中、西监督指导评分三年比较

（3）平台建设比较。

如图 6.26 所示，2017 年东部区域的平台建设平均分为 28.03 分，中部区域的平台建设平均分为 28.69 分，西部区域的平台建设平均分为 25.46 分；2018 年东部区域的平台建设平均分为 25.88 分，中部区域的平台建设平均分为 23.99 分，西部区域的平台建设平均分为 24.29 分；2019 年东部区域的平台建设平均分为 29.01 分，中部区域的平台建设平均分为 28.55 分，西部区域的平台建设平均分为 28.58 分。总体来看，近三年东、中、西部区域平台建设平均分稳中有进，2018 年比 2017 年有所下降，但 2019 年比 2018 年又有明显提高。值得注意的是，西部区域平台建设相对东部区域和中部区域而言变化更加显著，西部区域平台建设 2018 年比 2017 年稍有下降，但 2019 年比 2018 年上升了 4.29%，并且与 2017 年相比也上升了 3.12%，这说明西部区域在平台建设方面明显比东部和中部取得了更大的进步。

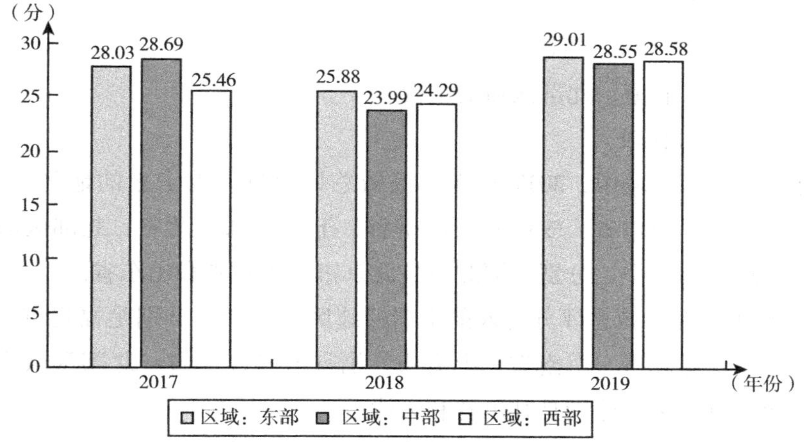

图 6.26　东、中、西平台建设评分三年比较

（4）政府采购信息公开比较。

如图 6.27 所示，2017 年东部区域的信息公开平均分为 33.44 分，中部区域的信息公开平均分为 31.74 分，西部区域的信息公开平均分为 30.61 分；

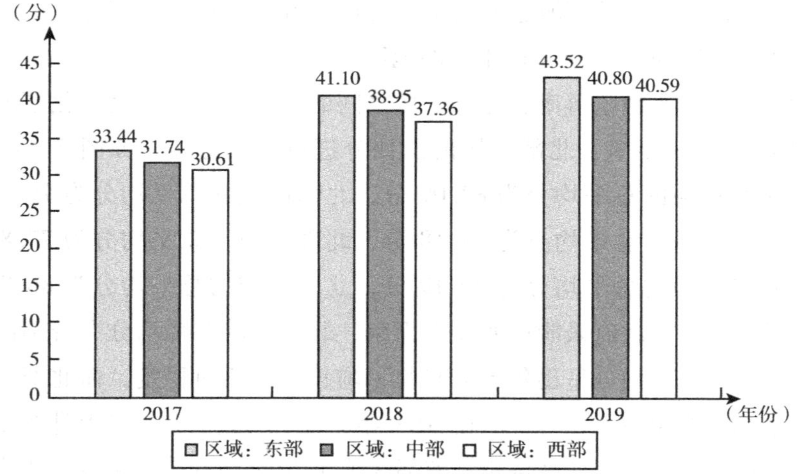

图 6.27　东、中、西政府采购信息公开三年比较

2018 年东部区域的信息公开平均分为 41.10 分，中部区域的信息公开平均分为 38.95 分，西部区域的信息公开平均分为 37.36 分；2019 年东部区域的信息公开平均分为 43.52 分，中部区域的信息公开平均分为 40.80 分，西部区域的信息公开平均分为 40.59 分。总体来看，近三年东、中、西部区域信息公开都在逐年上升。

2. 南、北部区域三年比较。

其次，再来看南、北部区域的情况。

（1）总评分比较。

在南、北部区域中，2017 年南部区域总评分进入前十名的地区有 6 个，分别是广东省、福建省、安徽省、湖南省、上海市和湖北省；北部区域进入前十名的地区有 4 个，分别是河北省、北京市、吉林省和山东省。

2018 年南部区域总评分进入前十名的地区有 8 个，分别是福建省、广东省、湖北省、厦门市、海南省、上海市、浙江省和江苏省；北部区域进入前十名的地区有 2 个，分别是甘肃省和天津市。

2019 年南部区域总评分进入前十名的地区有 6 个，分别是福建省、厦门市、广东省、安徽省、湖南省和云南省；北部区域进入前十名的地区有 4 个，分别是北京市、天津市、河北省和青岛市。

总体来看，近三年政府采购透明度方面南、北部区域总评分进入前十名的地区有着不同的变化，南部区域评分进入前十名的地区数量呈现出先上升后下降的趋势，而北部区域进入前十名的地区数量呈现出先下降后上升的趋势，2019 年南、北区域进入前十名的地区数量基本持平。

为了更加深入地了解南、北部区域之间的政府采购透明度变化情况，我们对 2017 ~ 2019 年南、北部区域的总评分进行比较分析。如图 6.28 所示，2017 年南部区域的总平均分为 82.09 分，北部区域的总平均分为 78.04 分；2018 年南部区域的总平均分为 84.18 分，北部区域的总平均分为 77.86 分；2019 年南部区域的总平均分为 90.19 分，北部区域的总平均分为 86.83 分。总体来看，近三年政府采购透明度方面南、北部区域总平均分有着不同的变化，南部区域总平均分呈逐年上升趋势，增长幅度相对稳定，而北部区域前两年总平均分变化不太显著，但在 2019 年出现了迅速上升，且上升幅度明显超过南部区域，可见北部区域相对南部区域在 2019 年的政府采购透明度方面取得了更加明显的进步。

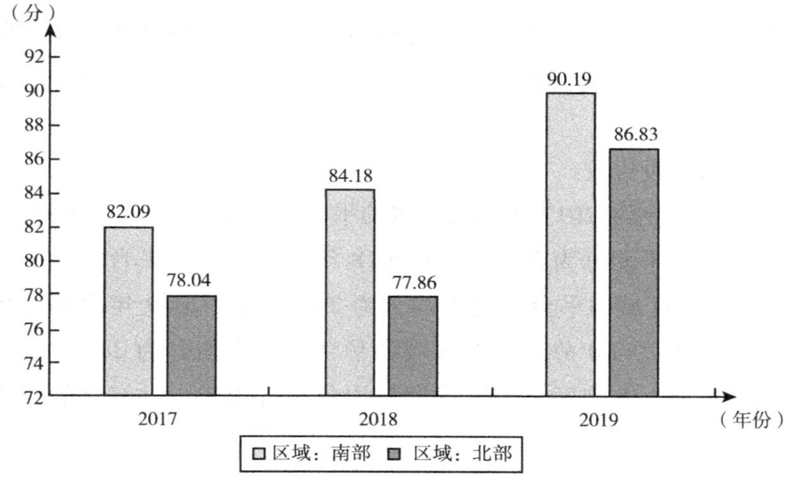

图 6. 28　南、北总评分三年比较

（2）监督指导比较。

如图 6. 29 所示，2017 年南部区域的监督指导平均分为 17. 74 分，北部区域的监督指导平均分为 17. 60 分；2018 年南部区域的监督指导平均分为 17. 54 分，北部区域的监督指导平均分为 17. 04 分；2019 年南部区域的监督指导平均分为 18. 50 分，北部区域的监督指导平均分为 17. 44 分。总体来看，

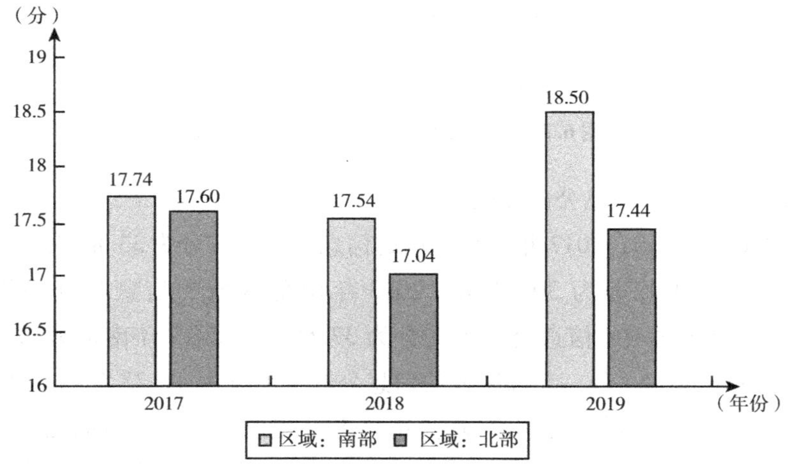

图 6. 29　监督指导评分南北区域三年比较

近三年南、北部区域监督指导平均分均呈现出先下降后上升的趋势，其中南部区域相对于北部区域在 2019 年上升更加显著，且 2019 年南部区域监督指导平均分要高于 2017 年，北部区域监督指导平均分虽在 2019 年上升了，却仍低于 2017 年。

（3）平台建设比较。

如图 6. 30 所示，2017 年南部区域的平台建设平均分为 28. 36 分，北部区域的平台建设平均分为 26. 70 分；2018 年南部区域的平台建设平均分为 25. 83 分，北部区域的平台建设平均分为 24. 03 分；2019 年南部区域的平台建设平均分为 29. 10 分，北部区域的平台建设平均分为 28. 43 分。总体来看，近三年南、北部区域平台建设平均分都有进步，且变化的幅度基本同步。

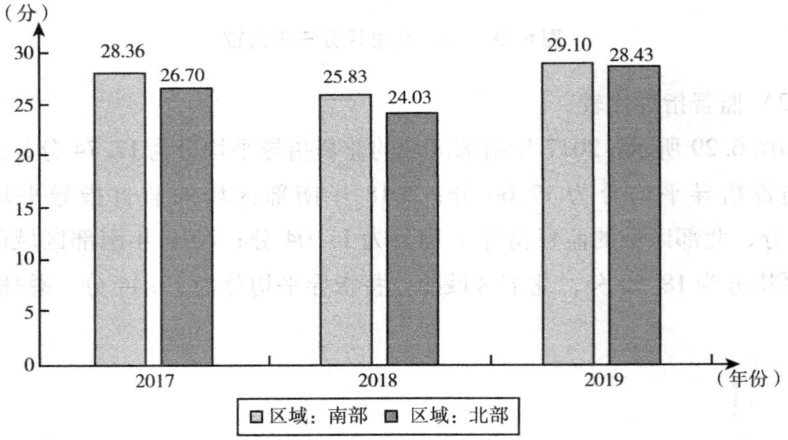

图 6. 30　南、北平台建设评分三年比较

（4）政府采购信息公开比较。

如图 6. 31 所示，2017 年南部区域的信息公开平均分为 33. 89 分，北部区域的信息公开平均分为 30. 34 分；2018 年南部区域的信息公开平均分为 41. 15 分，北部区域的信息公开平均分为 37. 60 分；2019 年南部区域的信息公开平均分为 42. 64 分，北部区域的信息公开平均分为 41. 23 分。总体来看，近三年南、北部区域信息公开平均分都呈上升趋势，特别注意的是，南部区域 2019 年上升趋势不是很显著，但北部区域相对南部区域出现了非常显著的增长。

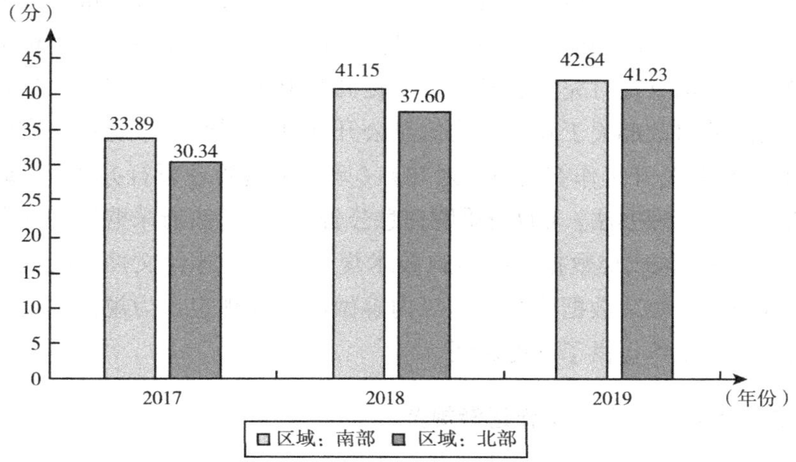

图6.31　南、北政府采购信息公开三年比较

第五节　政府采购透明度工作的成效

根据党中央和国务院关于公开透明预算制度建设的总体部署，2019年各地大力推进政府采购信息公开工作，认真贯彻落实，加大信息发布、政策法规解读、监督处罚和信息反馈力度，注重信息公开效果，政府采购信息公开工作取得了明显成效。本部分将从监督指导、平台建设、信息发布、整改落实、配合评估、“互联网+”政府采购建设和三年取得的成就等方面总结政府采购透明度建设所取得的成效。

一、监督指导显著改善

（一）采购信息公开机制进一步健全

各地普遍结合自身实际制发政府采购信息公开工作方面的专门指导性文件、技术规范和标准化文本。完善工作机制，确保所有依法应当发布的政府采购信息均在中国政府采购网集中发布，在其他政府采购信息发布媒体发布的信息与中国政府采购地方分网发布的信息一致，实现将省、市县级采购项目全流程信息纳入动态监管。明确信息公开内容、范围并要求制定标准化文本，确保采购信息及时完整公开，切实提高政府采购活动透明度。各省区市在转发及落实财政部关于政府采购信息公开文件的同时，结合自身实际印发《政府采购信息公开工作有关事项通知》《政府采购管理暂行办法》《政府采购网信息发布管理办法》《政府采购信息公告模版》《政府采购管理业务数据规范》《集中采购成交数据交换接口技术规范》等指导性文件，围绕组织结构、方式方法、集采数据公开工作等内容做出详细规定，为规范本地区政府采购信息公开工作提供了制度保证。

（二）市县信息公开工作逐渐规范

绝大部分地区均以文件、会议、培训等形式落实市县财政部门提出的政府采购信息公开工作的具体要求，确保政府采购信息集中、统一在中国政府采购网地方分网发布。按照权责一致原则，规定政府采购项目信息由采购人或者其委托的采购代理机构负责公开，并将信息公开情况作为对集中采购机构考核和对采购人、社会代理机构监督检查的重点内容；将政府采购项目全流程信息公开纳入动态监管范围；对政府采购信息公开要求落实不到位的督促或奖惩措施，政府采购监管处罚信息由财政部门负责公开，法律、法规和规章规定应当公开的其他政府采购信息，由相关主体依法公开。

（三）指定媒体监管进一步强化

绝大部分地区的地方分网均实现将中国政府采购网地方分网作为本地区政府采购信息发布的指定媒体，中国政府采购网各地方分网均以文件、会议、培训等形式明确提出对指定媒体的具体工作要求。根据各地区所提供的自评报告，各政府采购网地方分网的政府采购信息发布的指定媒体均不存在以下情形：（1）收取或变相收取信息发布费用；（2）向市场主体和社会公众收取或以注册付费会员等形式变相收取信息查阅费用；（3）无正当理由拒绝发布、延迟发布政府采购信息；（4）擅自删除或者修改政府采购信息；（5）泄密或不当发布敏感信息，发布后台失控。

（四）信息发布工作机制逐步完善

各地区均建立了相关工作机制，确保所有依法应当发布的政府采购信息均在中国政府采购网地方分网发布。针对各地区政府采购中心网站、社会代理机构网站建立了日常监督检查机制，提出要求并确保在其他政府采购信息发布媒体发布的信息与在中国政府采购网地方分网发布的信息一致，确保市县级政府采购公告均在中国政府采购网地方分网进行展示。

（五）监督考核工作扎实有效推进

各地均印发本省区市监督检查实施办法，将信息公开作为对集中采购机构考核和对采购人、采购代理机构监督检查的主要内容，并详细制定检查标准，如政府采购工作规范运作情况、公告发布率、公告完整性、质疑答复等内容。明确采购信息公告作为考核评分点，并按规定将信息公开工作纳入年度考核评估指标。采取检查、抽查等方式定期或不定期进行专项督导和专项考核，并定期通报。督促采购人、采购代理机构切实履行政府采购信息公开的责任与义务，对未按规定在指定媒体发布政府采购项目信息的依法处理，如北京市、浙江省和安徽省等省市对代理机构信息公开情况进行重点检查，对存在的信息公开等问题，下达整改通知书，情节严重的进行处罚并予以曝光。

（六）基本实现采购项目全流程动态监管

各地区基本实现对省、市县各级政府采购项目全流程信息公开进行动态监管，建立相关工作机制，运用大数据分析技术，将政府采购项目全流程信息公开纳入动态监管范围。上线政府采购管理服务平台，将每一个项目进行流程化管理，并增加监管提示信息；向各政府采购代理机构、采购人印发通知，要求严格按照法律法规做好政府采购信息公开工作；印发通知，要求各地区财政部门做好属地政府采购监管工作，认真贯彻落实财政部政府采购信息公开文件；对市县级财政局印发数据对接通知，要求将各市县政府采购项目相关信息同步至市局政府采购系统，形成全市统一规范的政府采购系统。

二、平台建设有效推进

（一）网站改版升级，功能持续优化

通过上年的评估整改，部分地区对地方分网进行改版升级，其他地区对

地方分网的内容进行完善与充实。相较于旧版，重新改版设计的网站平台建设更完整，页面布局更为合理，内容或功能更为丰富，满足信息公开、便捷查询、在线服务等功能性要求，兼顾新技术、柔性色彩设计理念，能突出本部门网站的性质定位，给用户以清爽舒适的视觉体验，如厦门市、福建省、青海省、甘肃省、新疆维吾尔自治区等地区地方分网结合大数据元素实现改版升级，布局合理，增设栏目新功能，使之更加符合财政部门的性质定位。

（二）网站访问正常，链接资源可达

各地区地方分网使用财政部指定域名，可兼容3种以上浏览器，24小时可正常访问，且网站内容平均3个月内更新。除极少数地区网站友情链接或县级采购网站因网站升级原因无法正常访问外，绝大部分地区地方分网各类栏目、功能和链接资源均可正常访问，其所提供下载文件均可正常下载且可正常打开。宁波市政府采购网站托管在宁波市大数据管理服务中心，安全防护等级较高，对网站运行情况和敏感信息发布情况进行24小时监测，确保网站能够24小时正常访问、下载等。

（三）网站栏目丰富，服务功能增加

各地对网站栏目与功能进行充实，增加政策法规、政府采购项目、监管投诉等栏目，丰富了网站使用的内容与功能。各地方分网网站增加功能主要集中在办事指南、咨询建议、关联文件资料库、征集调查、节能环保专区等方面，符合用户与财政部门实际需要。安徽分网增设了办事指南、相关政策功能专区、关联文件资料库、答问知识库、征集调查等相关栏目，在很大程度上提高了地方分网的便捷性。大部分地方网站实现多维度检索功能，按照地区、时间、流程归集信息，支持模糊检索按照项目、采购人、采购机构、采购方式等不同维度检索，如厦门市、海南省可进行分类多字段查询，同时按照项目可实现全流程查询，同一项目各环节信息系统自动关联，便于各方进行查询监督。

（四）互动渠道多元，注重用户体验

大多数地区地方为满足用户办事需要，增加与社会公众交流互动的渠道，在地方分网公开了政府采购监督管理部门的投诉咨询联系方式，且网站改版升级的分网有智能客服，做到了公众咨询、投诉答复信息公开与反馈及时。

为了方便当事人维护自身权益，部分地方分网设有在线提交投诉功能，如新疆维吾尔自治区网站改版升级，设有投诉举报，内设有业务咨询、举报投诉、意见建议的内容，具有在线提交投诉的功能。福建省网站改版升级，设有在线客服，提供投诉联系方式，将公众咨询连接到厅长信箱，办事人能够留言咨询，并可通过“公共查询”或“常见问题”查看是否有现成的答复以及查看其他已办结问题。

三、信息发布规范及时

根据党中央和国务院关于公开透明预算制度建设的总体部署，各地大力推进政府采购信息公开工作，认真贯彻落实，加大信息发布、信息反馈力度，注重信息公开效果，政府采购信息发布工作取得了明显成效。

（一）采购项目信息公开日趋规范

一是过程规范，各省区市均能严格按照（财库〔2015〕135号）和（财库〔2017〕86号）要求，基本实现了采购项目公告、资格预审公告、采购文件、采购项目预算金额、结果公告、合同公告等信息公开。二是要素规范，各地基本上实现信息公开内容具体、要素完备并符合时间要求。公开要素包括采购人和采购代理机构名称、地址和联系方法，采购项目的名称、数量、简要规格描述或项目基本概况介绍，投标人的资格要求，投标截止时间、开标时间及地点等。三是时间规范，采购项目信息发布时间严格按照在要求的时间期限内进行发布。例如，在公开招标、资格预审公告中有“公告期限为5个工作日”；中标、成交结果公告中有“中标、成交结果应当自中标供应商确定之日起2个工作日内公告，且公告期限为1个工作日”；采购合同中有“应当自合同签订之日起2个工作日内公告”的时间期限。尤其是福建省、厦门市和广东省等地方严格梳理采购信息公开的要素和要求，制作采购文件模板，固化信息发布格式，提高信息发布的准确性、完整性和实效性，保证了项目信息公开要素完备、内容详尽。

（二）监管处罚信息发布及时准确

各地区印发本省区市投诉、监督检查等处理决定的实施办法，将信息公开作为对集中采购机构考核和对采购人、采购代理机构监督检查的主要内容，并详细制定检查标准，如政府采购工作规范运作情况、公告发布率、公告完整性、质疑答复和投诉举报等内容。明确采购信息公告作为考核评分点，并按规定将信息公开工作纳入年度考核评估指标，并采取检查、抽查等方式定期或不定期进行专项督导和专项考核，并定期通报，以此督促采购人、采购代理机构切实履行政府采购信息公开的责任与义务。对未按规定在指定媒体发布政府采购项目信息的依法处理，对于存在违法失信行为的处罚决定，各地区基本实现了及时推送到中国政府采购网，可通过中国政府采购网“政府采购严重违法失信行为信息记录”模块进行查询。

（三）其他政府采购信息公开内容全面

各地区基本实现将本地区制发的政府采购相关规范性文件在中国政府采购网地方分网集中统一发布，并可在分网政策法规栏目查看，为各主体更好地参与政府采购提供了政策性的指引。大部分省级以上人民政府公布的集中采购目录、政府采购限额标准和公开招标数额标准在分网公示，可在相应栏目或者通知里查看。各地区实现了工商登记注册地为本省的政府采购招标业务代理机构名录在中国政府采购网地方分网集中统一发布。除少数地区以外，大部分地区的采购分网都对县级以上财政部门投诉受理方式、联系部门、联系电话和通讯地址等信息的公开。一些地区开始探索在中国政府采购网地方分网公开各部门面向中小企业采购情况，包括预留项目执行情况和本部门面向中小企业采购情况，以方便采购人使用。

（四）采购意向公开探索初见成效

采购意向作为2019年评估新加的观察指标对于全国范围内采购意向公开工作而言是一次初步的了解和把握。从全国范围来看，采购意向公开工作仍处于探索和尝试阶段，一些地区也表示可能会在以后采购信息公开的过程中进行相关的探索，以期实现政府采购信息在更大程度上公开及政府采购工作的更好开展。走出这一步对于营造公平竞争优化营商环境意义重大，一方面能够充分保证供应商的知情权以减少恶意串通等负面事件的发生；另一方面也可以促进政府采购质量的进一步提升。

四、整改落实成效明显

2019 年的整改落实评分指标改为扣分项，绝大部分地区均能认真贯彻落实国务院关于政府信息公开工作的条例和财政部的相关文件精神，在上年的基础上扎实推进政府采购信息公开工作的整改落实。其中，整改落实改善较大的有云南省、广西壮族自治区、福建省、厦门市和安徽省。以云南省为例，相较于 2018 年，2019 年云南省在搜索完整度、搜索便捷性、项目分类清晰度方面有较大改进。

五、配合程度较大提高

2019 年配合评估指标体系中新增了“真实性”和“完整性”两个扣分项，其主要观测点是书面提交材料的内容是否存在虚假数据、缺漏项情况，重点考察书面说明材料的真实性、完整性程度，提供书面说明材料的及时性以及对第三方评估机构评估人员的工作配合程度。评估发现绝大部分地区均提交了比较完整、真实的书面说明和数据支撑材料，绝大部分地区都在规定的时间内提交了纸质版材料和电子档材料，绝大部分地区都能及时地答复解决评估组提出的问题和遇到的难题。

六、“互联网 +”政府采购建设初显成效

（一）电子化政府采购平台建设初显成效

为推动“互联网 +”政府采购平台建设，多数地区对政府采购管理系统开展改造建设工作，积极探索政府采购监管与互联网、大数据的深度融合，优化系统功能，打通政府采购交易执行系统与财政一体化系统，做到采购全流程信息化闭环管理，实现业务协同和数据共享，全面实现政府采购交易、监管、服务的数字化转型。有超过一半的地区已实现或部分实现在线发布采购公告、免费获取采购文件、提交采购（响应）文件、电子开标、电子评审、电子合同签订、履约验收、信用评估、用户反馈、提交发票、资金支付

等功能，如北京市、福建省、宁波市、深圳市、浙江省、重庆市。有部分地区正在积极试点探索，如湖北省的电子化政府采购平台在武汉市试运行，贵州省贵阳市已开始试点远程电子化评标，青岛市黄岛区试点运行。

（二）电子卖场建设成果斐然

与上年相比，建成电子卖场的地区数量有了明显提升，大多数地区建设电子交易平台或依托其他电商平台实现在线交易，并公开交易记录，操作界面友好、便捷。较多地区依托政采云平台，通过电商化、竞价化方式实施采购、采取全流程的电子化办理和监督，采购过程效率得到明显提高，如浙江省的政采云平台除通用商品电子卖场之外还提供疫苗、科研仪器、医疗器械等行业解决方案以及制造精品馆、农业扶贫馆等政策落实方案。重庆市、宁波市、吉林省、湖南省、青海省、云南省、广西壮族自治区、新疆维吾尔自治区等省市或自治区依托政采云平台操作界面便捷，公布信息完整，交易全过程事项可在交易平台上办理。

总体来看，近三年政府采购透明度工作取得了很大的进步，总评分呈逐年上升趋势，在各项评估指标中政府信息发布（公开）评分进步尤其明显，这说明我国政府采购部门越来越重视政府采购信息的公开透明。

从东、中、西部区域来看，近三年东、中、西部区域政府采购透明度总评分进入前十名的地区数量有比较明显的变化，特别是西部区域进入前十名的地区数量有所增加，这说明西部区域越来越重视政府采购透明度工作。同时，近三年东、中、西部区域之间的政府采购透明度总平均分均呈上升趋势，这说明东、中、西部区域每年都在稳步推进政府采购透明度工作。

从南、北部区域来看，近三年南、北部区域政府采购透明度总评分进入前十名的地区发生了不同的变化，南部区域总评分进入前十名的地区数量呈现出先上升后下降的趋势，而北部区域总评分进入前十名的地区数量呈现出先下降后上升的趋势，2019 年北部区域总评分进入前十名的地区数量与南部区域基本持平。同时，近三年南、北部区域政府采购透明度总平均分也有着不同程度的变化，南部区域总平均分呈逐年上升趋势，增长幅度相对稳定，而北部区域前两年总平均分变化不太显著，但在 2019 年出现了迅速上升，且上升的幅度明显超过南部区域，这说明在政府采购透明度方面北部区域相对南部区域取得了更加显著的进步。

第六节　政府采购透明度工作存在的问题

各地政府采购信息公开工作在近一年中取得了很大的进步，但同时仍存在一些突出的问题，主要是政府采购透明度省际区际间差异大、监督指导工作力度不够、地方采购分网平台建设欠完善等问题。

一、省际区际间的差距较明显

从地区得分来看，不计附加分项，得分最高的地区（96.42 分）与得分最低的地区（73.48 分）相差近 22.94 分，地区差异非常明显。同时，政府采购透明度也出现了比较明显的区域分化，主要表现在东部区域各评估指标进入前十名的数量占绝大多数，中部居中，西部地区只占极少数，西部地区尤其在整改落实方面比较欠缺；南部区域比北部区域在各项评估指标方面进入前十名的数量要多，各方面的平均分也要高于北部区域，特别在总平均分、监督指导平均分、平台建设、“互联网 +”政府采购等方面尤其高于北部区域。

二、监督指导工作有待进一步强化

在各地所提交的自评报告中，部分省区市未说明以文件、会议、培训等形式对市（县/区）信息公开工作指导的情况；未按规定要求提供政府采购信息公开工作培训的文件、会议等材料；未说明以文件、会议、培训等形式明确对指定媒体的具体工作要求；监督指导考核工作指标说明欠具体；未说明或没有将信息公开情况作为对集中采购机构考核内容。

三、地方采购分网平台欠完善

一是服务功能欠完善。有些地区采购分网未能实现通过三个以上要素进行模糊搜索，网站信息查询有难度。如有采购网中的采购合同仅可通过特定的1种浏览器访问，且还需要进行兼容性设置操作和安装CA证书管理器才可正常浏览；电子卖场需要注册才可浏览。二是信息互联互通机制欠完善。部分省区市未实现所有市县级政府采购项目信息实时推送到地方分网统一公开；部分省区市预算金额在500万元以上的部分采购项目信息未通过财政部统一数据接口同时直接推送至中央主网发布。三是平台制度建设欠完善。部分省区市在自评报告中，未制定平台安全管理制度和操作规程。

四、信息公开不符规定、标准不统一

一是信息公开不符规定：（1）个别地区信息公开只显示2019年之后的信息；（2）部分地区的部分项目无招标文件，部分地区的项目无合同或采购合同无法打开；（3）在公开招标、资格预审公告中，部分地区的项目未有“公告期限为5个工作日”的说明；（4）个别地区的项目存在合同签订与公示相隔多个月的问题；（5）部分地区未公开各部门面向中小企业的预留项目执行情况及本部门向中小企业采购情况；（6）部分地区的电子卖场未公布具体成交记录。

二是信息公开的标准不统一：（1）部分地区在中国政府采购网地方分网未对省级以上集中采购目录、政府采购限额标准和公开招标数额标准进行集中统一的发布；（2）部分地区发布的注册为本省区市的政府采购招标业务代理机构名录均与中国政府采购网中央主网不一致；（3）部分地区未按要求公开县级以上财政部门受理投诉方式、联系部门、联系电话和通讯地址等信息。

五、少数地方透明度评估工作重视不足

大多数地区都能完整地提供纸质版和电子档自评材料，但个别地区只提供了电子档材料，个别地区只提交了纸质版材料。此外，在评估过程中，个别地区未能充分重视评估工作。例如，其政府采购网中的合同只能用一种浏览器且要进行兼容性设置并安装CA证书管理器才能正常阅读，为了正常查阅到合同内容，项目组多次就此事与当地政采处联系，不过回复未令人满意。

第七节　提高政府采购透明度的若干建议

针对评估中发现的问题，项目组认为应健全政府采购信息公开与共享机制、强化政府采购工作的监督管理、开展采购信息公开宣传培训、完善政府采购网平台建设、推进面向中小企业采购信息公开的进程、加强政府采购工作的整改落实、创新电子化政府运营模式，从而不断提升政府采购透明度。

一、健全政府采购信息公开与共享机制

首先，贯彻落实中央深化政府采购制度改革精神，根据《政府采购管理业务数据规范》，打造统一的政府采购业务数据规范，形成统一的信息公开标准，实现信息公开栏目、公开内容、公开程序的标准化，便于采购人的信息阅读和搜索。其次，切实落实政府采购全过程公开，在预算编制时可以采取听证会等方式，广泛征求社会公众的意见，实现公众对采购全过程的“参与式”监督。最后，推动政府采购信息“一张网”建设，在横向上推广建设政府采购信息发布“一张网”，促进公共资源交易平台、电子交易平台、政府采购信息平台等之间的信息共享；在纵向上通过统一的数据接口加强地区与中央主网信息化工作的联系和对接，实现信息资源共享，打造地区与中央采购信息“一张网”。

二、强化政府采购工作的监督管理

一是推动建立跨部门的政府采购协作监管机制，加强对政府采购活动的全过程全方位监管；二是继续引入第三方评估机构对各地政府采购透明度情况的评估，通过第三方的力量来监督各地政府采购工作的开展，在一定程度上推进各地政府采购工作的公开透明；三是依法做好政府采购投诉和举报处理工作，对政府采购过程中出现的违法行为要加大处罚问责的力度，规范政府采购工作的公开透明；四是运用现代互联网技术，依托电子化平台，加强

对采购活动、合同备案、支付审核等重点环节的监控，切实推进政府采购透明度建设。

三、开展采购信息公开宣传培训

开展政府采购信息公开工作培训，加强政府采购的人才建设。通过政府采购信息公开主管部门与高校、研究机构以及其他第三方机构合作，定期对政府采购管理人员、采购人以及集中采购代理机构工作人员进行专业的培训，讲解政府采购系统操作流程、信息化技术等相关专业知识，提升政府采购工作人员的业务水平，同时，定期对集中采购机构、采购人、社会代理机构开展信息公开法律、法规与政策宣传，增强依法依规、主动公开政府采购信息的自觉性。

四、完善政府采购网平台建设

一是不断充实政府采购网地方分网信息发布、咨询投诉、在线交流、征集渠道功能，保障民众能全程在线办事、线上线下融合，注重客户体验、快捷高效、服务民众，充分挖掘和发挥政府采购平台服务功能；二是优化网站布局与栏目设计，拓展网站服务功能，提升用户体验，丰富电子交易平台服务内容，实现项目全程可跟踪、随时可追溯；三是完善项目信息查询设置，实现多维度信息检索及同一项目各环节信息系统自动关联，结合大数据元素，实现各级政府采购“一张表”与数据统计及时更新，增加智能应答、在线客服、常见问题清单，解决当事人在使用过程中的问题；四是提升网站访问的便利性，保证地方分网至少可兼容3种以上浏览器，减少对采购公开信息查看的屏障设置，让民众能够便利地查看从招标公告到中标公示等全流程信息；五是落实国家网络安全和财政信息化有关规划与政策要求，依法制定安全管理制度和操作规程等。

五、推进面向中小企业采购信息公开的进程

面对当前经济发展的下行压力，省、市地方分网应及时有效地公开各部

门面向中小企业的采购情况以及预留项目的执行情况，政府应扶持中小企业，特别是一些环保企业、残疾人企业、监狱企业的发展，同时也要大力支持贫困地区的发展，努力把政府采购工作与国家的环保建设、扶贫政策等结合起来，探索制定各项具体措施和工具手段，为中小企业营造良好的营商环境。

六、加大政府采购工作整改力度

一是各地区应认真开展全面深入的政府采购自查自纠活动，对自查出的问题进行全方位、多角度的分析，并采取有效的措施加以整改完善，确保整改工作取得实效；二是各地区应建立健全整改落实的长效机制，新建和完善一批长远、治根本的有效制度，按照既定目标和时限推动政府采购各项整改任务落实到位，对未完成项目紧盯不放，整改不到位决不放手；三是政府采购工作人员应增强责任意识，坚持高标准、严要求，并坚持以科学的态度和求真务实的精神，对政府采购工作中出现的问题和不足进行切实的整改落实。

七、创新电子化政府运营模式

一是加快推进建设电子化政府平台，积极探索政府采购监管与互联网、大数据的深度融合，持续优化系统功能，使政府采购交易执行系统、预算管理系统、财政一体化支付系统及公共资源交易平台互联互通，做到采购全流程信息化闭环管理、操作留痕可追溯，实现业务协同开展、信息自动公开、数据资源共享，全面实现政府采购交易、监管、服务的数字化转型；二是研究相应的供应商快速裁决通道与高效便捷维权渠道，探索运用大数据和人工智能分析技术，切实将政府采购项目全流程信息公开纳入动态监管范围，创新“互联网+”政府采购网络信息公布手段，推广普及政府采购App，充分利用自媒体优势，拓展并优化政府采购信息发布渠道；三是充分发挥市场主体在信息技术、资源整合开发和服务等方面的优势，加强各主体间的分工协作，实行立体化管理。例如，由财政部门制定交易规则、监督交易活动、处理投诉等；由集采机构开展供应商入驻、入围，核对上架商品、价格抽查等；由第三方平台进行开发、维护、升级和数据分析等。

第七章 2020年中国政府采购透明度评估报告

第一节 评估依据与原则

一、评估依据

本次评估活动依据国务院和财政部发布的相关条例、规章制度和政策文件依法依规进行。这些条例、规章制度和政策文件主要有《中华人民共和国政府信息公开条例》（国务院令〔2019〕711号）、《政府采购信息发布管理办法》（财政部令〔2019〕101号）、《财政部关于做好政府采购信息公开工作的通知》（财库〔2015〕135号）、《财政部关于进一步做好政府采购信息公开工作的通知》（财库〔2017〕86号）以及《财政部办公厅关于开展2020年政府采购透明度评估的通知》（财办库〔2020〕191号）等。

二、评估原则

本次评估所遵循的原则主要有依法评估、独立评估、系统评估和统一评估等原则。

（一）依法评估原则

本次评估的指标体系设计遵循依法依规原则，各项指标来源于国务院、财政部发布的有关政府采购信息公开的相关文件，依照相关法律规章开展评估活动。以政府采购信息公开的客观事实为主体内容，依据国务院和财政部的相关文件规定对各省、自治区、直辖市、计划单列市财政厅（局）和新疆生产建设兵团财政局（以下称各地区财政部门）的政府采购分网发布的信息进行客观评估。

（二）独立评估原则

评估组属于第三方评估机构，能站在客观公正的立场进行独立评估。这一方面要求评估人员避免各种先入为主的观念，克服主观随意性和片面性；另一方面还要求项目评估人员深入学习相关制度文件并进行实地调查研究，掌握各种客观信息资料。

（三）系统评估原则

系统评估要求对政策活动的主体、客体和环境进行多层次、全方位的评估。本次评估不仅评估各地区财政部门的监督指导、平台建设工作，也评估政府采购地方分网采购信息公开的全面性、规范性和及时性，同时还对各地区财政部门的“互联网+”政府采购建设情况等进行评估。

（四）统一评估原则

统一评估原则是政策评估的基本要求。首先，本次评估指标体系经过细化，形成了具体、统一的科目式评估体系，克服了主观随意性，确保了评估的可操作性。其次，评估的指标体系适用于所有地区，也就是说，各地区均采用统一的标准。最后，评估组得到了37个被评估单位的支持与配合，并统一收集了相关评估指标的详细信息。

此外，评估人员经过教育、培训，掌握了政策评估的科学理论和相关技术方法，拥有关于政策理论尤其是政策评估理论的知识，具有评估的专业性和科学性。

第二节 评估内容、对象与指标

一、评估内容

此次评估的主要内容包括：（1）监督指导，即各地区财政部门针对政府采购信息公开工作进行的制度建设、指导市县信息公开工作、指定媒体监管、信息发布机制、监督考核和动态监管；（2）平台建设，包括中国政府采购网地方分网向中央主网信息推送、网站访问、网站建设、平台制度建设以及与公共资源交易平台数据共享；（3）信息发布，包括政府采购项目信息、监管处罚信息、其他政府采购信息和采购意向；（4）整改落实，即针对2019年评估存在的问题进行整改的情况；（5）配合评估，即要求各地区财政部门在规定时间内提交自评材料，并确保材料内容真实、完整，在评估过程中还应对第三方评估机构提出的相关问题予以及时回应；（6）"互联网+"政府采购建设情况，主要了解各地电子化政府采购平台建设情况和电子卖场建设情况。

二、评估对象

评估的对象是全国22个省、5个自治区、4个直辖市、5个计划单列市财政厅（局）和新疆生产建设兵团财政局，共37个被评估单位。

第三方评估机构对上述单位的政府采购信息公开相关工作进行量化评估，评估的主要内容有监督指导、平台建设、信息发布、整改落实、配合评估等。在评估这些内容的基础上，分析2020年政府采购信息公开的现状与特征，总结信息公开工作存在的问题，提出提高政府采购透明度的建议与措施。

三、评估指标

此次评估的政府采购透明度指标体系由6个一级指标、19个二级指标和221个观测点构成，指标加权总分为100分。其中，一级指标包括"监督指导""平台建设""信息发布""整改落实""配合评估"和"'互联网+'政府采购建设"。

每个一级指标由若干二级指标构成：（1）"监督指导"下设6个二级指标（15个观测点），包括政府采购信息公开制度建设、指导市县信息公开工作、指定媒体监管、信息发布机制、监督考核和动态监管；（2）"平台建设"下设4个二级指标（15个观测点），包括信息推送、网站访问、网站建设（含附加分项和观察指标）和平台制度建设；（3）"信息发布"下设4个二级指标（183个观测点），包括政府采购项目信息、监管处罚信息、其他政府采购信息和采购意向（为观察指标）；（4）“整改落实”下设 1 个二级指标（2 个观测点），两个观测点均为扣分项；（5）“配合评估”下设 1 个二级指标（4 个观测点），包括提交自评报告时间要求（扣分项）、书面说明材料内容真实、完整等具体要求，以及协同配合要求；（6）“‘互联网 +’政府采购建设”下设 2 个二级指标（2 个观测点），包括电子化政府采购平台建设（附加分项）和电子卖场建设（附加分项）。在上述二级指标中，“政府采购项目”所占的比重最大，其分值占总分的 40%。它主要是对公开招标、邀请招标、竞争性谈判、竞争性磋商、询价采购和单一来源采购等采购方式的采购项目信息公开情况进行评估。

所有信息经科学筛选和量化处理后，成为二级指标下的相应观测点，每个观测点赋予的分值为 1 ~5 分，总分为 100 分。

第三节　评估方法与程序

一、评估总体

评估组通过地方自评报告、搜索政府采购地方分网上主动公开的采购项目与监管处罚信息、使用政府采购地方分网的服务功能、查阅地方公开的政策文件以及典型地区实地调研等多种方式全面调查各地区财政部门的政府采购信息公开程度。

根据评估指标要求，评估组对被评估地区所提交的政府采购项目进行核实，清理部分无效项目样本。这些无效项目样本包括但不限于以下情形：提供的项目非水利部门的政府采购项目；是水利部门的政府采购项目但未能在各省级政府采购分网上搜寻到，或未在评估期间内，或不符合评估指标要求。在实际的操作中，评估组对无效项目样本只做清理、不做评估。

二、抽样与评估方法

本次评估的抽样主要在两个层面上展开：一是地区抽样。评估覆盖了全国 22 个省、5 个自治区、4 个直辖市、5 个计划单列市财政厅（局）和新疆生产建设兵团财政局，共计37个地区财政部门。评估组对这些地区财政部门所提供的自评材料，评估期间产生的投诉、监督检查等处理决定，集中采购机构考核结果，以及违法失信行为记录和其他相关资料进行全面评估。二是政府采购项目信息抽样。由被评估地区财政部门提供水利部门样本（以1个省级、1个设区市级和1个县/区级为单位），被评估地区根据政府采购计划备案及统计信息，提供样本单位被评估期间的所有政府采购项目列表（包括项目数量、项目名称、采购金额等信息）。

表7.1是被评估地区2019年9月1日至2020年6月30日之间水利部门样本单位所有的政府采购项目。经统计，37个地区被抽取的水利部门样本单位报告的政府采购项目总计为3570项，平均值为96.49项（标准差为104.11），中位值为67项。

表7.1　　全国水利部门政府采购抽样

地区	省级项目	市级项目	县级项目	小计	地区	省级项目	市级项目	县级项目	小计
湖北省	506	28	12	546	新疆生产建设兵团	5	77	—	82
广西壮族自治区	127	10	188	325	云南省	15	19	37	71
甘肃省	255	41	0	296	天津市		31	39	70
湖南省	139	63	17	219	深圳市	—	57	10	67
上海市	—	133	68	201	福建省	43	13	0	56
江西省	129	22	9	160	青岛市	—	16	36	52
浙江省	111	35	0	146	黑龙江省	43	3	2	48
重庆市	—	111	28	139	贵州省	26	19	0	45
辽宁省	46	55	15	116	宁夏回族自治区	28	4	9	41
山西省	77	12	19	108	四川省	19	2	14	35
新疆维吾尔自治区	74	24	8	106	大连市	—	12	19	31
安徽省	45	36	24	105	广东省	20	3	7	30
河北省	60	25	15	100	江苏省	11	12	4	27
河南省	57	26	17	100	宁波市	—	12	12	24
山东省	39	59	0	98	内蒙古自治区	8	4	4	16
吉林省	34	10	54	98	西藏自治区	9	3	0	12
北京市	—	81	11	92	青海省	2	2	6	10
陕西省	65	4	23	92	厦门市	—	2	6	8
海南省	21	67	0	88					
合计	3570项								

根据评估指标体系的抽样方案，评估组要求各地区财政部门提供不少于100 个政府采购项目样本量，并要求样本量在省、市、县（区）三级水利部门的分布尽量均衡。鉴于各地区财政部门依据抽样原则提供的样本量不足这一客观情况，评估组经研究后对抽样方法和抽样范围进行了一定的调整，采取等额抽样方法从被评估地区的政府采购分网上抽取 30 个水利项目，以此弥补原抽样方案的不足。

评估组对上述抽样调查操作的主要步骤如下：

（1）聘请了一批知名专家对指标设计予以指导，完善和优化评估程序与步骤，形成具体明确的操作手册。

（2）评估组综合考虑人口规模、经济状况以及地理区位等因素，在被评估地区随机选择 1 个省级、1 个设区市级和 1 个县（区）级水利部门进行初步抽样，然后要求各财政部门提供样本单位所有的政府采购项目信息，且尽量保持样本量在省、市、县（区）三级部门上的分布大体均衡。

（3）因受新冠肺炎疫情、地方预算等特殊原因的影响，初次抽样所获得的样本质量极不理想（主要是被抽中的单位在评估期内发生的政府采购项目极少或没有，难以满足评估的样本量要求）。因此，评估组在二次抽样时要求项目量不足的被评估地区提供 3 个水利项目数量较多的备选样本单位，由评估组在 3 个备选样本单位中再次随机抽取一个予以评估。在实际评估过程中，评估组还进行了第三次抽样，即在政府采购网地方分网上按等额抽样方式补充抽取 30 个水利部门采购项目。

（4）在每个样本单位（省、市、县/区三级）已发布中标、合同公告的采购项目中随机抽取 10 个，其中公开招标 5 个、其他采购方式（邀请招标、竞争性谈判、竞争性磋商、询价采购、单一来源采购、协议供货和定点采购）各 1 个。

（5）在被评估地区提供的监督处罚信息列表中随机抽取 30 条监管处罚信息，要求省、市、县（区）三级抽样单位的样本量分布大体均衡。

（6）登录各省、自治区、直辖市及计划单列市的财政部指定政府采购地方分网，并对采购项目、监管处罚等信息进行搜索。

（7）搜索并逐一评阅公开招标与非公开招标项目的 4 ~ 5 个关键环节的公告相关信息、监管处罚相关信息等。

（8）根据操作手册要求，对按照规定应发布的采购项目信息、监管处罚信息所形成的观测点进行打分。

三、评估实施过程

评估实施过程大体上可分为四个阶段，即指标设计、评估培训、正式评估与反馈、评估报告撰写与提交。

（一）指标设计（6月1日至9月15日）

评估组多次召开专家会议研究讨论指标体系，同时结合财政部的最新要求和各地区财政部门的反馈意见，进一步规范抽样方法，修正完善评估指标体系。

（二）评估培训（9月16日至10月9日）

1.9月16日全天，评分调查员集中培训，由评估组组长吴军民教授讲解评分细则、方法和注意事项并现场演示评分操作；

2.9月24~25日，将评分调查员分为五个小组，分散学习评分操作手册、逐字弄懂指标与观测点意义，25日晚上19：00~21：00集中反馈学习情况；

3.9月27日下午，评分调查员在财税与公共管理学院三楼实验室内集中，由历次评分调查员指导评分操作；

4.9月30日全天，评分调查员进行采购项目信息的评分操作考核，考核合格者方可参加正式评分；

5.10月1~9日，评分调查员根据被分配的地区开展试评估，10月9日集中反馈试评估存在的问题。

（三）正式评估与反馈（10月10日至11月25日）

1.10月10~15日集中开展网站第一阶段评分，10月15日各小组汇报数据采集与评估工作；

2.10月16~24日集中开展网站第二阶段评分，10月24日各小组汇报数据采集与评估工作；

3. 10月25～28日，各小组汇总、核对评分初步结果；

4. 10月29日～11月25日，各小组集中对初步评估结果进行复核，撰写评估分报告并向被评估地区反馈。

（四）报告撰写、完善与提交（11月26日至12月31日）

1. 11月26～30日，结合地方反馈意见修改完善评估分报告；

2. 12月1～31日，评估分报告向地方反馈；

3. 2021年1月15日前，向评估地区反馈后进一步修改总报告，在1月15日前提交总报告。

第四节 评估结果

本部分将从评估总体概况、地区评分、一级指标、信息发布及时性完整性情况、营商环境问卷调查等方面报告评估结果。

一、总体概况

在此次评估中，37个地区财政部门均提交了自评报告、水利部门政府采购项目列表、政府采购监督处罚列表等评估材料。评估组根据所有提交的评估材料，并结合网络调查、问卷调查等对各地区财政部门的政府采购信息公开工作进行量化评分。本部分的评估得分为37个地区财政部门的平均得分。

如表7.2所示，各地区财政部门的监督指导平均得分为14.44分，平台建设为21.83分（附加分2.47分），信息发布为53.38分，整改落实为－0.05分，配合评估为－3.20分，“互联网＋”政府采购建设为4.52分（附加分），总平均分为86.40分（计附加分则为93.39分），综合评估结果为良。

表 7.2　　政府采购透明度总评分

评估内容	评估得分
监督指导（15 分）	14.44
平台建设（25 +3 分） 其中：附加分（+3 分）	21.83 2.47
信息发布（60 分）	53.38
整改落实（扣分项 -6 分）	-0.05
配合评估（扣分项 -3 分）	-3.20
“互联网 +”政府采购建设（附加分 +5 分）	+4.52
总评估分 计附加分 不计附加分	 93.39 86.40
综合评估结果	良

二、地区评分情况

2020 年是极不平凡的一年，在新冠病毒传染病疫情的严重影响下，各地区财政部门的政府采购信息公开工作仍然取得了较为优异的成绩，这既反映了各地区财政部门对政府采购信息公开工作的高度重视，也反映了我国政府采购透明度的新时代特色。本部分将报告各地区财政部门的透明度得分及其名次，从不计附加分与计附加分两个部分进行报告。

（一）不计附加分

表 7.3 为不计附加分的透明度得分及排序。其中，前十名的地区分别是北京市（第一名，94.52 分）、广东省（第二名，94.48 分）、厦门市（第三名，94.46 分）、福建省（第四名，93.43 分）、宁夏回族自治区（第五名，91.92 分）、海南省（第六名，91.89 分）、天津市（第七名，90.59 分）、浙江省（第八名，90.36 分）、青岛市（第九名，90.27 分）、山东省（第十名，90.23 分）和陕西省（第十名，90.23 分）。

与 2019 年相比，仍在前十名之列的有北京市、广东省、厦门市、福建省、

表 7.3　　　　　　政府采购透明度评分及排序（不计附加分）

地区	得分	排名	地区	得分	排名
北京市	94.52	1	天津市	90.59	7
广东省	94.48	2	浙江省	90.36	8
厦门市	94.46	3	青岛市	90.27	9
福建省	93.43	4	山东省	90.23	10
宁夏回族自治区	91.92	5	陕西省	90.23	10
海南省	91.89	6			

青岛市和天津市。新进入前十名的有宁夏回族自治区、陕西省、山东省、浙江省和海南省。

从图 7.1 来看，90 ~ 100 分的有 12 个地区，占被评估地区总数的 32.4%；80 ~ 90 分的有 21 个地区，占 56.8%；70 ~ 80 分的有 4 个地区，占 10.8%。

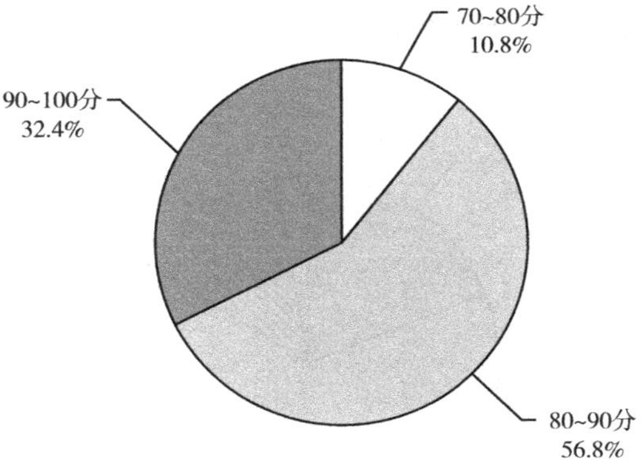

图 7.1　政府采购透明度分值分布（不计附加分）

（二）计附加分

政府采购透明度评估的附加分项总分为 8 分，具体包括“平台建设”下的网站建设（含附加分项 +3 分），“‘互联网 +’政府采购建设”一级指标下的电子化政府采购平台建设（附加分项 +3 分）和网上商城建设（附加分项 +2 分）。

表 7.4 为计附加分的透明度得分及排序。其中，前十名的地区分别是北京市（第一名，102.52 分）、广东省（第二名，102.46 分）、厦门市（第三

名，101.48 分）、福建省（第四名，101.43 分）、宁夏回族自治区（第五名，99.42 分）、天津市（第六名，99.39 分）、浙江省（第七名，98.23 分）、青岛市（第八名，97.59 分）、山东省（第九名，97.36 分）和陕西省（第十名，96.98 分）。

表 7.4　　政府采购透明度评分及排序（计附加分）

地区	得分	排名	地区	得分	排名
北京市	102.52	1	天津市	99.39	6
广东省	102.46	2	浙江省	98.23	7
厦门市	101.48	3	青岛市	97.59	8
福建省	101.43	4	山东省	97.36	9
宁夏回族自治区	99.42	5	陕西省	96.98	10

从图 7.2 来看，98 ~ 108 分的地区有 7 个，占被评估地区总数的 18.9%；88 ~ 98 分的地区有 24 个，占 64.9%；78 ~ 88 分的地区有 5 个，占 13.5%；68 ~ 78 分的地区有 1 个，占 2.7%。

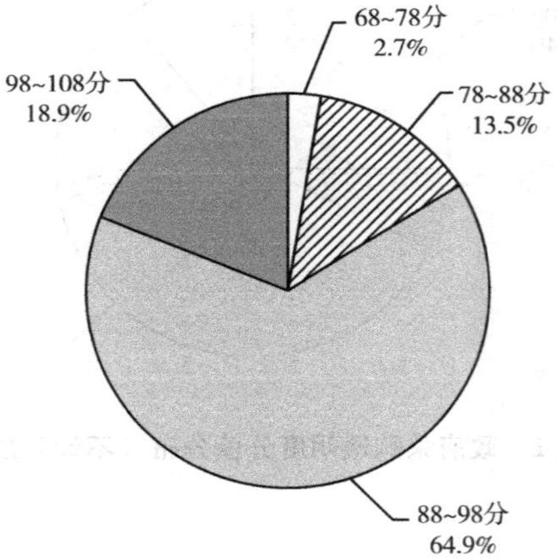

图 7.2　政府采购透明度总评分分布（计附加分）

三、一级指标评分情况

本部分将报告监督指导、平台建设、信息发布、整改落实、配合评估和“互联网 +”政府采购建设等 6 个一级指标评分结果。

（一）监督指导

监督指导下设6个二级指标、15个观测点，总分15分。此项评估得满分的地区有北京市、广东省、天津市、河北省、江苏省、浙江省、福建省、海南省、甘肃省以及宁波市、厦门市、大连市。得分较低的地区存在的主要问题是未实现或未提供充分支撑材料证明实现了省级和县级全流程信息公开的动态监管。监督指导指标得分较高的地区共性：在“制度建设”“指导市县信息公开工作”“指定媒体监督”“信息发布机制”“监督考核”等方面提供了有力的佐证材料，尤其是“动态监管”提供了具体实施过程。

从图7.3来看，监督指导为满分（15.0分）的地区有12个，占被调查地区的32.4%；14.0~14.9分的地区有19个，占51.4%；12.0~13.9分的地区有6个，占16.2%。总体而言，各地区财政部门对政府采购信息公开工作的监督指导得到了进一步的强化。

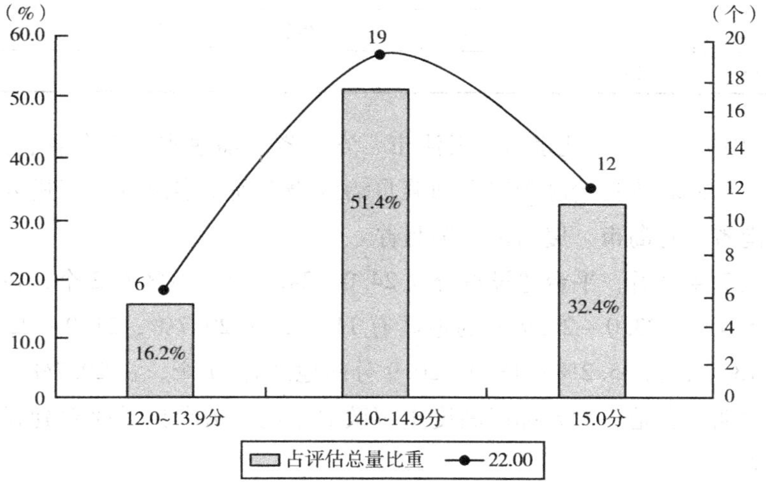

图7.3 监督指导分值分布情况

（二）平台建设

平台建设有4个二级指标、17个观测点，分值为25（+3）分，其中包括附加分指标与观察指标。

1. 不计附加分。

如表7.5所示，平台建设指标（不计附加分）得分居前十名的地区分别是天津市（第一名，24.50分）、云南省（第二名，24.00分）、湖北省（第三名，23.90分）、广西壮族自治区（第四名，23.50分）、宁夏回族自治区（第五名，23.30分）、北京市（第六名，23.00分）、青岛市（第六名，23.00分）、厦门市（第六名，23.00分）、河北省（第六名，23.00分）、浙江省（第六名，23.00分）、福建省（第六名，23.00分）、广东省（第六名，23.00分）和安徽省（第六名，23.00分）。

表7.5　平台建设评分及排序（不计附加分）

地区	得分	排名	地区	得分	排名
天津市	24.50	1	厦门市	23.00	6
云南省	24.00	2	河北省	23.00	6
湖北省	23.90	3	浙江省	23.00	6
广西壮族自治区	23.50	4	福建省	23.00	6
宁夏回族自治区	23.30	5	广东省	23.00	6
北京市	23.00	6	安徽省	23.00	6
青岛市	23.00	6			

与2019年相比，北京市、天津市、安徽省、福建省、广东省、河北省、浙江省、广西壮族自治区和宁夏回族自治区仍在前十名之列，新进入前十名的有云南省、青岛市、厦门市和湖北省。

从图7.4来看，平台建设得分在24.0~24.9分的地区有2个，占被评估地区的5.4%；23.0~23.9分的地区有11个，占29.7%；21.0~22.9分的地区有13个，占35.2%；18.0~20.9分的地区有11个，占29.7%。上述分析结果表明，各地区财政部门高度重视政府采购地方分网的平台建设，并且成效显著。

平台建设得分较高的地区共性：网站访问正常，页面设计简洁大方，平台制度建设完善，建立了简便顺畅的操作流程和集中统一的发布渠道。其突出表现为网站建设注重用户体验感，服务功能齐全，信息搜索功能完善，采购项目全链条搜索机制健全，信息推送及时。

得分较低的地区存在的主要问题：一是信息推送不及时，预算金额在500万元以上地方采购项目信息，地方分网未及时通过数据接口同时推送至

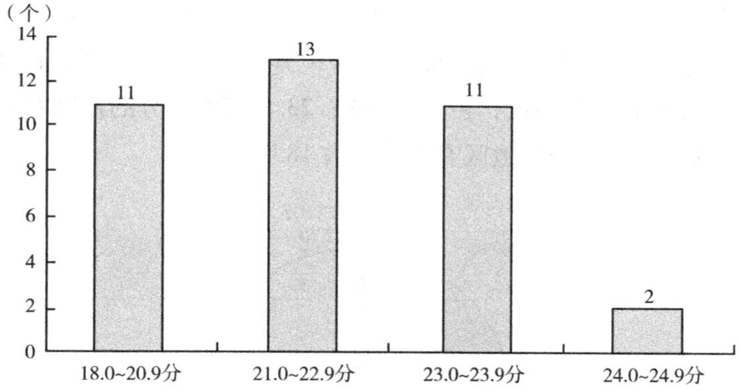

图 7.4　平台建设分值分布情况

中央主网发布；二是全链条搜索机制不健全，搜索采购项目时不可显示该项目全部相关信息；三是信息搜索功能不便捷，网站信息搜索功能不符合可通过三个以上要素进行模糊搜索的要求；四是地方未提供足够的支撑材料，未证明已制定了安全管理制度和操作规程，未证明已建立健全与公共资源交易平台的信息互联互通机制，实现与公共资源电子服务系统之间的信息共享。

2. 计附加分。

平台建设的附加分主要评估政府采购网地方分网的其他功能情况。如表 7.6 所示，平台建设（计附加分）指标得分居前十名的地区分别是云南省（第一名，27.00 分）、湖北省（第二名，26.90 分）、天津市（第三名，26.50 分）、广西壮族自治区（第三名，26.50 分）、北京市（第五名，26.00 分）、厦门市（第五名，26.00 分）、福建省（第五名，26.00 分）、安徽省（第五名，26.00 分）、海南省（第九名，25.90 分）和山西省（第九名，25.90 分）。

表 7.6　平台建设评分及排序（计附加分）

地区	得分	排名	地区	得分	排名
云南省	27.00	1	厦门市	26.00	5
湖北省	26.90	2	福建省	26.00	5
天津市	26.50	3	安徽省	26.00	5
广西壮族自治区	26.50	3	海南省	25.90	9
北京市	26.00	5	山西省	25.90	9

从图 7.5 来看，平台建设（计附加分）得分为满分（27 分）的地区有 1 个，占调查总样本的 2.70%；26.0～26.9 分的有 7 个地区，占 18.90%；25.0～25.9 分的有 8 个地区，占 21.60%；23.0～24.9 分的地区有 14 个，占 37.90%；20.0～22.9 分的地区有 7 个，占 18.90%。

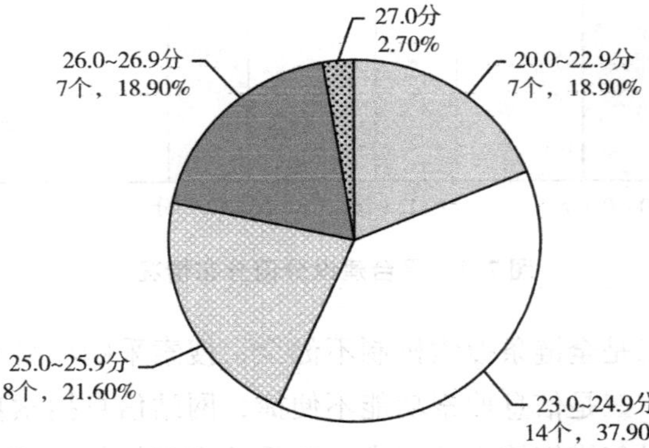

图 7.5　平台建设分值分布情况（计附加分）

平台建设附加分得满分的地区设有其他内容或功能，包括但不限于办事指南、相关政策功能专区（如扶持中小企业专区、脱贫攻坚专区、节能环保专区）、关联文件资料库、答问知识库、咨询建议、征集调查等。总体而言，政府采购网地方分网通过实现改版升级，网站服务功能更加完善，版块内容更加丰富。

（三）信息发布

信息发布有 4 个二级指标、183 个观测点，总评分为 60 分。如表 7.7 所示，信息发布评分居前十名的地区依次是福建省（第一名，58.30 分）、厦门市（第二名，58.25 分）、北京市（第三名，57.75 分）、广东省（第四名，57.50 分）、海南省（第五名，57.30 分）、宁夏回族自治区（第六名，56.95 分）、上海市（第七名，55.90 分）、河北省（第七名，55.90 分）、陕西省（第九名，55.80 分）、青岛市（第十名，55.70 分）和深圳市（第十名，55.70 分）。

从图 7.6 来看，56.0～58.9 分的地区有 6 个，占被评估地区总数的 16.2%；53.0～55.9 分的地区有 19 个，占 51.4%；50.0～52.9 分的地区有

表 7.7　　政府采购信息发布评分及排序

地区	得分	排名	地区	得分	排名
福建省	58.30	1	上海市	55.90	7
厦门市	58.25	2	河北省	55.90	7
北京市	57.75	3	陕西省	55.80	9
广东省	57.50	4	青岛市	55.70	10
海南省	57.30	5	深圳市	55.70	10
宁夏回族自治区	56.95	6			

7个，占18.9%；42.0~49.9分的地区有5个，占13.5%。总体而言，政府采购信息发布得分较高，表明政府采购信息发布及其相关工作成效显著。

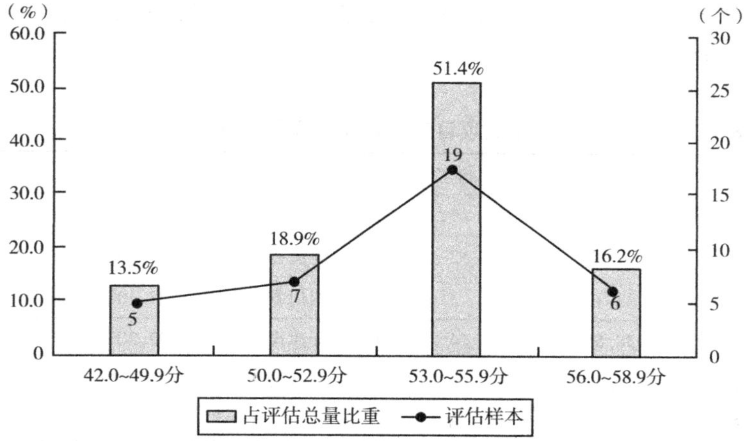

图 7.6　信息发布分值分布情况

信息发布得分较高的地区共性：采购项目信息发布链条完整，采购项目信息、监管处罚信息公告内容完整，基本符合时间规定，实现了各部门在中国政府采购网地方分网公开面向中小企业采购情况，包括预留项目执行情况和本部门其他项目面向中小企业采购情况。

信息发布得分较低的地区对财政部令第101号，财库〔2015〕135号，财库〔2017〕86号等关于做好政府采购公开工作的文件精神落实不够，部分地区信息发布质量不高，存在应当发布却未发布的政府采购项目信息、监管处罚信息；采购项目信息发布链条不完整；采购项目信息和监管处罚信息公告内容不完整、不符合时间规定等问题，距离实现政府采购信息的全流程公开透明有一定差距。

在本年度的评估指标体系中，一级指标“信息发布”下还有4个二级指标，分别是采购项目信息、监管处罚信息、其他政府采购信息以及采购意向信息。这些二级指标的评分情况报告如下。

1. 采购项目信息公开。

采购项目信息公开是一级指标“信息发布”下的二级指标，其分值为40分。如表7.8所示，得分在前十名的地区分别是厦门市（第一名，40.00分）、海南省（第二名，39.90分）、北京市（第三名，38.70分）、宁夏回族自治区（第四名，38.55分）、青岛市（第五名，38.40分）、福建省（第六名，38.30分）、广东省（第七名，38.00分）、河南省（第八名，37.70分）、四川省（第九名，37.60分）、天津市（第十名，37.20分）和宁波市（第十名，37.20分）。

表7.8　　采购项目信息公开评分及排序

地区	得分	排名	地区	得分	排名
厦门市	40.00	1	广东省	38.00	7
海南省	39.00	2	河南省	37.70	8
北京市	38.70	3	四川省	37.60	9
宁夏回族自治区	38.55	4	天津市	37.20	10
青岛市	38.40	5	宁波市	37.20	10
福建省	38.30	6			

与2019年相比，仍在前十名之列的地区有北京市、天津市、福建省、广东省、厦门市和青岛市，新进入前十的地区有海南省、宁夏回族自治区、河南省、四川省和宁波市。

从图7.7来看，得分在38～40分的地区有7个，占被评估地区总数的18.9%；36～38分的地区有17个，占46.0%；34～36分的地区有8个，占18.9%；32～34分的地区有2个，占5.4%；32分以下的地区有4个，占10.8%。分析显示，采购项目信息公开得分较高，这在很大程度上表明被评估地区的水利部门政府采购项目较好地实现了信息公开。

政府采购项目信息公开得分较高的地区共性：所有应当发布信息的采购项目均在中国政府采购网地方分网发布，采购项目信息发布链条完整，信息

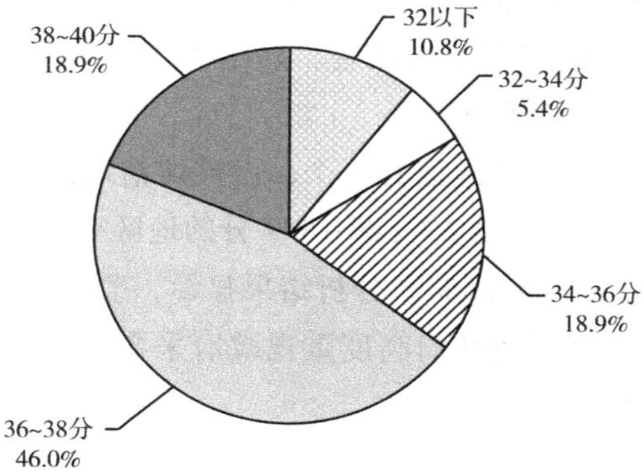

图7.7　采购项目信息公开分值分布

发布基本符合时间要求。

政府采购项目信息公开得分较低的地区存在的主要问题：存在个别应当发布却未发布的政府采购项目信息；部分地区采购信息发布链条不完整；部分地区采购项目信息公告内容不完整；存在合同公告未在合同签订之日起两个工作日公开的情况。

2. 监管处罚信息公开。

监管处罚信息公开是一级指标“信息发布”下的二级指标，其分值为10分。如表7.9所示，得分在前十名的地区分别是江苏省（第一名，10.00分）、浙江省（第一名，10.00分）、福建省（第一名，10.00分）、甘肃省（第一名，10.00分）、深圳市（第五名，9.90分）、宁夏回族自治区（第五名，9.90分）、大连市（第七名，9.80分）、西藏自治区（第七名，9.80分）、厦门市（第九名，9.75分）、广东省（第十名，9.50分）和陕西省（第十名，9.50分）。

表7.9　监管处罚信息公开评分及排序

地区	得分	排名	地区	得分	排名
江苏省	10.00	1	大连市	9.80	7
浙江省	10.00	1	西藏自治区	9.80	7
福建省	10.00	1	厦门市	9.75	9
甘肃省	10.00	1	广东省	9.50	10
深圳市	9.90	5	陕西省	9.50	10
宁夏回族自治区	9.90	5			

与2019年相比，仍在前十名之列的地区有广东省、深圳市和厦门市，新进入前10名的地区为江苏省、浙江省、福建省、甘肃省、宁夏回族自治区、西藏自治区、陕西省和大连市。

从图7.8来看，10分的地区有4个，占被评估地区总数的10.8%；9～9.9分的地区有23个，占62.2%；8～8.9分的地区有5个，占13.5%；7～7.9分的地区有5个，占13.5%。分析结果显示，监管处罚信息公开得分较高，这表明被评估地区财政部门高度重视政府采购监管处罚信息公开工作，并取得了较为显著的成效。

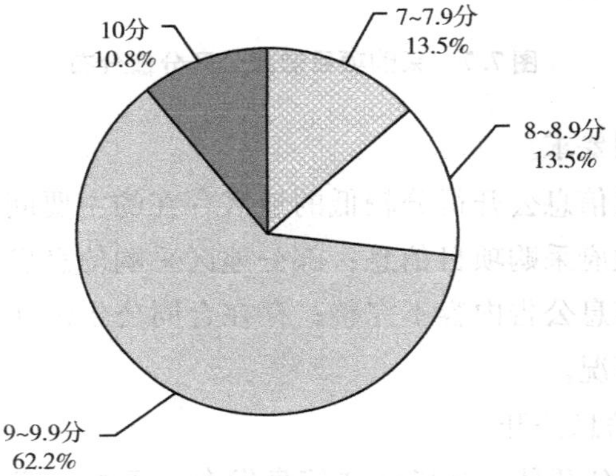

图7.8　监管处罚信息公开分值分布

监管处罚信息公开得分较高的地区共性：所有应当发布的监管处罚信息均按规定在中国政府采购网地方分网发布；财政部门作出的投诉、监督检查等处理决定公告，集中采购机构考核结果，违法失信行为记录公告内容完整，其发布亦符合时间要求。

监管处罚信息公开得分较低的地区存在的主要问题：应当发布的监管处罚信息未按规定在中国政府采购网地方分网发布；未严格执行《财政部关于做好政府采购信息公开工作的通知》（财库〔2015〕135号）关于监管处罚信息的公开规定，如财政部门作出的投诉、监督检查等处理决定公告内容缺失；“采购日期”要素问题；未严格执行投诉或监督检查处理决定应当自完成并履行有关报审程序后5个工作日内公告的要求。

3. 其他政府采购信息公开。

其他政府采购信息含有5个观测点，总分为10分，是在总结往年经验的基础之上加以创新而设置的评估指标。该指标主要从5个方面考察政府采购网地方分网其他政府采购信息发布的完整性、及时性和规范性的程度。

如表7.10所示，得分在前十名的地区分别是北京市（第一名，10.00分）、河北省（第一名，10.00分）、福建省（第一名，10.00分）、广东省（第一名，10.00分）、吉林省（第一名，10.00分）、安徽省（第一名，10.00分）、湖北省（第一名，10.00分）、陕西省（第一名，10.00分）、上海市（第九名，9.80分）、深圳市（第十名，9.00分）、甘肃省（第十名，9.00分）和云南省（第十名，9.00分）。

表7.10　　其他政府采购信息公开评分及排序

地区	得分	排名	地区	得分	排名
北京市	10.00	1	湖北省	10.00	1
河北省	10.00	1	陕西省	10.00	1
福建省	10.00	1	上海市	9.80	9
广东省	10.00	1	深圳市	9.00	10
吉林省	10.00	1	甘肃省	9.00	10
安徽省	10.00	1	云南省	9.00	10

与2019年相比，仍在前十名之列的地区有北京市、河北省、福建省、吉林省、安徽省、甘肃省和深圳市，2020年新进入前10名的地区为广东省、湖北省、陕西省、上海市和云南省。

从图7.9来看，其他政府采购信息发布得分在9.0～10分的地区有12个，占被评估地区的32.4%；8.0～8.9分的地区有13个，占35.2%；6.0～7.9分的地区有12个，占32.4%。分析结果显示，被评估地区其他政府采购信息发布得分较高，这表明各地区财政部门充分重视其他政府采购信息的发布工作。

其他政府采购信息公开得分较高的地区共性：本地区制发的政府采购相关规范性文件均在中国政府采购网地方分网集中统一发布；省级以上人民政府公布的集中采购目录、政府采购限额标准和公开招标数额标准均在中国政府采购网地方分网集中统一发布；工商登记注册地为本省的政府采购招标业务代理机构名录均在中国政府采购网地方分网集中统一发布，且与中央主网一致；县级以上财政部门均在中国政府采购网地方分网发布受理投诉的方式

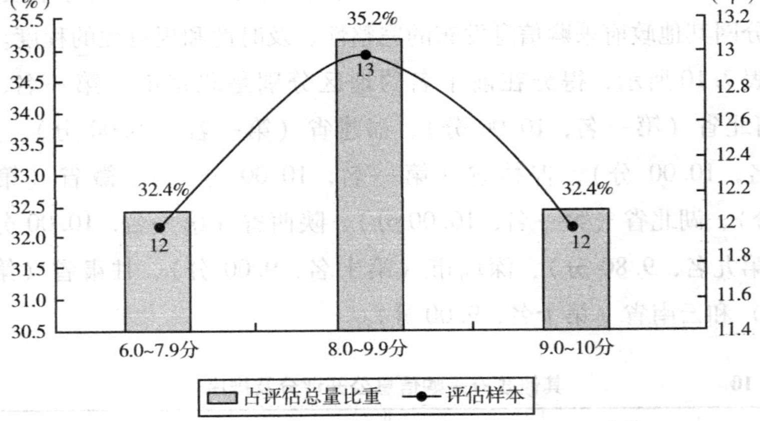

图 7.9　其他政府采购信息公开分值分布

等信息；均在中国政府采购网地方分网公开面向中小企业采购情况，包括预留项目执行情况和本部门其他项目面向中小企业采购情况。

其他政府采购信息公开得分较低的地区存在的主要问题：工商登记注册地为本省的政府采购招标业务代理机构名录在中国政府采购网地方分网集中统一发布，但部分代理机构信息与中央主网不一致；各地区在地方分网设置专区公开支持中小企业发展的政府采购政策，但未在分网公开各部门面向中小企业采购情况，包括预留项目执行情况和本部门其他项目面向中小企业采购情况。

4. 采购意向公开。

采购意向是信息发布下的二级指标，为观察指标，不计入总评分。结合网站调查与地方书面说明，评估组发现，北京市、上海市和深圳市市本级试点预算单位对于 2020 年 7 月 1 日起实施的采购项目，均按规定公开了采购意向。除以上试点地区外，天津市、重庆市、辽宁省、河北省、黑龙江省、广东省、江西省、四川省和新疆维吾尔自治区等 24 个地区积极响应，制订政府采购意向公开工作方案，稳步推进省本级、市、县级采购意向工作。

（四）整改落实

各地区财政部门基本上能根据评估组反馈的问题，第一时间进行解释说明，针对确实存在的不足之处，基本上能够逐条回应落实情况，并立即着手整改。大部分地区财政部门的做法如下：（1）梳理问题，分析原因，要求各单位自查整改；(2) 成立工作专班，组织学习，加强整改督促；(3) 升级网站功能，优化版面设置；(4) 加强系统控制，规范信息发布；(5) 完善相关制度，强化监督指导。

绝大部分地区都在上年的基础上进行了不同程度的整改，只有个别地区未能实现充分有效的整改，具体表现在两个方面：一方面，对上一年度评估中发现的监督指导、平台建设问题未提出明确的整改措施；另一方面，对市县财政部门、采购人、政府采购代理机构的信息公开监督举措较为单一，问责的重视程度不足。

（五）配合评估

配合评估指标包括真实性、完整性、及时性和配合度4个二级指标，此项指标均为扣分项。其中"真实性""完整性"的主要观测点是考察各地区财政部门提交的书面材料内容是否存在虚假数据、缺漏项等情况；"及时性""配合度"指标的主要观测点是各地区财政部门提供书面说明材料是否及时，对第三方评估机构评估人员的工作是否配合等。

评估发现，绝大部分地区财政部门都能及时提交纸质版和电子版材料，且都能对评估组提出的问题和遇到的疑难给予及时的解决答复。但少数地区的配合度有待提高，如某些地区未在规定时间内提交自评材料，某些地区未及时提供备选样本单位。

（六）"互联网+"政府采购建设

"互联网+"政府采购建设下设2个二级指标，分别为电子化政府采购平台建设情况（附加分+3分）和电子卖场（附加分+2分）。

1. 电子化政府采购平台建设。

电子化政府采购平台建设指标主要考察电子化政府采购平台实现在线发布采购公告、免费获取采购文件、提交采购（响应）文件；实行电子开标、电子评审；与财政业务、采购单位内部管理等信息系统衔接；可实现合同签订、履约验收、信用评估、用户反馈、提交发票、资金支付等功能情况。

北京市、上海市、天津市、重庆市、广东省、浙江省、江苏省、福建省、山东省、河北省、辽宁省、吉林省、湖北省、湖南省、安徽省、贵州省、云南省、广西壮族自治区、新疆维吾尔自治区、宁夏回族自治区、西藏自治区以及深圳市、厦门市、大连市、宁波市等25个被评估地区此项指标得分为满分（+3分），另有12个地区有不同程度扣分。分析结果显示，大部分地区的电子化政府采购平台建设得分较高，这表明我国电子化政府采购平台建设正在有效推进。

2. 电子卖场建设。

电子卖场建设指标主要考察各地电子卖场建设（电子商城、网上超市等）或依托其他电子卖场实现在线交易、公布具体成交记录等情况。除少数地区外，绝大部分地区都建设了电子卖场或依托其他电子卖场实现在线交易、公布具体成交记录等。

从图7.10来看，"互联网+"政府采购建设得分为5分的地区有25个，占被评估地区总数的67.6%；得分为4~4.9分的地区有6个，占16.2%；得分为2~3.9分的地区有5个，占13.5%；得分为0分的地区有1个，占2.7%。与2019年相比，"互联网+"政府采购建设的满分地区数量由上年6个增长为25个，4分及以上地区数量由20个增加至31个。由此可知，我国"互联网+"政府采购建设正在快速推进，并取得了较好的成效。

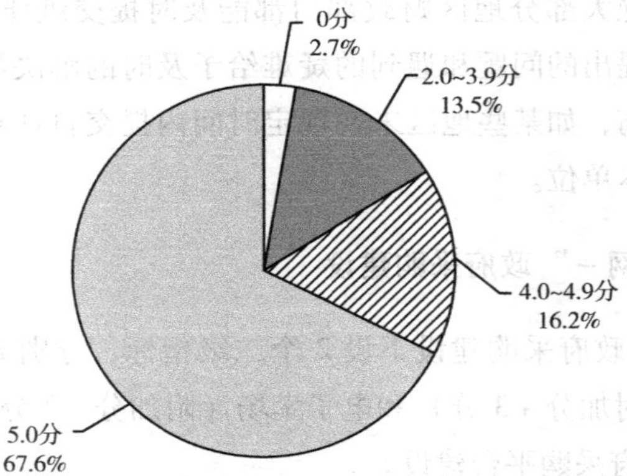

图7.10 "互联网+"政府采购建设分值分布

四、信息发布及时性完整性情况

政府采购项目信息公开的及时性与完整性，既是政府采购透明度建设的重要内容，也是基本原则与要求。

（一）公告发布的及时性情况

在此次评估指标体系中，政府采购信息发布的及时性主要包括两部分内容：一是政府采购项目信息发布的及时性，二是政府采购监管处罚信息发布的及时性。

1. 政府采购项目信息发布及时性。

海南省、宁夏回族自治区、青岛市和厦门市的政府采购项目信息发布及时性指标评分为满分（即10分），北京市、上海市、广东省、青海省、西藏自治区、福建省、甘肃省、山东省、湖南省、陕西省、河南省、大连市和宁波市的政府采购项目信息发布及时性评分均在8分以上。

从图7.11来看，政府采购项目信息及时性得分为10分的地区有4个，占被评估地区总数的10.8%；8～10分的地区有13个，占35.1%；6～8分的地区有14个，占37.9%；6分以下的地区有6个，占16.2%。

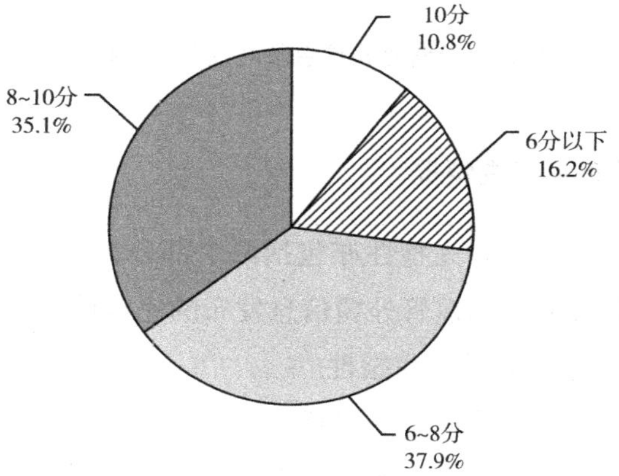

图7.11　政府采购项目信息分值分布情况

分析结果显示，大多数地区水利部门的政府采购项目信息发布及时性得分都在7分以上，这表明大部分地区水利部门的政府采购项目信息满足及时性要求。

2. 监管处罚信息发布及时性。

浙江省、江苏省、福建省、甘肃省、云南省、新疆维吾尔自治区、青岛市、宁波市、厦门市、深圳市和大连市的政府采购项目信息及时性指标均为满分。

从图7.12来看，监管处罚信息及时性得分为3分的地区有11个，占被评估地区总数的29.7%；2~3分的地区有21个，占56.8%；2分以下的地区有5个，占13.5%。分析数据显示，被评估地区水利部门的政府采购监管处罚信息及时性得分多在2分以上，这反映了大多数地区财政部门的政府采购监管处罚信息公开满足及时性要求。

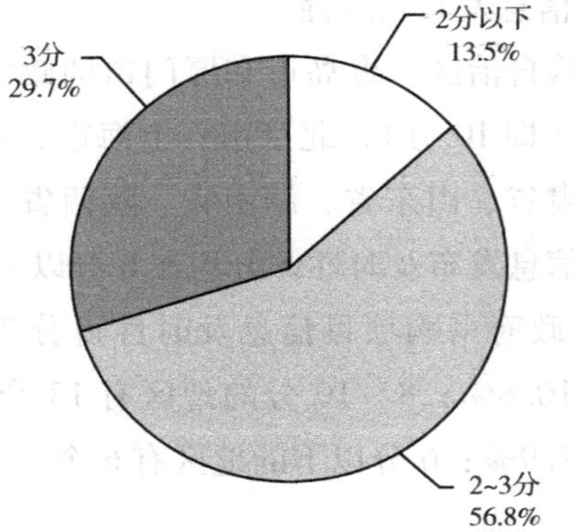

图7.12　监管处罚信息及时性分值分布情况

（二）公告发布完整性情况

政府采购信息发布内容完整性亦包括两个部分，分别是政府采购项目信息发布的完整性和政府采购监管处罚信息发布的完整性。

1. 采购项目信息发布链条完整性。

北京市、上海市、天津市、福建省、陕西省、广东省、四川省、河南省、江苏省、河北省、厦门市、大连市、青岛市和宁波市的政府采购项目信息发布链条完整性指标得分为满分（即10分）。

从图7.13来看，政府采购项目信息发布链条完整性得分为10分的地区有14个，占被评估地区总数的37.8%；9.0~10分的地区有17个，占46.0%；8.0~9.0分的地区有3个，占8.1%；8.0分以下的地区有3个，占8.1%。总体来看，绝大部分地区水利部门的政府采购信息发布链条遵循了完整性原则与要求。

2. 政府采购项目信息发布内容完整性。

北京市、天津市、福建省、安徽省、贵州省、四川省、海南省、厦门市

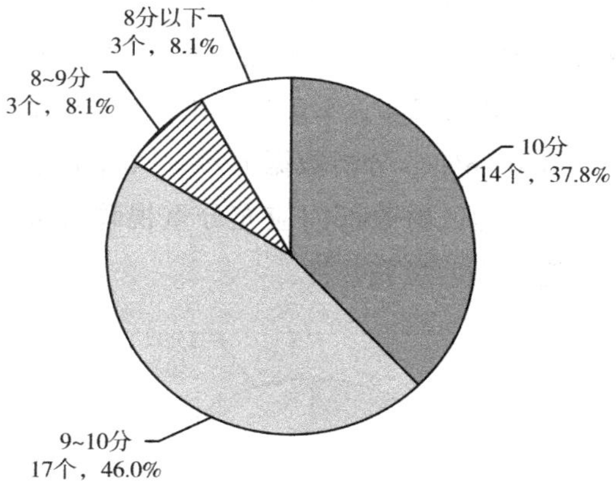

图 7.13 政府采购项目信息发布链条完整性分值分布情况

和深圳市的水利部门政府采购项目信息完整性指标得分为满分（即 10 分）。

从图 7.14 来看，政府采购项目信息发布公告完整性得分为 10 分的地区有 9 个，占调查总样本的 24.3%；9.0～10.0 分的地区有 9 个，占 24.3%；8.0～9.0 分的地区有 12 个，占 32.5%；7.0～8.0 分的地区有 3 个，占 8.1%；7.0 分以下的地区有 4 个，占 10.8%。总体来看，绝大部分地区水利部门的政府采购项目信息发布遵循了完整性原则与要求。

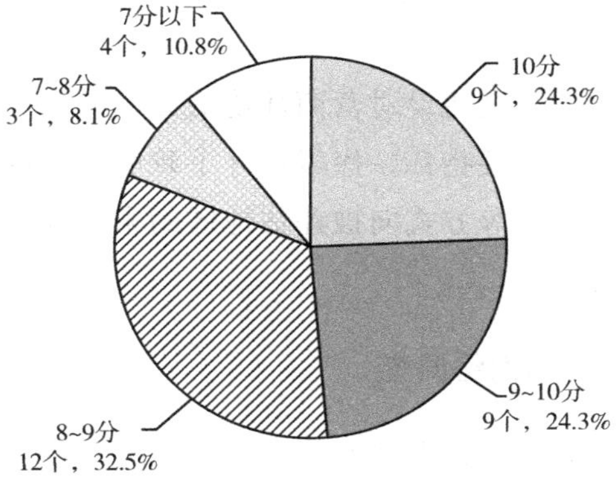

图 7.14 政府采购项目信息完整性分值分布情况

3. 监管处罚信息发布内容完整性。

天津市、上海市、福建省、山西省、甘肃省、浙江省、宁夏回族自治区、山东省、山西省、江苏省、湖北省、新疆生产建设兵团、西藏自治区和深圳市的监管处罚信息发布完整性指标得分为满分（即3分）。

从图7.15来看，监管处罚信息发布完整性得分为3分的地区有14个，占被评估地区总数的37.8%；2.0～3.0分的地区有19个，占51.4%；2分以下的地区有4个，占10.8%。分析数据显示，大部分地区的监管处罚信息发布完整性评分不高。各地区财政部门应充分重视政府采购监管处罚信息发布，采取确实有效措施提高信息完整性。

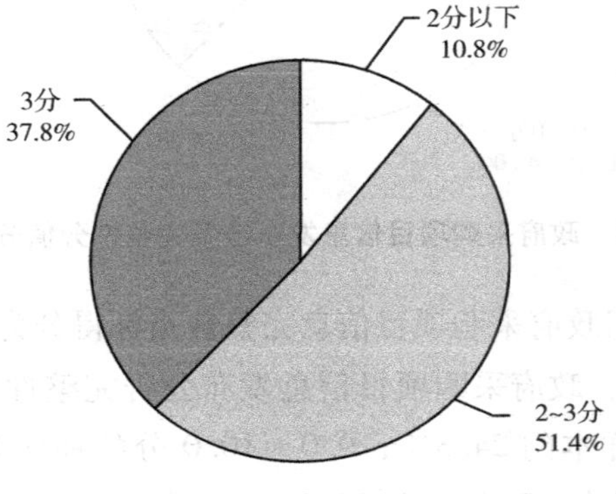

图7.15　监管处罚信息完整性分值分布情况

五、营商环境问卷调查分析

为了解政府采购透明度建设对营商环境的影响，第三方评估机构参考了世界银行营商环境评估有关指标，探索设计了政府采购透明度调查问卷，并通过网络调查、电话调查等方式向被评估地区的采购人、投标公司等市场主体收集相关数据与评估。

（一）关于采购人的网络调查

面向采购人的调查问卷是由“监督指导”下的二级指标即“指定媒体监管”观测点转化而来。该问卷由3个问题组成，分别是：①作为采购人，您在政府采购网发布信息时是否存在收费或者变相收费问题？②作为采购人，您是否遇到过被拒绝发布政府采购信息，或者没有在1日内及时发布的情况？③已发布的采购信息是否未经同意就被删除或者修改过？

电话调查从9月21日至27日止，3名电话调查员从项目列表中检索采购人信息，拨打了 140 个采购人电话，有 20 位采购人接受了调查（占电话调查总数的 14.29%）。鉴于电话调查情况的不理想，评估组从 9 月 28 日至 10 月 29 日近 1 个月的时间采取了网络调查方式，并收集到 194 份有效问卷。两种调查方式合计收集到 214 份有效问卷。现将问卷调查情况报告如下：

（1）关于问卷中“信息发布收费或变相收费”的问题，214 份问卷中采购人均报告信息发布不存在“收费或变相收费”的情况；

（2）关于问卷中“被拒绝发布或未及时发布信息”的问题，214 份问卷中有 2 位采购人报告有“遇到过被拒绝发布政府采购信息，或者没有在 1 日内及时发布”的情况，占调查总数的 0.93%；

（3）关于问卷中“采购信息被删除或修改”的问题，214 份问卷中有 2 位采购人报告有“已发布的采购信息是否未经同意就被删除或者修改过”的情况，占调查总数的 0.93%。

从上述调查的分析结果来看，采购人对指定媒体监管几乎没有负面信息反馈，这在一定程度上表明被调查地区财政部门较好地履行了指定媒体监管责任。

（二）关于投标公司的网络调查

评估组参考了世界银行营商环境评估有关指标，设计并实施了对投标公司的调查问卷。该问卷由 10 个问题构成，包括投标公司对政府采购电子平台的了解、使用以及采购预算公开、资格预审、营商环境总体评估等内容（见表 7.11）。

表 7.11　　投标公司营商环境调查问卷

1. 您是否知道本省/市的政府采购电子平台？	是 □	否 □
2. 您是否登录/使用过本省/市的政府采购电子平台？	是 □	否 □
3. 您是否知道采购预算应在招标通知/招标文件中公布？	是 □	否 □
4. 您是否知道应经过资格预审后才可正式参加投标？	是 □	否 □
5. 您参与投标是否被要求缴纳投标保证金？	是 □	否 □
6. 不管中标与否您都收到了中标结果通知书？	是 □	否 □
7. 您认为评标规则是否客观并可量化？	是 □	否 □
8. 您是否缴纳了履约保证金？	是 □	否 □
9. 据您所知采购方是否按合同约定的时间支付款项？	是 □	否 □

10. 您对本省/市营商环境的总体评分是？（1 为最低分，10 为最高分）

1	2	3	4	5	6	7	8	9	10

评估组对投标公司的网络调查与对采购人的网络调查同步进行，共回收投标公司有效调查问卷127份。结合表7.11和图7.16来看，所有问卷填答者均知道本省/市政府采购电子平台（即问题1）和采购预算应在招标通知/招标文件中公布（即问题2）；98.4%的填答者登录/使用过本省/市政府采购电子平台（即问题3）；96.06%的填答者知道应经过资格预审后才可正式参加投标（即问题4）；95.28%的填答者认为评标规则客观并可量化（即问题7）；94.49%的填答者了解到采购方按合同约定的时间支付款项（即问题9）；81.89%的填答者报告不管中标与否都收到了中标结果通知书（即问题6）。此外，图7.16还显示，分别有64.57%、58.37%的填答者被要求缴纳投标保证金（即问题5）和履约保证金（即问题8）。

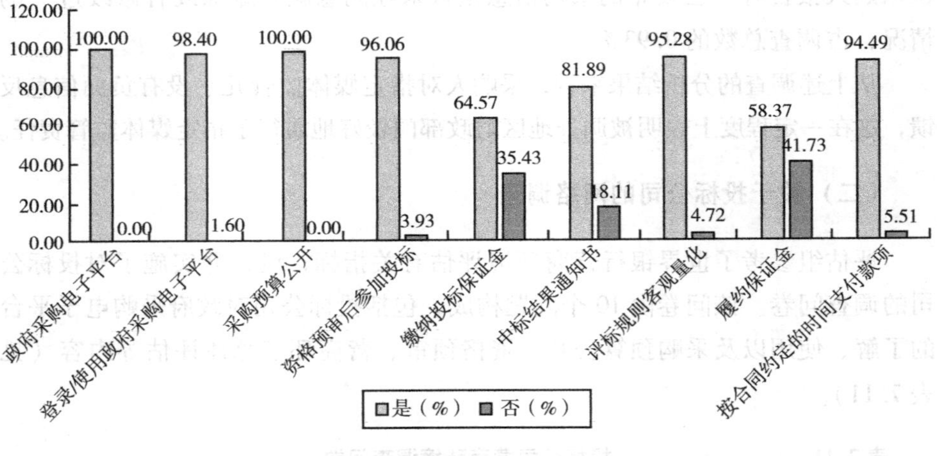

图7.16　投标公司营商环境调查（n=127）

在投标公司调查问卷中还要求填答者对所在省/市营商环境做量化打分（1为最低分，10为最高分），127位填答者均给出了自己的评估，最低分为4分（1位，占总填答者的0.79%），最高分为10分（84位，占总填答者的64.14%），平均分为9.45分。总的来看，参与问卷调查的投标公司对所在省/市营商环境给予了较高的评估。但是，问卷调查所反映的一些情况也应当引起关注。如依据政府采购相关法律法规，不管中标与否都应将中标结果通知到每一家投标公司，但本次网络调查显示有18.11%的被调查者表示没有收到中标结果通知书。此外，在电话调查过程中，评估项目组也接收到了来自评标专家、投标公司和供应商关于营商环境的意见和建议。这些意见和建议主要有以下两点：

一是规范和约束采购人行为。有位评标专家说："一些采购活动对业主（指采购人）代表大开方便之门，事实上有些（开）标就是业主代表在做主，尤其是综合评分的，有些会暗示专家对特定的投标人打高分。另外一点是有些投标人事先在招标公告还没有发布之前（在指定招标文件的同时），就开始根据自身的要求设置了一些对自己有利的条件，以至于限制其他投标人的投标活动。比如××省有一个项目，评分项中居然要求项目负责人必须具备正教授高级职称，可加3分，副教授加2分，中级职称加1分；项目负责人获得国家科技进步奖加3分；出版过专著的加3分……像这种条件当初设置的是非常不合理的，有明显的排他性，当时我们提出不合理要求改正，但招标代理说是业主要求。"

这位评标专家还认为，规范和约束采购人（即评标专家所说的业主）有助于增强评标标准的公平性。他说："在设立条件的时候，有些投标人就事先对招标人进行公关了。所以最后的条件别人都达不到，符合要求的就只有一家了。我们专家提了建议，但是不予采纳。我打电话的目的是建议这种采购评分的项目，最好不要让业主代表参加评分，会影响公平性，因为多数业主代表会偏向他的意中投标人。尽管确实走了正常的程序，但只要有业主代表参加评分，多数都非常不公平，包括一些代理都是有偏袒的。所以我们希望政府采购项目能尽量做到公平。"

二是招标文件制作"抄袭"多。有位供应商反映："现在的招标文件根本不是出自专业部门的，没有严格按照政府采购的相关条款来设置科学合理的评估和评分标准，全部都是你抄我的，我抄你的。如果这个暗地里勾结好的呢，这个单位招标文件都是由供应商采购、供应商提供，谈不上有什么公平竞争。就是现在我们这个行内都清楚，实际上都是提前运作好了，走流程走形式。我希望客观地反映这些问题……很多的评分标准和他的资质门槛的设计是非常不符合有关条款的设置。"

第五节　区域及年度比较

为更全面地认识当前我国政府采购透明度的地区差异与时间差异，本部分将从区域与年度两个维度对评估结果进行比较，以期更好地理解我国政府采购透明度建设的特点。区域和年度比较仅限于非附加分指标。

一、区域比较

本报告的区域比较主要包括东、中、西部区域和南、北部区域。在东、中、西部区域方面，东部区域包括北京市、天津市、河北省、辽宁省、山东省、上海市、江苏省、浙江省、福建省、广东省、海南省 11 个省市，以及深圳、宁波、青岛、大连、厦门 5 个计划单列市；中部区域包括山西省、吉林省、黑龙江省、安徽省、江西省、河南省、湖北省和湖南省 8 省；西部区域包括四川省、重庆市、陕西省、贵州省、云南省、西藏自治区、甘肃省、青海省、宁夏回族自治区、内蒙古自治区、广西壮族自治区、新疆维吾尔自治区 12 个地区。

在南、北部区域方面，南部区域包括江苏省、安徽省、浙江省、上海市、湖北省、湖南省、江西省、福建省、云南省、贵州省、四川省、重庆市、广西壮族自治区、广东省、海南省、宁波市、厦门市和深圳市 18 个地区；北部区域包括北京市、天津市、黑龙江省、山东省、吉林省、辽宁省、河北省、山西省、河南省、陕西省、甘肃省、青海省、西藏自治区、新疆维吾尔自治区、宁夏回族自治区、内蒙古自治区、大连市和青岛市 18 个地区，此外，北部区域还包含新疆生产建设兵团。

（一）东、中、西部区域比较

从区域分布来看，政府采购透明度总体得分（不计附加分）居前十名的东部有 9 个，依次分别是北京市（第一名，94.52 分）、广东省（第二名，94.48 分）、厦门市（第三名，94.46 分）、福建省（第四名，93.43 分）、海南省（第六名，91.89 分）、天津市（第七名，90.59 分），浙江省（第八名，90.36 分）、青岛市（第九名，90.27 分）和山东省（第十名，90.23 分）。中部区域没有进入前十名的省市；西部区域有 2 个，即宁夏回族自治区（第五名，91.92 分）和陕西省（第十名，90.23 分）（见表 7.3）。

如图 7.17 所示，从政府采购透明度平均得分来看，东部区域为 90.00 分，中部区域为 82.81 分，西部区域为 84.17 分。总体而言，东、中、西部区域政府采购透明度得分分布呈“U”字形。

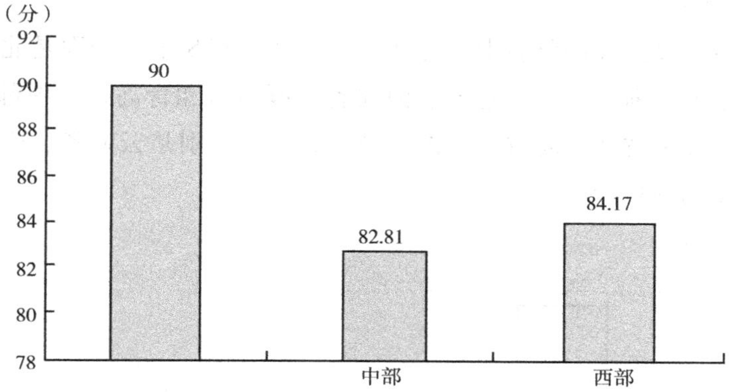

图 7.17　东、中、西部区域均值比较

为进一步了解东、中、西部区域政府采购透明度得分的地区差异，本部分将对监督指导、平台建设、信息发布、整改落实、配合评估和“互联网 +”政府采购建设等 6 个一级指标进行比较。

1. 监督指导。

在监督指导指标得分前十名方面，东部区域有 11 个，分别是北京市、天津市、广东省、浙江省、河北省、江苏省、海南省、福建省、厦门市、青岛市和宁波市；中部没有进入前十名的省市；西部区域有 1 个，即甘肃省。

如图 7.18 所示，从平均值来看，东部区域的监督指导分值为 14.80 分，中部为 14.03 分，西部为 14.27 分。由此可知，不论是监督指导进入前十名的数量，还是监督指导平均值，东部区域均优于中、西部区域。

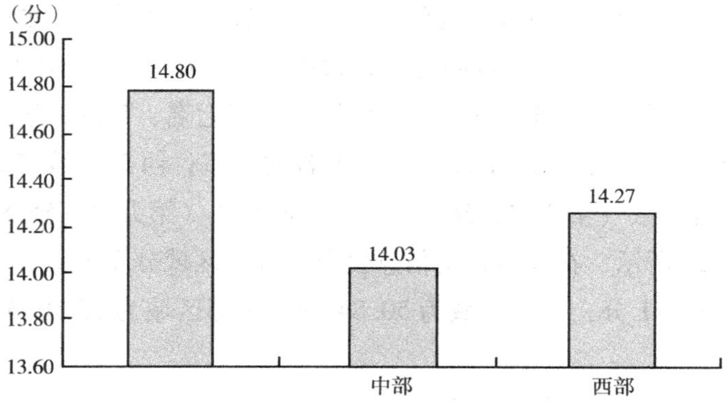

图 7.18　东、中、西部区域监督指导得分比较

2. 平台建设。

在平台建设指标评分前十名方面，东部区域有 8 个，分别是北京市、天津市、广东省、浙江省、福建省、河北省、厦门市和青岛市；中部区域有 2 个，分别是安徽省和湖北省；西部区域有 3 个，分别是云南省、广西壮族自治区和宁夏回族自治区。

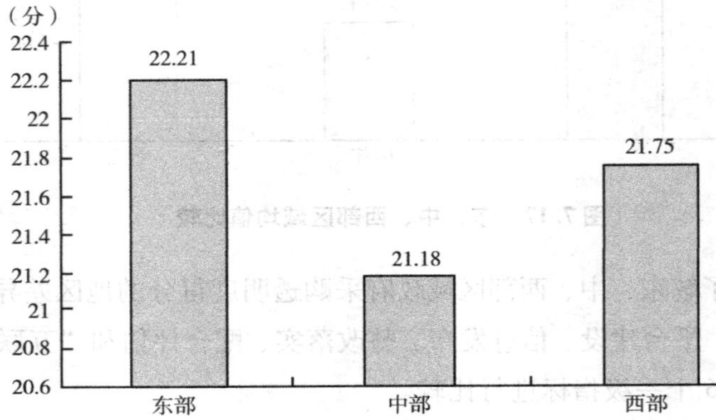

图 7.19　东、中、西部区域平台建设得分比较

如图 7.19 所示，在平台建设得分方面，东部区域的平得分为 22.21 分，中部区域为 21.18 分，西部区域为 21.75 分，呈“U”字形分布。总体来看，东部区域平台建设不论是进入前十名的数量，还是平均得分均优于中、西部区域，而西部区域又略优于中部区域。

3. 政府采购信息发布。

从政府采购信息发布前十名的区域分布来看，东部区域有 8 个，分别是福建省（第一名，58.30 分）、厦门市（第二名，58.25 分）、北京市（第三名，57.75 分）、广东省（第四名，57.50 分）、海南省（第五名，57.30 分）、河北省（第七名，55.90 分）、上海市（第七名，55.90 分）和青岛市（第十名，55.70 分）；中部没有进入前十名的省市；西部区域有 2 个，分别是宁夏回族自治区（第六名，56.95 分）和陕西省（第九名，55.80 分）。

如图 7.20 所示，在政府采购信息发布得分的区域分布方面，东部区域的平均得分为 55.71 分，中部区域为 50.84 分，西部区域为 52.08 分，呈“U”字形分布。

总体来看，东部区域信息发布评分进入前十名的地区数量远远多于中部和西部区域。在信息发布平均分方面，东部区域也远高于中部和西部区域，

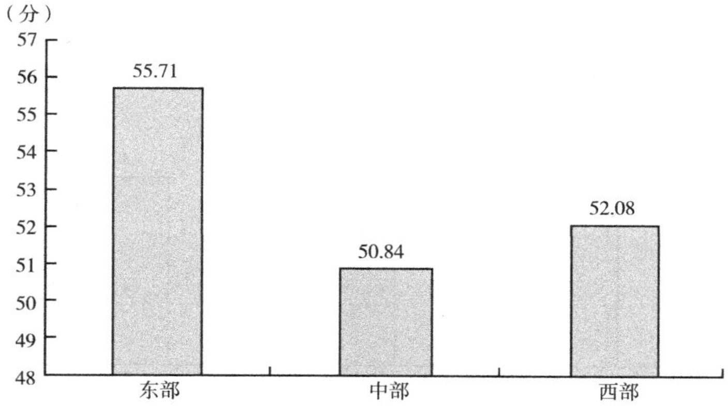

图7.20 东、中、西部区域政府采购信息发布得分比较

而西部区域又稍高于中部区域。

4. 整改落实。

总体而言，被评估地区整改落实情况良好，在东、中、西部区域方面没有太大差异，西部区域只有1个地区被扣分。

5. 配合评估。

评估发现，绝大部分地区财政部门都能按文件要求按时提供自评报告，且基本能对评估组提出的问题和遇到的疑难予以及时答复，有4个地区财政部门由于提供书面材料超过截止日期五天以上或未及时提供备选样本而被扣分，分别是东、中部区域各1个省，西部区域有2个省或自治区，它们均被扣了1分。

6. “互联网+”政府采购建设。

从“互联网+”政府采购建设指标得满分（5分）的区域分布来看，东部区域有14个，分别是北京市、天津市、上海市、辽宁省、河北省、江苏省、浙江省、福建省、广东省、山东省、深圳市、厦门市、大连市和宁波市；中部区域有4个，分别是吉林省、安徽省、湖北省和湖南省；西部区域有7个，分别是重庆市、贵州省、云南省、广西壮族自治区、新疆维吾尔自治区、宁夏回族自治区和西藏自治区。

如图7.21所示，从“互联网+”政府采购建设得分的区域分布来看，东部区域平均得分为4.84分，中部区域为4.09分，西部区域4.39分。

总体来看，东部区域“互联网+”政府采购建设评分不论是进入前十名的数量还是平均分方面都优于西部区域，而西部区域又略优于中部区域。

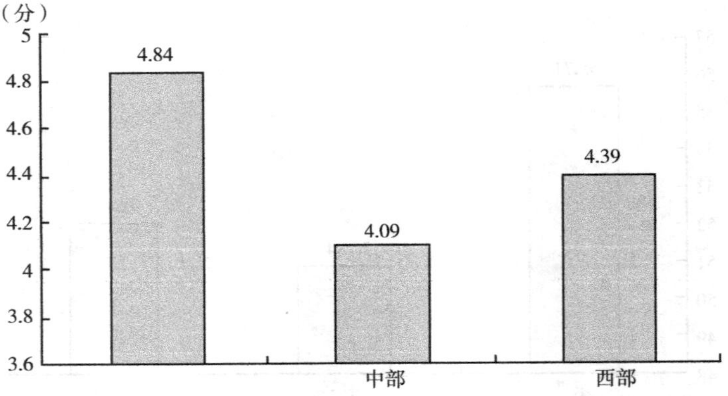

图 7.21　东、中、西部区域“互联网 +”政府采购建设得分比较

（二）南、北部区域比较

从政府采购透明度得分前十名的区域分布来看，南部区域有 5 个，分别是广东省（第二名，94.48 分）、厦门市（第三名，94.46 分）、福建省（第四名，93.43 分）、海南省（第六名，91.89 分）和浙江省（第八名，90.36 分）；北部区域有 6 个，分别是北京市（第一名，94.52 分）、宁夏回族自治区（第五名，91.92 分）、天津市（第七名，90.59 分）、青岛市（第九名，90.27 分）、陕西省（第十名，90.23 分）和山东省（第十名，90.23 分）。

如图 7.22 所示，南部区域的总平均分为 88.09 分，北部区域为 84.80 分。总体来看，南部区域进入前十名的数量与北部区域持平，但南部区域总平均分明显高于北部区域。

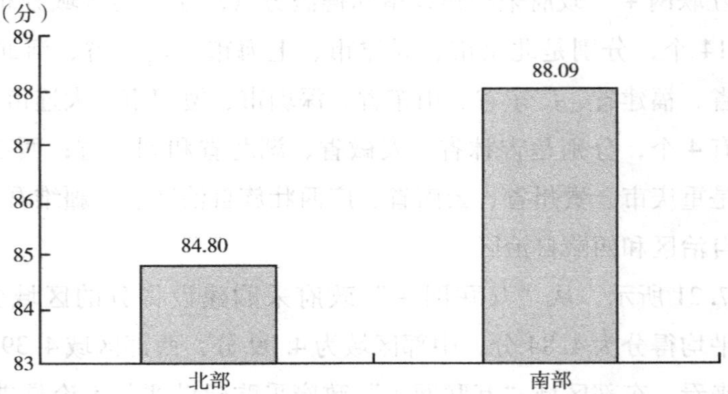

图 7.22　南、北部区域政府采购透明度得分比较

为进一步了解南、北部区域政府采购透明度得分的区域差异，本部分将对监督指导、平台建设、信息发布、整改落实、配合评估和“互联网+”政府采购建设等6个一级指标进行比较。

1. 监督指导。

在监督指导指标前十名的区域分布方面，南部地区有7个，分别是广东省、浙江省、海南省、江苏省、福建省、厦门市和宁波市；北部区域有5个，分别是北京市、天津市、河北省、甘肃省和青岛市。

如图7.23所示，在监督指导得分的区域分布方面，南部区域的平均得分为14.81分，北部区域为14.10分。由此可知，就监督指导指标而言，不论是平均得分还是进入前十名的数量，南部区域均优于北部区域。

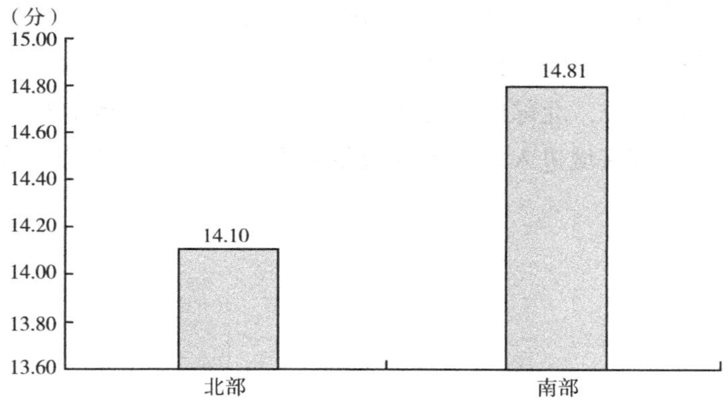

图7.23 南、北部区域监督指导指标得分比较

2. 平台建设。

在平台建设指标前十名的区域分布方面，南部地区有8个，分别是云南省、安徽省、福建省、广东省、浙江省、湖北省、广西壮族自治区和厦门市；北部区域有5个，分别是北京市、天津市、河北省、宁夏回族自治区和青岛市。

如图7.24所示，在平台建设得分的区域分布方面，南部区域的平均得分为22.01分，北部区域平均为21.65分。总体来看，不论是平均得分还是进入前十名的数量，南部区域都略优于北部区域。

3. 政府采购信息发布。

从政府采购信息发布前十名的区域分布来看，南部地区有6个，分别是上海市、广东省、福建省、海南省、厦门市和深圳市；北部区域有5个，分

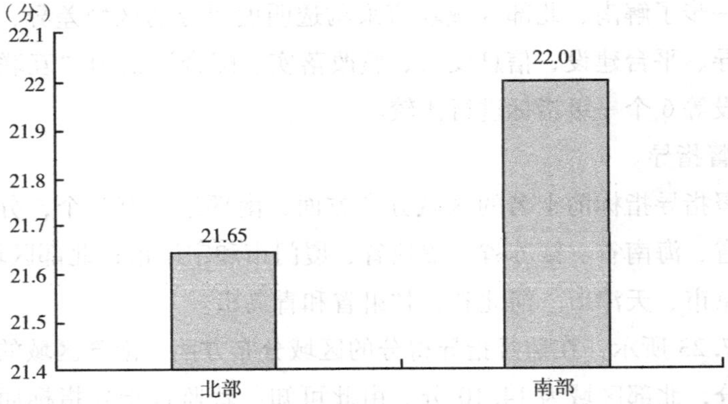

图 7.24　南、北部区域平台建设得分比较

别是北京市、陕西省、河北省、宁夏回族自治区和青岛市。

如图 7.25 所示，在政府采购信息发布得分的区域分布方面，南部区域的平均得分为 54.32 分，北部区域为 52.49 分。总体上，就政府采购信息发布而言，南部和北部区域进入前十名的数量基本持平，但在平均得分上南部区域略优于北部区域。

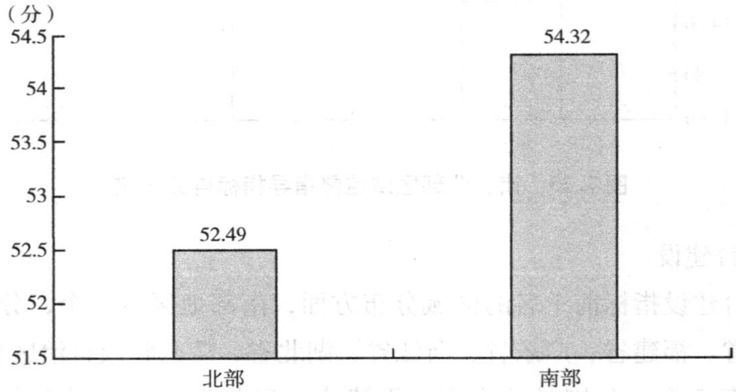

图 7.25　南、北部区域政府采购信息公开得分比较

4. 整改落实。

南、北部区域的绝大部分地区都进行了不同程度的整改，整改情况良好，北部区域有个别省被扣分。

5. 配合评估。

南、北部区域的绝大部分地区都能按文件要求按时提供自评报告，且大部分地区能对评估组提出的问题和遇到的疑难予以及时答复，只有 4 个地区由于提供书面材料超过截止日期五天而被扣分。此外，某些地区由于未及时提供备选样本，评估样本不足30个而被扣分。总体来看，南、北区域配合评估情况差距不大。

6. "互联网+"政府采购建设。

从"互联网+"政府采购建设指标满分（5分）的区域分布来看，南部区域有15个，分别是上海市、重庆市、江苏省、浙江省、福建省、广东省、安徽省、湖北省、湖南省、贵州省、云南省和广西壮族自治区、宁波市、厦门市和深圳市；北部区域有10个，分别是北京市、天津市、辽宁省、河北省、山东省、吉林省、新疆维吾尔自治区、宁夏回族自治区、西藏自治区和大连市。

如图7.26所示，在"互联网+"政府采购建设得分的区域分布方面，南部区域的平均得分为4.88分，北部区域为4.18分。总体上，就"互联网+"政府采购建设而言，不论是平均得分还是进入前十名的数量，南部区域都优于北部区域。

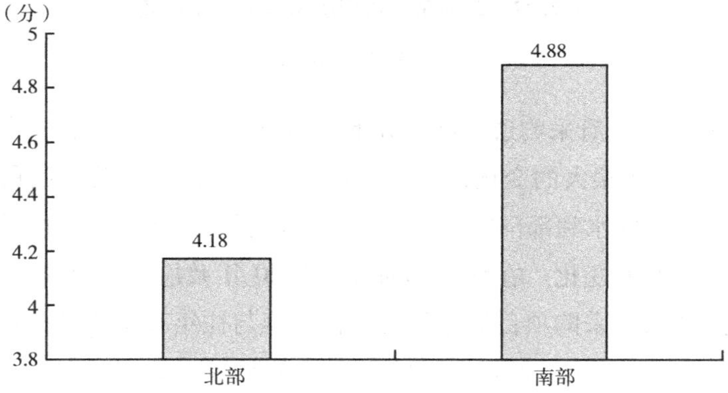

图7.26　南、北部区域"互联网+"政府采购建设得分比较

二、年度比较（2017~2020年）

本部分将对2017~2020年的政府采购透明度总评分及监督指导、平台建设、信息发布等主要一级指标进行比较，以期从年度上把握我国政府采购透明度的发展趋势。因新疆生产建设兵团是2019年度新增的被评估单位，故后续比较未包含此单位。

（一）总评分

如图 7.27 所示，2017～2020 年的政府采购透明度得分分别为 80.08 分、81.02 分、88.51 分、86.55 分。总体上呈现出先持续增长，最后一年略有下降的特点。

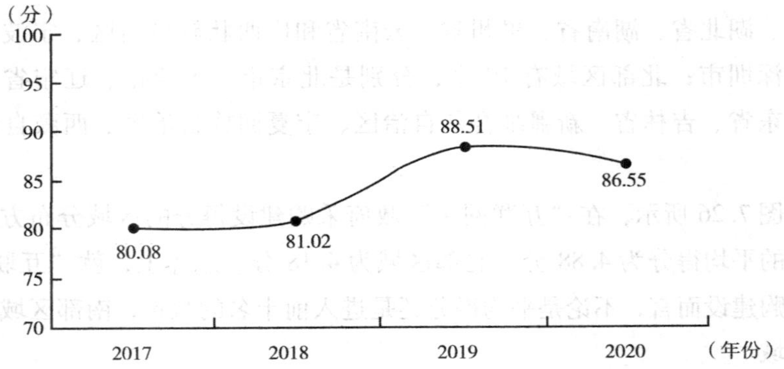

图 7.27　政府采购透明度总评分四年比较

注：2020 年政府采购项目样本来自省、市、县三级水利部门。

导致 2020 年政府采购透明度评分下降的原因主要有两个：一是抽取的采购项目范围发生了很大的变化，往年是抽取评估期内地方公布的所有采购项目，2020 年只抽取水利部门的采购项目。二是评估指标、信息抽样方式及评分计算方法发生了变化。在评估指标上，2020 年政府采购透明度评估中的“信息推送”“政府采购项目信息”等指标内容与往年有所不同；在信息抽样方式及评分计算方法上，2017～2019 年采用的是等额抽样（即每个评估地区随机抽取 50 个项目）的方式，其计算方法是加权平均，2020 年采用的是地方财政部门根据要求提供项目与等额抽样（即每个评估地区补充抽取 30 个水利部门采购项目）相结合的方式，其计算方法是“踩点给（扣）分”（计分点直接累加）。

（二）一级指标

在历年的政府采购透明度评估指标体系中，只有监督指导、平台建设、信息发布这 3 个一级指标保持相对稳定，但其分值每年稍有不同。为便于比较，本部分对这些指标进行了加权，加权计算公式如下：$X = x_i \times \frac{L_1}{L_2}$，其中，$x_i$ 为历年各一级指标评分，L_1 为历年各一级指标所占分值，L_2 为 2020 年各一级指标所占分值。

1. 监督指导。

如图 7.28 所示，2017 ~ 2020 年监督指导评分分别为 13.25 分、12.97 分、13.48 分、14.49 分。总体来看，监督指导得分呈现出先降后升的趋势，这在一定程度上反映了近年来各地区财政部门对政府采购信息公开监督指导工作的重视与强化。

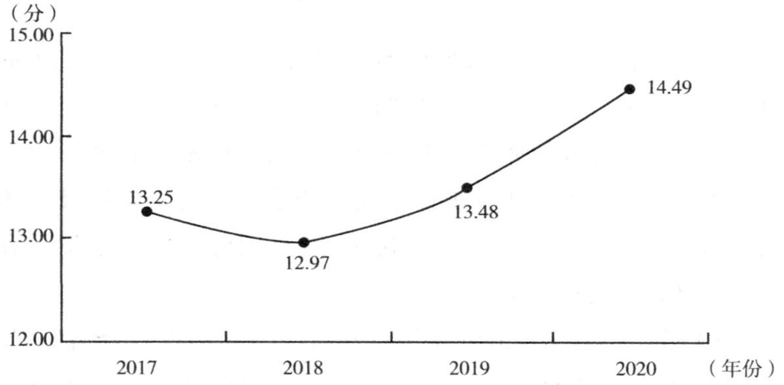

图 7.28　监督指导四年分值比较

2. 平台建设。

如图 7.29 所示，2017 ~ 2020 年的平台建设评分分别为 22.77 分、20.78 分、23.98 分、21.81 分。总体来看，2017 ~ 2020 年平台建设得分呈“降—升—降”“波浪”状。导致 2020 年平台建设评分下降的原因主要是指标内容发生了变化，如增加了“对固定搭配、常用短语等文字错误或者敏感信息设置文字检验机制，在信息发布前提醒采购人复核”的指标项，以及“预算金额在 500 万元以上地方采购项目信息，地方分网通过数据接口同时推送至中央主网发布”具体评估内容的变化。

3. 信息发布。

信息发布包括政府采购项目信息发布、监管处罚信息发布和其他政府采购信息发布。与往年相比，2020 年政府采购项目信息发布的抽样方法、样本对象和评分计算方法都有很大的不同，具体表现在 2017 ~ 2019 年采用的是等

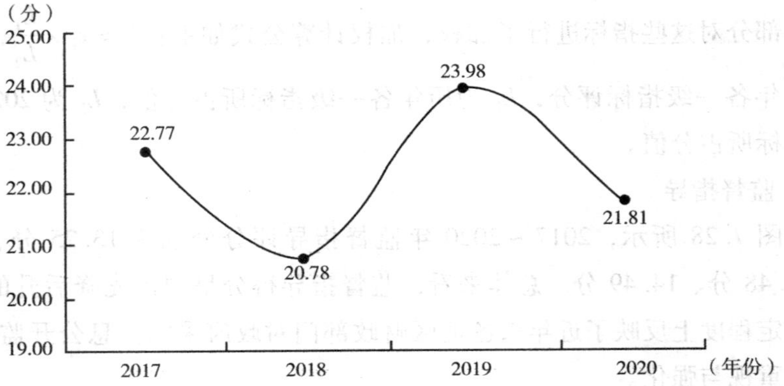

图 7.29　平台建设四年分值比较

额抽样（即每个被评估地区随机抽取 50 个项目）方法，样本对象涉及被评估地区的所有采购项目，计算方法是加权平均。2020 年采用的是地方财政部门根据要求提供项目与等额抽样（即每个评估地区补充抽取 30 个采购项目）相结合的方式，样本对象只涉及被评估地区的水利部门采购项目，其计算方法是“踩点给（扣）分”（计分点直接累加）。因此，本部分关于信息发布年度比较可能仅具有相对意义。

如图 7.30 所示，2017～2020 年信息发布（公开）评分分别为 38.54 分、47.26 分、50.33 分、53.50 分。总体来看，政府采购信息发布（公开）评分变化非常明显，基本呈逐年上升趋势，2020 年相比于 2017 年明显好转。

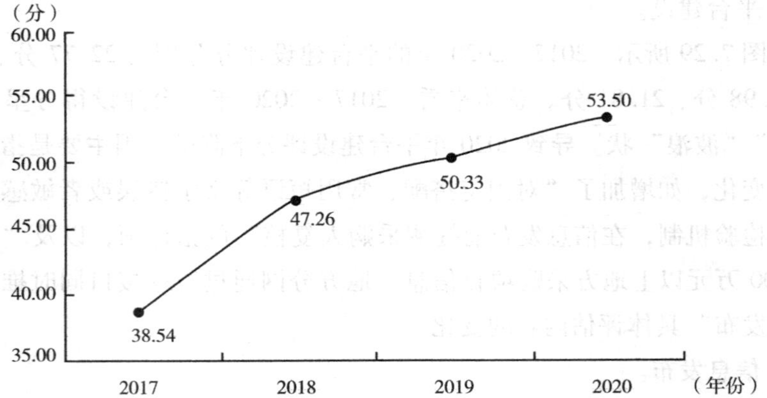

图 7.30　信息发布（公开）分值四年比较

注：2020 年政府采购项目样本来自省、市、县三级水利部门。

第六节 政府采购透明度工作的成效

随着"阳光政府"建设的逐步推进，党中央和国务院越来越重视政府的采购透明度工作。地方各级财政部门也在不断地加大信息发布力度，完善工作机制，加强监督指导，注重信息公开效果，政府采购透明度建设取得了显著成效。

一、信息发布工作机制进一步完善

各地区财政部门的信息发布机制普遍得到完善。一是结合自身实际制发了政府采购信息公开工作方面的专门指导性文件、技术规范和标准化文本，并以文件、会议、培训等形式对市县财政部门提出政府采购信息公开工作的具体要求，确保政府采购信息集中、统一在中国政府采购网地方分网发布；二是建立了政府采购信息公开责任制度，明确政府采购信息公开主体责任，要求全过程公开政府采购信息，并将信息公开情况作为对集中采购机构考核和对采购人、社会代理机构监督检查的重点内容，规范相关当事人的信息发布行为；三是建立了省、市、县标准统一的政府采购网上公开信息系统，运行"一站式"信息聚合和检索平台，实施采购项目闭环管理模式，提高政府采购信息公开的强制性和规范性，确保所有依法应当发布的政府采购信息均在中国政府采购网地方分网发布；四是建立了政府采购网上公开信息系统违规动态预警和处置机制，政府采购信息公告模板嵌入业务系统，未完整录入公告要素、未按规定完成信息公开将无法进行后续环节的操作；五是健全了信息公开责任追求机制，对政府采购信息公开要求落实不到位的给予督促，对信息同步情况给予通报，对未按照规定在指定媒体发布政府采购项目信息或发布信息不实的，将依照有关规定追究责任。

二、平台制度建设更趋完备

在平台制度建设方面，各地财政部门均制定了网站安全管理制度和操作规程，明确要求采购人或代理机构对公告信息的安全性负责，强化安全管理，制作采购人、采购代理机构、评审专家和供应商操作手册，细化操作规程。强化了信息公告发布的准确性，通过信息技术手段，对采购文件、信息公告内容中的固定搭配、常用短语等文字错误或者敏感信息进行自动筛查、预警和阻止，在信息发布前提醒采购人、采购代理机构复核。规范数据接口，按照中国政府采购网数据接口规范进行建设（包括采购公告、合同公告、基础数据字典信息等接口规范），基本实现预算金额在500万元以上地方采购项目信息按要求通过数据接口同时推送至中央主网发布。

三、信息公开质量持续提升

政府采购项目信息发布质量全面提升，绝大多数地区的水利部门采购项目按规定发布，实现了采购项目公告、资格预审公告、采购文件、采购项目预算金额、结果公告、合同公告等环节全过程、全链条公开，采购项目公告内容完整、格式规范、要素完备、发布时间符合规定。监管处罚信息按规定在中国政府采购地方分网发布，各地财政部门做出的投诉、监督检查等处理决定公告，集中采购机构考核结果，违法失信行为记录公告内容较为完整，且符合时间要求，违法失信行为的处罚决定按规定推送到政府采购中央主网，并可通过中国政府采购网“政府采购严重违法失信行为信息记录”模块进行查询。

四、采购意向公开工作稳步推进

推进采购意向公开是优化政府采购营商环境的重要举措，采购意向公开工作遵循“试点先行，分步实施”的原则。如北京市、上海市和深圳市市本级试点预算单位对于2020年7月1日起实施的采购项目，均按规定公开了采购意向，且公开内容符合规定。除以上试点地区外，天津市、辽宁省、河北省、黑龙江省、广东省、江西省、四川省、新疆维吾尔自治区等24个地区积极响应，制订政府采购意向公开工作方案。如天津市制定了政府采购意向公开格式文本，规定所有的采购项目在采购活动开始前至少30日发布采购意向公告，公告内容包括采购项目名称、预算金额、采购需求概况（包括采购标的名称、数量、需实现的主要功能或目标以及需满足的质量、服务、安全、时限等要求）、预计采购时间、执行的政府采购政策等。

五、“互联网+”政府采购建设加速融合

电子化政府采购平台建设加速推进，全国多数省区市已实现或部分实现在线发布采购公告、免费获取采购文件、提交采购（响应）文件、实行电子开标和电子评审；与财政业务、采购单位内部管理等信息系统衔接，实现了合同签订、履约验收、信用评估、用户反馈、提交发票、资金支付等功能。网上商城建设卓有成效，多数地区已建成电子交易平台或依托其他电商平台实现在线交易，实现采购人和成交供应商的名称、成交金额以及成交标的名称、规格型号、数量以及单价等交易记录公开。

第七节　政府采购透明度工作存在的问题

各地政府采购信息公开工作取得了显著的成效，但同时也存在一些突出的问题，如政府采购透明度全流程动态监管工作力度不够、平台用户体验感不强、面向中小企业采购情况公开不足等问题。

一、信息公开全流程动态监管有待加强

全流程动态监管要求各级财政部门应当将政府采购项目全流程信息公开纳入动态监管范围，重点加强对单一来源公示、采购文件、采购结果和采购合同等信息的比对，运用大数据分析技术开展对采购项目执行情况和信息公开情况的核查和动态监管。评估发现，个别地区未建立相关工作机制，将政府采购项目全流程信息公开纳入动态监管范围；部分地区未实现对省级采购项目全流程信息公开的动态监管；部分地区未实现对市、县级采购项目全流程信息公开的动态监管，部分抽取的市、县级采购项目还存在信息链条缺失的情况。

二、信息公开平台用户体验感有待增强

一是部分地区全链条搜索机制不健全，如搜索采购项目时不能显示该项目全部相关信息；二是个别地区信息搜索功能不便捷，如网站信息搜索功能不符合可通过三个以上要素进行模糊搜索的要求；三是少数地区未设在线提交投诉功能（观察指标）。

三、面向中小企业采购信息公开不足

大部分地区在分网设立了“中小企业专区”，发布支持中小企业发展的相关政府采购政策，但未在中国政府采购地方分网公开各部门面向中小企业采购情况，包括预留项目执行情况和本部门其他项目面向中小企业采购情况。

四、未按规定发布所有应当发布的信息

部分地区水利部门未按规定在政府采购网地方分网上发布所有应当发布的政府采购项目信息和监管处罚信息，主要表现在：（1）以中标、成交公告为准，个别地区水利部门所有应当发布的采购项目信息中有个别项目未在中国政府采购网地方分网发布。（2）个别地区存在监管处罚信息未在中国政府采购网地方分网发布的情况。（3）少部分地区水利部门的政府采购项目信息发布链条完整性不足。其存在以下情况：个别采购项目招标文件未随招标公告或成交公告公示的情况；采购项目无招标公告；项目缺失或无法打开招标文件、竞争性谈判文件、竞争性磋商文件；项目缺少采购合同的情况。（4）部分地区水利部门的政府采购项目公告、公示内容完整性不足。项目未发布需要落实的政府采购政策；项目未发布评审专家名单的情况；项目在中标公告中无代理机构收费的情况；项目招标公告未说明公告期限的情况。（5）部分地区监督处罚信息公告内容不完整。存在部分投诉、监督检查等处理决定公告未明确采购项目日期的情况。

五、信息发布及时性有待进一步提升

一是部分地区水利部门的政府采购项目信息发布不符合时间要求。如中标公告未在中标供应商确定之日起 2 个工作日内公告；存在部分合同公告未在合同签订之日起 2 个工作日公开的情况。二是部分地区监督处罚信息公告发布不符合时间要求。存在部分投诉、监督检查等处理决定公告未在完成并履行有关报审程序后 5 个工作日内公告。三是个别地区违法失信行为记录未及时在中国政府采购网中央主网发布。

第八节　提高政府采购透明度的若干建议

一、强化采购监管部门主体责任

一是大力推动落实《政府采购公告和公示信息格式规范（2020 年版）》，督促指导采购单位和采购代理机构按照本格式规范编制发布政府采购信息，规范政府采购公告和公示信息发布行为；二是完善信息发布机制，明确所有依法应当发布的政府采购信息在省级政府采购网发布的监管责任，落实“谁采购、谁负责”的原则，提升信息发布的及时性、完整性、全面性；三是进一步健全动态监管机制，依托电子化平台，运用进度条形式显示采购项目的立项、采购委托、采购公告、采购结果、结果公告、合同公告、验收等信息，将政府采购项目全流程信息公开纳入动态监管范围，增加预警功能，对预算金额、执行周期实施监控；四是探索建立跨部门的政府采购协作监管机制，同时运用第三方评估机构等外部监督力量，不断推进内、外部监管的规范化与制度化；五是依法做好政府采购投诉和举报处理工作，对政府采购过程中出现的违法行为要加大处罚问责的力度，规范政府采购工作的公开与透明；六是开展政府采购信息公开宣传培训，定期对集中采购机构、采购人、社会代理机构开展信息公开法律、法规与政策宣传，增强依法依规、主动公开政府采购信息的自觉性。

二、完善地方分网办事服务功能

健全链条搜索机制，增强信息查询的便捷性，充分实现采购项目关键要素关联信息检索，如支持三个以上要素模糊搜索。完善采购意向、扶持中小企业专区、支持科技创新专区等功能区，优化营商环境，为各类市场主体平等参与政府采购活动提供支持。完善办事指南，包括业务指南、注册指南、采购指南、质疑投诉指南等信息操作流程。充实网站在线咨询、在线投诉功能，公开全省各级财政监管部门的投诉电话、联系人、地址、投诉事项办理程序及应当提交的材料等信息，完善栏目设计，有效整合网络问答、征集调查、业务咨询、业务投诉、违纪举报等内容。

三、有序推进采购意向公开工作

按照财政部统一部署，加快形成本地区采购意向工作方案。一是细化工作要求，明确公开内容、公开时间、公开依据、公开途径、公开范围等具体要求；二是完善内控制度，加强监督考核，强化预算单位公开主体责任，确保全面填报采购意向，做到不遗漏、不延误；三是加快推进信息系统升级改造，加强与地方分网对接联调和数据推送，从技术上保障市、县级采购意向公开工作；四是加强宣传并推动供需对接，将采购意向信息专栏设置在突出位置，并通过直播平台、微博、微信公众号平台等自媒体开展多途径、多形式的政府采购意向政策宣传。

四、推动电子化采购迈上新台阶

加快推进区块链、人工智能、云计算、大数据、电子商务等新技术新模式在政府采购领域的深度应用，建成“全程电子化、监管智能化、交易便利化”的电子化采购模式，积极探索政府采购监管与互联网、大数据的深度融合。进一步推进政府采购全流程电子化，在网上商城的基础上实现“电子合同、电子签收、在线支付和电子发票”等，实现从采购预算到采购计划、商品选购、生成订单、订单配送、货物验收、资产入库、电子发票和国库支付的全流程电子化，实现业务数据由系统自动生成或通过系统对接自动采集。充分发挥大数据技术辅助决策作用，提升政府采购决策水平，利用大数据分析手段进行电商大数据匹配等，为采购人提供市场和产品商情，提升采购的科学化决策和采购的满意度。探索建立政府采购分网数据与电商大数据对接机制，加快供应商诚信体系大数据建设，识别、防范供应商围标、串标和欺诈等行为，加强对采购单位、评审专家、供应商、集中采购机构和社会代理机构的考核评估大数据分析，利用电商数据建立大数据价格比对与预警机制，提升政府采购现代化监管水平。

五、建立省际采购监管协同机制

加强各地区政府采购信息公开的交流与合作，建立省际间政府采购监管协同工作机制，鼓励监督指导、平台建设、信息公开、“互联网 +”政府采购建设等方面的跨省跨区域合作，鼓励省际、区域间政府采购信息共享，探索建立政府采购信息统一发布、统一监管平台。

第三篇　专题报告

第八章 治理现代化视阈下政府采购透明度的提升路径

第一节 问题的提出

财政是国家治理的基石和支柱，财政制度是国家治理体系和治理能力的基本保障。作为财政支出管理“三驾马车”之一的政府采购，在我国社会主义市场经济建设与社会发展中发挥着巨大的作用。自2016年以来，我国全国的政府采购规模已持续突破30000亿元，占全国财政支出和GDP的比重分别在10.0%和3%以上，成为全球最大的公共采购市场之一（财政部，2020）。[①] 它在充分彰显社会主义政府采购公共性、民生性的同时，也因其庞大的体量引发了人们对如何提高政府采购资金使用效果和避免政府采购领域铺张浪费、贪污腐败问题的高度关注。

阳光是最好的防腐剂，公开透明是提高财政预算执行效率和预防政府采购腐败的有效途径。党的十九大报告把建立“全面规范透明、标准科学、约束有力的预算制度，全面实施绩效管理”作为现代财政管理体制改革和创新的方向，更加注重采购活动的规范透明，不断推进政府采购信息公开。中央全面深化改革委员会第五次会议审议通过的《深化政府采购制度改革方案》（以下称《方案》），强化采购人主体责任，健全政府采购监督管理机制。其后，为落实中央要求，《政府信息公开条例》（国务院令〔711〕号）、《政府采购信息发布管理办法》（财政部令〔101〕号）重新修订并先后实施，两个文件坚持“公开

① 财政部．财政部公布2019年全国政府采购简要情况：全国政府采购规模为33067.0亿元，同比下降7.8%［EB/OL］．中国政府采购网，http：//www.ccgp.gov.cn，2020－08－27.

为常态、不公开为例外”的原则，在既保障公民知情权、参与权又保护国家秘密、商业秘密、个人隐私和行政机关正常工作的前提下，积极扩大政府信息主动公开范围，聚焦信息发布管理，规范政府采购信息发布行为，明确财政部门的信息发布责任。这些都表明，提高政府采购透明度已被提升至中央顶层的战略层面，成为国家治理体系与治理能力现代化的一个重要抓手。

对于目前我国政府采购透明度的评价，学术界一个较为普遍的看法是财政预算与政府采购仍缺乏足够的透明，在总体水平、国际标准和满足公民需求等方面与建设现代财政制度要求尚存在相当差距（邓淑莲，2012；郭俊华、朱符洁，2016）。[①] 例如，有些研究者认为，我国政府采购透明度总体上仍处于较低水平，即使是省级政府也存在信息不完整、不详细、级次低、内容形式不统一、公开范围窄、时间滞后以及便捷性易懂性、经济分类信息缺失等问题（姜爱华、杨秉瀚，2010；郑家昊、李庚，2019）。[②] 另一些研究者认为，在信息公开的范围、时限、监督、法制等方面与国际标准、国际经验差距明显，我国政府采购普遍存在没有发布、延迟发布或仅针对内部使用《预算前陈述》《执行官的预算提案》《公民预算》《年中报告》等预算文件现象，与我国国际地位和大国财政应有的责任不相匹配（李燕，2018；刘晓宁，2021）。[③] 还有一些研究者则认为，地方政府采购信息公开的技术与管理未能满足公民需求，一些官员以既有信息发布相关规定为最高行动标准而不愿做得更多，更不愿创造性地开展信息公开工作，透明度原则未能成为政府官员的基本素质要求（Bernick & Birds et al.，2014）。[④] 因此，一方面纳税人因理解财政信息的成本过高而无法进行监督，会理性地选择“最小化政治信

---

① 邓淑莲．部门预算透明度：指标、问题与建议［J］．中国行政管理，2012（9）：38－42；郭俊华，朱符洁．我国公共部门预算透明度研究——以中央部门预算公开数据为例［J］．财政研究，2016（1）：104－112.

② 姜爱华，杨秉翰．我国政府预算透明度问题研究［J］．中央财经大学学报，2010（8）：7－11；李燕，张晓蕾，彭超，李海波．基于国际评价标准的我国预算透明度问题研究［J］．中国行政管理，2018（6）：33－38.

③ 刘晓宁．中国自贸区战略下的政府采购市场开放：现状、借鉴与策略［J］．经济体制改革，2021（1）：48－55；Bernick，E. Lee. Birds，Jonathan M. Brekken，Katheryn. Gourrier，Al G. & Kellogg，Leander D. 2014. Explaining County Government Fiscal Transparency in an Age of e－Government. State & Local Government Review，46（3）：173－183.

④ Mourao，Paulo Reis. 2008. Towards a Puviani's fiscal illusion index. Hacienda Publica Espanola. 187（4）：49－86.

息投资”，形成对税收负担和政府成本的不准确认识，产生透明度幻觉和过度政治化倾向（Mourao，2008）；① 另一方面以信息发布规定为最高行动标准使公职人员趋于保守，高估了信息公开实际水平及其给予公众的好处，给提升政府采购透明度带来消极影响，并在一定程度上导致政府预决算收支偏离（凌岚、张玲，2011；肖鹏、樊蓉，2021）。②

那么，导致我国财政预算尤其是政府采购缺乏足够透明的原因是什么？大体上，学术界有三种主要的观点：一是“制度障碍论”，认为现行《中华人民共和国预算法》（2018 年修正，以下简称《预算法》）、《中华人民共和国保密法》（2010）有关财政预算和政府采购信息的规定较笼统和原则、预算公开细化不足、未规定预算编制内容全部公开以及有关涉密信息的规定过于宽泛，不同限度地影响了政府采购透明度的提升（邓淑莲，2016）；③ 二是“激励不足论”，认为政府采购透明度偏离公众预期既源于公众—政府信息不对称，也源于政府官员“公共人”—“理性人”角色冲突、政治激励与权力配置不协调（张蕊等，2016；郭玲、汪洋，2021）；④ 三是“技术制约论”，认为政府采购涉及财政预决算过程、政府预算会计与报告系统、政府账户与预算科目设置等一系列复杂技术要求，即使是财政专业技术人员都费劲于复杂的预算执行体系设置，更别说大众在面对这些复杂信息时的无所适从了（缪小林、赵一心，2018）。⑤

上述研究有一个共同点，那就是人们对我国政府采购透明度的分析大多基于国际组织的原则标准和经验做法。例如，国际货币基金组织（IMF）的《财政透明度手册》与《标准与守则遵守情况报告》，经济合作与发展组织（OECD）的《预算透明度最佳做法》，以及国际预算项目组织（IBP）的《开放预算指数》，这些国际标准和经验为成员方和非成员方提高政府采购透

① 凌岚，张玲．财政透明度的限度与效率：对一个分析框架的诠释［J］．当代财经，2011（9）：23－25.

② 邓淑莲．财政公开透明：制度障碍及破阴之策——基于对我国省级财政透明度的 7 年调查和评估［J］．探索，2016（3）：62－69；张蕊，朱建军．官员政治激励与地方财政透明度——基于中国省级面板数据的经验分析［J］．当代财经，2016（1）：29－38.

③ Tianfeng，Li & Richard，C. 2020. FeiockExplaining State Budget Punctuations：Policy Transparency，Political Institutions，and Electoral Incentives. Policy Studies Journal，48（4）：926－952.

④ 肖鹏，樊蓉．地方财政透明度对财政预决算偏离度的影响分析［J］．中央财经大学学报，2021（3）：3－14.

⑤ 缪小林，赵一心．我国财政透明度的制约因素探析：以预算公开为视角［J］．中国社会科学院研究生院学报，2018，（4）：50－57.

明度提供了有益指导和工具。不过，正如马海涛（2012）所指出的那样，我国政府采购透明度指标体系应符合国情，指标应兼具指导性和渐进性要求，应该给我国提供一条发展路径以使财政预算渐进地走向“最佳”做法。① 这是一方面，另一方面，实际上国际指标存在发达成员国与非发达成员国的适用取向差异，前者坚持以强化纪律约束、惩罚措施为主，后者则主张以加强能力建设、增加规则的灵活性和包容性为主（金建恺，2020）。② 因此，透明度指标体系不能生硬地套用国际经验，它应当既符合国情又对接国际标准，既能够为提升政府采购透明度提供现实指引，又能为推进我国政府采购透明度进程提供路径选择依据。这正是本章研究致力于解决的问题。

综上所述，本章立足我国财政预算管理和政府采购管理实践，设计开发了一套透明度指标体系并将之应用于省级政府、计划单列市政府和新疆生产建设团的政府采购信息公开评估。该指标体系把极具中国行政管理特色的平台建设、监督指导、监管处罚等制度与工作实践指标化，把“互联网 +”政府采购建设作为观察指标，这是对我国政府采购透明度评估指标设计的创新。与此同时，本章把政府采购透明度置于国家治理现代化视阈下进行考察，揭示政府采购透明度与国家治理现代化的逻辑意义关联，并进而探究政府采购透明度提升的国家治理现代化路径，这是政府采购透明度研究的新视角。此外，有必要提及的是，既有文献多把政府采购透明度视为财政透明度范畴下的子概念，而直接以政府采购透明度为题的实证研究并不多见。

第二节　马克思主义政府采购透明度观

一、政府采购透明度的含义

财政是伴随阶级国家的出现而产生的政治经济现象，其主体是国家或政

① 马海涛，王淑杰．政府预算透明度指标体系研究——国际标准和中国特色［J］．财经科学，2012（4）：108－115.

② 金建恺．WTO 透明度规则的改革进展、前景展望与中国建议［J］．经济纵横，2020，（12）：63－69.

府。政府采购是保证财政执行准确性、高效性的基本环节。政府采购信息是所有政府财政预算信息中的核心信息，是一种特殊的公共产品，公共性、透明性蕴含于公共财政的本质特征之中（许安拓、张驰，2021）。[①] 政府采购信息公开透明是保障政府履行受托责任、实现有效财政监督的前提，也是公众知情权的基本内容。Alesina 和 Perotti（1996）从政治民主和预算制度理解财政透明度，认为财政预算信的公开透明既是财政体现民主意志的重要基础和现代预算制度的核心要义，也是衡量良政善治的关键因素和公共财政资金有效使用的基本保障。[②] 与其说这一表述是对财政透明度的定义，还不如说是对财政透明度作用与本质的说明。财政透明度较为经典的初始下定义是 Kopits 和 Craig（1998）给出的，他们从制度、会计、指标与预测等三个方面的透明度进行定义，即向公众最大限度地公开关于政府结构与职能、财政政策取向、公共部门账目和财政筹划的信息，并且这些信息是可靠、详尽、及时、容易理解和可比较的，以便于公众和金融市场准确地估计政府的财政状况和政府活动的真实成本及收益。[③] 这一概念为 IMF 所采纳并形成财政透明度的四大支柱，分别是明确政府职责和管理框架、方便公众获得信息、公开预算程序、确保财政信息真实性。

实际上，给透明度下一个准确而统一的定义是很难的，因为人们对“度”有不同的把握。Kopits 和 Craig 并没有明确确定“度”的含义，只是从范围上指出了政府应该公开披露信息的要求，而财政信息公开的对象、方式、时限、监管等因素在一定程度上也会影响着透明度的实现。因此，财政信息公开是财政透明度的本质规定，“度”的度量取决于《宪法》所赋予民众知情权利的范围与程度，现代民主国家一般都会以法律和法规的形式对豁免公开的财政信息予以具体规定，明确信息公开的频率、及时性和渠道(赵倩，2009)。[④] 有基于此，本章把政府采购透明度界定为采购监管部门和采购主体依照政府采购法律制度规定向社会公众及时、完整、真实、

① 许安拓，张驰．市级财政透明度对财政教育资金使用效率的影响研究［J］．中央财经大学学报，2021，(3)：15－23.

② Alesina，Albdrto & Perotti，Roberto. 1996. Fiscal Discipline and the Budget Process. The American Economic Review，86（2）：401－407.

③ Kopits，George & Craig，John. 1998. Transparency in Government Operations［M］. International Monetary Fund，1998.

④ 赵倩．财政信息公开与财政透明度：理念、规则与国际经验［J］．财贸经济，2009（9）：61－65.

准确地发布政府采购项目信息和政府采购监管信息，以及与信息发布相关的管理制度、政策措施和电子信息技术应用。在具体形式上，它由一套结构性的以信息发布行为与管理为指向的量化评价指标构成；在要素构成上，它包括但不限于监督指导、平台建设、采购项目信息发布、“互联网＋”政府采购建设以及公众或第三方参与；在结果运用上，它是评价财政支出全面绩效管理的重要指标。

二、政府采购透明度的马克思主义理论渊源

前述有关我国政府采购透明度内涵界说的一个重要理论渊源是马克思的政治公开性原则。马克思在批判资产阶级国家权力神秘化和反思巴黎公社革命的论述中提出了无产阶级政权的政治公开性原则与使命。马克思鲜明地指出，过往政权中“官僚机构的普遍精神是秘密，是奥秘。保守这种秘密在官僚界内部是靠等级制组织，对于外界则靠它那种闭关自守的公会性质”（马克思，2016：301－302）。[①] 国家权力神秘化是权力转化为货币的绝妙手段，一切公共权力都有秘密行使的倾向，不公开本身既是权力神秘化也是腐败的根源。因此荡涤官僚腐败，首先要使权力去神秘化。如何去除权力神秘化呢？马克思认为，必须铲除权力神秘化孳生的政治土壤，确立民众对国家权力及其运行的知情权利：一方面要实现全面批判的转型，从“对天国的批判变成对尘世的批判，对宗教的批判变成对法的批判，对神学的批判变成对政治的批判”；另一方面要清除历史遗留下的政治错觉，即那种认为行政与国家只是官僚“祭司”的神秘“圣职”、官僚在“神国”可以为所欲为而民众只能膜拜景仰的旧政治意识。他高度肯定巴黎公社的政治公开性实践，公社“把自己的所言所行一律公布出来，把自己的一切缺点都让公众知道”，将“一切有关社会生活事务的创议权”都置于公众的监督之下（马克思，2012：167）。[②] 公社公开宣布取消常备军和国家官吏，规定所有公职人员不论职位高低，都领与工人一样的工资，实现了所有资产阶级革命都提出的但从未真正实施的“廉价政府”主张。

---

① 马克思．马克思恩格斯全集第1卷（第1版）［M］．北京：人民出版社，2016.

② 马克思．马克思恩格斯选集第1卷（第3版）［M］．北京：人民出版社，2012.

以毛泽东为主要代表的中国共产党人根据结合中国革命实践创造性地继承和发展了马克思关于政治公开性原则和民主监督的论述，构成毛泽东思想的重要内容。井冈山时期，毛泽东就极其重视政治民主、官兵平等、经济公开，“军队内的民主主义制度，将是破坏封建雇佣军队的一个重要的武器”（毛泽东，1991：65）。[①] 抗日战争时期，毛泽东把政治民主公开与抗日民族统一战线中的“三三制”原则有机结合起来，要求抗日根据地政府“提倡民主作风，遇事先和党外人士商量，取得多数同意，然后去做”（毛泽东，1991：741）。[②]解放战争时期，毛泽东把政治与财政公开作为民主方法的重要内容，强调要用政治民主、经济民主的方法放手发动士兵群众、指挥员和一切工作人员，人民有言论集会结社游行等自由权利，用民主的方法教育和改造人民。新中国成立后，1954 年第一部《宪法》明确规定了民众享有言论、出版、信仰和结社的自由权利，同时将包括政治公开、财政公开在内的知情权涵盖在这些自由权利之中。总之，毛泽东将马克思政治公开性原则中国化，在新民主主义革命和社会主义建设中创造性地实行政治民主和财政公开，并将之作为共产党民主领导方法和领导艺术的重要内容，为新时代我国政府采购透明度理论与实践提供了宝贵的思想素材。

第三节　政府采购透明度提升对国家治理现代化的意义

政府采购透明度与国家治理有着密不可分的关系。一方面，政府采购透明度本质上是一种纯公共品，是政府治理行为的产物；另一方面，政府采购透明度是衡量国家财政治理善治与否的主要指标，是国家治理能力现代化的重要体现。在推进国家治理能力现代化进程中，政府采购透明度极具重要性，因为它不仅涉及全面绩效管理和公共产品供给问题，还涉及营商环境与服务型政府建设问题。

---

①② 毛泽东．毛泽东选集第 2 卷（第 2 版）[M]．北京：人民出版社，1991.

一、提升财政支出全面绩效管理水平

全面实施财政支出绩效管理是深化政府采购制度改革、建立现代财政制度的重要手段，也是推进政府治理现代化的必然选择。全面实施财政支出绩效管理贵在“规范透明”。在绩效评价实践中，至为关键的是财政信息资源，其中政府采购信息是财政支出绩效管理信息中的重要方面，它涉及的部门多、范围广、信息量多，社会公众关注也多，需要进行大量的信息处理。通过中国政府采购网及其地方分网（以下分别简称“中央主网”“地方分网”）、绩效管理信息系统、公共资源交易平台、“互联网 +”政府采购建设，将绩效理念、透明理念全面融入政府采购全过程，促进政府采购工作规范化、标准化，提高了工作效率，提升了财政支出全面绩效管理水平。同时，通过这些信息平台、电子化交易平台将财政支出绩效评价结果、政府采购情况向社会公开，让社会公众了解、参与政府采购绩效管理，实现政府采购绩效的社会监督，这是国家治理能力现代化的一个重要方面。

二、促进公共产品与服务高质量供给

高质量发展是新时代我国经济社会发展的鲜明特征。作为宏观调控的重要手段，政府采购服务高质量发展，就是要贯彻新发展理念，推动节约能源、优化资源配置、改善公众生活环境、扶持不发达地区和民族地区、促进中小微企业发展等高质量公共服务目标实现。不过，由于公共服务供给的集体选择偏好复杂性和“委托者”—“代理者”信息不对称性，使政府采购可能存在目标偏差、效率低下乃至铺张浪费、贪污腐败问题，背离新时代高质量发展理念，因此提升政府采购透明度是公共服务高质量供给的必然要求。因为政府采购透明度的提升，一方面促进公共服务监督评价机制功能进一步发挥，更好地规范、约束和引导委托—代理的行为，提高公共服务供给效率；另一方面促进“大数据 +”“互联网 +”在政府采购领域的应用，全方位、多层次地收集、挖掘、归类和分析公共服务需求信息，精准感知、获取、把握公众需求，提高公共服务供给的合理性、针对性，提升公众对公共服务的获得感、幸福感。

三、促进“双循环”的营商环境建设

目前，我国已形成拥有全球数量最多的中等收入群体和技术研究人才、最完整规模最大的工业体系和配套能力以及全球第一的消费品零售市场和进口规模，已经具备建设超大规模市场的现实基础，但仍然面临国民收入分配失衡、要素流动梗阻、国内统一大市场壁垒、服务贸易与国际高标准规则差距大等结构性困境。通过畅通国内大循环、推动国内国际双循环，更好地联通和利用国际国内两个市场、两种资源，建设开放透明、公平竞争的超大规模市场。“双循环”的本质是开放畅通，遵循的基本原则是竞争中性。政府采购市场是我国超大规模市场的重要组成部分，竞争中性原则要求在政府采购领域对各类所有制企业的要素获取、准入许可、经营运行等方面都予以公平对待，享有平等的市场竞争主体地位。提升政府采购透明度就是践行竞争中性原则，促进政府采购宏观调控功能发挥，营造一个开放、透明、公平的营商环境。

四、促进廉洁阳光的服务型政府建设

政府采购资金来源的公共性和资金用途的非营利性，内在地决定了政府采购透明度在廉洁阳光、服务型政府建设中的重要作用。作为反腐败的有效途径，提升政府采购透明度促进政府采购信息更全面更细致地向公众公开，政府采购活动更彻底地被置于阳光之下，有效遏制腐败分子与采购人、供应商之间的非法合谋、寻租腐败以及围标串标、暗中陪标、虚假应标、度身招标、考察定标等违法违规行为。作为预算执行监督的有效手段，提升政府采购透明度使预算信息公开和社会监督力度进一步加大，拓展了预算公开的广度、深度，也使预算公开的权威性和公信力进一步提高，促进预算执行效率和财政资金使用效果的提高。作为推进“放、管、服”的重要举措，提升政府采购透明度使政府采购市场更加透明公开，增强政府采购市场主体的自主性和选择权，明晰政府采购市场各参与方的主体性责任，促进政府采购更好地发挥宏观调控功能，推进国家治理能力现代化。

第四节 新时代我国政府采购透明度建设成就

江西财经大学“中国政府采购透明度第三方评估”项目组所开发的透明度指标体系由监督指导、平台建设、信息发布、整改落实、配合评估以及“互联网+”政府采购建设等6个一级指标、21个二级指标和221个观测点构成，加权总计100分。自2017年开始，项目组应用这套指标体系对我国31个省区市、5个计划单列市和新疆生产建设兵团等37个地区的政府采购透明度情况进行调查、评估和分析，并向被评估地区的财政部门反馈评估结果。从4年的评估结果来看，我国提高政府采购透明度所取得的主要成就如下。

一、以问题为导向的内涵发展日益深化

党的十八大以来，现代财政预算制度加快建立，深化政府采购制度改革取得新成效，以问题为导向的政府采购信息发布内涵建设不断丰富。其主要表现在：（1）进一步明确了政府采购信息公开是现代财政制度建设的基本要求，坚持“公开为常态、不公开为例外”的原则，在既保障公民知情权、参与权、监督权又保护国家秘密、商业秘密和行政机关正常工作的前提下，积极扩大政府采购信息公开范围，形成了公平透明、规范管理和社会监督相互促进、相互结合的政府采购信息公开体制机制；（2）政府采购信息公开与法律法规更加衔接，随着《预算法》以及《中华人民共和国政府采购法》（2014年修正）、《中华人民共和国政府信息公开条例》（国务院令〔2019〕711号）等上位法和部门规章的相继修订出台，政府采购信息发布的相关规定也进行了相应修订，如《政府采购信息发布管理办法》（财政部令〔2020〕101号）以问题为导向，聚焦信息发布管理，明确财政部门的信息发布责任；（3）从规范信息发布范围内容转为规范信息发布行为，摒弃了以信息发布范围、要素内容为规范对象，扩大信息公开范围，规范公开渠道、公开内容和时限要求，确立了以信息发布行为作为规范对象的一般做法；（4）把提升政府采购透明度作为优化营商环境的基本要求，加强“互联网+”政府采购建

设，强化采购项目全流程公开，完善信息发布管理监督机制，全面推进政府采购信息公开进程。

二、政府采购透明度总体上逐年提升

在透明度总评分方面，2017～2020年政府采购透明度分别为80.08、81.02、88.51和86.55分，总体上呈逐年提升的趋势（见图8.1）。不过，相较于前3年，2020年透明度得分有所降低。其原因在于，公众透明度需求与政府采购信息化、数字化、智能化发展不平衡不充分间的矛盾。

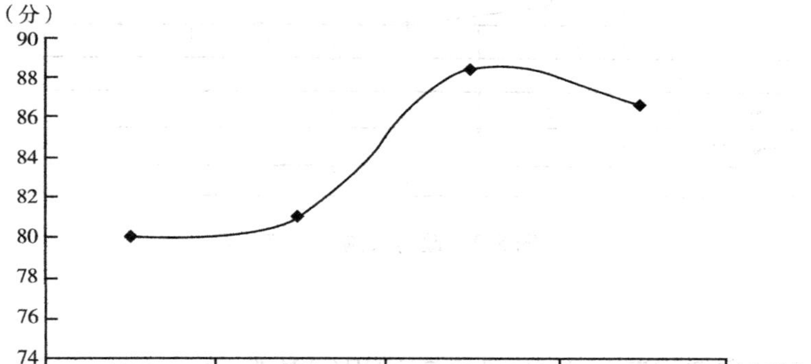

	2017	2018	2019	2020
系列1	80.08	81.02	88.51	86.55

（年份）

图8.1　政府采购透明度变化

随着信息化、数字化和智能化的加速发展和普遍应用，社会公众对政府采购信息发布提出了更高要求，迫切要求政府采购流程信息化、采购产品与服务管理数字化和采购决策智能化，而信息发布主体和监管部门在这些方面还有许多工作要做。此外，从透明度分值分组来看，大体上有两个趋势：一是70分以下和70～80分的地区数量逐年减少，2018～2020年70分以下地区数量为0；二是80～90分和90分以上的地区数量逐年增加，90分以上的地区由2017年的3个增加为2020年的12个（见图8.2）。信息发布是透明度指标体系的核心内容，也是政府采购透明度的本质内容。评估发现，不论是政府采购项目信息、监管处罚信息的发布还是其他政府采购相关的信息发布，都有了明显的改善。这些改善主要表现在：一是信息全面公开，政府采购的法律法规政策、采购项目、监管处罚以及其他采购相关信息按规定实现全面公开；二是信息完整性提升，采购项目信息发布链条完整、采购项目信息公告和监督处罚信息公示完整性显著提升；三是信息及时性，基本实现了采购项目的中标公告、合同公告以及投诉、监督检查等处理决定公告按规定及时发布。

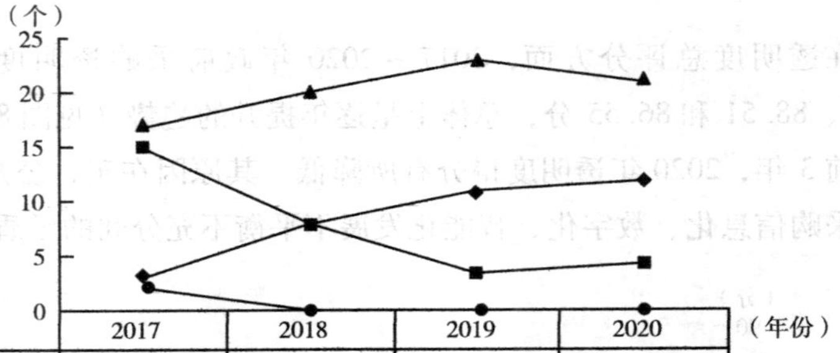

	2017	2018	2019	2020
70分以下	2	0	0	0
70～80分	15	8	3	4
80～90分	17	20	23	21
90分以上	3	8	11	12

图 8.2　政府采购透明度分组

三、信息发布监督指导机制建设日益强化

监督指导是透明度国际标准体系中有关公共部门管理职能的主要内容，体现我国社会主义财政预算制度的鲜明特点。评估发现，信息发布监督指导机制建设在规范化、网络化和信息化方面取得了长足发展，主要表现在：(1) 指定并实现了所有政府采购信息都集中、统一在中央主网和地方分网发布，确保了所有依法应当发布的政府采购信息均在中央主网及其地方分网集中发布和在其他媒体发布的信息一致性，有效避免了收取或变相收取信息发布费用、变相收取信息查阅费用、无正当理由拒绝或延迟发布信息、擅自删除或修改信息以及泄密或不当发布敏感信息等现象的发生；(2) 建立健全了政府采购信息发布工作责任制度和问责机制，定期开展对集中采购机构考核和对采购人、采购代理机构监督检查，明确政府采购项目信息由采购人或者其委托的采购代理机构负责公开，信息公开情况作为对集中采购机构考核和对采购人、社会代理机构监督检查的重点内容；(3) 建立了省、市、县标准

统一的政府采购信息发布系统和信息发布违规动态预警和处置机制，运用大数据分析技术基本实现政府采购项目全流程信息公开进行动态监管，通过政府采购管理服务平台将每一个项目进行流程化监管，形成市县（区）同步、全省“一张网”的政府采购监管系统。

四、电子化政府采购平台建设加速推进

政府采购电子化是一个世界性的潮流，也是我国政府采购发展的必然方向。电子化政府采购平台建设集中体现了信息化、数字化和智能化的科学技术在政府采购领域的融合应用。评估发现，近些年来以“互联网+”为显著特征的电子化政府采购平台建设加速推进，全国多数省区市已实现或部分实现在线发布采购公告、免费获取采购文件、提交采购（响应）文件、实行电子开标和电子评审；与财政业务、采购单位内部管理等信息系统衔接，实现了合同签订、履约验收、信用评价、用户反馈、提交发票、资金支付等功能。网上商城建设卓有成效，多数地区已建成电子交易平台或依托其他电商平台实现在线交易，实现采购人和成交供应商的名称、成交金额以及成交标的名称、规格型号、数量以及单价等交易记录公开。云计算、大数据、电子商务等新技术新模式在政府采购领域得到了深度推广应用，绝大多数省区市已不同限度地实现了政府采购监管与互联网、大数据的深度融合，财政部门运用大数据分析技术开展对采购项目执行与信息发布情况进行核查，有效提升了信息发布动态监管的范围、层次与质量。

第五节　政府采购透明度提升面临的主要困境

进入新时代以来，财政部门坚持习近平新时代中国特色社会主义思想指导，在建立现代财政预算制度、深化政府采购制度改革的顶层设计下持续推进政府采购信息公开工作，政府采购透明度逐年提高，信息发布管理体制机制得到进一步完善。但是，公众透明度需求与政府采购透明度发展不均衡不充分的矛盾仍然存在，信息发布主体性责任压实不力、信息要素缺失、电子

化平台安全性等问题较为突出，制约了政府采购的宏观调控效能，影响了财政在国家治理中的基础和支柱作用。

一、政府采购透明度多维结构性不均衡

我国政府采购透明度议题是随着20世纪90年代公共财政体制框架建立而提出来的。政府采购透明度任务的提出，一方面是加强财政支出管理是构建社会主义社会和谐社会的必然要求，另一方面也是融入经济全球化的迫切需要。因此，我国政府采购透明度发展基本上走的是一条循序渐进之路，从财政支出效益管理、政府采购试点到推进财政预算执行公开，再到政府采购“公开透明”“公平竞争”原则框架与内容体系的确立，形成了具有中国特色的政府采购透明度做法与经验。不过，从近四年的评估结果来看，政府采购透明度呈现出多维不均衡发展特征：在地域空间上，不同区域省际之间差距大，总体上是南方高北方低、东部高中西部低，进入前十名的地方多来自东部或南部地区，得分最高地区与最低地区相差均在20分以上；在行政部门上，省本级预算单位高于所辖市（县/区）级预算单位，计划单列市高于所在省的其他市（县/区）；在指标发展上，各级指标提升速率不一，其中监督指导先降后升凸显自上而下行政强化效应，平台建设与“互联网+”政府采购建设两项指标加速提升且成效斐然，信息发布虽逐年提高，然而信息完整性、及时性、真实性尚有不足，而整改落实与配合评估保持稳定但存在落实不到位、评估意愿不强的倾向。

二、信息发布与监管主体责任压实不力

从哲学的一般观点来看，主体与客体是对立统一的存在。客体指的是主体之外的所有事物，是主体认识和实践的对象。从政府采购信息发布来说，其主体是政府采购信息的发布者、需求者和利用者，包括但不限于财政部门、采购人和其委托的代理采购机构；其客体是信息发布主体行为的直接指向即政府采购信息，具体包括政府采购项目信息和政府采购监管信息。评估发现，一些地区的财政部门、采购人和委托代理采购机构等信息发布者主体责任意识不强，未充分认识到信息真实性、准确性与合法性在政府采购透明度中的

重要意义，存在遗漏或选择性发布采购项目信息，所发布的公告文本格式不规范、更正频次过多，省、市、县级政府互联互通机制不完善，不按规定向中央主网和地方分网及时推送采购项目信息。同时，评估还发现，个别地区的财政部门对本级预算单位信息发布活动监管不足，指定媒体未充分履行身份核验、信息发布及时性与无偿性、信息安全防护等方面的责任。

三、信息全要素全流程发布复发性顽疾

信息的完整性、及时性、真实性、准确性以及合法性，既是政府采购信息发布管理的基本要求，也是政府采购透明度的核心要素。其中，信息完整性包括信息内容完整性和信息链条完整性两个方面，前者要求发布与政府采购相关的所有信息，后者则要求一个完整的信息链应包括招标公告、招标文件、资格预审公告、中标公告、采购合同等所有主要流程；信息及时性要求所有政府采购信息都应在规定时间及时公告或公示；信息真实性要求所有发布的政府采购信息如实地反映政府采购项目事实，不得有虚假和误导性陈述；信息准确性要求精准地表述政府采购行为与事实，陈述不得模棱两可、语义含糊；而合法性则要求所有发布的政府采购信息应符合法律、法规和其他规范性文件的要求。不过，这些核心要素在地方政府采购信息发布中存在不同程度的缺失，个别地区甚至出现“屡评屡有，反复整改，反复缺失”的现象，成为提高政府采购透明度的一个顽疾，具体表现在：可公开信息、依申请可公开信息、保密信息的厘定不清，选择性信息、形式性信息与程序性信息过多，可能危及社会稳定信息的尺度过宽，以及应公开信息数量与实际公开信息数量间差距甚大等。此外，信息全要素全流程发布顽疾还表现在地方分网和电子化政府采购平台建设上，一些地区的平台服务功能上单一、用户体验感差，如浏览需要注册或下载特定软件甚至加密才可浏览，电子卖场只有专门注册才可以进入，没有便捷的办事指南及查询设置，不支持3个以上要素模糊搜索，互动渠道单一，咨询投诉需要到财政厅网站且无说明、无链接。

四、电子化采购平台集约性安全性问题

透明公开是原则，信息安全是基础。信息是意义的载体，其本质特征是

转换性、传递性、依附性以及共享性、价值性；同时，信息又是一种战略资源和高价值资产，信息安全事关国家安全、社会发展和人民群众工作生活。电子化采购既是一个技术问题，更是一个管理问题。作为技术问题，它是互联网、大数据、云计算、人工智能等信息技术在政府采购领域的普及应用，但政府采购信息数据的特殊价值使其在收集、存储、使用、共享、跨境传输等中可能存在安全漏洞，易受到黑客或其他不法力量的窃密和病毒攻击。作为管理问题，电子化采购降低了交易成本、节省了财政资金，但政府采购电子化涉及多系统、多部门、多平台间的互联互通，需要有专业化的运营维护和安全管控。目前，全国各省、自治区、直辖市均结合自身实际与需求建立了政府采购平台和公共资源交易平台，不同地区的平台建设形式多样、风格各异彰显了地方特色，促进了地方政府采购信息发布工作。不过存在的不足是，各地自建电子化采购和交易平台既存在多头建设、耗费财政资金、用户使用面窄等集约性低的问题，也存在因技术标准、数据服务、安全防护参差不齐而给公众获取、浏览信息带来的不便，给进一步提高政府采购透明度带来消极影响。

第六节　国家治理现代化进程中提升政府采购透明度的实践路径

提升政府采购透明度不仅是促进公众知情权、参与权和监督权的必然要求，也是体现国家治理能力现代化的重要方面。针对当前我国政府采购信息发布面临的困境和问题，本章认为应从协同机制建设、强化主体责任、信息发布标准化规范化建设以及电子化采购“一张网”等方面整体性推进政府采购透明度进程。

一、健全信息共享与信息发布协同机制

透明度发展不均衡突出地表现为区域省际和层级部门间的差距，造成这一差距的原因有很多，其中信息共享不足和信息发布协同机制不健全是一个

重要的因素。为此，要从机制建设上进一步完善政府采购信息公开制度，推进政府采购信息公开立法进程，使政府采购制度的法律保障更加有力；加强省际政府采购信息公开的交流与合作，建立区域性的或省际之间的政府采购监管协同工作机制，在监督指导、平台建设、信息公开、“互联网+”政府采购建设等方面开展跨省跨区域合作；推广政府采购“一张网”，横向上实现区域之间、省际之间公共资源交易平台、电子交易平台、政府采购信息平台之间的互联互通、信息共享，纵向上通过统一的数据接口加强地区与中央主网信息化工作的联系和对接，实现全国政府采购信息共享。

二、强化信息发布与监管部门主体责任

财政部门、采购人及其委托的采购代理机构等信息发布主体要对自身提供的政府采购信息的真实性、准确性与合法性负责，同时财政部门还负有对本级预算单位的政府采购信息发布进行监管的责任。对于信息发布主体来说，要严格落实“公开为常态，不公开为例外”原则，确实做到“谁批准、谁公开，谁实施、谁公开，谁制作、谁公开”，明确所有按规定应当发布的政府采购信息在指定媒体上发布，未在地方分网发布政府采购信息的项目无法完成专家抽取、结果公开、合同备案等后续流程，进而无法完成采购活动和资金支付，采购人及其委托的采购代理机构发布政府采购信息时需要与政府采购实施计划相关联，没有采购计划不得发布信息，采购代理机构发布的信息需要采购人在线审核确认。对于监管部门来说，各级财政部门要增强问责刚性，建立包括警告、记过、撤职、取消业务资格以及依法追究民事、刑事责任的问责体系，依托电子化采购平台将政府采购信息发布纳入采购人、集中采购机构主动公开的基本目录，建立由采购人初审、财政部门审核、发布媒体复核的工作制度。

三、推广信息发布的标准化规范化建设

政府采购信息发布的标准化、规范化建设是实现信息全要素全流程发布的有效途径。财政部门要深入贯彻落实中央深化政府采购制度改革精神，按照全国统一的政府采购标准体系推进信息发布标准化建设，全面推广基础数

据标准、业务标准、数据交换标准、网络基础设施标准、信息安全标准和管理标准；中央主网与地方分网之间、公共资源交易平台与电子化政府采购平台之间适时进行数据交换，省级政府采购平台要面向所辖所有市（县/区）开放数据交换接口并能适时进行统计、分析和评估；结合地方实际制发政府采购信息公开工作方面的专门指导性文件、技术规范和标准化文本，并以文件、会议、培训等形式对市县财政部门提出政府采购信息公开工作的具体要求，确保政府采购信息集中、统一在地方分网发布。同时，信息发布主体要按照财政部发布的《政府采购公告和公示信息格式规范（2020 年版）》编制政府采购信息文本，规范发布政府采购项目信息、监管处罚信息和其他政府采购信息。

四、推广建设电子化政府采购“一张网”

根据全国“数字财政”的统一部署和规划，各地要有计划、有步骤地推进全省区市乃至全国“一张网”建设，推广区块链、人工智能、云计算、大数据、电子商务等新技术新模式在政府采购领域的深度应用，高标准打造一个覆盖省、市、县（区）三级，集监管、交易和服务于一体的政府采购智慧云平台，推动政府采购向数字化、智能化转型；优化“电子合同、电子签收、在线支付和电子发票”功能，从采购预算到采购计划、商品选购、生成订单、订单配送、货物验收、资产入库、电子发票和国库支付的全流程电子化，实现政府采购交易执行系统、预算管理系统、财政一体化支付系统及公共资源交易平台互联互通；探索建立地方分网数据与电商平台大数据对接机制，发挥大数据技术辅助决策作用，为采购人、采购代理机构提供市场行情和产品价格比对服务，加强对采购单位、评审专家、供应商、集中采购机构和社会代理机构的考核评价大数据分析；建立政府采购信息发布全流程的关联、审核和预警机制，识别、防范供应商围标、串标和欺诈等行为，为构建全生命周期管理的政府采购生态圈、打造一流的营商环境和推动政府治理能力现代化提供有力支撑。

第九章　央—地关系视角下政府采购透明度的影响机制研究

第一节　问题的提出

自20世纪90年代我国开展政府采购试点工作以来，短短几十年之间，我国政府采购的相关制度建设以及政府采购规模等都实现了飞跃式增长，将政府采购作为强化财政支出管理的一种手段，已经是一种极为普遍的做法。2014年12月底，国务院召开常务会议通过《中华人民共和国政府采购法实施条例》，并自2015年3月起施行。该条例对有关采购当事人、采购方式和相关程序、采购合同以及相应的采购过程中的监督检查和法律责任等作出了明确规定。2015年7月，财政部下发《关于做好政府采购信息公开工作的通知》，在该文件中对公开媒体、内容、监督处罚等内容提出了更为具体的要求，要求以公开采购全部阶段为目标，完善阳光采购工作。2019年12月，我国在北京召开了全国政府采购改革工作会议，以深化政府采购制度改革为要求，加快推进改革工作进程，要求贯彻落实《深化政府采购制度改革方案》，对深化政府采购改革的主要任务和具体措施进行研究部署。同月，财政部修订了《政府采购信息公告管理办法》，并于2020年3月起施行。

自政府开展采购工作以来，相关部门制定并发布了一系列用于完善采购工作并对其加以规范及约束的规章制度。针对采购过程中出现的问题相关文件和法律条文不断完善，查缺补漏，同时吸收发达国家的先进制度经验，进而完善我国的政采制度，构成现有的政府采购相关法律体系，推动我国政府采购走上更加规范、科学、法制的道路。公开透明是政府采购首要的、基本的原则，也是其本质要求所在。政府采购工作能否顺利开展有赖于采购环境是否公开透明，公开透明的采购环境是进一步规范采购行为、推动政府采购事业快速稳健发展的有力保障。通过对往年省级政府采购评估过程中存在的问题进行分析，找出在央地视角下影响省级政府采购透明度的因素并进行研究，同时找出推动构建政府采购公开透明环境发展的对应措施，以此来保证政府采购活动朝着公开公平的方向快速发展。同时，保证政府采购制度的建设趋于科学合理，保证我国政府采购工作稳健运行，进而提升政府综合治理能力。

第二节　文献综述与研究假设

一、关于政府采购信息公开

通过梳理文献，国内外对采购领域信息透明的研究大致涉及以下四部分内容。

（一）有关政府采购信息公开（透明度）的内涵

从市场交易的角度看，政府采购是一份协议，协议双方分别是采购部门和社会公众，政府采购应当以公共利益为出发点，绝不能把政府采购当成是谋取私人利益的手段，所以政府采购市场的有序运行需要更多完善的公共政策去制约。Schooner（2008）指出，政府采购透明化从最开始的仅仅需要公布采购需求，到现在要求各个环节、流程公开公布。GPA 要求政府公开采购相关法律法规、采购全流程、信息发布渠道等方面的信息。[①] 白志远（2007）认为，政府采购信息公开从狭义上来说，指的是采购全流程的公开；广义上的政府采购信息公开则包括除了采购全流程外的相关法律法规、监督处罚以及其他相关资料的公开。[②] 翟峰（2013）指出，政府采购信息公开化可以从两个方面来理解：首先是社会公众，对权力运行的过程和结果享有知情权，

① Schooner S L，Gordon D I，Wherry J L. Public Procurement Systems：Unpacking Stakeholder Aspirations and Expectations［J］. Social Science Electronic Publishing. 2008.

② 白志远．当前政府采购信息披露中的问题及原因探讨［J］．财政与发展，2007（02）：28－31.

相应的制度也应形成；其次是国家机关应当在公开范围内向社会公众公开除应当保密外的所有信息。① Chen（2013）认为，政府采购信息透明主要包括采购法律和规则透明、采购程序和采购信息透明以及采购结果透明等要素。②

（二）有关政府采购透明化的必要性

大桥博（Hiroshi Ohashi，2009）采用实证分析关于透明性和政府采购效率之间的关系。他发现在投标过程中，拥有公开透明的程序，企业投标的积极性会相对更高，与此同时也发现透明性相应降低了政府的采购成本。③ 伊文奈特和霍克曼（Evenett & Hoekman，2005）认为，能增进社会福利也是政府采购信息透明化的一大利好。④ 贝姆和奥拉亚（Boehm & Olaya，2006）研究指出，透明化能够作为一种工具和机制，去预防政府采购过程中腐败行为的发生或减少其发生的风险，以提升采购效率。⑤ 高红玲、余晔（2008）以及乔红花（2010）指出，政府采购信息公开是否全面、有效直接影响了政府采购市场竞争的公平完善与否，前者既是基础也是保障。⑥⑦ 同时为了保障社会公众的监督知情权，信息公开也是必要手段。刘细良、吴林生、樊娟（2011）提出，为了遏制政府采购过程中出现腐败的现象，政府采购信息公开的数量和质量将会作为一种有效的工具去进行约束。⑧ 裴育、史梦昱（2017）提出，从法律和监管两个体系去完善政府采购监督机制。加强对政府采购的监督，一方面能有效应对来自国际的不稳定因素对国内经济造成的

---

① 翟峰. 论政府采购公共信息公开化与法制化［J］. 四川行政学院学报，2013（01）：42－44.

② Xiangyang CHEN. Measurements and Legislation Suggestions for Coping With Trade Protectionism Under the WTO Mechanism：From the Aspect of Government Procurement［J］. Canadian Social Science，2013，9（5）：98－104.

③ Ohashi Hiroshi. "Effects of Transparency in Procurement Practices on Government Expenditure：A Case Study of Municipal Public Works" Review of Industrial Organization［J］. 2009（35）：267－285.

④ Evenett S J，Hoekman B M. Government procurement：market access，transparency，and multilateral trade rules［J］. European Journal of Political Economy，2005，21（1）：163－183.

⑤ Boehm，Frédéri &Juanita Olaya. Corruption in Public Contracting Auctions：The Role of Transparency in Bidding Processes［J］. Annals of Public and Cooperative Economics，2006，77（3）：43－52.

⑥ 高红玲，余晔. 试论政府采购制度建设中的信息公开［J］. 中国政府采购，2008（07）：74－76.

⑦ 乔红花. 政府采购市场信息公开问题解析和对策［J］. 中国政府采购，2010（06）：41－42.

⑧ 刘细良，吴林生，樊娟. 信息披露：政府采购腐败防治的新审视［J］. 中国行政管理，2011（10）：43－47.

冲击；另一方面，在对外经济开放中，也能更好更快地融入国际大环境。[①]

（三）有关政府采购信息公开不透明的原因分析

乔红花（2010）指出，政府采购信息公开存在如有效性不足（信息公开的有效性和投标者决策的有效性）、信息不均、渠道不畅通等问题。[②] 肖北庚（2010）认为政府采购相关的制度缺失也是症结所在，其中包含政府采购主体的缺失、合同的缺失以及质疑投诉的缺失等。[③] 相关制度与立法是具有关联性的。王丛虎（2014）则指出我国政府采购制度发展较晚，从可持续性深入政府采购，政策执行的技术标准细化不足，各个环节衔接不够紧密以及运行机制不完善是当前存在的问题。[④] 王庆（2017）认为，在"互联网+"的背景下，即使法律对市场平均价格的定义不清晰，我们也可以通过网络比价功能去弥补这一不足，这不仅使采购人对市场平均价格有着更加清晰的认知，人民群众也是如此。[⑤] 电子化政府采购是大势所趋，也是对传统政府采购制度的有力改革。郅力（2018）指出，政府采购监督工作是否到位也影响着透明度的高低。目前，从内在因素来分析，监督人员的专业素养不足以及在监督过程中没有对应的权力是一大问题。其次则是存在外在因素，例如，监督方面的立法不够完善以及相关工作机制也不成熟的问题出现尚待解决。[⑥]

（四）有关政府采购信息公开透明化的对策研究

透明国际的《公共采购反腐败手册》（2006）提出，信息公开应采用多种方式公开。政府采购领域信息的有限性是导致腐败的重要原因之一，只有采购参与人员和社会公众拥有足够的知情权，能够平等便捷地获得应有的所有采购信息，才能保证采购的公平性。政府部门公开信息的方式除了通过网

---

① 裴育，史梦昱．我国政府采购监督现状与存在的主要问题［J］．财政监督，2017（04）：31－36.

② 乔红花．政府采购市场信息公开问题解析和对策［J］．中国政府采购，2010（06）：41－42.

③ 肖北庚．我国政府采购法制之根本症结及其改造［J］．环球法律评论，2010，32（03）：30－38，17.

④ 王丛虎．中国可持续政府采购政策执行问题及对策［J］．北京行政学院学报，2014（02）：60－64.

⑤ 王庆．"互联网+"背景下规制政府采购问题探析［J］．西藏民族大学学报（哲学社会科学版），2017，38（04）：125－129.

⑥ 郅力．我国政府采购监督现状与存在的主要问题探析［J］．中国国际财经（中英文），2018（07）：188－189.

站，还可寻找其他方式公开，同时公众申请公开的信息（涉密除外）政府部门也应及时公开。贝姆和奥拉亚（Boehm & Olaya，2006）认为，监督系统的建立是保障招投标过程标准化运行的关键。不管是内部控制系统还是外部监督系统，甚至是整个社会，都是构建监督系统的重要组成部分。[①] 芦艳荣（2012）指出，国内外政府采购信息公开工作存在差异，在网络信息快速发展的时代背景下，我国需要有针对性地运用新兴电子科技以提高透明度水平。[②] 乔红花（2010）指出，加强电子化管理平台的建设以及优化信息发布的环境，在实现政府采购信息化的过程中都尤为重要。[③] 确保信息发布的真实完整性、及时性以及发布信息质量的有效性，建立健全监督机制，完善立法并加大执法力度，帮助地方更好更快地实现政府采购透明化。王丛虎（2014）指出，电子平台的建设是实现透明化的必然要求，政府采购组织架构的重构统一以及集中采购组织层级的精简也同样重要。[④] Jennifer Shkabatur（2012）通过研究得出，将信息技术引入监管体系，能突破透明度不高的“瓶颈”，推进政府采购的改革进程，克服过去的障碍。[⑤] 姜爱华、陆媛（2017）认为，应提高公众对政府采购信息公开的认识、共享与整合平台信息、建立权责清晰的信息公开机制、建设标准化政府采购信息公开流程、积极开展第三方评估和建立严格的考核问责机制。[⑥] 姜爱华（2018）指出，从治理视角看应着重考虑完善顶层设计、加强采购全链条管理、提高执行效率、做到公开透明、健全监管机制、提升政策功能等方面，完善政府采购相关制度，实现透明度的提升。[⑦] 吕艳滨（2017）认为，在政府采购过程中，信息公开透明是至关重要的。引入社会公众参与监督也是推动实现透明化的必要保障。[⑧]

---

① Boehm, Frédéri & Juanita Olaya. Corruption in Public Contracting Auctions: The Role of Transparency in Bidding Processes [J]. Annals of Public and Cooperative Economics, 2006, 77 (3): 43 – 52.

② 芦艳荣．电子化：完善政采制度的新动力［N］．政府采购信息报，2012 – 06 – 15（004）．

③ 乔红花．政府采购市场信息公开问题解析和对策［J］．中国政府采购，2010（06）：41 – 42.

④ 王丛虎．中国可持续政府采购政策执行问题及对策［J］．北京行政学院学报，2014（02）：60 – 64.

⑤ Jennifer Shkabatur. Transparency With Accountability: Open Government in the United States [J]. Yale Law & Policy Review. 2012 (31): 79 – 140.

⑥ 姜爱华，陆媛．政府采购信息公开：问题与对策［J］．中国财政，2017（16）：37 – 40.

⑦ 姜爱华．中国政府采购制度改革：成就、挑战与对策［J］．地方财政研究，2018（04）：60 – 65.

⑧ 吕艳滨．公开透明是政府采购健康发展的关键［J］．紫光阁，2017（06）：60 – 61.

二、关于央地财政资源转移与政府采购透明度

我国学者对纵向的政府间关系一直都视为研究重点。周黎安（2014）提出，上下级政府实际上可以看成是一种委托代理关系，并提出“行政发包制”这一概念，强调上下级的一种发包关系。① 周平录、邢小强（2019）认为，中央政府的财政权力应进一步下放到地方政府，激励地方政府在探索符合本地的创新制度与政策的同时，转换自身角色，同时，中央政府在下放权力时，要做好对地方的监督工作。地方政府事权与财权的匹配关系尚待进一步完善，尤其是重构政府间收入分配关系。② 涂云新（2017）指出财政资源是各项政治权力运行的必要条件，财政权力的配置在国家法律层面是较为复杂棘手的宪法问题之一。财政权力的划分既包括横向政府间的划分，也包括纵向层面中央与地方之间的划分。③ 甘家武、龚旻、张鑫（2017）指出财政分权与集权在央地的财政关系中是核心环节。各级地方政府之间争夺财政资源也十分激烈，为了拥有更多的财政资源去发展当地经济，吸引外商投资以及引进优秀人才，使用各种不规范的优惠政策并展开了地方的税收竞争，导致了税负的波动。④ 孙戬（2012）认为，基本公共服务均等化的实现有赖于有效的财政政策，这是基础更是保障。明确财政责任划分、加大财政投入总量、均衡配置财政资源以及合理化财政专项转移支付制度是当下政府亟待投入实现的问题。同时，公共财政体制的建立要做到权责明确，对财政支出结构进行调整，对财政资源配置进行优化以及推进关于转移支付制度的改革也是重要手段。⑤ 朱晓峰、程琳、陆敬筠、潘芳（2017）认为，由于下级政府在申请财政补偿时，存在信息不对称的情况，导致其在申请过程中出现偏差。某些下级政府的信息公开程度较高，原本可申请较高数额的补偿，但由于出现意识偏差，认为申请数额的高低与上级政府的决策标准密切相关，主动选择申请低额的补偿以便

---

① 周黎安．行政发包制［J］．社会，2014，34（06）：1－38.

② 周平录，邢小强．中国式分权下的区域创新绩效研究——基于资源获取与资源配置视角的分析［J］．技术经济，2019，38（09）：97－104，137.

③ 涂云新．中央与地方财政划分的宪法治理难题［J］．法学评论，2017，35（06）：28－43.

④ 甘家武，龚旻，张鑫．财政分权对税负波动的影响：基于地区间税收竞争的视角［J］．云南财经大学学报，2017（03）：82－88.

⑤ 孙戬．基于基本公共服务均等化的财政政策分析［J］．经济问题，2012（06）：107－110.

获得财政补偿。某些下级政府的信息公开程度较低，原本在更大程度上选择低额的财政补偿却通过伪装的方式，申请高额的财政补偿。①

三、关于政府机构改革与政府采购透明度

贺东航、孔繁斌（2011）认为部门及层级之间的合作以及提供相应的配套政策对政策目标的实现起决定性作用。② 杨登峰、王晓强（2020）指出，行政机构的设置事项要依据法律法规以及规章，需要做到有法有据，这就是行政机构法定设置。同时行政机构也有具体所指向的部门。③ 张克（2019）认为，在职能异构方面，中央与地方政府特征表现明显。地方政府机构设置在拥有自主权的同时要科学设置机构，做到根据自身发展特征因地制宜，了解地方的能力和限度。④ 杜倩博（2018）指出，机构改革不单单是组织之间的联合，更是组织内部的精简整合，但是现在政府部门机构现状大致是机构设置十分分散，同时存在职能交叉的情况，整合力度明显不够。很多实施"大部制"的政府部门，它的内设机构也只是单纯的简单叠加原来小部门的内设机构，这无疑使大部门内部管理变得更加困难，相当于是将矛盾从小部门之间转到了大部门内部，在很大程度上对政府治理效能以及行政效率有一定的阻碍作用。⑤

四、关于营商环境与政府采购透明度

世界银行认为营商环境报告是政府的一种良性工具，它能够为政府设计合理的监管政策。世界银行在 2019 年发布《2019 年营商环境报告》指出，营商环境报告的出现是基于经济活动，并且受益于相应的规则，这些规则是清晰连贯的，里面有关产权明晰，解决争端途径，以及为合同伙伴提供保护。

① 朱晓峰，程琳，陆敬筠，潘芳．微政务信息公开信号博弈研究——基于转移支付的视角［J］．情报理论与实践，2017（12）：107－111.

② 贺东航，孔繁斌．公共政策执行的中国经验［J］．中国社会科学，2011（05）：61－79，220－221.

③ 杨登峰，王晓强．行政机构设置法定的范围［J］．江苏行政学院学报，2020（04）：122－128.

④ 张克．省级机构设置自主权的实践路径与理论逻辑——以新一轮地方机构改革为中心的考察［J］．中国行政管理，2019（10）：33－38.

⑤ 杜倩博．政府部门内部机构设置的组织逻辑与整合策略——基于中美差异性的比较分析［J］．中国行政管理，2018（09）：111－117.

如果是有效的、透明的规则，从目标对象来说是方便易懂的，那么对于促进经济发展是会有效得多的。李军鹏（2018）认为营商环境建设可以说是各种政策措施的统称。为深化“放管服”改革，参照国际营商环境指标，发掘符合国情的指标建设用来改善企业发展环境。[①] 娄成武（2018）将营商环境视为一种兼具物质形态和制度形态的特殊公共产品，是公共治理活动的产物。[②] 在优化营商环境的实践研究中，王昌林、赵栩（2019）指出，目前我国营商环境存在许多不足，主要表现在：地方政府缺乏诚信度、应有的监管缺位、未进一步推进行政审批制度改革、未消除地方保护主义以及存在较难突破的区域壁垒等其他诸多问题。[③] 李军鹏（2018）认为，我国力图营造法制化、便利化并且对标国际的营商环境，但这一目标与企业不善开办经营，便利度差存在客观矛盾。同时，政府各部门之间各自为政，未形成联动机制，资源不共享导致相互协作困难。[④] 从各个学者的相关解释及研究中不难看出，营商环境起着较为突出的作用，但同时也是一个较为复杂的概念，而目前，我国营商环境理论探索仍处于起步阶段，需要进一步探索，实现实践上的优化。

五、小结及假设

通过对政府采购相关文献的系统回顾，我们可以发现，以往的研究对政府采购的定义、透明度的含义、重要性以及如何防范政府采购进程中发生的腐败以及相关措施的说明等问题都有着较为成熟的研究成果。这些研究对之后的进一步研究都有极大的价值。本章从央地关系视角出发，找出对政府采购透明度有所影响的因素。

（一）央地财政资源转移与政府透明度

从各省区市公布的财政数据可以看出，地方财政收入的60%以上都来自

① 李军鹏．改革开放40年：我国放管服改革的进程、经验与趋势［J］．学习与实践，2018（2）：29－36.

② 娄成武，张国勇．治理视阈下的营商环境：内在逻辑与构建思路［J］．辽宁大学学报（哲学社会科学版），2018（2）：59－65，177.

③ 王昌林，赵栩．加快营造国际一流的营商环境——关于当前深化“放管服”改革、优化营商环境的一些思考［J］．中国行政管理，2019（07）：19－20.

④ 李军鹏．十九大后深化放管服改革的目标、任务与对策［J］．行政论坛，2018（2）：11－16.

中央对地方的转移支付。央地财政资源转移不单单是转移支付的转移，还有其他许多财政资源的转移，但转移支付可以说是其主要内容之一。刘晓明、谭建立、刘小勇（2020）指出，为了平衡各地区发展，满足各地基本公共服务的供给，例如，为了从医疗、教育等方面改善落后地区的条件、为了扶持各地的特定项目产业建设，中央会对地方实施转移支付。但是地方在收到转移支付资金后，会盲目为了获得专项转移支付资金而去申请一些项目，造成盲目投资、重复建设等问题。另外，转移支付在一定程度上增加了地方政府的预算，然而地方政府干预当地经济容易造成透明度降低，换言之，地方获得的转移支付越多，地方政府拥有的财政和经济实力相对来说会更加雄厚，政府对本地经济的干预能力越高，这些行为会干扰市场主体获取信息的透明度。① 由此，提出假设 H9－1：央地财政资源转移越低，政府透明度越高。

（二）税收上缴中央与政府透明度

税收历来是国家财政收入的主要来源。甘家武（2017）等人建议中央应授予地方政府适当的税收权限，以便各地区可以因地制宜，根据当地经济状况，开发税收潜力，改善财政状况并有效提高公共服务水平。在做到规范税收优惠政策的同时，保证市场竞争环境的公平公正，使市场在资源配置中起到决定性作用，同时，打破地方保护主义的现状，阻隔行业垄断的途径，实现经济转型升级。经济质量往往与税收上缴水平挂钩。② 因此我们认为，地方越有能力上缴税收收入，意味着该地区经济发展水平较高，越有能力表现出更好的采购信息公开水平。因此，提出假设 H9－2：税收上缴中央数额越高，政府透明度越高。

（三）营商环境与政府透明度

营商环境的提高旨在政府为市场主体更好地提供公共服务和产品，这类服务和产品能够促进市场的公平竞争和良性发展。从政府和企业的角度来解决政企之间存在的问题，如信息不对称、供需不匹配以及政企之间信任不足等问题，

---

① 刘晓明，谭建立，刘小勇．转移支付、政府竞争与区域经济协调——基于省级空间面板数据的实证研究［J］．经济问题，2020（9）：36－45．

② 甘家武，龚旻，张鑫．财政分权对税负波动的影响：基于地区间税收竞争的视角［J］．云南财经大学学报，2017（3）：82－88．

以此来增加企业家的信息，提高市场主体的活力和积极性。蒋纪华（2020）指出，对外开放以来，我国经济水平不断提高。招标采购在加快建设现代市场经济中发挥着重要作用。在世界银行对全球各国经济体所评估的营商环境评估中，发现对营商环境造成影响的重要内容包括招标采购交易秩序和效率。[①] 因此，在招标采购领域，营商环境的优化也十分重要。在政府采购领域，我们认为，地区营商环境得分越高，相应的政府采购信息公开工作也越有更好的表现。由此，提出假设 H9 – 3：营商环境越好，政府透明度越高。

（四）政府机构改革与政府透明度

杜倩博（2018）指出，在中国，政府部门内部机构设置呈现分散化模式，与国外政府部门组织逻辑不同，主要表现在各类逻辑，如形式平衡逻辑、权力结构逻辑、环境适应逻辑以及职能分化逻辑等方面。机构设置合理、分类明确，可以降低政府部门工作的复杂性，提高行政效率，并且改善组织内部的协调与控制。中国政府部门已经拥有了稳定组织体系并且是有自身逻辑自洽性的。[②] 因此我们认为，政府部门内设机构改革的程度也影响着采购信息公开效率。政府机构改革越趋于职责化，政府采购信息公开工作也越有更好的表现。由此，提出假设 H9 – 4：政府机构改革越职责化，政府透明度越高。

第三节 研究设计

一、模型设定

在研究政府采购透明度的影响因素时，本章研究假设中提出了央地财政资源转移、各省区市税收上缴中央、当地营商环境、当地政府机构改革将对政府采购透明度产生影响。因此，本章将进行实证分析，并选择多元回归的方法开展研究分析。

① 蒋纪华. 如何优化招标采购领域的营商环境［J］. 中国招标，2020（12）：96 – 98.

② 杜倩博. 政府部门内部机构设置的组织逻辑与整合策略——基于中美差异性的比较分析［J］. 中国行政管理，2018（9）：111 – 117.

二、主要变量说明

根据本章的主要研究内容，用政府采购透明度得分作为因变量，在很大程度上体现了地区的政府采购信息公开的水平。自变量从31个被评估地区，从央地关系视角下选取包含央地财政资源转移、税收上缴中央数、政府机构改革以及营商环境等四个变量，数据分析相关因素，得出结果的相关性和显著性，进一步探讨地方政府采购透明度与之存在的内在联系。

（一）因变量

本章主要从央地关系视角下出发，所选取的因素对政府采购透明度的影响，而透明度的衡量则在相关参考文献中暂未提及，相关研究较少，无法获得，本章研究是依靠省级政府采购透明度第三方评估数据得来。评估中，项目组利用指标赋权法来计算各个地区的透明度得分。因此本章将政府采购透明度作为被解释变量。

（二）自变量

本章主要研究从央地关系视角下对政府采购透明度的影响，并同时根据本章提出的研究假设确定了以下几个自变量。

1. 央地财政资源转移（*tr*）。

本章研究的主要内容是从央地视角出发探讨对政府采购透明度的影响，因此本章选择的第一个解释变量就是 *tr*，拟采用严成樑和雷小均的方法来衡量中央向地方财政资源转移关系，具体计算公式如下：*tr* =（中央补助收入－地方上解中央支出）/地方财政支出。因此本章认为，在政府采购领域，*tr* 越低的地区表现出越好的采购信息公开水平。

2. 税收上缴中央数。

国家财政收入的主要来源无疑是税收收入。每个税种缴纳都是分预算级次的，乡镇、县级、市级、省、中央，通过银行缴入人民银行国库，再按照级次分配属于本级的收入，国库划到财政，供各级政府支出。经济质量往往与税收上缴水平挂钩。因此本章认为，地方越有能力上缴税收收入，意味着该地区经济发展水平越高，越有能力表现出更好的采购信息公开水平。

3. 营商环境。

营商环境的本质是一种公共产品或服务，它是政府为市场主体提供的，旨在促进市场主体公平竞争与可持续的良性发展。营商环境的提高旨在政府为市场主体更好地提供公共服务和产品，这类服务和产品能够促进市场的公平竞争和良性发展。从政府和企业的角度来解决政企之间存在的问题，如信息不对称、供需不匹配以及政企之间信任不足等问题。因此本章认为，地区营商环境越好，越有能力表现出更好的采购信息公开水平。

4. 政府机构改革。

机构设置合理、分类明确，可以降低政府部门工作的复杂性，提高行政效率，并且改善组织内部的协调与控制。机构改革不单单是组织之间的联合，更是组织内部的精简整合，改变当前政府部门机构设置分散现状，加快整合力度。机构设置是否合理完善也影响着财政效率。因此本章认为，财政部内设机构的数量也影响着采购信息公开效率。在政府采购领域，内设机构设置越合理，部门职责分工细化去除“盲区”，政府采购信息公开工作也越有更好的表现。

三、数据来源

本章实证分析中所需数据，来源方式有所不同：

1. 政府采购透明数据来源。此项数据来源于财政部委托江西财经大学所做的《中国政府采购透明度第三方评估》。评估中，项目组设计了相关指标及分值（指标衡量赋权法），指标覆盖了政府采购的全过程，每个观测点对应的要求都是对信息公开的具体体现。项目组成员根据指标进行客观公正的评分，得出各地区最终分值（百分制），最终得出31个被评估地区的得分。

2. 央地财政资源转移（tr）数据来源。此项数据拟采用严成樑和雷小均的方法来衡量，具体计算公式如下：中央向地方财政资源转移（tr）=（中央补助收入－地方上解中央支出）/地方财政支出。其中，中央补助收入、地方上解收入以及地方财政支出该项指标依据2019年中央转移支付，各省区市上缴中央金额与地方财政支出计算得来。

3. 税收上缴中央数据来源。各省区市财政厅公开数据整理得到。

4. 营商环境数据来源。由北京大学光华管理学院管理创新交叉学科平台获得。本章将营商环境分为市场环境、政务环境、法律政策环境以及人文环境，并对31个省级行政区的这四类环境分别进行打分，得出总分数。

5. 政府机构改革数据来源。此项数据进入各省区市财政厅统计得到。

四、变量描述性统计

1. 因变量。2019年政府采购透明度平均分约为88.4分，仍有接近11.6分未公布，各个地区的透明度得分最小值为72.65，最大值为95.55，最大值与最小值相差近23分，标准差为5.638。这说明了各个地区之间的政府透明度评估得分分布存在较大的离散程度，地区之间的政府采购透明度水平存在较大的差异。这可能是由各地区采购执行中未按照财政部有关规定进行公布采购信息；信息发布平台有待优化；监督指导欠完善；内控制度不健全等多因素造成的。

2. 自变量。自变量主要有：（1）各个地区的央地财政资源转移（*tr*）最小值为-0.903，最大值为0.896，标准差为0.423，通过财政指标量化的央地关系中可以说明各省区市之间的央地财政资源转移水平存在一定的差异性。（2）各个地区的营商环境评分最小值为35.78，最大值为78.23，标准差为10.931，说明中国各省区市之间的营商环境水平存在较大的差异。（3）各个地区的财政机构设置数量最小为13，最大值为35，平均值为24.226，标准差为4.738，说明各个地区之间的政府财政部门机构的设置并不相同。（4）各个地区之间上缴财政最小值为0.02万亿元，最大值0.83万亿元，标准差为0.227，说明各个地区之间的对中央财政的贡献水平是存在一定的差异。其中北京市金额突破了8000亿元，领跑其他各省区市。

表9.1　　描述性统计结果

	最小值	最大值	平均值	标准差
透明度得分	72.65	95.55	88.4	5.638
央地财政资源转移 *tr*	-0.903	0.896	0.077	0.423
税收上缴财政数额	0.02	0.83	0.295	0.227
政府机构改革	13	35	24.226	4.738
营商环境得分	35.78	78.23	57.343	10.931
有效个案数（成列）				

第四节　实证结果与分析

一、相关性分析

本章通过将2019年的政府采购透明度评估得分、中央向地方财政资源转移（*tr*）、税收上缴中央、政府机构改革、营商环境等相关指标的数据搜集整理好，共31个样本省区市数据。如表9.2所示，政府采购透明度与央地财政资源转移（*tr*）的相关系数为-0.486，并且在1%的水平上显著，说明央地财政资源转移（*tr*）与政府采购透明之间存在较为显著的负相关关系。政府机构改革与政府透明度的相关系数为0.402，并且在5%的水平上显著，说明政府机构的效率与机构设置和政府透明度有显著的相关关系。营商环境和政府透明度的相关系数为0.572，并且在1%的水平上显著，说明当地的营商环境与政府透明度指数之间存在显著的相关关系。税收上缴中央与政府透明度的相关系数为0.626，并且在1%的水平上显著，说明各地的财政贡献度与各省政府采购透明之间存在较为显著的正相关关系。

表9.2　主要变量的相关分析

	1	2	3	4	5
1. 政府采购透明度	1				
2. 央地财政资源转移 *tr*	-0.486**	1			
3. 政府机构改革	0.402*	0.154	1		
4. 营商环境得分	0.572**	-0.408*	0.095	1	
5. 税收上缴中央	0.626**	-0.508**	0.090	0.477**	1

注：**. 在0.01级别（双尾），相关性显著；*. 在0.05级别（双尾），相关性显著。

除上述之外，央地财政资源转移（*tr*）和营商环境的相关系数为-0.408，并且在5%的水平上显著，央地财政资源转移（*tr*）与营商环境之间存在显著的负相关关系；央地财政资源转移（*tr*）与税收上缴中央的相关系数为-0.508，并在1%的水平上显著，说明央地财政资源转移（*tr*）与税收上缴中央有着显著的负相关关系；税收上缴中央与营商环境之间相关系数为0.477，并且在1%的水平上显著，说明税收上缴中央和当地的营商环境之间存在显著的相关关系。此外，其他变量之间不存在显著的相关关系。

二、多元回归分析

根据表9.3模型回归统计结果显示，模型R^2为0.645，拟合度较好，模型解释度为64.5%，F值为11.828，显著度较高，整个模型拟合方程有意义。

变量央地财政资源转移（*tr*）的回归系数为-0.270，并且在10%水平上显著，说明变量中央向地方财政资源转移（*tr*）越少，意味着当地财政水平越好，自身越有能力提供公共服务，政府采购透明度也越高；变量税收上缴中央的回归系数为0.325，并且在5%水平上显著，说明地方政府的税收上缴中央金额的高低对政府采购透明度水平有着较为显著的影响，并且税收上缴中央金额越高，税收作为取得财政收入的一个重要手段，说明当地经济发展水平较好，政府采购透明度会越高；变量政府机构改革的回归系数为0.388，并且在1%水平上显著，说明政府机构改革越趋于职责化，部门分工越明确，机构职能也越明确，地方政府采购透明度也越高；变量营商环境的回归系数为0.270，并且在10%水平上显著，当地营商环境越好，企业等主体在市场经济活动中也越有活力，供应商在政府采购中权益也更有保障，政府采购透明度越高。

表9.3　　　　模型回归结果统计

	未标准化系数		标准化系数	t	显著性
	B	标准误差	Beta		
常数项	65.969	4.821		13.683	0.000
tr	-3.605	1.915	-0.270	-1.883	0.071
税收上缴中央	8.079	3.629	0.325	2.226	0.035
政府机构改革	0.462	0.144	0.388	3.200	0.004
营商环境	0.139	0.071	0.270	1.971	0.059
N	31				
R^2	0.645				
Ajustied R^2	0.591				
F值	11.828				

三、小结

通过本章的实证研究分析可以得出：

1. 本章研究假设 H9－1 成立，中央向地方财政资源转移对政府采购透明度有着显著的影响。中央向地方财政资源转移越低，意味着地方自身财政水平较高，有更多的财政性资金满足自身发展所需要的公共物品或服务，相应的政府采购透明度水平也就越高。这一点理论分析和实证研究结果都得到了充分印证。各级政府之间存在财政能力的差异，中央为实现各地公共服务水平的均等化，会实行财政资源的转移以达到相对的平衡，所以如何更加公平地配置财政资源也成为当下亟待解决的问题。

2. 本章研究假设 H9－2 成立，地方税收上缴中央数额对政府采购透明度有着显著的影响。从数据可以看出，地方税收上缴数额前几名分别为北京、上海、广东（不含深圳）和浙江等经济水平较高的地区，它们在经济发展的同时更多地向中央上缴税收，当地政府有更多有关公共服务的需求以及自身具备更强的能力能够满足发展需要开展日常政务活动，因此政府采购信息公开工作也相应地有着更高的透明度。

3. 本章研究假设 H9－3 成立，省区市营商环境越好，透明度越高。营商环境的优化，意味着省区市不论在法律、经济、人文环境等方面更好更符合发展需要，同时也意味着省区市综合实力和服务水平的提升。公共服务被看作是营商环境的“试金石”，对标国际营商环境，我国为实现更加法制化、便利化、国际化的营商环境，不断进行优化，为促进市场公平公开竞争提供大环境，更好地发挥政府作用，提高服务水平，使政府采购事业实现质的提升。

4. 本章研究假设 H9－4 成立，政府机构改革不断趋于职责化，政府采购透明度提高。职责化不单单是要求部门分工明确，也要求精准改革。合理的机构设置在政府机构改革中发挥着重要作用，明确政府的功能性与职责性，明确各类事务的主体和相关程序，政府采购部门也将相应地作出调整，政府采购管理部门作为内部监督机构也将在改革中一马当先，提高内部监管能力，实现政府采购透明的另一提升。

第五节 研究结论与政策启示

一、研究结论

当前，我国省级政府采购透明度水平不高，地区差异较为明显，要加强信息公开工作，为加快建立现代政府采购制度不懈努力。随着我国经济的发展，国家财政能力不断提升，政府采购作为预算执行的关键环节、财政支出的重要关口，我国的政府采购事业也不断面临着挑战和机遇。

通过实证分析发现，央地财政资源转移、政府机构改革、营商环境和地方税收上缴能力与地区政府采购透明度有显著相关关系。具体而言，央地财政资源转移指数越低、地方税收上缴能力越强，地方财政越有能力满足自身发展，换言之，该地区自身发展与财政实力相匹配，政府采购信息公开有着越好的表现；政府机构设置越趋于职责化、地区营商环境水平越高，则政府采购信息水平表现得越好。

二、政策启示

针对评估中发现的问题，项目组认为应健全政府采购信息公开与共享机制、强化政府采购工作的监督管理、加快推进政府机构改革、科学界定央地权责、公平配置财政资源以及不断优化营商环境，从而不断提升政府采购透明度。

（一）健全政府采购信息公开与共享机制

2003 年《政府采购法》的实施给政府采购的实践提供了一定的保障。但在实际进行的过程中仍然存在如发布信息不及时、存在虚假发布等问题。近年出台的《政府采购信息发布管理办法》是针对当前存在的问题作出的一系列解决措施，这是对信息公开工作的进一步总结和深化。在实际评估期间，我们也探讨了以下措施以健全信息公开与共享机制。

首先，贯彻落实中央深改委精神，根据《政府采购管理业务数据规范》，将政府采购业务数据实现统一化，信息公开标准统一化，从公开栏目到内容再到程序实现标准化，便于采购人与社会公众更加便利有效地获得政府采购相关信息。

其次，贯彻落实整个政府采购过程的全公开化，在预算编制过程中，可以通过采取听证会等方式来征集社会公众的意见，从而实现公众对政府采购全过程的“参与式”监督。

最后，加大建设政府采购信息“一张网”，在横向上体现在完善政府采购信息对外公布“一张网”化建设，推动各大网络交易平台之间的信息共享，增强政府采购信息平台与公共资源交易平台和电子交易平台之间的信息共享合作；在纵向上则体现在通过统一的数据接口加强地区与中央主网信息化工作的联系和对接，实现信息资源共享，打造地区与中央采购信息“一张网”。

（二）强化政府采购工作的监督管理

政府采购是国家进行宏观经济调控的重要一环，在对外经济开放过程中也有着重要地位。当前政府采购的制度越来越趋于完善，但是在实际操作过程中依然存在问题，在很大程度上，造成问题的很大一部分原因是当前监督体系的不完善，完善政府采购监督体系，从内部监督到外部监督都有很大的改进空间。政府采购监督存在的问题主要体现在：由于当前政府采购相关法律制定不到位以及政府部门职责不清造成的政府采购体系内部控制机制不完善；政府采购工作的事前、事中和事后的监督机制不完善造成的政府采购结果不佳；由于信用体系不完善和问责追究不清晰导致的政府采购监管机制不到位。

结合我国目前所处的国情以及政府采购市场情况，可以从以下几个方面进行改善：一是推动建立跨部门协作的政府采购监管机制，加大对各级政府部门政府采购活动的监管力度，实行全方位全过程监管；二是通过引入第三方评估机构来对各地和各级政府部门的政府采购透明度情况进行评估，从而达到监督各级政府有序开展政府采购工作的目的，也在一定程度上提高了各地政府采购工作的公开性和透明度；三是依法切实改善政府采购投诉与举报处理反馈工作，要严肃处理各地政府在政府采购过程中出现的违法乱纪行为，加大对该行为的处罚问责力度，促进各地政府的采购工作规范合法化和公开透明化；四是结合现代互联网技术和衍生电子化信息平台，重点加强监控政府采购活动、采购合同备案登记和支付审核等环节，切实推进政府采购透明度建设。

（三）加快推进政府机构改革进程

政府机构改革不但是对机构设置简单裁减设立的改革，还包含相关职能的转变、人员的编制管理、人员增加减少等内容。改革的核心与要义在于政府职能的转变，所以政府机构改革本身来说是一项复杂艰巨的系统工程。本章将从以下三个举措来推进政府机构改革。

一是加强顶层设计，注重与全面深化改革的配套推进。我国行政管理体制改革的核心内容是机构改革，必须依托于社会主义市场经济体制改革，建立适合市场经济发展需要的体制机制、合理设置机构的公共行政体系，同时在编人员数量必须规范明确。规范行业监管部门，为深化政府采购机构改革助力。

二是从精简优化机构到精准划分权力边界。权力清单的产生是用以划分各机构之间权限、明确部门权力范围，明白边界在哪，什么是该管的，使职责更加清晰，上下之间减少权力的重叠，将整体政府格局转变为形成上下协同、部门联动。而监督清单有助于上级机关、纪检监察部门以及社会公众参与监督，形成共同合力，对权力实现有效制约。

三是把握关键环节，重点关注编制管理、制度构建以及职能转变。我国中央与地方政府的职能在一定程度上具有交叉重合部分，但是也存在一定的差异，设置机构原则并不是完全遵从于上下对口、上下机构设置一致的规则，而是根据事权和功能先定职能，再立机构。同时，对部门及岗位的设置应根据部门需要因岗定人，根据整体治理的关键，推进政府采购机构改革进程，往职责化的方向不断发展，以提高透明度水平。

（四）科学界定央地权责，公平配置财政资源

中央与地方财政关系的建立，要做到权责清晰、区域均衡以及财力协调发展。对央地之间财政事权和支出责任划分改革需要进一步的推进，尤其是社会公众参与度较高的基本公共服务事项，且支出稳定性强的，要优先对财政事权和支出责任进行划分，实现改革的突破并为后续事业的推进提供支撑

和引领。

一是在基本公共服务领域，明确央地之间共同财政事权范围。优先纳入中央与地方共同财政事权范围的主要有：中央与地方共同承担支出责任、涉及人民群众发展和生活需要以及重点关注和保障的基本公共服务事项等相关内容。

二是在基本公共服务领域，重点规范央地共同财政事权和支出责任的分担方式。主要按比例分担并实行，保持基本稳定。

三是调整并完善转移支付制度。转移支付分为一般性转移支付和专项转移支付，在一般性转移支付下设立共同财政事权，分类分档转移支付，原则上将改革前两者安排的基本公共服务领域共同财政事权事项，统一纳入共同财政事权分类分档转移支付。

央地财政事权和支出责任划分改革在解决央地责任划分不明确、财政事权不清晰等问题的同时，也促进了财政事业走向规范法制化的建设道路，同时将固化的利益格局打破，根据地方实际财力情况，更加公平地配置财政资源，推动实现基本公共服务的均等化。为推动政府更好地购买、提供公共服务做好保障，推进政府采购透明度的进一步提升。

（五）优化营商环境，推动政府采购更高质量发展

营商环境的提高旨在政府为市场主体更好地提供公共服务和产品，这类服务和产品能够促进市场的公平竞争和良性发展。以建设法制化、便利化的营商环境以及以对标国际营商环境为抓手，加快推进深化放管服改革，提升我国营商环境排名。

一是建设公平正义的法治环境。建立系统的法律法规以及监管制度，健全相关程序性法规和制度性法规的建设；建立严格的审查机制，加强内部管理，推动政府采购工作的有序进行；适应政府采购的发展需要，强化执行管理，完善各级执法按程序，保障采购领域的公平竞争，建设法治社会以及法治政府。

二是建设透明高效的政务环境。在推进服务型政府的建设中，透明廉洁、高效便民是其宗旨。创新服务机制，提升政府采购服务水平。通过不断创新服务模式，完善服务机制，简化准入程序，提高答复效率，为供应商提供了更多便利，有效提升了采购满意度，进一步落实深化政府采购制度改革精神。

加强诚信政府建设、强化行政效能监察，对破坏营商环境的相关行为加以禁止。

三是建设规范守信的市场环境。规范守信市场建设，市场经济是信用经济，全面实施负面清单制度，推动构建社会信用体系建设。

四是建设互利共赢的开放环境。随着电子政务的发展，“互联网＋”政府采购的发展也势不可挡，推进信息化服务，不断将互联网思维和大数据理念应用于政府采购事业，推进互联网与政府采购的深度融合，智能、快捷、持续优化营商环境，推动政府采购事业进程，更好地服务于经济社会发展。

第十章　非政府组织对政府采购透明度的影响研究

第一节　问题的提出

政府采购又称统一采购、公共采购，因其从决策到监督体现了广泛的透明性、公平性、公正性和规范性，因此被称为“阳光下的交易”。政府采购透明度是指有关政府采购的立法、政策、程序和采购活动等各种信息和环节都要公开并保证其能得以及时获得了解或查证。它是透明度原则在政府采购实践中的具体体现，是国际政府采购规则中的一项重要原则，也是其他政府采购原则和政策目标的实现前提。政府采购坚持透明度有利于体现和维护纳税人权利，减少政府采购运行成本，推进政府采购法治化进程，加快世界贸易自由化进程，因而备受世界各市场经济国家的重视。

随着社会民主建设的推进，预算公开乃至财政透明改革贯穿于公共财政改革之中，政府采购作为财政支出管理改革的重要内容之一，必然要与这一改革趋势相吻合。地方政府采购透明度的研究有实际的理论意义和实践意义。现阶段研究地方政府采购透明度多集中于政策指导、制度机制、现状分析等，通过多变量和相关影响因素来分析究竟是什么影响着地方采购透明度的研究较少，如果能分析出实际的影响因素，则可以具体地指导实践，提出更为有效的政策建议。从现实来看，透明度一直是政府采购协议倡导的基本原则。我国财政部门先后发布了一系列规章制度对政府采购信息公开进行要求，其中近年来产生影响较大的有《政府采购信息公告管理办法》《政府采购货物和服务招标投标管理办法》《政府采购供应商投诉处理办法》《政府采购非招标采购方式管理办法》《关于进一步做好政府采购信息公开工作有关事项的通知（财库〔2017〕86号）》《关于进一步规范政府采购信息公开相关事项的通知》。2017年来对采购协议的修订对信息公开的调整程度比以往的要大，同时也提出了更高的要求。例如，增加了电子化手段在采购信息公开与透明化中的广泛应用；新增了发布计划采购公告的要求，不仅要求信息对供应商公开，也要对公众公开，引入第三方评估机构和社会监督。这些都对政府采购工作进一步公开透明化提出了更高的要求。

第二节　文献综述与研究假设

一、地方政府采购透明度的影响研究

通常来说，“政府采购透明度”是作为一个评估性概念出现的，评估的主体可以是社会与公众，也可以是政府自身。评估的对象是政府在进行公共采购过程中与社会相互间的信息交流。透明国际（Transparency International）2006年发布的《公共采购反腐败手册》中对“公共采购公开信息”的界定指出公开的信息应包括：启动采购过程前所开展的活动、投标机会、选择标准、评估过程、合同授予决定和理由、合同条款与修正、合同的执行、采购中介机构的作用、争议解决机制和程序等。翟峰（2013）认为政府采购公共信息公开化包含两个方面的含义：一是公共权力运作的过程和结果向社会和公众公开，并形成与之相应的制度；二是国家机关拥有和掌握的适宜公开的信息向社会和公众公开。[①] Chen（2013）认为，政府采购透明原则包括：透明的采购法律和规则、透明采购程序、透明采购信息和透明采购结果。[②] 姜爱华（2014）认为国内在政府采购透明化研究中更多属于应用类研究，尚需进一步引入定量分析。同时，他认为政府采购公开或者透明的实质就是政府采购信息公开或透明，以上措辞可归纳为“信息公开”和“信息透明”两个

① 翟峰. 论政府采购公共信息公开化与法制化［J］. 四川行政学院学报，2013（1）：42-44.

② Xiangyang, Chen. 2013. Measurements & Legislation Suggestions for Coping with Trade Protectionism under the WTO Mechanism: From the Aspect of Government Procurement［J］. Canadian Social Science, No. 5: 98-104.

角度。[①] 这与国外现有文献大多用 Information Disclosure（信息披露）、Transparency（透明度）是一致的。

公开透明是现代政府预算决算的要求，对于政治文明建设、公众在公共领域的权益都有着十分重大的意义。提升透明度可以提升政府采购的竞争性。季自力、王文华（2017）梳理了美国政府采购信息化的进程，指出美国政府建立了以注册制和名录制为主的完整面对市场竞争制度体系，降低中小企业参与政府采购的门槛，让采购信息公开透明且及时地提供给供应商，大大提升了政府采购的竞争性。[②] 胡凯、蔡红英（2013）利用 2010 年以前 10 年的省级面板数据进行了实证检验，得出的结论是：在政府采购环节中，市场竞争不足会阻碍政府采购发挥其应有的作用，提出应将政府采购置于公平公正的市场竞争环境中。[③]

透明度有助于预防腐败，对政府采购行为进行有效监督。Joseph Mpeera Ntayi（2013）使用了 474 名公共采购人员的数据进行论证，探讨了公共采购与腐败的关系，提出应通过鼓励公共采购官员更多地参与到社会活动中来接受监督。[④] 裴育、史梦昱（2017）结合国务院"双随机一公开"的监管模式，对我国政府采购监督现状进行分析，提出除了必要的内部监督和检察机关监督之外，要加强外部监督，重视群众和舆论监督，以此提升监督强度促进政府采购透明度提升。[⑤] 高红玲、余晔（2008）、乔红花（2010）指出，信息公开是保证纳税人知情权和监督权的重要手段之一，政府采购信息的全面、有效、公开是政府采购市场实现充分、公平、高效竞争的基础和保障。[⑥][⑦] 刘细良、吴林生、樊娟（2011）将提升政府采购信息披露的数量和质量作为遏制政府采购领域腐败的工具。[⑧]

---

① 姜爱华．政府采购信息透明化：文献回顾与思考［J］．经济社会体制比较，2014（2）：257－263.

② 季自力，王文华．美国政府采购信息化建设的历程和发展趋势［J］．招标与投标，2017（1）：48－50.

③ 胡凯，蔡红英，吴清．中国的政府采购促进了技术创新吗？［J］．财经研究，2013，39（09）：134－144.

④ Ntayi，Joseph Mpeera. Ngoboka，Pascal & Kakooza，Cornelia Sabiiti. 2013. Moral Schemas and Corruption in Ugandan Public Procurement［J］. Journal of Business Ethics，No. 3，pp. 417－436.

⑤ 裴育，史梦昱．我国政府采购监督现状与存在的主要问题［J］．财政监督，2017（4）：31－36.

⑥ 高红玲，余晔．试论政府采购制度建设中的信息公开［J］．中国政府采购，2008（7）：74－76.

⑦ 乔红花．政府采购市场信息公开问题解析和对策［J］．中国政府采购，2010（6）：41－42.

⑧ 刘细良，吴林生，樊娟．信息披露：政府采购腐败防治的新审视［J］．中国行政管理，2011（10）：43－47.

罗春梅（2011）根据经济学适应性理论提出做好政府采购预算编制和执行工作，应从技术指标透明、预算文件、采购过程和采购结果公开等四个方面入手。[①] Jonathan D. Breul（2010）认为政府应该提高采购效率以及决策水平，通过提升政府工作人员的水平，调整政府在采购中的作用和功能以及与供应商的关系来提升采购透明度。[②] 熊淑君（2012）建议将信息公开前置到预算审批阶段，提出“五个公开”的内容和标准，能够完善预算制度、强化源头管理，最大限度地消除不公平因素。[③] 姜爱华、杨秉翰（2010）依据政府采购预算流程提出改善政府采购预算透明度的建议。[④] 有些学者对比了中国与世贸组织《政府采购协议》在信息透明化制度和流程设计方面的差异，提出了今后的改革建议（潘波、沈健，2005；邓庆，2008；尹音频，2011）。[⑤] 芦艳荣（2012）等人通过比较国内外在政府采购信息透明领域的差异，提出了信息化背景下提高中国政府采购信息透明化的对策，要建设电子化管理平台，搭建优质高效的信息发布环境，推进电子化政府采购，使信息传播的范围更广。[⑥] Jennifer Shkabatur（2012）通过研究得出，在透明度不高的情况下，如果改革的建议在现有的政治体系内难以实施，将信息技术引入监管体系可以克服过去的障碍。[⑦]

此外，引进、加强社会监督是国内外学者共同认可的提升采购透明度的方式。乔红花（2010）提出要建章立制、确保信息公开的有效性，建立有效的社会监督机制，加大信息公开执法检查力度。[⑧] 吕艳滨（2017），姜爱华、

---

① 罗春梅．适应性理论与政府采购预算信息公开［J］．财政监督，2011（11）：63－64.

② Jonathan D Breul. Practitioner's Perspective—Improving Sourcing Decisions［J］. Public Administration Review，2010（70）：193－200.

③ 熊淑君．构建公开透明的政府采购竞争平台［J］．中国政府采购，2012（4）：48－49.

④ 姜爱华，杨秉翰．我国政府采购预算透明度问题研究［J］．中央财经大学学报，2010（7）：7－11.

⑤ 潘波，沈健．政府采购透明化进程仍会继续——“政府采购透明度议题”被搁置后的思考［J］．中国政府采购，2005（06）：68－71；邓庆．WTO框架下政府采购透明化的发展与我国对策［J］．特区经济，2008（5）：208－210；尹音频．政府采购监督机制：实现公开、公平、高效采购的制度基础［J］．财政监督，2011（25）：6.

⑥ 芦艳荣．电子化：完善政采制度的新动力［N］．政府采购信息报，2012－06－15（004）；王建明．政府采购信息披露规范问题研究——基于会计信息披露的视角［J］．财政研究，2008（10）：64－66.

⑦ Jennifer Shkabatur. Transparency With Accountability：Open Government in the United States［J］. Yale Law & Policy Review，2012（31）：79－140.

⑧ 乔红花．政府采购市场信息公开问题解析和对策［J］．中国政府采购，2010（6）：41－42.

滕怀凯（2015）等人认为公开透明是政府采购健康发展的关键，对政府采购的监管除了由财政部门进行预算审核、过程管理、结果审查外，还需要借公开之手提升监管能力，向社会公众公开政府采购的过程和结果，可以引入社会力量，协助管理者发现问题、堵塞漏洞，提出要进行参与式政府采购的实施，向社会公众提供的公共服务类项目，在预算编制时要采取听证会等方式，广泛征求社会公众的意见，接受公众与社会的监督。[①] 对政府采购公开透明的现实意义和未来挑战进行了论证。

二、非政府组织对政府信息公开的影响研究

“非政府组织”这一概念最早来源于联合国，该词在 1945 年 6 月签订的联合国宪章第 71 款中被正式使用，也是联合国最早定义了非政府组织。随后，学术界展开了持续的讨论，虽然没有形成统一的定论，但非政府组织具备为了满足公共目的或实现社会公共利益的功能是被广泛认可的。马全中（2012）分析了非政府组织经典定义的缘起后，提出当前对非政府组织概念的界定主要集中在公共管理视角、结构和价值导向视角、突破政府与市场二元结构的视角。此外，非政府组织这一概念在市场和政府之间形成的巨大力量早已引起了各领域的重视。[②]

政府信息公开的施行和非政府组织的发展具有内在的逻辑必然性。从 20 世纪中期开始，重视公民知情权的观念逐步深入人心，社会和公众对政府信息公开的需求愈发强烈，各国开始把政府信息公开列入立法议程。李春阁（2013）在分析影响中国政府信息公开的主要因素中得出由制度因素、权利因素、市场因素、组织因素和舆论因素构成了五大主要因素，政府组织之间、非政府组织之间、政府组织与非政府组织之间的相互作用，形成了政府信息公开的外部动力。[③] 非政府组织一旦具有某种政治特性和政治职能，就会在政治生活中发挥重要作用。陈红（2007）通过整理 20 世纪 60 年代日本、欧美等国的非政府组织在促进政府信息公开中的不懈努力，指出非政府组织是

① 吕艳滨．公开透明是政府采购健康发展的关键 [J]．紫光阁，2017（6）：60－61；姜爱华，滕怀凯．政府采购公开透明：现实意义与未来挑战 [J]．中国政府采购，2015（4）：77－80.

② 马全中．非政府组织概念再认识 [J]．河南社会科学，2012，20（10）：36－39，107.

③ 李春阁．我国政府信息公开的影响因素 [J]．中共中央党校学报，2013（3）：60－63.

政府信息公开的促成者、监督者，认为非政府组织可以通过发挥自身的特殊职能，形成“压力集团和舆论”的活动，对政府和议会施加影响。① Darbishire（2010）通过比较得出那些民间组织公众信息活动活跃的国家，政府信息公开相关法律的执行程度相对较高，对公众信息公开申请的反应也更快。②张菁（2009）列举出了印度《信息权利法》的颁布历程，得出了社会组织自上而下的信息公开要求在抑制政府腐败和促进信息公开上发挥着积极的作用。③ Herbert（1999）回顾了美国信息公开法颁布的历程，指出在相当长一段时间内，美国报纸主编人协会和其他报纸团体，一直与联邦政府限制信息自由流动的政策作斗争。④ 在很大程度上，正是因为美国报纸主编人协会，众议院政府信息委员会才得以成立。Avle 和 Adunbi（2015）通过利用加纳和尼日利亚的信息政策作为案例说明，在某种形式的信息自由方面，民间社会组织一直是推动其取得进展的关键力量。⑤

在非政府组织推动政府间信息公开，维护公众信息权益的进程中，非政府组织与政府间的有效沟通和双方间的关系是至关重要的。Dimba（2010）在分析南非的开放民主运动中，提到了为促进政府信息公开法律的制定，非政府组织应在政府信息公开法的理想条文修订与是否更符合政府机构及其人员口味的相关内容修订之间寻求平衡和妥协。因此，非政府组织在其活动策略中明确规定应注意与政府机构之间保持尊重关系。⑥ 黄江玉（2017）在对澳大利亚政府采购透明度制度及经验借鉴中提到，政治透明是保障政府采购透明的关键环节。政治透明要求政府采购官员廉洁与守责，政府官员必须用法则指导采购实践，使采购者和供应商在相互信任和尊重的前提下处理日常

① 陈红．政府信息公开化进程中非政府组织角色分析［J］．浙江工业大学学报（社科版），2007（04）：441-445.

② Darbishire，H. 2010. Proactive Transparency：The future of the Right to Information. World Bank Institute，Goverance Working Papper Series. https：//documents1. worldbank. org/curated/en.

③ 张菁．印度信息权利法与信息监督机制［J］．情报杂志，2009，28（S1）：137-138，149.

④ Herbert，N. Foerstel. 1999. Freedom of Information and the Right to Know：The Origins and Applications of Information Act. Westport，CT：Greenwood Press.

⑤ Avle，Seyram & Adunbi，Omolade. 2015. Whose Freedom? Which information? -Discourses on Freedom of Information policies［J］. Journal of Information Policy，No. 5，pp. 179.

⑥ Dimba M. Securing the freedom of information legislation as a public good：The south african experience［EB/OL］. 2010.

事务，使彼此的商业行为公正、合理、平等。①

非政府组织常常扮演着政府信息服务的社会提供者的角色。相对于政府信息供给而言，非政府组织的信息机构往往具备更加便捷与贴近公众的特点，服务方式也更加灵活。在如今的信息时代里，信息的公开和获取方式逐渐在转变。Gibson 和 Bertot（2009）认为，在当今电子环境中，政府依然承担着很大的信息公开负担，人们对信息公开的要求也并未减少，整个电子环境将这种负担转移到了其他机构如民间信息机构上。② Kubicek（2012）列举了美国非政府的第三方机构华盛顿公民责任与道德组织创办的数据库网站提供的信息公开请求，认为政府组织以外的信息机构在政府信息公开中扮演着重要角色。③ 除此之外，越来越多的非政府组织不仅积极倡导政府信息公开与共享，还通过其门户网站建设政府信息资源整合平台，完全面向公众，提供信息检索、浏览、下载等信息综合服务。

有足够的文献表明非政府组织在政府信息公开行为中充当着监督者。Mendel（2012）指出官员可以找出所有可能的理由想尽办法不去进行信息公开，或者他们会利用所拥有的机制加大信息公开的成本。④ Puddephatt（2012）针对这样的弊端，通过研究证明了非政府组织信息机构通过评估政府信息行为及执行结果可以有效地对政府信息公开行为进行监督和约束。⑤ 夏义堃（2013）在分析国外学者对民间社会与政府信息公开间关系时认为，民间社会在此关系中的主要作用有监督政府信息公开等法律的实施，帮助公众利用政府信息公开制度赋予的权利去实现更远大的社会目标。⑥ 刘美萍（2014）从非政府组织自身的特点出发，认为非政府组织在腐败治理上有着自己独特的优势，应走出非政府组织在政府腐败治理中的困境，以

---

① 黄江玉．澳大利亚政府采购透明度制度及经验借鉴［J］．中国政府采购，2017（04）：22－27.

② Gibson A N，Bertot J C，McClure C R. Emerging role of public librarians as E－government providers［C］//2009 42nd Hawaii International Conference on System Sciences. IEEE，2009：1－10.

③ Kubicek H. Freedom of information as e－government service considerations on the effectiveness of recent reforms［J］. Computer Science. 2012.

④ Mendel·T. Thoughts from the panel. Freedom of information：Right to know.［EB/OL］. 2012.

⑤ Puddephatt A. Exploring the role of civil society in the formulation and adoption of access to information laws：The cases of Bulgaria，India，Mexico，South Africa，and the United Kingdom.［EB/OL］. 2012.

⑥ 夏义堃．民间组织促进政府信息公开与共享的国际经验借鉴［J］．图书情报工作，2013，57（02）：37－41.

增加民众在公共事务中的信息权和参与感。① 吕凯波、邓淑莲（2017）通过对中国省级财政透明度进行评估，认为公开财政相关信息能够帮助公共部门向公众披露政府对资金的使用情况，是将社会组织引入预决算监督的有效手段。②

三、民营经济、产业结构、城市化与政府信息公开间影响研究

政府的信息服务无疑对企业的发展有促进作用。政府对企业的信息服务近年来学者们也做了一些有益的研究。耿凤珠（2009）指出，在民营经济发展与地方政府行为中地方政府行为在民营经济发展中的负面影响，其中明确提到地方政府应该提供更好的公共服务，积极实施电子政务工程，提高透明度和办事效率以推动民营经济的发展。③ 民营经济作为市场经济重要的组成部分，从政府的角度来看，厉以宁（2007）认为政府对于民营企业在信息透明程度上没有给予足够的支持，导致企业常常无法充分得到有效信息，阻碍企业开拓市场及投资。④ 民营企业在走向国际化市场的过程中，金惠红（2008）通过就民营企业信息需求的调查数据进行分析得出，政府信息存在信息垄断现象，而民营企业的发展会刺激政府部门进一步公开信息，营造一个民营经济发展的稳定环境。⑤ 金惠红（2012）在比较各地政府面向民营企业的信息服务中认为政府信息公开和民营经济间的关系是一个助推式的关系，政府为民营企业建立的信息专供体系可以有效地避免民营企业所面临的诸多风险。⑥

产业结构与政府信息公开间的关系多发生在第三产业中，马海涛、彭倩茜（2018）在对促进我国第三产业结构性优化的财税政策研究中认为，提高政府采购效率是促进产业市场化改革的重要方式，在政府采购的过程中应明确采购的主体和范围，提高政府采购信息的透明度，保障

① 刘美萍．非政府组织参与腐败治理：优势、困境及出路［J］．求实，2014（06）：62－68.

② 吕凯波，邓淑莲，杨丹芳．中国省级财政透明度评估（2016）［J］．上海财经大学学报，2017，19（01）：13－23.

③ 耿凤珠．民营经济发展与地方政府行为［J］．决策 & 信息．2009（3）：87.

④ 厉以宁．中国民企的十种死亡［J］．经营管理者，2007（06）：74－75.

⑤ 金惠红．民营企业国际化中政府的信息服务与创新［J］．对外经贸实务，2008（06）：35－37.

⑥ 金惠红．我国各地政府面向民营企业信息服务的区际比较［J］．经济论坛，2010（03）：77－79.

采购的公平性与公正性能有效地推进第三产业市场化改革，为企业的发展注入活力。[①] 李广乾（2012）在论电子政务的经济职能中，认为以信息网络技术替代手工来完成内容复杂、手续烦琐、管理专业的各项经济管理业务，极大地促进了政府信息化建设，同时也在促进整个经济产业结构的转变。[②] 康珂（2014）在对产业结构调整机制的研究中发现，信息不对称是造成结构调整"失灵"的一个重要因素，政府在产业结构调整的过程中，应该提供基本的公共服务，其中信息服务在产业结构调整过程中是政府应该提供的。[③] 赵丹（2013）在对我国第三产业内部结构的演变过程研究中，提到根据服务双方的特点，可以将第三产业的内部划分为消费者服务、生产服务和政府服务，其中政府服务中应大力拓展信息服务，优化产业结构。[④]

以往研究表明，城市化越发达的地区，民营经济发展越迅速。民营经济快速发展的时期，也是我国城镇化进程不断推进的时期，两者之间有着紧密的联系。秦尊文（2013）认为民营经济的数量增多、规模扩大，为当地持续提供了就业岗位，吸纳了很多新增劳动力，对于中小城镇城市化发展、吸引农村人口向城镇转移起到了极大的推动作用。[⑤] 陈都（2016）通过研究得出地区经济发展水平对地方政府财政汲取能力具有显著的积极影响。同时，城市化越发达的地区，产业结构越优化，对政府透明度的要求越高。[⑥] 辛兵海、张晓、陶江（2015）基于2005～2012年中国287个城市的样本数据进行了实证研究，结果表明，地区产业结构对资源越依赖，地方政府透明度越低。资源依赖程度较高地区应当进行产业结构调整，大力发展以第二、第三产业为主的经济，提高地方政府透明度。[⑦]

---

① 马海涛，彭倩茜．促进我国第三产业结构性优化的财税政策研究［J］．河南财政税务高等专科学校学报，2018，32（03）：1－6.

② 李广乾．论电子政务条件下的政府职能［J］．电子政务，2012（05）：2－10.

③ 康珂．产业结构调整机制研究［D］．中共中央党校，2014.

④ 赵丹．我国第三产业内部结构的优化研究［D］．大连海事大学，2013.

⑤ 秦尊文，龙濛．测度我国民营经济水平对城镇化率的影响［J］．江汉论坛，2013（11）：56－59.

⑥ 陈都，陈志勇．中国地方政府财政汲取能力影响因素的实证研究——基于2003－2013年省级面板数据的实证分析［J］．湖北社会科学，2016（02）：98－102.

⑦ 辛兵海，张晓云，陶江．资源依赖、政府透明度和经济增长［J］．经济与管理研究，2015，36（10）：10－16.

四、小结及假设

通过系统的文献回顾可以发现，以往的研究中对于政府采购透明度、财政透明度的研究已经有着成熟的系统，其相关的研究在与腐败的关系、资源依赖的关系以及技术革新领域都有着相应的研究成果。对于政府采购透明度的影响因素研究有着实践和理论双重意义。在对政府采购透明度的影响因素中，存在下列情况。

1. 非政府组织。非政府组织是独立于政府体系之外具有一定的公共性质并承担一定公共职能的社会组织，它是一种特殊的社会组织。改革开放以来，我国非政府组织发展迅速，在我国社会发展、政企合作、市场管理以及推动政府信息公开发展等多个方面发挥了重要作用。非政府组织独立于政府体制之外，不仅不受政府的约束，反而会对政府信息公开程度的提高有着一定的促进作用，这种促进作用具体体现在两个方面：一方面，随着我国政府的不断改革，部分公共职能转移到非政府组织或者需要非政府组织的参与，非政府组织由于其独立性、公开性特点使其承担或者参与的公共职能透明度必然更加公开，从而促进政府相关职能透明的提升；另一方面，非政府组织发展会对政府行为产生一种监督和制约作用，进而推动政府信息公开的发展。这种作用对政府采购行为同样有效，针对这个问题已经有较多的学者对其进行研究，并取得了一些直接借鉴的成果。例如，郁建兴（2013）以江浙沪地区的行业协会为例，通过实证研究发现，浙江省、江苏省和上海市的行业协会已经在经济转型升级中发挥了一定作用。① 汪锦军（2014）通过研究认为，行业协会既有自主性，又具有一定的工具性。一方面，行业协会可以是一个独立的法人，自身是行动者，所以具有一定的自主性；另一方面，行业协会往往作为一个代理人的角色介于政府与企业之间，在经济活动中为双方服务，体现了一定程度的工具性。这些社会组织的发展在很大程度上受当地政府影响，同时在与政府的互动中改善了政府与社会的关系。②

① 郁建兴，沈永东，周俊．政府支持与行业协会在经济转型升级中的作用——基于浙江省、江苏省和上海市的研究［J］．上海行政学院学报，2013，14（02）：4－13.

② 汪锦军，张长东．纵向横向网络中的社会组织与政府互动机制——基于行业协会行为策略的多案例比较研究［J］．公共行政评论，2014，7（05）：88－108，190－191.

2. 民营经济。随着我国经济发展的不断转型，政府对民营经济扶持力度不断增强，我国民营经济得到了迅速发展，民营经济已经成为我国国民经济的重要组成部分，成为促进我国经济发展转型的主要动力。民营经济快速发展的一个重要原因是政府不断改革和政策扶持，反过来民营经济发展也推动了政府的不断改革。民营经济发展的一个重要条件就是需要信息对称，尤其是政府相关信息的对称，因此，为了支持民营经济发展，我国政府信息透明度也在不断提升；而随着民营经济发展规模和速度的不断增加，其对政府信息公开透明的需求也会增加，这样就会反过来促进政府公开透明的提升。也有一些学者对政府采购透明度与民营经济发展之间的关系进行了研究，但多数集中在政府信息透明度对民营经济影响，关于民营经济对政府信息公开透明度影响的研究相对较少。例如，叶媛媛（2010）认为私营经济在我国这样一个以公有制为主体的国家，始终是在边缘化的、辅助的地位上发展起来的，它在我国的发展仍然受到了许多制约。其中最显著的就是其在竞争过程中受到的不平等的待遇，这种不平等待遇则包括政府采购信息对民营企业的不公平，因为政府采购信息透明度较低，多数针对国有企业或者制定企业，民营参与机会或者竞标成功机会概率较低，这也成为制约民营经济发展的一个重要因素。① 杨正宇（2011）通过研究认为，要促进民营经济发展需要不断优化营商环境，其中提高政府信息公开透明度就是一个十分重要且必要的举措。② 基于此，本章提出研究假设：民营经济越发达的地区，其对政府信息公开透明需求越高，因此，政府为了促进民营经济发展会不断提高政府信息公开透明度，其中则包括政府采购透明度。

3. 产业结构。本章研究中所指的产业结构主要是指第三产业的发达程度。一方面，第三产业越发达则意味着其从事各类法律服务、咨询的人员更多，有更多的专业人员和机构来对政府采购行为进行监督，他们尤其会对政府采购行为关注，这样就会迫使政府不得不提高采购透明度；另一方面，第三产业越发达的地区则意味着政府财政对地区资源的依赖程度较低，其政府采购行为也会摆脱对地区资源的依赖和受到资源行业的影响，进而使政府采购透明度相对较高。针对这一点，辛兵海等基于我国 288 个城市截面样本数

---

① 叶媛媛．私营经济与国有经济的平等竞争研究［D］．安徽大学，2010.

② 杨正宇．着力优化民营经济发展的融资环境［J］．政策瞭望，2011（12）：49－50.

据的实证分析得出，地区资源依赖程度与政府财政透明度之间呈负相关关系。财政透明度较高的城市，资源依赖对财政透明度的负向影响较高。[①] 产业结构优化，减少传统产业对资源的依赖，有利于政府采购透明度的提高。基于此，本章提出了产业结构对政府采购透明度有一定影响，并且第三产业越发达，政府采购透明度越高的研究假设。对此假设，以往研究相对较少，本章在后续的实证研究中将予以验证和检验。

4. 城市化水平。通过文献综述可得知，城市化水平越高的地区，当地居民素质和知识文化水平相对也越高，法律意识强，对政府行为关注度越集中。因此，在城市化水平较高的地区，政府的每一项行为都备受关注，使每个民众都成为政府行为的监督者，在这种高关注和群众性监督下，政府不得不不断提高信息公开透明度，这样才能够更好地推进各项工作的开展。而其中政府采购行为又是民众关注的一个焦点，在这样的督促之下，政府不得不提高其采购透明度。城市化水平与民营经济发展水平之间息息相关，城市化水平可能是民营经济发展水平与政府采购透明度之间的一个调节因素。

综上所述，本章提出如下假设以待检验：

假设 H10－1：非政府组织发展程度越高，政府采购透明度越高。

假设 H10－2：民营经济发展对政府采购透明度有显著影响，且民营经济越发达，政府采购透明度越高。

假设 H10－3：产业结构对政府采购透明度有影响，第三产业越发达，政府采购透明度越高。

假设 H10－4：城市化水平越高的地区，政府采购透明度越高。

第三节 研究设计

一、模型设定

在对非政府组织发展对政府采购透明度影响研究中，本章的研究假设提

① 辛兵海，张晓云，陶江．资源依赖、政府透明度和经济增长［J］．经济与管理研究，2015，36（10）：10－16.

出了政府采购透明度不仅受到非政府组织发展的影响，也受到民营经济、产业结构和城市化发展的影响，同时在研究假设中还对城市化的调节作用进行了假设。因此，本章将选择多元回归模型进行实证分析。同时为了分别验证本章提出的研究假设，本章将根据不同假设情况构建出具体不同的实证模型。

为了验证本章提出的研究假设 H10－1 和假设 H10－3，检验非政府组织和产业结构对政府采购透明度的影响，本章构建了以下多元回归模型：

$$proc = a_0 + a_1 orga + a_2 indu + a_3 pindu + \mu \quad (10-1)$$

其中，*proc* 表示所在地区的政府采购透明度，*orga* 表示所在地区的非政府组织占社会组织总数的比例，*indu* 表示所在地区第三产业产值占 GDP 的比例，*pindu* 表示所在地区第三产业从业人数占总就业人数的比例。

为了验证本章提出的研究假设 H10－2，检验民营经济发展对政府采购透明度的影响，本章构建了如下多元回归模型：

$$proc = a_0 + a_1 ente + a_2 econ + \mu \quad (10-2)$$

其中，*proc* 表示所在地区的政府采购透明度，*ente* 表示所在地区的民营企业数量占比，*econ* 表示所在地区民营资本占比。

为了验证本章提出的研究假设 H10－4，检验城市化发展对政府采购透明度的影响，本章构建了如下多元回归模型：

$$proc = a_0 + a_1 citi + a_2 rate + \mu \quad (10-3)$$

其中，*proc* 表示所在地区的政府采购透明，*citi* 表示所在地区的大城市数量，*rate* 表示所在地区的城镇人口占比。

同时，为了检验城市化规模是否是产业结构与政府采购透明度、民营经济发展与政府采购透明度之间的调节变量，本章在具体实证研究中将选择城镇人口占比这一指标代表城市化规模代入模型 10－1 和模型 10－2 中，检验城市化规模的调节作用。

在上述模型中，所有变量在理论上都对政府采购透明度有一定的影响，因此为了检验在加入这些控制变量后非政府组织发展对政府采购透明度的影响，本章构建了如下模型：

$$proc = a_0 + a_1 orga + a_2 indu + a_3 pindu + a_4 ente + a_5 econ + a_6 citi + a_7 rate + \mu \quad (10-4)$$

前面已经对各个变量含义进行解释，因此在模型（10-4）中不再对各个变量的含义进行重复阐述。

二、主要变量说明

（一）因变量的选取

本章主要研究的是非政府组织等因素对政府采购透明度的影响，在本章研究中将选择政府采购透明度作为因变量。参考相关文献，对政府采购透明度量化研究文献相对较少，因而无法从已有相关研究文献借鉴如何对政府采购透明度进行衡量。因此，本章对政府采购透明度的具体衡量将通过构建指标赋权的方法来计算各个地区的政府采购透明度，具体计算方法将在数据来源中进行进一步的阐述和说明。政府采购透明度指标具体可以表示为 *proc*。

（二）自变量的选取

本章主要研究非政府组织对政府采购透明度的影响，并同时根据本章提出的研究假设确定了以下几个自变量。

1. 非政府组织。

本章研究的主要内容是非政府组织发展对政府采购透明度的影响，因此本章研究选择的第一个解释变量就是非政府组织发展。对非政府组织从业人员等，也可以使用非政府组织发展速度，如每年新增非政府组织数量、非政府组织增长速度等指标进行衡量，也可以使用非政府组织占社会组织数量等指标进行衡量。根据本章研究需要，结合非政府组织的发展实际，本章将选择非政府组织占社会总体社会组织的比例来对非政府组织发展程度进行衡量，具体用符号 *orga* 表示。

2. 民营经济发展。

为了检验本章提出的研究假设 H10-2，在具体实证研究中还将选择民营经济发展作为第二个解释变量，以此来研究民营经济发展对政府采购透明度的影响。对民营经济发展衡量指标和方法也是多种多样的，既可以从规模角度选择如民营经济创造 GDP、民营企业数量、民营经济占当地 GDP 的比重指标进行衡量，也可以从发展角度选择民营经济发展速度、民营企业就业人员、当年民营企业新增数量等指标进行衡量。本章根据研究需要和数据可获得性，具体选择民营企业数量占比和民营资本占当地 GDP 比重两个指标对民营经济发展情况进行衡量，两个指标分别用符合 *ente* 和 *econ* 表示。

3. 产业结构。

为了检验本章提出的研究假设 H10－3，在具体实证研究中将选择产业机构作为第三个解释变量，以此来检验产业结构和第三产业发展对政府采购透明度的影响。现有文献对产业结构和第三产业发展衡量研究相对较多，不同学者根据研究需要选择了不同指标对产业结构和第三产业发展进行了衡量。有的选择了不同产业占比、不同产业从业人数进行衡量，更有的选择通过复杂的公式计算出产业结构评分指标。本章根据研究需要和数据的简化、易获得原则，同时结合研究假设的论述选择了第三产业占比和第三产业从业人员占比两个指标对产业结构进行衡量，这两个指标分别表示为 *indu* 和 *pindu*。

4. 城市化发展。

为了检验本章提出的研究假设 H10－4，在具体实证研究中将选择城市化发展作为第四个解释变量，以此来检验城市化发展对政府采购透明度的影响。目前对城市化发展指标评估较为丰富，根据《中华人民共和国国家标准城市规划术语标准》，对城市化的量化指标一般分为五类指标：第一类为经济总量和结构指标，它主要包括大城市数量、人均增加值、二三产业增加值占比以及城乡收入比等；第二类为社会发展指标，它主要包括城镇化率（城镇人口占比）、二三产业从业人员占比、养老保险、医疗保险覆盖率等；第三类为人口素质指标，它主要包括劳动平均受教育年限以及高等教育人群占比等；第四类主要为人民生活指标，主要包括农民人均可支配收入、恩格尔系数、家用电脑普及率等；第五类为基础设施指标，主要包括人均电力消耗、公路密度等。本章根据研究需要将选择大城市数量和城镇化率两个指标来衡量城市化发展，两个指标分别用符号 *citi* 和 *rate* 来表示。

综上所述，本章实证研究确定的各个变量汇总情况如表 10.1 所示。

表 10.1　　　　研究变量汇总

变量	符号	计算方式
政府采购透明度	*Proc*	指标赋权法计算
非政府组织数量占比	*Orga*	非政府组织数量/社会组织总数量

续表

变量	符号	计算方式
民营企业数量占比	*Ente*	民营企业数量/企业总数量
民营企业资本占比	*Econ*	民营资本/GDP
第三产业占比	*Indu*	第三产业产值/GDP
第三产业从业人员占比	*Pindu*	第三产业从业人员/社会总从业人员
大城市数量	*Citi*	常驻人口 100 万～500 万人口的城市
城镇化率	*Rate*	城镇人口/总人口

三、数据来源

1. 政府采购透明度数据来源。此项数据利用指标衡量赋权法计算而来，根据《政府采购信息公告管理办法》等相关文件及条文对于地方政府采购信息公开的规定，设置了采购项目信息公开的相关指标，指标覆盖了政府采购的整个过程和环节，观测了地方政府在政府采购过程中对于采购信息的公开程度。方式为按照现有的政府采购方式，设置了 6 个采购方式指标，根据政策法规中的要求设置了 82 个观测点。然后根据所设的指标对于信息透明的影响程度赋予其一定分值。最终计算出 24 个样本省份的政府采购透明度评估得分，表示为 *proc*。

2. 非政府组织占社会总组织的比例数据来源。此项数据，是通过简单计算而来，通过在国家统计局查找非政府组织数量和社会总组织数量，然后用非政府组织数量除以社会组织总数量即可，用符号 *orga* 表示。

3. 民营经济发展指标数据来源。民营企业发展的两项指标民营企业占比和民营资本占比数据都是通过在 Wind 数据库查找到民营企业数量、企业总数量、民营资本和 GDP，然后直接通过两者之比计算而来，表示为 *ente* 和 *econ*。

4. 产业结构指标数据来源。产业结构的两个指标第三产业占比和第三产业从业人员占比数据都是通过 Eps 数据库直接查询获得，表示为 *indu* 和 *pindu*。

5. 城市化指标数据来源。城市化指标的两个具体衡量指标数据来源方式完全不同。一方面，城镇人口占比数据是通过在 Eps 数据平台直接查询获得；

另一方面，大城市数量数据则是通过计算而来的。本章研究中将大城市定义为市区人口超过100万的城市，因此大城市数量则是指市区人口超过100万的城市数量。首先，本章通过对2017年统计年鉴的查询获得了24个样本省份各个城市的市辖区年末居住人口数，其次，再选择其中人口超过100万的城市作为大城市数量，最终获得大城市数量指标的数据，表示为*citi*和*rate*。

四、变量描述性统计

本章搜集整理好24个样本省份2017年的政府采购透明度、非政府组织发展、产业结构、民营经济发展和城市化发展相关指标的数据，将其输入SPSS软件之后，进行相关操作即可得到研究中的描述性统计分析，具体统计结果如表10.2所示。

表10.2　　描述性统计结果

	极小值	极大值	均值	标准差
orga	0.199	0.674	0.468	0.115
indu	42.350	56.100	48.406	4.321
pindu	32.670	72.400	51.972	8.916
ente	0.202	0.726	0.456	0.135
econ	0.101	0.559	0.257	0.115
citi	1.000	13.000	4.170	3.397
rate	46.020	69.850	57.249	7.0970

根据表10.2对实证研究中各个变量的描述性统计结果可以看出，(1)各个地区的*proc*最小值为7，最大值为37.08，平均值为26.0467，标准差为6.64437，说明了各个地区之间的采购透明度评估得分分布并不均匀，各个地区之间的采购透明度存在较大的差异，其中透明度最高的广东省，得分为37.08，透明度最低的为辽宁省，得分为7。(2)各个地区的*orga*最小值为0.1993，最大值为0.6743，标准差为0.1154，说明了各个地区之间的非政府组织发展存在一定的差异，其中非政府组织发展程度最高的是广东省，非政府组织占比为67.42%，发展程度最低的是辽宁省，非政府组织占比为19.93%。(3)各个地区的*indu*最小值为42.35，最大值为56.10，标准差为

4.32，说明各个地区之间的第三产业占比同样存在较大的差异，其中第三产业占比最高的是海南省，具体占比为56.1%，第三产业占比最低的是陕西省，具体占比为42.35。（4）各个地区的*pindu*最小值为32.67，最大值为72.40，标准差为8.91，说明各个地区之间的第三产业从业人数占比存在较大的差异，其中第三产业从业人数占比最高的宁夏回族自治区，具体占比为72.40%，占比最低的是江苏省，具体占比为32.67%。（5）各个地区之间的*ente*最小值为0.2019，最大值为0.7255，标准差为0.13，说明各个地区之间的民营企业数量占比存在一定的差异，其中民营企业数量占比最高的甘肃省，具体占比为72.55%，占比最低的是福建省，具体占比为20.19%。（6）各个地区的*econ*最小值为0.1012，最大值为0.5586，标准差为0.1154，说明各个地区的民营资本占比也存在一定的差异，其中民营企业占比最高的省份是55.86%的黑龙江，民营资本占比最低的省份是10.12%的福建省。（7）各个地区的*citi*最小为1，最大值为13，标准差为3.397，说明各个地区之间的大城市数量存在较大的差异，其中大城市数量最多的是四川省，拥有13个大城市，大城市数量最少的是云南，只有一个大城市。（8）各个地区的*rate*最小值为46.02，最大值为69.85，标准差为7.09，说明各个地区之间的城镇人口占比存在较大的差异，其中城镇人口占比最高的是广东省的69.85%，城镇人口占比最低的是贵州省的46.02%。

第四节 分析与发现

一、主要变量相关分析

本章通过将搜集整理好的24个样本省份2017年的政府采购透明度、非政府组织发展、产业结构、民营经济发展和城市化发展相关指标的数据输入SPSS软件之后，进行相关操作即可得到研究中的相关性统计结果，具体统计结果如表10.3所示。

根据表10.3的相关性统计结果可以发现，*orga*与*proc*的相关系数为0.0865，并且在10%的水平上显著，说明非政府组织发展与政府采购透明度

表 10.3　　主要变量相关分析

	proc	orga	indu	pindu	ente	econ	citi	rate
proc	1	0.865 **	-0.135	-0.171	0.115	0.002	0.226	-0.123
orga	0.865 **	1	0.021	-0.266	0.064	-0.044	0.292	0.039
indu	-0.135	0.021	1	-0.127	0.323	0.342	-0.112	0.389
pindu	-0.171	-0.266	-0.127	1	0.143	-0.237	-0.186	-0.606 **
ente	0.115	0.064	0.323	0.143	1	0.470 *	0.059	0.046
econ	0.002	-0.044	0.342	-0.237	0.470 *	1	0.141	0.260
citi	0.226	0.292	-0.112	-0.186	0.059	0.141	1	-0.023
rate	-0.123	0.039	0.389	-0.606 **	0.046	0.260	-0.023	1

注：**. 在0.01水平（双侧）上显著相关；*. 在0.05水平（双侧）上显著相关。

之间存在较为显著的正相关关系。*indu* 与 *proc* 的相关系数为 -0.0135，但并不显著，说明第三产业占比与政府采购透明度之间没有显著的相关关系。*pindu* 和 *proc* 的相关系数为 -0.171，但并不显著，说明第三产业从业人数与政府采购透明度之间不存在显著的相关关系。*ente* 与 *proc* 的相关系数为 0.115，但并不显著，说明民营企业数量占比与政府采购透明度之间不存在显著的相关关系。*econ* 和 *proc* 的相关系数为 0.002，但并不显著，说明民营资本占比与政府采购透明度之间不存在显著的相关关系。*citi* 与 *proc* 之间的相关系数为 0.226，但并不显著，说明大城市数量和政府采购透明度之间不存在显著的相关关系。*rate* 和 *proc* 之间的相关系数为 -0.123，但并不显著，说明城镇化率与政府采购透明度之间不存在显著的相关性。由此可以初步说明，非政府组织发展与政府采购透明度之间存在显著的正相关关系；而产业结构、民营经济和城市化则与政府采购透明度之间没有显著的相关性。

对其他变量之间的相关性而言，*pindu* 和 *rate* 之间的相关系数 -0.605，并且在 10% 的水平上显著，说明第三产业从业人数占比与城镇化率之间存在显著的负相关关系。*econ* 和 *ente* 之间的相关系数为 0.470，并且在 5% 的水平上显著，说明民企业数量占比和民营企业资本占比之间存在较为显著的正相关关系，此外，其他变量互相之间不存在显著的相关关系。

二、多元回归分析

为了对相关关系进行进一步的验证，同时对本章提出的研究假设进行验证，本章将分别对构建的四个模型进行回归分析。在具体回归分析中，本章运用 SPSS 软件对数据进行处理得到回归结果。

将政府采购透明度、非政府组织发展与产业结构相关数据代入模型（10－1），通过 SPSS 软件得到具体的回归结果，如表 10.4 所示。

表 10.4　　模型（10－1）回归结果统计

变量	回归系数	t	Sig
orga	0.880	7.979	0.000
indu	－0.147	－1.374	0.185
pindu	0.045	0.403	0.691
R^2		0.774	
F		22.813	0.000

根据表 10.4 的模型（10－1）回归统计结果显示，模型 R^2 为 0.774，拟合度较好，模型解释度为 77.4%。同时，根据表 10.4 的统计结果还可以看出，变量 *orga* 的回归系数为 0.880，并且在 10% 水平上显著，说明非政府组织发展对政府采购透明度有着较为显著的影响，并且非政府组织占比越高，政府采购透明度也越高。变量 *indu* 和 *pindu* 的回归系数分别为－0.147 和－0.045，但是并不显著，说明第三产业占比和第三产业从业人数占比对政府采购透明度没有明显影响，即产业结构对政府采购透明度没有显著的影响。

将政府采购透明度和民营经济相关指标数据代入模型 2，通过 SPSS 软件操作即可得到有关民营经济发展对政府采购透明度影响的回归结果，具体如表 10.5 所示。

表 10.5　　模型（10－2）回归结果统计

变量	回归系数	t	Sig.
ente	0.146	0.596	0.557
econ	－0.067	－0.273	0.788
R^2		0.017	
F		0.178	0.838

根据表 10.5 对模型（10－2）的回归结果统计显示，模型 R^2 为 0.017，拟合度较差，模型的解释度仅为 1.7%。同时两个变量 *ente* 和 *econ* 的回归系数分别为 0.146 和－0.067，但均不显著，说明了民营企业数量占比和民营资

本占比对政府采购透明度均没有显著影响，即民营经济发展对政府采购透明度没有显著影响。

将政府采购透明度和城市化相关指标数据代入模型（10－3），通过 SPSS 软件操作即可得到有关城市化发展对政府采购透明度影响的回归结果，具体如表 10.6 所示。

表 10.6　　　　模型（10－3）回归结果统计

变量	回归系数	t	Sig.
citi	0.223	1.059	0.302
rate	－0.118	－0.558	0.583
R^2		0.065	
F		0.730	0.494

根据表 10.6 对模型（10－3）的回归结果统计可以看出，模型（10－3）的 R^2 为 0.065，拟合度较差，模型的解释度仅为 6.5%，同时变量 *citi* 和 *rate* 的回归系数分别为 0.223 和－0.118，并且均不显著，说明大城市数量和城镇人口占比对政府采购透明度没有显著影响，即城市化发展对政府采购透明没有显著影响。

为了进一步验证各个变量对政府采购透明度的影响，本章将全部变量数据纳入模型（10－4）中，进行全变量的回归分析，具体回归统计结果如表 10.7 所示。

表 10.7　　　　模型（10－4）回归结果统计

变量	回归系数	t	Sig.
orga	0.882	7.189	0.000
indu	－0.170	－1.306	0.210
pindu	－0.059	－0.373	0.714
ente	0.089	0.653	0.523
econ	0.095	0.686	0.503
citi	－0.084	－0.701	0.493
rate	－0.158	－1.032	0.317
R^2		0.807	
F		9.757	0.000

根据表10.7对模型（10-4）的回归结果统计可以看出，模型（10-4）的R^2为0.807，模型拟合度较好，模型的解释度为80.7%。同时根据表10.7的统计结果还可以看出，变量*orga*的回归系数为0.882，并且在10%的水平上显著，说明非政府组织发展对政府采购透明度有着较为显著的影响，并且政府采购透明度会随着非政府组织发展提高而提高。同时，变量*indu*、*pindu*、*ente*、*econ*、*citi*和*rate*的回归系数分别为-0.170、-0.059、0.089、0.095、-0.084和-0.158，并且这个变量的回归系数均不显著，说明第三产业占比、第三产业从业人员占比、民营企业数量占比、民营资本占比、大城市数量和城镇人口占比对政府采购透明度均没有显著影响，即产业结构、民营经济和城市化发展对政府采购透明度均没有显著的影响。

通过前述本章对各个模型的实证回归结果可以看出，产业结构和民营经济对政府采购透明度均没有显著的影响，因此不再对研究假设中的城市发展规模的调节作用进行检验。

三、小结

通过本章的实证研究分析可以得出以下结论：

1. 本章研究假设H10-1成立，非政府组织发展对政府采购透明度有着显著的影响，并且政府采购透明度会随着非政府组织的发展而提高。这一点理论分析和实证研究结果都进行了充分印证，因此要进一步提高我国政府采购透明度，需要大力发展非政府组织，通过非政府组织的参与和监督与来推进我国政府信息公开制度的改革，进一步提升政府行政和办事效率，让老百姓得到实惠。

2. 通过本章实证研究检验，本章的研究假设，产业化结构对政府采购透明有显著影响的假设不成立。实证结论与理论分析不一致，出现这种情况一方面可能是由于本章研究选择样本数据量较小；另一方面可能是市场经济不完善，政府对产业调整和发展干预过多，使产业结构对政府采购透明度的作用没有得到发挥。

3. 通过本章实证研究检验，本章研究假设，民营经济对政府采购透明度有着显著影响的假设不成立，实证结论与理论分析同样不一致，而其主要原因与结论中分析的原因基本一致。

4. 通过本章实证研究检验，本章研究假设，城市化发展对政府采购透明度有着显著影响的假设不成立，实证结论与理论分析不一致，其主要原因与前述两个结论分析中的原因同样一致。

综上所述，本章研究假设 H10－1 成立，假设 H10－2、H10－3、H10－4 不成立，可能是因为我国目前政府对市场行政干预较强，政府采购制度主要是政府部门根据社会经济发展变化制定，当社会经济发展出现变化时，政府采购制度要过后才能相应修改，具有明显的滞后性，进而使实证研究中产业结构、民营经济发展和城市化发展对政府采购透明度的影响作用没有发挥出来。因此，要进一步提高我国政府采购透明度，除了继续支持非政府组织发展之外，还要减少政府对市场干预，要对政府采购制度进行适时修改，增加其灵活性。

第五节　研究结论与政策启示

一、研究结论

本章在公众社会理论、委托—代理理论、知情权理论的理论基础之上，以样本地区作为研究对象。首先对数据和样本特征进行描述，随后以样本地区 2017 年的数据进行分析，从整体上看，我国的地方政府采购信息公开工作在近年来取得了一定成绩，与社会经济发展因素有着千丝万缕的联系。因此本章主要从非政府组织、民营经济、产业结构、城市化等四个方面选取自变量，通过建立回归模型来研究其对地方政府采购透明度的影响，本章得到以下结论：

1. 结果表明，非政府组织的发展对于提升地方政府采购透明度有着非常明显的影响，非政府组织在社会组织中的占比越高，地方政府采购透明度也就越高，这也就意味着非政府组织的发展对于促进地方政府采购信息公开透明化有着非常积极的意义。

2. 尽管从文献可以得出地方政府信息公开对民营经济发展、产业结构以及城市化发展有着重要的影响，但在本章实证其相互间影响关系的结论中可以得知，民营经济发展、产业结构以及城市化发展对地方政府采购透明度没有显著的影响，这一实证结果可能受着其他因素的制约，在本章中不做深入讨论。

二、政策启示

研究结果表明，非政府组织的发展会直接影响地方政府采购透明度的提升，并且非政府组织占比越高，政府采购透明度也越高。这说明我国地方政府在提升政府采购透明度乃至提升政府信息公开程度上，可以将发展非政府组织作为一个手段。通过分析我国地方政府采购透明度的影响因素与实践情况，从我国的整体国情和市场经济的角度出发，本节对未来政府采购信息公开、发展模式和政府信息公开机制创新的优化提出一些思考和建议。

（一）重视非政府组织的发展，发挥其对政府信息公开的积极作用

非政府组织主要包括社会团体、民办非企业单位、基金会和未登记或转登记社会团体四大类，它们在不同程度和不同领域都对政府有着特殊的监督作用，可以从正面影响到政府信息公开，也直接影响到地方政府采购透明度。但当前，我国非政府组织的发展面临法律、管理、监督等制度方面的问题，亟待加强改进。一方面，政府需要转变自身的全能观念和控制观念，通过更加宽松的政策去完全发挥非政府组织在推进国家信息公开中的作用，改变以往的过度行政干预，充分发挥非政府组织的特性，这将大大有利于我国政府信息公开和政府采购透明度。另一方面，非政府组织需要完成自身内部的改革与调整，无论从相关制度安排还是组织建设都应该更加独立地完成非政府组织在社会管理中应当承当的职责。除此之外，应不断改革相应制度，通过制度来保障非政府组织的权利。实现非政府组织在参与对政府信息公开监督中的积极作用是政策制定者应该去思考的，发挥非政府组织的积极作用可以有效地促进我国政府信息公开的同时促进地方政府采购透明度的提升。

（二）加强采购信息公开要求的实施情况监管

应加强对从业人员财务会计、招投标、计算机等知识的培训，解决操作技能问题。目前，我国政府采购信息公开的制度建设基本完成，且已经具有

了初步的成效，但在对于制度与条例实施情况的监管上还有所欠缺，部分地区在对采购信息进行公开的过程中，还有很多缺失信息，如采购时间、专家评审名单等都是很细微的细节，这些政府信息公开的“角落”往往容易被忽视。此外，各地方推出了各式各样、名称各异的变通模式，尝试在地方政府采购信息公开工作中进行创新，给公开和监管带来各种新问题。因此，新时期的政府采购信息公开工作对于政府采购信息公开监管人员素质的不断提升、政府采购信息公开监管人员的继续学习能力提出了更高的要求。

建设一批政府采购管理队伍是地方政府采购透明度提升的重要保障。在实地调研的过程中，政府采购信息公开的项目繁多、时间迫切、人手不足是当下政府采购信息公开管理的三个特点。可见，建设一批政府采购管理队伍是地方政府采购透明度提升的重要保障，高素质高效率的地方政府采购监督队伍是加强对地方政府采购信息公开进行监管的前提条件。

完善监督体系建设，重视与监管相关的资源配套。对于政府采购信息公开的监管需要从制度上、细节上去进行监督管理，行政机构的相关改革、监管过程的配套完善和改革都是进一步加强政府采购信息公开的重要内容。无论是制度建设、公共采购平台建设还是监督体系的建设，都需要从源头去解决对于政府采购信息公开的监管问题，只有制度上有了保障，对于政府采购信息公开监管的具体措施才能落实到位。

（三）运用新兴信息技术，将采购信息公开“技术化”

现阶段，地方政府采购透明度信息公开已经逐渐与大数据、信息管控等新兴信息技术联系起来，地方政府采购信息通过新的数据和媒体载体，已经在采购的全过程发挥着愈发积极的作用。

地方政府采购信息公开实现电子信息化。在供应商进行地方政府采购信息获取的过程中，常常有信息不对称的情况发生，因此，要重视对政府信息资源的开发。在采购环节中，招投标作为最主要的环节，通过招投标信息的电子化，可以实现信息透明公开地输送，其保密性、专用性和完整性都将得到大大提升，对促进实施信息公开能起到积极的推动作用。此外，将采购信息通过网络等数字媒体传播出去，可以有效地解决地方政府采购信息公开“滞后”的问题。

完善电子交易平台建设，充分发挥采购电子商城的作用。多地在进行地方政府采购信息公开工作的过程中，进行了多种尝试，许多地方将电子卖场加入政府采购信息公开的媒体中。但在具体的实施过程中，许多电子卖场还非常不成熟，需要极大的改善和提升。因此，建立起完整的电子卖场体系也是提升政府采购透明度的重要方式。最后，加快政府采购网络化进程，不仅能够充分体现政府采购“公平”“公开”“公正”的原则，还能大大提升政府采购的工作效率，降低采购成本。

第十一章　公众参与、电子政务水平与政府采购透明度提升

第一节　问题的提出

我国政府采购活动开始于1996年，经历了试点探索到全面推行，再到进一步深化等阶段，距今仅有二十四载，但采购扮演的角色却越来越重要。近年来，政府不断改善民生，推进购买服务，政府采购领域支出重点已从货物工程转向服务，意味着政府提供公共物品和服务不断增加，这既反映了政府行政需求的降低，也反映了政府职能的转变。

政府采购工作在提高政府支出效益，规范财政资金使用等方面发挥着积极作用，但依旧存在“暗箱”操作造成的不公平竞争现象，可以说采购公开透明不足和缺乏制度约束是主要因素。采购信息公开透明不足将损害公开竞争的市场环境，也制约了各采购主体和监督主体的权利。因此，在电子政务的全面推进和社会的快速发展的时代，提高政府采购透明度，建立规范的信息发布和信息查询制度显得尤为重要。

政府采购经历十几年平稳发展后，在近年来深化财税体制改革的推进下，政府采购领域立法进程加快，该领域的信息公开制度建设也进入了“快车道”。2015年3月开始施行《政府采购实施条例》，该配套行政法规在规范采购信息公开工作方面有重大进展。其主要体现在：强化公开时限要求，增加政府采购公示内容，细化信息公开要素，加强监督处罚信息管理，要求公共服务项目的公开。2015年7月，为加强公开力度，财政部下发《关于做好政府采购信息公开工作的通知》对公开媒体、内容、监督处罚等内容提出了更为细致的要求，要求以采购全部阶段公开为目标，完善阳光采购工作。两年

后，财政部又针对此阶段部分地区存在的信息公开不及时、不完整等突出问题，出台《关于进一步做好政府采购信息公开工作有关事项的通知》，要求各地加大力度提高采购透明度，其通知涉及完善网络渠道、工作机制和监督考核等工作。做好采购信息公开工作，是深化政府采购改革的重要抓手，是推动政府采购走向规范化的重要方式，更是建立阳光采购的应有之义。

近年来，社会公众对参与社会事务有着浓厚兴趣，要求政府提供更多政务信息的呼声也越来越大，因此，政府权力运行也应该以公开透明为目标，便于社会对权力的制约。一方面，社会以社会组织和志愿者为主体，以参与性和公开性等价值理念为特征，对政府信息公开提出了巨大的挑战；另一方面，推行电子政务为提高政务服务质量和政务公开透明指明了方向，对建设阳光政府有着积极作用。在“互联网＋”时代，公众对社会治理的参与和影响将逐渐扁平化，政府与公众的互动将更加频繁，在政府采购领域，政府采购的特征和本质决定了必须做好信息公开工作，因此，深入研究政府采购信息公开整体实践情况和制度建设特征，研究验证社会组织、公众参与、电子政务对政府采购透明度的影响，可以为推动采购信息公开工作指明了道路和方向。

第二节　文献综述与研究假设

一、关于政府采购信息公开的实践策略及其意义

2000 年，经合组织（OECD）中有近 20 个国家（地区）制定了有关政府采购信息公开的政策。政府采购的本质要求采购信息公开透明。温桂荣（2001）认为除涉密信息以外应公开政府采购全部过程信息，同时需公开有关的制度规定，这样才能符合公开透明的要求。① Osei（2014）强调透明度原则在政府采购中不仅有效遏制腐败，而且在降低采购成本和提高性价比等方面发挥着关键作用。②

① 温桂荣．政府采购制度中透明度原则的探讨［J］．湖南商学院学报，2001（4）：46－47.

② Osei A K. 2014. How Relevant is the Principle of Transparency in Public Procurement?［J］. Social Science Electronic Publishing. Vol. 4，No. 6，pp. 67.

透明度原则是《政府采购协定》（GPA）的主要规定，也是我国预算公开和财政体制改革的主要规定。Schooner 和 Gordon（2008）等指出，政府采购信息透明化体现在从采购之前的需求公布，到采购的每一个阶段信息的公布。[①] GPA 涉及政府采购公开透明的要求包括政府采购法律法规政策、采购规则和程序、信息发布渠道、采购整个过程信息和诉讼程序等方面。吴宇明（2004）和白致远（2007）认为，公开透明表现在政府采购相关法律制度、采购项目全过程内容、监督处罚的决定等方面的信息必须公开。[②③] 因此，可以说，狭义上政府采购信息公开指采购整个过程公开透明；广义上包括公开相关制度规定、采购的全阶段、监督处罚决定、统计资料等内容。

国内外学者提出，一是增强潜在供应商的竞争性，提高采购效率，降低成本。Ohashi（2009）使用双重差分模型，对市政工程采购活动进行研究，发现采购程序透明可以发挥参与主体的主动性并降低成本。[④] 乔红花（2010）认为，政府采购公开透明是实现参与主体公平竞争的重要基础，是维护外部监督的前提条件。[⑤] 二是有助于预防腐败。Olaya 和 Boehm（2006）通过对阿根廷的学校用品采购案例和哥伦比亚的电信案例分析，认为政府采购透明度在抑制寻租腐败等行为方面发挥着重要作用，并在一定程度上加强了竞争。[⑥] Watermayer（2001）认为，公开透明程序能够降低国家的腐败水平。[⑦] Othman 和 Zakaria（2010）等通过梳理马来西亚政府采购制度和流程及案例分析，得出不透明采购制度造成了腐败风险和管理混乱，因此政府需要消除制度中的漏洞，遏制腐败，并实施透明、高效和负责任的采

---

① Schooner S L, Gordon D I, Wherry J L. 2008. Public Procurement Systems: Unpacking Stakeholder Aspirations and Expectations [J]. Social Science Electronic Publishing. Vol. 4, No. 8, pp. 22 – 42.

② 吴宇明．政府采购法之采购信息公开化研究［J］．郑州航空工业管理学院学报，2004（2）：106 – 109.

③ 白志远．当前政府采购信息披露中的问题及原因探讨［J］．财政与发展，2007（02）：28 – 31.

④ Ohashi H. 2009. Effects of Transparency in Procurement Practices on Government Expenditure: A Case Study of Municipal Public Works [J]. Review of Industrial Organization. Vol. 34, No. 3, pp. 267 – 285.

⑤ 乔红花．政府采购市场信息公开问题解析和对策［J］．中国政府采购，2010（6）：41 – 42.

⑥ Olaya J, Boehm F. 2006. Corruption in public contracting auctions: The role of transparency in bidding processes [J]. Annals of Public and Cooperative Economics, Vol. 77, No. 4, pp. 431 – 452.

⑦ Watermayer R. 2011. Transparency in Government Procurement: Issues of Concern and Interest to Developing Countries. Journal of World Trade [J]. 2001, Vol. 35, No. 4, pp. 485 – 5152.

购制度。[①] 刘细良（2011）等认为阳光采购是遏制腐败最有效的方式，政府采购信息公开程度直接影响着采购领域的腐败防治效果。[②] 三是维护公众的知情权，提供政府公信力，推进社会治理和改善社会福利。Evenett 和 Hoekman（2005）发现，政府采购透明度原则在国际谈判中尤为重要，促进国内竞争和提高透明度有助于改善社会福利。[③] Deighton - Smith（2004），透明度是治理的核心价值，可以推动并提高政府公信力。[④] 高莹（2007）强调，政府采购公开透明是纳税人监督政府预算如何支出的前提条件，是保障政策目标实现的基础，是推动政府采购从人治走向规范化法治化的重要步骤。四是有助于迈向法制化和国际化。[⑤] 适应世贸组织（WTO）透明度原则，做好信息公开，是我国政府融入国际竞争环境，完善法治建设，鼓励公民积极参与的重要途径（阚小兰和熊梦华，2002）。[⑥]

国内外学者主要从完善相关公开制度、规范公开渠道和标准、加强技术支持和技术管理、建立责任明晰的公开机制、完善采购监管体系、利用电子化采购等方面提出对策。在国外研究方面，Panda 等（2010）等通过对印度电子采购情况进行分析发现，为提高采购透明度，必须建立标准化采购制度、检测机制（CVC）和有效的电子采购制度。[⑦] 同时，必须建立统一的包括整个政府部门的采购网，解决采购程序中的违法行为。Lee 等（2008）从公共行政角度出发，提出通过电子采购进行采购改革，提高电子采购的透明度和效率，并以互联网信息传播优势和公民参与为重要维度来思

---

① Othman H, Zakaria H, Nordin N, Shahidan Z, Jusoff K. 2010. The Malaysian Public Procurements Prevalent System and its Weaknesses [J]. American Journal of Economics and Business Administration, Vol. 2, No. 1. pp. 22 - 31.

② 刘细良，吴林生，樊娟．信息披露：政府采购腐败防治的新审视［J］．中国行政管理，2011（10）：43 - 47.

③ Evenett S J, Hoekman B M. 2005. Government procurement: market access, transparency, and multilateral trade rules [J]. European Journal of Political Economy, Vol. 21, No. 1. pp. 163 - 183.

④ Deighton - Smith R. 2004. Regulatory Transparency in OECD Countries: Overview, Trends and Challenges [J]. Australian Journal of Public Administration, Vol. 63, No. 1. pp. 66 - 73.

⑤ 高莹．公开透明应成为政府采购的首要原则［J］．中国政府采购，2007（04）：67 - 69.

⑥ 阚小兰，熊梦华．世贸组织的透明度原则与政府信息公开制度［J］．湖北社会科学，2002（10）：37 - 38.

⑦ Panda D P, Sahu GP, Gupta P. 2010. Promoting Transparency and Efficiency in Public Procurement: E - Procurement Initiatives by Government of India [J]. Social Science Electronic Publishing.

考电子采购的发展。① 同时，强调技术管理比技术本身更重要。Olaya 和 Boehm（2006）认为，要建立完善监督体系，不仅从内部控制上约束采购行为，还必须加强外部监督，培养监督社会群体对采购工作认知程度，通过公众和社会组织等主体来监督采购过程。② Magrini（2005）通过一个案例研究的结果，探究评估电子工具是否有效地有助于减少腐败和提高意大利公共部门采购过程的透明度，分析了意大利电子采购系统的经济性、可靠性和公开性，提出利用电子采购等形式构建一个更为便捷快速的采购渠道，并促进信息公开透明。③ 在国内研究方面，姜爱华、陆媛（2017）发现，当前我国政府采购信息公开存在信息发布媒体混乱，不符合时限要求，内容缺乏完整性，要素不齐全和各地公开格式差异较大等问题。④ 邓庆（2008）提出，建立中央、地方（省市县）的采购信息统一发布渠道，做好采购项目全过程公开、质疑投诉监督处罚结果信息的及时准确的公开，将采购相关主体的违法失信行为纳入全国平台。⑤ 王建明（2008）认为要建设完善电子采购平台，搭建优质高效的信息发布平台，为采购参与主体和监督主体提供便捷的渠道。⑥ 姜爱华（2018）提出利用大数据等技术，发挥其在信息全过程公开方面的监督优势，探索采购数据的使用。同时，实施责任明晰的管理办法，各单位应将采购信息列为单位必须公开内容，用制度保障信息的全面公开。⑦ Balsevich 等（2011）研究了俄罗斯地区政府采购的透明度与影响采购过程结果的关键因素——竞争、腐败和控制之间的关系，利用俄罗斯公共采购网站的采购数据，发现各地区政府采购透明度有着明显区别，进一步实证分析发现，不透明的政府采购增加了地区腐败并通过增加控制机

---

① Lee J, Oh KT, Kwon H Y. 2008. Striving for transparency and efficiency in e – Government: Procurement reform througħ e – procurement [C]. Proceedings of the 2nd International Conference on Theory and Practice of Electronic Governance.

② Olaya J, Boehm F. 2006. Corruption in public contracting auctions: The role of transparency in bidding processes [J]. Annals of Public and Cooperative Economics, Vol. 77, No. 4. pp. 431 – 452.

③ Magrini P. 2005. Transparency in Public e – Procurement: The Italian Perspective [J]. OECD Papers, Vol. 5, No. 10. pp. 72 – 116.

④ 姜爱华，陆媛. 政府采购信息公开：问题与对策 [J]. 中国财政，2017（16）：37 – 40.

⑤ 邓庆. WTO 框架下政府采购透明化的发展与我国对策 [J]. 特区经济，2008（05）：208 – 210.

⑥ 王建明. 政府采购信息披露规范问题研究——基于会计信息披露的视角 [J]. 财政研究，2008（10）：64 – 66.

⑦ 姜爱华. 中国政府采购制度改革：成就、挑战与对策 [J]. 地方财政研究，2018（04）：60 – 65.

制，发现更透明的制度与更高水平的竞争相关。①

二、关于社会组织与政府采购信息公开

公民社会处于政府、市场之外的公共领域，是“第三部门”活动的领域（俞可平，2006）。从理论上，社会组织是公民社会发展的特征（许小玲和马贵侠，2013）。② 从本质上说，公民社会是社会组织发展到一定程度的体现，是其发展所带来的整个社会环境变化的表现（王名，2009）。③ 因此，社会组织的成长壮大在某种意义上代表着公民社会的活跃程度。Deighton - Smith（2004）强调，透明度在 OCED 国家（地区）的兴起，原因在于它是治理的核心价值，代表着信息公开程度是治理的前提条件。对政府权力运行严格监督是要求政府透明的主要因素之一，同时公众强烈要求提高透明度，这在很大程度上与非政府组织或“民间社会团体”的数量和影响力迅速增加有关，也与受过良好教育和人口日益多样化有关。④

社会组织基本特征是非官方、独立性、志愿性、非营利性（何增科，2000）。⑤ 十八届三中全会提出的“改进社会治理方式，激发社会组织活力”目的在于转变政府职能，借助社会组织在提供专业化服务方面的优势，进一步满足公众需求，同时借助社会组织的参与性特征，通过加强互动交流，施展其治理监督优势。鲍绍坤（2017）强调，发挥社会组织在提供服务和参与治理中的优势，有利于促进社会民主的发展进步，进一步完善国家治理能力。⑥

政府的职能之一是社会服务，从本质上讲，政府购买公共服务是由于其自身无法满足为公众提供多样化、专业性的服务，而由企事业单位等群体作为服务供给者（财政部科研所课题组，2014）。⑦ 有关部门应依照《政府采购

---

① Balsevich A, Pivovarova S, Podkolzina E. 2011. Information Transparency in Public Procurement: How it Works in Russian Regions [J]. HSE Working papers. Vol. 23, No. 1. pp. 1 - 12.

② 许小玲，马贵侠．社会组织培育：动因、困境及前瞻［J］．理论与改革，2013（05）：39 - 43.

③ 王名．走向公民社会——我国社会组织发展的历史及趋势［J］．吉林大学社会科学学报，2009，49（03）：5 - 12，159.

④ Deighton - Smith R. 2004. Regulatory Transparency in OECD Countries: Overview, Trends and Challenges [J]. Australian Journal of Public Administration, Vol. 63, No. 1. pp. 66 - 73.

⑤ 何增科．公民社会与第三部门研究引论［J］．马克思主义与现实，2000（01）：27 - 32.

⑥ 鲍绍坤．社会组织及其法制化研究［J］．中国法学，2017（01）：5 - 16.

⑦ 财政部科研所课题组．政府购买公共服务的理论与边界分析［J］．财政研究，2014（03）：2 - 11.

法》向社会组织购买服务，同时强调应及时完整公开参与项目标准及后期验收结果等信息。2016 年，出台的《关于通过政府购买服务支持社会组织培育发展的指导意见》，提出要优化采购环节，完善公开竞争机制，完善信息发布平台，通过政府购买服务促进社会组织有效参与，进而推动社会组织的健康发展。也就是说，社会组织要想参与政府购买服务，离不开完善政府采购环节管理，离不开政府采购公开公平的竞争环境。近年来，随着政府采购服务的比重增长明显，社会组织通过招标参与也得到迅速发展（敬乂嘉，2014）。[①] 因此，提升政府采购透明度，有利于为社会组织积极参与政府采购活动提供前提条件，进而有利于参与政府购买服务的竞争。

社会组织表现出的鲜明特征和其近年来的快速成长，赋予了其既能提供服务又能参与治理的两种职能。一方面，社会组织可以作为多元治理的主体，通过政社合作和协商，为实现共同利益发挥各方的优势，集体行动满足多样化公共需求，进而实现合作共赢（王名等，2014）。[②] 另一方面，通过向社会组织购买服务，有利于降低政府负担，发挥第三部门专业能力，减少政府大包大揽局面，切实提高政府工作效率（苏明和贾西津等，2010）。[③]

三、关于公众参与和政府采购信息公开

公众参与是公民社会的主要表现形式，保障公众享有参与权是当前社会所追求的目标，而构建参与渠道和机制是必要的。在公民社会中，需要发挥公民的主体作用，维护其参与监督政府的权利（俞可平，2006）。[④] 因而，公民社会通过营造一个公开、平等、开放的公共领域，促进公众和社会组织积极参与社会治理，确保公众参与的权利和自由。尤根·哈贝马斯（2004）认为，在一个公共领域，公众参与的权利表现为能够参与社会治理和对公权的监督。[⑤] 刘新玲和陈丽华（2010）通过调查发现，志愿服务是公众参与的一

① 敬乂嘉．从购买服务到合作治理——政社合作的形态与发展［J］．中国行政管理，2014（07）：54－59.

② 王名，蔡志鸿，王春婷．社会共治：多元主体共同治理的实践探索与制度创新［J］．中国行政管理，2014（12）：16－19.

③ 苏明，贾西津，孙洁，韩俊魁．中国政府购买公共服务研究［J］．财政研究，2010（01）：9－17.

④ 俞可平．改善我国公民社会制度环境的若干思考［J］．当代世界与社会主义，2006（01）：4－10.

⑤ 尤根·哈贝马斯．公共领域的结构转型［M］．上海：学林出版社，2004：2.

种重要方式，通过参与志愿服务，可以塑造个体的公民意识和志愿精神。公民社会强调的公开透明等价值理念，为公众参与提供了一个基本前提，有助于公众对政府的绝对权力进行监督。①

公众参与和政府采购透明度之间的联系在于，政府信息作为公共物品，公开透明能够提高资源配置效率，减少寻租腐败现象（Sol，2013）。② 因为采购金额由预算提供，因此，预算公开则要求建立公开透明的采购制度，以此保障社会各界对预算运行的知情权（姜爱华和滕怀凯，2015）。③ 在某种意义上，采购信息是政府信息的一种类型，作为一种特殊公共品，采购信息有必要也必须进行公开。政府信息公开的服务群体主要是公众、媒体和学者等，而在政府采购领域，不仅仅要为采购参与主体提供信息支撑，更应为公众等群体提供监督渠道和有效互动机制。由于政府采购是政府预算的执行过程，更应为公众等其他群体有权进行监督，同时，公众作为公共服务的获得者，有主动监督该服务的效率和效果的意愿，也能够为改进服务方式提出切实可行的建议。Piotrowski 和 Ryzin（2007）指出，当前公众越来越希望表达自身观点与建议，来自公众对信息的迫切需求，是政府不断推行推进政务公开的重要前提。④ 包兴荣（2006）认为政府信息是否公开以及公开的程度将决定公众行政参与的水平，如果不能维护公众获取信息的权利，这也削弱了对政府权力监督的能力，可以说信息公开是社会互动交流的前提，将有助于减少公众的不满情绪，增强政府的公信力。⑤ 张鸣（2015）通过实证研究，论证了公众监督将提高政府信息公开水平，强调了外部监督形式的必要性，但是政府需要为其参与提供制度保障和监督平台。⑥

政府采购作为预算执行过程必须保证公开，因此，其内在特征决定了信

① 刘新玲，陈丽华．社会学视野下的大学生志愿服务意识与行为研究［J］．福建行政学院学报，2010（03）：41－47.

② Sol，Del D A. 2013. The institutional，economic and social determinants of local government transparency［J］. Journal of Economic Policy Reform，Vol. 16，No. 1. pp. 90－107.

③ 姜爱华，滕怀凯．政府采购公开透明：现实意义与未来挑战［J］．中国政府采购，2015（04）：77－80.

④ Piotrowski S J，2007. Ryzin GGV. Citizen attitudes toward transparency in local governmen［J］. The American Review of Public Administration，Vol. 37，No. 3. pp. 306－323.

⑤ 包兴荣．试论信息公开与公民行政参与［J］．中共宁波市委党校学报，2006（05）：35－39.

⑥ 张鸣．委托代理视域下政府信息公开影响因素研究——基于中国省级面板数据的实证分析［J］．中共杭州市委党校学报，2015（02）：32－38.

息公开是根本要求，这既是GPA的明确规定，也是我国深化政府采购改革的方向（姜爱华，2014）。① 当前我国政府采购透明度整体较短，涉及公开不完整、发布媒体混乱、未符合时限要求、发布标准未统一等问题，导致监管不到位，进而阻碍了采购活动的推行和降低了政府公信力（姜爱华和陆媛，2017）。② 由于公众和社会组织只有及时获取政府公开的相关信息，才能充分参与（缪瑞生和马海群，2018）。③ 因而，有必要规范信息公开内容，建立监督渠道和互动机制，以此来约束政府权力，维护公众等群体的权利。

四、关于电子政务（信息化）与政府采购信息公开

信息化与政府管理相结合是电子政务的发展，这极大地改变了政府的运作方式和管理方式，将有效促进政府职能转变。张成福（2000）认为，推行电子政务将加强政府与公众的互动交流，提高工作效率，建设阳光政府。④ 其功能可以划分为，即在线发布、在线交流和在线办公（董新宇和苏骏，2004）。⑤ 李洋和柴中达（2005）认为，电子政务实质是信息化背景下更好地为社会公众提供服务的新方式，政府积极推行信息化的目的在于，促进政府组织结构扁平化；促进廉政建设；信息技术的应用为社会群体了解和获取信息提供了便捷的渠道。⑥ 电子政务特征之一是信息是否有效及时向社会公示，一个开放透明的政府有利于增加社会群体获取各种信息资源的机会，也有利于公众、媒体监督政府，形成透明阳光政府。

政府采购制度是加强预算管理的重要前提，是提高政府治理绩效的应有之义。采购公开透明是政务公开的重要方面，张成福（2000）强调，通过互联网与政府采购的结合，便于社会公众等群体对政府活动进行监督，推动了阳光型政府建设。⑦ 麦伟（1999）认为，由于政府采购信息贯穿于整个采购

① 姜爱华．政府采购信息透明化：文献回顾与思考［J］．经济社会体制比较，2014（02）：257－263.

② 姜爱华，陆媛．政府采购信息公开：问题与对策［J］．中国财政，2017（16）：37－40.

③ 缪瑞生，马海群．法团主义视角下我国社会组织参与政府开放数据政策问题研究［J］．图书馆理论与实践，2018（02）：7－9，15.

④ 张成福．电子化政府：发展及其前景［J］．中国人民大学学报，2000（03）：4－12.

⑤ 董新宇，苏竣．电子政务中政府流程重组的模式选择［J］．理论与改革，2004（04）：44－47.

⑥ 李洋，柴中达．信息化与我国政府治理变革［J］．管理世界，2005（02）：146－147.

⑦ 张成福．电子化政府：发展及其前景［J］．中国人民大学学报，2000（03）：4－12.

过程，通过采购信息化建设可以高效便捷地处理好政府采购相关信息资源，在某种意义上，它将在信息公开领域发挥重要作用。① 郑志龙（2003）认为，政府信息化功能之一是使“电子化采购”，这是互联网技术在政府采购领域的应用。② 电子化政府采购的特征，如可溯源、标准化公开，可以极大地解决信息公开的不完整和发布主体责任缺失问题（朱奕蓉，2016）。③ 电子化采购实践对缩短采购时间、完善监管和遏制腐败具有重要作用，是一种切实可行的方式。Khorana 等（2015）在对欧盟运用电子化采购分析的基础上，强调为规范采购活动，应加快完善相关制度，实现无纸化、高效化的运行机制。④ Tashfeen Ahmad 等（2019）通过对牙买加引入电子化采购的分析，得出其在提高采购透明度和发挥抑制腐败方面的积极作用。⑤ Liao（2002）等通过对我国台湾地区电子化采购招标架构的运用分析，总结出为构建透明和无歧视的采购环境，需要加快运用电子化采购方式，这既有利于各部门也有利于供应商。⑥ Clara 和 Jackson（2019）基于技术接受模型（TAM），探讨影响政府电子采购成功实施的因素是由于电子采购的实用性及高效。⑦

2016 年，财政部推动“互联网 + 政府采购”工作，要求各地区通过优化电子采购系统，加强采购信息发布等做法，使采购事业更上一层楼，建设“阳光采购”。利用电子化采购可溯源和便捷查询的优势，为各参与主体提供了一个公平竞争的平台，也为监督主体提供了监督渠道，进而促进采购公开透明（杭正亚，2019）。⑧ 政府作为最大的消费者，使用网上采购并及时公布采购需求、采购中标结果、采购金额、采购合同等全过程，有利于提高政府采购的效率，减少公共开支的浪费，并在一定程度上制止腐败的发生（谢媛

---

① 麦伟．浅谈政府采购工作的信息化建设［J］．中央财经大学学报，1999（09）：55 – 59.

② 郑志龙．政府信息化的功能分析［J］．中国行政管理，2003（10）：39 – 41.

③ 朱奕蓉．政府采购电子化的法律规制研究［D］．西南政法大学，2016.

④ Khorana S，Boucher F K，Kerr W A. 2015. Governance Issues in the EUs e – Procurement Framework［J］．JCMS：Journal of Common Market Studies，Vol. 53，No. 2. pp. 292 – 310.

⑤ Ahmad T，Aljafari R，2019. Venkatesh V. The Government of Jamaicas electronic procurement system：experiences and lessons learned［J］．Internet Research，Vol. 17，No. 1. pp. 43 – 52.

⑥ Liao T S，Wang M T，2002. Tserng H P. A framework of electronic tendering for government procurement：a lesson learned in Taiwan［J］Automation in Construction，Vol. 11，No. 6. pp. 89 – 121.

⑦ Clara K K，2019. Jackson P. Factors Affecting Successful Implementation of Electronic Procurement in Government Institutions Based on the Technology Acceptance Model［J］Open Journal of Business and Management，Vol. 7，No. 4. pp. 27 – 57.

⑧ 杭正亚．政府采购透明度提高与信息公开［J］．中国政府采购，2019（03）：34 – 38.

媛和杨兰蓉，2005；宋凤轩和徐宗欣，2016；Neupane et al.，2012）。[①] 因此，利用互联网平台的优势，将其与政府采购活动有机结合，是保障政府采购信息能够及时完整公开的重要方式（王瑛，2010）。[②] 电子化采购将有助于提高透明度，公众可以在采购网查看政府采购相关信息，监督政府采购项目全过程的公开情况（朱奕蓉，2016）。[③] 但是，由于我国现行的《政府采购法》是2003年开始实施，相关内容是针对传统政府采购的，已不适应电子化采购管理（郭定方，2017）。[④] 可以说，我国电子化采购的制度建设滞后于工作实践，在无纸化办公普及的时代，政府应乘势而上，有所作为，主动规范引导，将电子化采购推向更高水平。

五、小结及假设

通过对政府采购公开透明、社会组织与政府采购透明度、公众参与和政府采购透明度、电子政务与政府采购透明度国内外文献的系统梳理，总体来看，西方部分发达国家实施政府采购有200多年相对成熟的历史，主要通过规范性分析和实证分析，对政府采购信息公开的内涵、作用和价值，如何提高政府采购透明度形成一定的见解，政府采购信息公开更关注利用互联网手段，推动政府采购信息公开的信息化，西方的研究特征对我国研究有一定的启发。我国政府采购实施时间较短，仅有20多年，同部分发达国家相比，面临发展的阶段性差异，同时国情和管理情景也不同，因此对政府采购信息公开的研究应基于具体的本国实际状况。近年来，我国信息公开的研究得到广泛重视，但关于政府采购透明度全国整体形势和数据分析不足，缺失透明度的影响因素分析。因而，本章对31个省级政府采购地方分网（未含中国台湾

---

① 谢媛媛，杨兰蓉．政府采购电子化对寻租行为的遏制浅探［J］．经济前沿，2005（05）：52－54. 宋凤轩，徐宗欣．政府采购制度现状分析与完善对策——以河北省承德市为例［J］．财政监督，2016（14）：51－57. Neupane A，Soar J，Vaidya K. 2012. Evaluating the Anti－Corruption Capabilities of Public e－Procurement in a Developing Country［J］. The Electronic Journal of Information Systems in Developing Countries，Vol. 55，No. 1. pp. 1－17.

② 王瑛．推进政府采购信息化建设的思考［J］．中国财政，2010（23）：36－38.

③ 朱奕蓉．政府采购电子化的法律规制研究［D］．西南政法大学，2016.

④ 郭定方，杨慧芳，陈梁，周晓斌．“互联网＋政府采购”的浙江实践与思考［J］．财政科学，2019（07）：124－129.

地区）的采购项目信息公开的实际情况进行调查研究，同时回顾当前我国政府采购信息公开走过的历程，梳理基本特征和论述各地区共有的问题。进一步地，从公民社会理论、知情权理论和治理理论视角出发，构建多元回归模型对我国省级政府采购透明度的影响因素进行分析。

通过对以上多个涉及政府采购透明度主题的文献梳理，本章提出影响我国省级政府采购透明度的因素主要包括社会组织、公众参与和电子政务。

1. 社会组织。一方面，政府信息公开透明是以社会组织为主体的社会与政府部门进行互动交流的前提条件。政府采购支出是编制的预算，同时，购买的内容主要服务于自身和公共需要，可以说预算的特征和服务对象的特殊性决定了采购必须透明。因此，只有不断加大信息公开力度，公众和社会组织才能充分参与监督，约束政府权力，实现政府与社会组织的互动。另一方面，社会组织作为政府采购服务的参与方，如果为其提供一个良好的参与机制和平台，那么社会组织就将展示出足够的意愿去监督相关采购项目公开情况。可以说，社会组织表现出来的两重性，即作为社会治理的参与者和作为采购参与者，其发展壮大对采购信息公开程度有着重要影响。

2. 公众参与。社会所强调的公开性和参与性价值理念，表明公众的有序参与需要以一个开放透明的社会公共领域为前提。如果处于一个封闭压抑的社会环境，就不能对“暗箱”操作进行有效监督。由于政府采购支付是编制的预算，因此采购金额等信息必须按照规定进行公布，公众也有权利来监督资金使用过程。同时，公众作为公共服务的获得者，有主动监督该服务的效率和效果的意愿，也能够为改进服务方式提出切实可行的建议。志愿者是公众参与主要表现形式，随着公众更加注重表达知情权，志愿者参与积极性也愈发强烈，因此，公众参与对采购信息公开程度有显著影响。

3. 电子政务。电子政务的发展对推进阳光政府提供了有力支持，同时，为社会组织和公众监督采购透明提供了有力渠道，其开放性、服务性的特征可以有效提高地区信息公开水平。“互联网 + 政府采购”的发展是电子政务的一种表现形式，即电子化采购，其优势在于将为参与主体提供便捷的服务，将加快推进整个项目，同时信息将可追溯，便于监管，因此，电子政务的发展对采购信息公开程度有重要影响。

综上所述，本章提出以下假设：

假设 H11 - 1：社会组织比重高的地区表现出更好的采购信息公开水平。

假设 H11－2：公众自愿参与高的地区表现出更好的采购信息公开水平。

假设 H11－3：电子政务发达的地区表现出更好的采购信息公开水平。

第三节 研究设计

一、模型设定

本章提出了社会组织、公众参与和电子政务三个理论假设来检验是否与地方省级采购透明度有关，因而可以通过多元线性回归模型，来验证三个理论假设对地方省级采购透明度的影响，并用数字进行描述。回归结果主要要看：一是观察系数的符号、大小，检查系数是否满足经济学意义；二是查看拟合优度测量的结果，如 R^2 和调整的 R^2 的大小，$0\leq R^2\leq 1$，R^2 的值越大，拟合度越好；三是查看系数的显著性，当系数显著异于零时，选取的理论假设对省级采购透明度有影响；四是查看 DW 检验值，其值越接近 2 时，表示 Ut 不存在自相关。

模型表达式为：

$$y_t=\beta_1+\beta_2x_2+\cdots+\beta_kx_t+U_t,\ t=1,\ 2,\ 3,\ \cdots,\ n \qquad (11-1)$$

其中，y_t 为省级政府采购透明度，x_1，x_2，x_3，…，x_k 为各自变量，u_t 为扰动项。包括 β_0，β_1，β_2，…，β_k 在内的 $k+1$ 个未知参数，x_j 表示改变一单位对因变量所产生的影响。

二、主要变量说明

本章以政府采购透明度为研究主题，利用抽样调查数据建构政府采购透明度多元回归模型，本部分将对所涉及的相关变量进行说明。

（一）因变量说明

从梳理文献可知，目前我国政府采购公开透明的研究多以调查为主，对地区实践问题提出建议和改进思路，缺少量化指标对政府采购透明度进行实证分析，因此，本章利用参与指标设计和实际评估工作的中国省级政府采购第三方评估调查数据，将各省区市评估所得总分当作被解释变量。

（二）自变量说明

1. 社会组织比重。

一方面，社会组织是政府和市场之外的公共领域所表现出的重要特征，即，如果想要衡量民众社会情况，离不开对社会组织进行分析，因为促进社会组织参与治理监督优势，有利于塑造一个和谐稳定的公共领域。另一方面，社会组织在提供专业服务方面有着较大优势，同时是采购的参与方。因此，我们认为在采购领域，社会组织比重高的地区表现出更好的采购信息公开水平。

2. 志愿者比重。

民众社会是主要特征之一是参与性，志愿者和志愿者组织是地区公众参与的重要表现形式。2008 年，许多志愿者赶赴地震灾区，支援汶川。志愿者群体表现出参与公共事务的极大热情，体现了民众社会活力，由于政府采购的特殊性和公共性，因而是信息公开工作的重点领域，而公众等外部监督力量也对政府公开透明提出了要求，因而我们假设，在采购领域，志愿者比例高的地区表现出更好的采购信息公开水平。

3. 电子政务发展水平。

电子政务作为政府的有力工具，有效地促进了政务信息和办事服务等各种资源的整合，为政务公开指明了方向和路径。电子政务建设水平影响了政府信息处理能力，更影响了政府与基层进行互动沟通，同时由于各地区电子政务推行表现出差异和不平衡性，以及电子化采购的推行，因此，我们认为电子政务发达的地区表现出更好的采购信息公开水平。

（三）控制量说明

受教育水平，即公众受高等教育程度比例。从社会发展情况看，那些受到更好良好教育的公众，更加主动表达自己的权利，关心政府行为并且参与到社会治理中。来自公众参与的热情和需求，迫使政府更加公开透明行使自己的权力和提供服务，做好本职工作，因此，我们认为在那些受良好教育比例高的地区表现出更好的采购信息公开水平。

财政收支的公共性要求政府公开每一年的收支情况，其中最根本的是公开政府的预决算。财政本质的分配性要求政府采购必须透明，这既是预算公开的体现，也是提高购买效益的前提条件。因此，我们认为在那些财政透明程度高的地区表现出更好的采购信息公开水平。

三、数据来源

本章收集了2018年31个省区市（不含港澳台）的相关数据，探讨民众社会、公众参与、电子政务等假设对我国地方省级政府采购透明度的影响。下面就指标数据来源进行介绍。

1. 政府采购透明度数据来源。作为因变量，数据来源于财政部组织的中国政府采购透明度第三方评估数据，笔者作为评估指标设计、调查评估的实际参与者，对31个省级政府采购分网情况进行摸查评估。政府采购透明度指标体系包括5个部分，涉及15个子内容和100个评估要素，覆盖政府采购信息公开的全过程。

2. 电子政务发展水平。来源于2018年中国政府网站绩效评估获奖省区市数据，该评估不仅考察各地区政府信息公开水平也涉及政务服务、运营管理等内容。地方指标体系包含7个部分、47个评估要素。由于网络平台是建设阳光政府的硬件和基础，因此各地方政府网站绩效水平体现了该地区电子政务的推进水平。

3. 公民社会发展指标。衡量指标包括社会组织、志愿者、受教育水平，可以说，这三个因素是观察其发展程度的主要观测点。社会组织信息来源于民政部2018年第四季度公布的各省区市信息，受教育水平信息根据2019年《中国统计年鉴》相关资料计算，各省区市志愿者数据来源于全国志愿服务信息系统。

4. 财政透明度指标。来源于2018年中国财政透明度报告，它主要对各地区九类财政信息公开情况进行打分，并用总分表示其综合情况。

四、变量描述性统计

如表11.1所示，关于因变量，2018年政府采购透明度平均分为87.38分，仍有12.629分未公布，最大值与最小值相差近30分，表明透明度差异较大。这可能是由各地区采购执行中未按照财政部有关规定进行公布采购信息、信息发布平台有待优化、监督指导欠完善、内控制度不健全等多因素造成的。

表11.1 变量描述性统计

变量	最小值	最大值	平均值	标准偏差
采购项目透明度	70.700	101.100	87.381	8.325
社会组织比重	0.080	13.460	3.283	0.027
志愿者参与比重	0.364	19.866	8.548	0.048
受教育水平	7.654	47.610	15.320	0.082
电子政务	0.000	1.000	0.39	0.495
财政透明度	26.98	69.38	53.49	12.629

关于自变量：社会组织是民众社会的核心，它数量的不断增多在某种意义上代表着整个社会的活跃水平，可以看出，各地区社会组织比重平均约为3.28%，各数值之间差异明显。一个地区志愿者的比例越高，在一定程度上也是民众社会的应有之义，其代表着地区活力和互动程度。通过壮大志愿者群体，增强互帮互助，让整个社会活力迸发，促进社会和谐稳定。地区间参与志愿者的比例差异大，最低参与程度只有0.36%，最高参与程度达19.87%，平均参与程度为8.55%。地区受教育水平差异较大，地区平均水平为15.3%，而受教育水平两极值相差近40%。从电子政务信息化水平指标看，各地区政府积极推动电子政务的发展，在政务服务和政务公开等方面取得积极成效，获奖表扬的省区市达12个。从财政透明度指标看，在百分制下，平均分只有53.49分，两极值更是相差42.4分，总体上，全国财政信息公开情况都有很大的提升空间，地区差异非常明显。

第四节 分析与发现

一、相关性分析

利用统计软件Spss22.0，将省级政府采购透明度与各变量做双变量相关分析，如表11.2所示，可以发现，绝大多数变量与政府采购透明度呈显著正相关。具体而言，政府采购透明度与社会组织、公众参与、电子政务发展水平、呈显著正相关，而与受教育水平、财政透明度不相关。初步分析，电子政务发展水平，公众参与（志愿者占地区常住人口比重），社会组织影响着地区采购信息公开水平，而财政透明度与受教育水平与各省区市采购信息公开水平没有关联。

表11.2　　相关分析

	1	2	3	4	5	6
1. 采购项目透明度	1	0.412 *	0.468 **	0.438 *	0.310	0.290
2. 社会组织	0.412 *	1	0.448 *	−0.153	0.034	−0.085
3. 电子政务	0.468 **	0.448 *	1	0.046	−0.110	0.032
4. 公众参与	0.438 *	−0.153	0.046	1	0.052	0.546 **
5. 财政透明度	0.310	0.034	−0.110	0.052	1	−0.078
6. 受教育水平	0.290	−0.085	0.032	0.546 **	−0.078	1

注：* $p \leq 0.05$，** $p \leq 0.01$。

二、多元回归分析

本章建立OLS多元线性回归模型，通过分层操作分析，在第一次放入控制变量（财政透明度、受教育水平），而在第二层加入自变量（社会组织、志愿者、电子政务），进而建立了模型1和模型2。如表11.3和表11.4所示。总的来说，模型1（$P \leq 0.05$）和模型2（$P \leq 0.001$）都通过了显著性检验。模型2在模型1的基础上加入自变量后，模型拟合度良好，提高了对省级政府采购透明度的解释力度。模型2多元变量相关系数R为0.772，R^2值为0.596，调整后的R^2值为0.516，说明省级政府采购透明度的51.6%可以由参与本次研究的主要变量解释，满足多元线性回归模型要求。

表11.3　　模型概要

模型	R值	R^2	调整后的R^2	标准估计误差	Durbin - Watson
1	0.442	0.176	0.138	7.729	
2	0.772	0.596	0.516	5.793	1.996

另外，考虑到自变量指标之间可能存在一定程度自相关性，研究者对模型进行了残差独立性和共线性检验。在表 11.3 中，模型 2 的 D - W 值是 1.996，非常接近 2，表明扰动项是相互独立，不存在序列相关。根据共线性检验，所有自变量各项指标的容限度均接近 1，且 VIF < 10，因此未出现共线性情况。

表 11.4　　　　方差分析

模型	平方和	自由度	均方差	F 值	显著性
回归	406.649	2	302.325	3.404	0.048
残差	1672.479	28	59.731		
总计	2079.128	30			
回归	1239.768	7	247.954	7.385	0.000
残差	839.360	25	33.574		
总计	2079.128	30			

从表 11.4 看出，模型 2 中 F = 7.385（P≤0.001）。说明本章提出的理论假设，至少有一个能够影响省级政府采购透明度。为了进一步判断究竟是哪几个自变量能够显著影响因变量，还需要继续分析以下的系数，如表 11.5 所示。

表 11.5　　　　回归系数

模型	标准化系数		标准化系数 Beta 值	T 检验度	显著性	共线性检验	
	B	标准误				允差	VIF
（常量）	70.641	6.883		10.264	0.000		
省级财政透明度	0.221	0.112	0.335 *	1.971	0.059 *	0.994	1.006
受教育水平	32.160	17.302	0.316	1.859	0.074 *	0.994	1.006
（常量）	62.797	5.410		11.607	0.000		
社会组织比重	99.798	45.606	0.319	2.188	0.038 **	0.760	1.315
志愿者比重	67.465	26.850	0.390	2.513	0.019 **	0.670	1.492
电子政务	5.698	2.437	0.339	2.338	0.028 **	0.769	1.301
省级财政透明度	0.215	0.086	0.326	2.509	0.019 **	0.958	1.044
受教育水平	12.067	15.568	0.119	0.775	0.446	0.690	1.449

注：* p≤0.05，** p≤0.01。

表 11.5 是模型 1 和模型 2 的回归系数，并用 *、**、*** 来表示显著水平 10%、5%、1%，其中主要观察 P 值，值越小，该假设对模型影响程度

越明显。在模型1中加入三个自变量后，从模型2看出，各地区社会组织占总社会组织数的比重、志愿者占地区常住人口比重和电子政务发展水平都可以很好地对因变量进行解释。因此，在控制省级财政透明度和受教育水平的情况下，有以下结论。

关于假设H11－1，从模型2观察可知，社会组织比重通过了显著性检验，显示在控制其他因素的情况下，社会组织比例越高的地区表现出越好的采购信息公开水平。其原因在于，社会组织表现出两重性：一方面，在以公开性、参与性为主要价值的社会中，社会组织的发展是其重要表现形式，在参与治理方面表现出巨大优势；另一方面，社会组织作为政府采购活动参与者，也需要该领域的项目信息进行公示。可以说，假设H11－1得到支持，即社会组织比例越高的地区表现出越好的采购信息公开水平。

关于假设H11－2，从模型2观察可知，志愿者比重通过了显著性检验（$P \leqslant 0.05$），显示在控制其他因素的情况下，志愿者对省级政府采购透明度有着显著的促进作用。志愿者群体的壮大是社会活力的表现，也是公众参与热情的体现。志愿者和志愿者团体也是民众社会的组成部分之一，其对公共事务的参与和监督需要建立在一个更加开放的社会环境之中。因此，政务公开是公众和志愿者有序参与的必要条件。民众社会的发展在某种意义上迫使政府增强政务公开，同时强调用法律维护公众享有的了解权。例如：《政府采购法》明确公开透明原则，《政府信息公开条例》也强调各部门信息必须依法全面公开。在一定程度上表明，政府主动扩大主动公开的范围和深度，适应了公民社会的要求，保障了公民的了解权。政府采购信息作为公共品，其公开透明既确保了纳税人的知情权，也保障了公民积极参与社会治理的渠道。政府采购要求各采购预算单位公开本部门的采购执行过程，既提高了资源配置效率，也是防止“暗箱”操作以及寻租行为。志愿者群体作为公民社会中公众参与的表现形式，由公众自愿组成，其参与比重的增加代表着公众自愿参与的水平，可以说，假设H11－2得到支持，即公民自愿参与程度高的地区表现出更好的政府采购信息公开水平。

关于假设H11－3，从模型2观察可知，电子政务发展通过了显著性检验（$P \leqslant 0.05$），显示在控制其他因素的情况下，电子政务水平更高的地区表现出更好的采购信息公开水平。具体解释分析：政府网站服务平台建设水平是电子政务发展水平的重要表现，同时地区政府主动借助互联网进行政务服务的意识和态度也非常重要。换句话说，一个省区市的电子政务建设的水平，政府主动信息化的意识和态度对地区省级政府采购透明度的提高有促进作用。就“互联网+政府采购”而言，不仅仅意味着建有采购服务平台，更重要的是，依托互联网平台为供应商、评审专家、公众等群体提供周到的服务。具体来说，要准确、快速地提供政府采购信息、及时公布监督管理结果，在地方分网平台建立质疑沟通渠道。要主动转向电子化采购，不断创新服务模式、办事模式和监管模式，增强采购管理水平。也可以看出，政府采购透明度的提高，不能仅仅归结于当地经济发展水平比较高，有较多的财政资源，还与当地对电子政务的重视以及主动增强信息化的意识和态度息息相关。例如，结合笔者对各省区市的调查研究，以及2018年评估结果可以看出，海南省和甘肃省在全国政府采购透明度评分中位于前列，特别突出的是湖北省位居第一，因而，政府采购透明度的提高也在一定程度上在于当地政府的主动作为，积极借助互联网的思维、技术来推动采购信息公开。总之，假设H11－3成立，即电子政务越发达的地区表现出越好的政府采购信息公开水平。

三、小结

综上所述，通过建立省级政府采购透明度OLS多元线性回归模型，在模型1的基础上加入假设H11－1、假设H11－2和假设H11－3，实证分析发现，3个理论假设都成立。即，在控制财政透明度和受教育水平情况下，社会组织、公众参与、电子政务与地区省级政府采购透明度呈显著正相关。具体而言，一个地区的社会组织越发达，公众自愿参与越积极和电子政务越发达，采购信息公开水平表现得越好。由此可见，以开放性、参与性、法治性为主要价值，以社会组织和志愿者为主体的社会发展影响着省级政府采购透明度；以政府积极推动的电子政务的发展影响着地区省级政府采购透明度。鉴于当前我国政府采购透明度整体上地区差异明显，具有按经济带划分的特征，总之，首先可以从壮大社会组织和培养公众志愿精神出发，增强社会的活力。其次加快推动电子政务建设，以此形成合力共同作用，提高采购信息公开水平。

第五节　研究结论与政策启示

一、研究结论

当前，我国省级政府采购透明度较低，地区差异明显，这与我国建立现代财政制度、现代政府采购制度的总要求有一些差距。政府采购是预算执行的关键环节，从预算特征出发，亟须加强信息公开工作。同时，伴随着社会的发展和电子政务的大力推行，政府采购事业也充满了机遇与挑战。

通过实证分析发现，在控制财政透明度和受教育水平情况下，社会组织、公众参与、电子政务与地区省级政府采购透明度呈显著正相关。具体而言，一个地区的社会组织越发达，公众自愿参与越积极和电子政务越发达，采购信息公开水平表现得越好。由此可见，以开放性、参与性、法治性、公开性为主要价值，以社会组织和志愿者为主体的社会的发展影响着省级政府采购透明度；以政府主动推动为特征的电子政务的发展影响着地区省级政府采购透明度。

鉴于当前我国政府采购透明度整体上呈现沿海经济发达地区高于内地欠发达地区，地区差异明显，以及各地区采购信息公开存在的突出问题，因此可以从促进社会发展、加快电子政务发展等角度出发，形成合力，共同作用，增强各地区采购信息公开水平。

二、政策启示

（一）健全政府采购信息公开制度

近几年，为建设阳光型政府和法治型政府，在政府采购领域，涉及如何提高采购透明度的法规、规范性文件已陆续公布，最近出台的《政府采购信息发布管理办法》是针对当前存在的信息发布混乱、不符合按时间要求、漏报等问题制定，这是对近年来信息公开工作的总结和深化。但当前最重要的是各地方能够积极落实相关制度安排，结合本地区的实际情况，制定部门采购信息管理制度，强化发布责任，推动采购信息公开迈上新台阶。同时，也应该注重采购绩效，推动“放管”结合，改进监管方式，进而转向采购结果管理。《政府采购法》作为政府采购工作顶层设计，仅仅对该领域信息公开做了基本的解释，未有明确具体的相关规定。因此在修订时，需要从更高层面上对公开范围、渠道、监督处罚等内容进行约束，与其他公开制度进行统一衔接，也应以更长远的角度出发，做好立法工作。《政府采购法》不仅仅只是政府采购信息公开的规定，也是一项系统工程，涉及政府采购与国家宏观经济政策相互协调衔接、优化营商环境、发展绿色采购等内容。政府采购制度的修订方向应与政府采购的市场化，与GPA接轨的国际化，政府采购活动的法制化建设一致，最终服务于全面深化改革的总目标。

（二）健全政府采购监督管理机制

政府采购信息公开存在的公开不及时、不完整等现象，在很大程度上是因为采购监督管理机制不健全，因此需要健全政府采购监督管理机制。一是调整监管重心，促进政府采购监管由过程监管向采购结果导向，从程序控制转向采购需求管理和履约验收管理。要求采购人在每个采购项目中都必须有采购需求论证报告和履约验收报告，采购需求报告必须包含所规定的内容，而采购验收可以邀请参与竞争的主体评估项目完成的质量，监管方式抓大放小，有所侧重。同时，积极运用“双随机、一公开”随机监督模式，对于有责任公开但未做到公开的采购机构或存在违法犯罪的人员，依法处置并及时公开处罚决定。二是加强运用信用信息监管。用好“信用中国”平台，加强各省区市失信人员信息共同所有，覆盖所有失信主体。将信用信息运用到各采购环节，信用评估和信用检查覆盖所有参与主体，同时还要验证评审专家的信用情况，并对委托人违规委托代理机构或使用不良信用记录的供应商进行通报。通过全国布局，联合惩戒，加大威慑力度，禁止失信主体参与采购活动。三是内部外部监督并重，共同发力，实现对信息公开的严格监管。在内部控制管理上，将采购信息是否公开作为相关采购发布主体的绩效考核任务，以“绩效考核”为导向，运用信息系统对采购信息公开进行监控。运用“预算—计划—采购—支付—监督”的财政支出管理方式，将采购信息公开与资金支付相结合，采购人只有在将采购合同在地方采购分网进行公布后，才能办理合同备案和合同支付。目前，对政府采购信息公开的监督主要是政府内部监督渠道，在互联网时代，亟须转变监管理念，主动吸纳更多的社会力量，共同推动信息公开工作。因此，有必要主动作为，吸引社会各群体加入监督的队伍，并为外部监督提供制度环境及平台，在采购分网提供咨询投诉渠道。此外，将人大、公众、媒体等社会力量与内部监督检查相结合，共同维护政府采购的公开性。

（三）加强政府采购信息公开规范化建设

政府采购信息公开规范性建设是提高采购透明度的重要途径，既可以强化信息发布人主体责任，规范信息发布和信息管理，又可以为供应商等群体提供信息查询和质疑投诉渠道。因此，从这个角度出发，一是加强平台信息公开栏目设计、信息搜索标准化建设。调查发现，各省区市信息公开栏差异明显，分类混乱，信息全过程查询困难。存在未区分采购方式，未区分采购各阶段，缺少采购需求、验收报告和合同公示等情况；监督处罚信息栏目公开未明确区分省市县三级信息且未区分各类监督处罚类型，造成查询信息不便，不利于公众监督。因此，需要对栏目进行规范化建设，有利于信息查询的便利性，提高查询效率。二是规范采购信息公开格式。一方面，在信息公告名称命名上，调查发现，各地区信息公告命名存在较大差异，部分地区存在只是公布信息公布名称，不涉及采购方式、采购阶段、采购编号等特征信息，造成信息查询困难。同时，还存在一个地区内多种方式的命名，导致信息查询困难，因此，需要进一步规范各地方信息公告命名方式。另一方面，调查发现各省区市政府采购信息公开内容不完整、不规范问题，如单一来源缺少采用此方式的原因、专家名单等内容，部分招标公告无预算金额说明，中标成交结果无专家名单。因此，有必要在法律层面上制定全国统一的信息公开内容格式，在采购需求、预算金额和采购合同等信息公示上加强信息标准化建设，这样既避免信息公开不完整，也增强了参与主体和监督主体查询信息的便捷性。

（四）加强政府采购信息公开平台建设

本章研究发现地区电子政务越发达表现出越好的采购信息公开水平。“互联网＋政府采购”，是电子政务在政府采购领域中的体现，因此，必须提高电子化采购水平，也就是加强政府采购地方分网建设，在采购信息公布、在线服务办理、信息互动等过程中完善平台建设。一是规范信息发布平台的统一性。在互联网时代，要想更进一步做好信息公开工作，建设信息发布功能完备的平台是前提条件。政府采购信息的公开渠道的统一性，有利于整合信息资源，避免公开渠道的碎片化，有利于潜在供应商查询信息及社会公众对采购信息进行监督。规范省级采购地方分网发布采购信息的权威性，省级财政部门作为地方分网的责任主体，必须按财政部规定建设信息发布平台，覆盖省市县三级采购信息，进而形成全国采购“一张网”，突出平台的权威性。二是提升地方分网服务功能。首先，改进网站首页功能栏，在原有的基础上，加上“监督管理”“咨询投诉”等功能栏；其次，细化栏目分类，监督管理应该按地区、考核结果、行政处罚等情况进行分类；办事指南包括业务指南、注册指南、采购指南、质疑投诉指南等信息操作流程；分网设有咨询投诉渠道等联系方式，如福建省政府采购网设有在线咨询渠道。最后，完善信息搜索查询功能，精准化查询，采购项目信息查询应当设置按地区、项目编号、时间范围和采购代理机构等多种选项进行综合查询。三是完善电子化采购。通过互联网平台进行操作，一方面能够提高采购效率；另一方面能够使项目实施过程备案，为信息公开工作提供了便利性。首先，当前各省区市电子化采购建设水平参差不齐，在一定程度上是管理理念、财政资金匮乏等原因所造成的，但根本原因在于缺乏相关制度约束，没有明确责任和问责机制。因此，需要制定可操作的政府采购信息化建设目标任务，同时保证落后地区资金的支持，提高全国范围内的电子化采购水平。其次，需要引导市场开发出符合政府采购信息化规定的系统，优化电子化采购平台动态监督功能，为各参与主体提供便捷的操作服务。总而言之，完善采购分网平台是做好信息公开工作的重中之重。

（五）促进公民社会健康发展

近年来，随着经济社会的发展，市场和政府之外的公共领域也进一步发育，释放了大量的社会公共空间，为以社会组织、志愿团体为主体的社会的健康发展提供制度环境。根据实证分析结论，增强社会活力将提高采购信息公开水平。社会组织和志愿者是社会最明显的特征，其发展既有助于加强社会治理和提供服务，也有助于提高整个公共空间的活力。因此，需要通过促进社会组织发育，培养公众的志愿精神和公民意识，推进多元主体互动合作治理，进而提高政府采购透明度。一是在培育公民意识方面。一方面需要明确边界，知晓权利。国家与社会并不是相互否定的，而是有机统一的。国家需要提供一个好的政策环境，增加社会组织的主动性和独立性，保障其合法权益。社会组织也应该在合理合法的边界内维护自身权利，努力在“市场失灵”和“政府失灵”的领域提供服务。同时，在政府采购领域，发挥社会组织专业性服务的特征，为公民提供优质的服务。另一方面知晓义务，社会组织作为社会的主体不能仅仅强调一己私利，作为多元治理主体，更应该强调志愿精神，为政府与公众提供优质服务。二是在制度建设方面。当前，我国社会组织登记存在不合理的管理制度的硬约束，准入严格，许多社会组织陷入合法性困境，社会组织资金来源的支持制度缺乏，造成资金来源渠道较窄。因此，为提高社会组织积极性，加快社会有序发展，需要完善相关法律规定，使社会组织朝着积极健康的方向发展。三是在社会结构方面。贫困阶层人群难以表达自己的声音，而中等收入群体是社会从事公益事业的重要群体，在公民意识、政治参与、志愿精神方面是最活跃的人群。换言之，只有不断努力缩小贫富差距，才可以增加活跃的人群，进而促进社会的活力。

第四篇　地方实践

第十二章　北京市政府采购信息公开实践与经验

北京市一直以来高度重视政府采购信息公开工作，深入贯彻落实党中央、国务院关于全面推进政务公开工作的要求。积极构建覆盖政府采购全流程的信息公开机制，压实采购人信息公开主体责任，规范信息公开行为，提高政府采购透明度，主动接受社会监督。

第一节　政府采购信息公开实践

一、政府采购信息公开制度建设

在制度建设方面，北京市结合地区实际印发政府采购信息公开的指导性文件。一是印发《北京市财政局转发财政部关于做好政府采购信息公开工作的通知》（京财采购〔2015〕1729号）。要求各方面充分认识政府采购信息公开的重要意义；各区财政部门做好供应商、代理机构和评审专家的违法失信行为记录与报送工作；指定了北京市政府采购网为北京地区政府采购信息公开媒体。二是印发《北京市财政局转发财政部关于进一步做好政府采购信息公开工作有关事项的通知》（京财采购〔2017〕1222号）。要求各方全面推进政府采购信息公开工作；严格按照法律法规履行公开责任义务；各区财政部门全面推行集中采购记录公开工作。三是印发《北京市财政局关于加强我市各区政府采购信息化管理工作的通知》（京财采购〔2018〕2681号）。要求各区财政部门提升本区政府采购信息化建设水平，为政府采购信息公开筑牢技术基础。四是印发《北京市财政局关于印发〈北京市政府采购管理业务数据规范 v1.0（试行）〉的通知》（京财采购〔2019〕834 号）。对北京市政府采购数据提出格式要求，确保北京市政府采购数据规范统一。五是印发《北京市财政局关于转发财政部〈政府采购公告和公告信息格式规范（2020 版）〉的通知》（京财采购〔2020〕550 号）。要求各单位履行信息公开主体责任，按照要求及时、完整、准确做好信息公开工作，各区财政部门做好区属单位信息公开指导工作，各政府采购代理机构严格按照规范要求执行代理项目。

二、政府采购信息平台建设

在政府采购信息平台建设方面，北京市财政局也做了许多工作。

首先是制度方面，一是制定了《北京市政府采购网信息发布管理办法》，规范了信息发布流程，明确了发布主体职责；二是制定了《网站内容管理规范》，说明了网站管理范围和网站管理程序；三是制定了《门户网站业务系统应急预案》，细化了应急处理操作流程；四是为政府采购的采购人、代理机构提供了《政府采购管理系统操作手册》，具体介绍了政府采购设立计划、立项、委托、公告等操作流程。

其次是在完善采购网站方面，目前北京市政府采购网栏目分类清晰，主要包含综合信息、政策法规、信息公告、监督管理、北京特色等板块，方便用户查找信息。北京市政府采购网除上述基础板块内容外，还提供其他功能，如政策解答、扶持中小企业、支持科技创新、落实绿色环保、促进监狱企业发展、购买服务、政府采购协议供货查询等，这些功能不仅提高了政府采购各参与主体的用户体验，而且将北京市政府采购信息进行了更全面、公开、透明的展示。

再次是规范政府采购业务数据，北京市财政局推出了《北京市政府采购管理业务数据规范 V1.0（试行）》，对北京市各区财政部门政府采购业务数据规范化，确保按期同市级政府采购平台能够进行数据交换，文件一方面对政府采购的采购预算、采购计划、采购项目、采购合同等数据进行了内容和格式说明，各区必须严格按照文件梳理本区政府采购业务流程，确保交换数据的严肃规范性和真实有效性；另一方面要求市级政府采购平台面向各区开放数据交换接口，对相关数据进行汇总、统计、分析，并对各区上传的数据进行评估。

最后是网站访问方面，北京市政府采购网按照财政部要求使用指定域名www. ccgp - beijing. gov. cn。可兼容3种以上浏览器进行访问。北京市政府采购网设有应急响应预案，配有运维团队，能够保障24小时正常访问。信息推送方面，已统一市区两级政府采购项目公告发布系统，要求代理机构从统一系统进入后进行发布，确保区级项目发布于北京市政府采购网。对于预算500万元以上的政府采购项目，北京市财政局严格按照中国政府采购网公告接口规范进行推送。网站建设方面，北京市政府采购网主要栏目包含政策法规、采购项目信息和监管处罚信息。除此之外，还包含扶持中小企业、支持科技创新、落实绿色环保、促进监狱企业、“疫采贷”服务专区、冬奥服务专区、政策解答专区、指导性案例专区、政采新闻专区、历史数据查询专区等。网站检索板块可通过标题、正文、地区、采购人、项目编号、发布时间等进行模糊搜索。网站建立了全链条检索模式，输入项目编号和关联检索项目的招标、中标、合同公告等。北京市政府采购管理系统按照全市公共资源建设要求，建立了数据同步机制。向北京市公共资源交易网站同步项目公告信息、项目合同信息，并调用公共资源交易接口开通了线上专家抽取服务，实现了公共资源电子服务系统数据共享。平台制度建设方面，制定了安全管理制度和操作流程。北京市政府采购网及北京市政府采购管理系统按照市财政局信息化管理办法严格执行相关安全制度。成立了以局信息处、信息中心为主的信息安全管理小组。按照财政部最新要求调整采购公告和合同公告模板，并按财政部最新接口规范进行调整并推送相关数据。系统对固定搭配、常用短语等文字错误或敏感信息设置了文字校验机制，在信息发布前提醒采购人进行复核。

三、“互联网+”政府采购建设

近年来，北京市财政局不断推进政府采购信息化工作，现已形成北京市政府采购网、北京市政府采购管理服务平台、北京市政府采购手机客户端三位一体的政府采购信息公开平台，为进一步落实财政部“互联网+”政府采购有关要求打下坚实基础。其具体表现在：在政府采购公告环节，已实现在线发布公告、在线获取采购文件、提交采购文件、电子开标、电子评审等功能；在政府采购结果环节，已实现合同签订、履约验收、信用评价、用户反馈、提交发票、资金支付等功能；北京市政府采购电子商城相关交易过程事项均可在线办理，交易记录随协议采购记录在北京市政府采购网进行公开。

第二节　政府采购信息公开经验

一、强化政府采购信息公开制度建设

加强政府采购信息公开制度建设，形成采购主体职责清晰、交易规则科学高效、监管机制健全、政策功能完备、技术支撑先进的现代政府采购制度。一是印发《北京市政府采购网监督管理办法》，对指定媒体提出要求免费公开、及时公开、不得篡改、保障安全等具体监管要求；二是在《北京市财政局关于印发〈北京市集中采购成交数据交换接口技术规范〉的通知》（京财采购〔2017〕1434 号）和《北京市财政局关于印发〈北京市政府采购管理业务数据规范 v1.0〉的通知》（京财采购〔2019〕834 号）中分别明确了集采交易记录的公开机制和政府采购项目的数据同步机制；三是制定《北京市政府采购网信息发布管理办法》，规范了信息发布流程，明确了发布主体职责；四是制定《网站内容管理规范》，说明了网站管理范围和网站管理程序；五是制定了《门户网站业务系统应急预案》，细化了应急处理操作流程。

二、健全工作机制，提升营商环境

一是为政府采购的采购人、代理机构提供了《政府采购管理系统操作手册》，具体介绍了政府采购设立计划、立项、委托、公告等操作流程；二是网站建立了全链条检索模式，输入项目编号和关联检索项目的招标、中标、合同公告等，网站检索板块可通过标题、正文、地区、采购人、项目编号、发布时间等进行模糊搜索；三是公布各部门面向中小企业采购情况；四是在政府采购电子招投标系统增加互动问答和在线投诉功能。

第十三章　广东省政府采购信息公开实践与经验

第一节　政府采购信息公开实践

一、监督指导建设情况

广东省财政厅一直以来高度重视政府采购信息公开工作，积极构建覆盖政府采购全流程的信息公开机制，压实采购人信息公开主体责任，规范信息公开行为，提高政府采购透明度，主动接受社会监督。

在制度建设方面，结合广东省实际，针对政府采购信息公开工作印发了《关于做好广东省政府采购信息公开工作的通知》（粤财采购〔2015〕11号），明确了政府采购信息公开的渠道、范围及格式，强化信息公开的责任、实效等工作要求，压实采购人信息公开主体责任，规范信息公开行为。2018年7月，广东省印发了《关于重申做好政府采购合同备案和公开工作的通知》（粤财采购函〔2018〕88号），并制定了《广东省财政关于推进政府采购信息公开的工作方案》（粤财采购函〔2018〕94号）。2019年7月，广东省先后印发了《关于加强政府采购合同签订、公开和备案管理有关工作的通知》（粤财采购函〔2019〕80号）和《转发财政部关于促进政府采购公平竞争优化营商环境的通知》（粤财采购〔2019〕2号），再次强调采购人需依法公开和备案政府采购合同。2020年5月，为方便供应商提前了解政府采购信息，对于保障各类市场主体平等参与政府采购活动，印发了《广东省财政厅关于开展政府采购意向公开有关事项的通知》（粤财采购〔2020〕5号），在省教育厅、省科学院、省法院、省检察院，以及广州、深圳、东莞市市本级开展采购意向试点工作，并将于2021年1月1日起，实现全省各级预算单位采购意向全公开。

在指导市县信息公开工作方面。2019年3月，为进一步规范政府采购信息公开工作，印发了《广东省财政厅关于开展2019年政府采购透明度评估的通知》（粤财采购函〔2020〕8号），委托第三方对各省级一级预算单位和各地级以上市财政部门开展透明度评估，并根据评估结果印发了《广东省财政厅关于2019年度广东省政府采购透明度评估有关情况的通报》（粤财情况通报〔2020〕94号）。通过评估，各省级一级预算单位和市级财政部门认真开展政府采购信息公开工作，注重信息公开效果，取得了一定成效，但也存在一些问题，各信息公开主体应当继续加大信息公开力度，夯实政府采购透明度基石。此外，广东省在指导市县信息公开中提出以下要求：一是在《关于做好广东省政府采购信息公开工作的通知》（粤财采购〔2015〕11号）向市县财政部门提出政府采购信息公开的具体要求，明确了中国政府采购网广东分网（广东省省政府采购网）是广东省指定的政府采购信息公开媒体，全省政府采购信息必须在广东省政府采购网按统一格式进行公开，政府采购项目全流程信息公开纳入动态监管范围。二是在社会代理机构监督检查方面，广东省在《转发财政部关于2019年开展全国政府采购代理机构监督检查工作的通知》中要求市县级财政部门，监督检查需结合《深化政府采购制度改革方案》和进一步优化政府采购营商环境的要求，突出采购需求管理、政府采购透明度评估、绩效管理等改革要求，更好地开展检查工作，全省各级财政部门要将政府采购信息公开情况作为监督检查的重点内容。三是在采购人监督检查方面，印发《关于加强政府采购合同签订、公开和备案管理有关工作的通知》（粤财采购函〔2019〕80号），要求全省各级财政部门建立通报机制，对未按规定时间完成政府采购合同备案和公开的采购人进行通报并依法处理。对中标、成交结果发布后超过30天尚未完成政府采购合同签订的政府采购项目，采购人需填报未能依法签订政府采购合同的具体原因、整改措施和预计签订合同时间等信息。对中标、成交结果发布后超过30天尚未签订政府采购合同以及未在政府采购合同签订之日起2个工作日内公开备案政府采购合同的省直单位进行通报。

在指定媒体监管方面，根据《关于做好广东省政府采购信息公开工作的通知》（粤财采购〔2015〕11号），明确中国政府采购网广东分网（广东省政府采购网）是广东省政府采购信息发布指定媒体。广东省委托广东省政府采购网运维公司负责网站的信息发布、查询工作，并明确提出以下工作要求：一是任何单位和个人均可实时、免费查阅政府采购项目信息；二是收到政府采购信息起1个工作日内发布，不得擅自删除或者修改收到的信息内容；三是按照广东省信息安全管理要求，建立了完善安全防护措施和内控制度；四是发布政府采购信息时，财政部门、预算单位及采购代理机构均通过账号和密码进行身份核验后方可发布政府采购信息。经核实，未发现运维公司存在收取或变相收取信息发布或查询费用，也未发现运维公司无理由拒绝发布、延迟发布、擅自删除或修改政府采购信息。

在信息发布机制方面，目前，广东省政府采购项目全流程在广东省政府采购网公开，建立了科学、完备、畅通的信息发布机制。一是依照要求，通过数据接口方式，将所有依法应当发布的信息及时推送政府采购信息至中国政府采购网发布。二是加强对市县政府采购信息的管理，对使用自建政府采购管理系统的市县，通过数据对接方式，将所有依法应当发布的政府采购信息全口径、实时推送至广东省政府采购网统一公开；对使用省级政府采购管理系统的市县地区，对政府采购项目信息实施闭环管理，按照备案采购计划、委托采购代理机构、发布采购信息、备案采购合同的流程，对政府采购活动全流程予以公开，所有依法应当发布的政府采购信息均在广东省政府采购网统一公开。

在监督考核方面，一是以《关于做好广东省政府采购信息公开工作的通知》（粤财采购〔2015〕11号）、《关于加强政府采购合同签订、公开和备案管理有关工作的通知》（粤财采购函〔2019〕80号）和《转发财政部关于促进政府采购公平竞争优化营商环境的通知》（粤财采购〔2019〕2号）等文件，对采购人、集中采购机构和社会采购机构信息发布给予指导，明确要求采购项目信息，包括政府采购项目预算、单一来源公示、采购计划、采购需求、资格预审公告、采购文件、采购公告、更正或变更公告、结果公告、采购合同、验收报告等信息，由采购人或者其委托的采购代理机构负责公开，并对所公开的政府采购信息真实性、完整性和合规性负责。二是在采购人和社会代理机构监督检查方面，在《转发财政部关于2019年开展全国政府采购代理机构监督检查工作的通知》中要求，监督检查需按照优化政府采购营商环境的要求，突出政府采购透明度评估，将政府采购信息公开情况作为监督检查的重点内容。

在动态监管方面，在《关于重申做好政府采购合同备案和公开工作的通知》（粤财采购函〔2018〕88号）以及《关于加强政府采购合同签订、公开和备案管理有关工作的通知》（粤财采购函〔2019〕80号）中，对政府采购全流程开展动态监管。一是依托广东省政府采购网的政府采购信息闭环管理要求，省、市、县三级政府采购信息全流程在网上运行，采购人需点选已备案的采购计划后在线委托采购代理机构，采购代理机构需根据受托的项目按要求发布采购公告、抽取评审专家、发布成交公告、备案采购合同、支付采购合同、开展履约验收的流程，确保所有政府采购全流程纳入监管范围。二是在广东省政府采购网中点击省级、市级、县级采购单位的采购项目编号，即可展现该项目的执行情况，将政府采购项目全流程纳入动态监管范围。

二、平台建设情况

在网站访问方面，广东省政府采购网使用财政部指定域名：www.gdgpo.gov.cn，24小时可正常访问、运行平稳，可使用IE、360、QQ、2345、百度、搜狗、UC等浏览器，兼容7种以上浏览器。

在信息推送方面，一是通过规范数据接口，建立广东省政府采购网与中国政府采购网信息推送机制，广东省政府采购项目信息、政府采购违法失信行为信息记录等信息均实现有效推送。二是预算金额超过500万元采购项目信息，均通过数据接口推送至中国政府采购网。

在网站建设方面，一是广东省政府采购网页面布局合理清晰，信息栏目齐全、内容丰富，并设置通知公告、政策法规、省级采购项目信息、市县采购项目信息、代理机构库、评审专家库、监督检查、办事指南等栏目。二是网站功能齐全。设置政策功能专区，对促进中小企业发展、脱贫攻坚、节能环保相关政策规定进行分类查询。设置办事指南、业务资料和问答知识库等关联文件资料库栏目，对政府采购方式、评审专家抽取、代理机构名录登记等工作以图表方式做出指引。在关联文件资料库栏目中提供政府采购投诉书范本、信息系统操作手册等文件下载。同时，按照厅网络问政的通过管理，在广东省财政厅网上办事大厅，提供咨询建议、征集调查、网络问政功能，并及时予以回应答复。三是提供多维模糊搜索功能，提供项目关键字即可查询有关信息，同时提供地区、采购人、项目标号、发布时间等关键字即可查询。四是设置供应商在线投诉功能，供应商可在线提交投诉。五是广东省政府采购网所有栏目 3 个月内均有更新、各类栏目、功能、链接资源均可正常访问，所提供的文件均可正常下载，下载的文件均可正常打开。六是建立政府采购项目全链条搜索机制，点击采购项目编号，可查计划备案、项目委托、项目受理、采购公告发布、采购结果公告、采购合同备案、采购验收报告完成情况。其中，在采购公告中公告了采购代理机构收费情况，并提供采购文件下载。七是按照国家《公共资源交易平台系统数据规范》有关要求，广东省通过数据对接方式，及时将广东省政府采购网发布的信息公告等相关数据推送至省公共资源交易平台。

在平台制度建设方面，一是制定了《广东省财政厅信息系统管理风险内部控制办法（试行）》《广东省政府采购管理交易平台建设和运维管理办法》《网上信息发布内容管理办法》以及《信息发布审批表》《系统功能修改审批表》等相关内部管理制度，确保平台的安全、规范。二是广东省政府采购网数据接口符合财政部发布的最新合同公告和采购公告数据接口规范，对固定搭配、常用短语等文字错误或者敏感信息设置文字校验机制，信息发布主体应当按照校验结果复核后发布。

三、信息公开建设情况

信息发布根据《关于做好广东省政府采购信息公开工作的通知》（粤财采购〔2015〕11 号），采购项目信息、政府采购监管信息，以及政府采购法律法规均在广东省政府采购网上予以公开。

采购项目信息。广东省政府采购项目信息实现全过程公开，发布链条完整，要素齐全、公告公示内容完整，符合时间要求，且可根据采购项目编号查询采购活动从采购计划备案到验收的全部进展情况。

监管处罚信息。应当公开的投诉处理决定、监督检查处理决定、集中采购机构考核结果以及供应商、采购代理机构和评审专家等的违法失信行为记录等均在广东省政府采购网予以公开，内容完整、公告发布时间符合时间要求。所有违法失信记录均在中国政府采购网主网予以发布。

其他政府采购信息。2020 年应公开规范性文件共 148 份，已全部在广东省政府采购网予以公开。广东省集中采购目录、政府采购限额标准和公开数额标准均在广东省政府采购网按地区集中统一发布。工商注册地为广东省的政府采购招标业务代理机构名录在广东省政府采购网集中统一发布。县级以上财政部门已统一公开政府采购投诉受理的方式、联系部门、通讯地址、联系电话等信息。

采购意向。2020年5月12日，为方便供应商提前了解政府采购信息，对于保障各类市场主体平等参与政府采购活动，广东省印发了《广东省财政厅关于开展政府采购意向公开有关事项的通知》（粤财采购〔2020〕5号），在省教育厅、省科学院、省法院、省检察院，以及广州、深圳、东莞市市本级开展采购意向试点工作，并将于2021年1月1日起，实现全省各级预算单位采购意向全公开。据统计，截至2020年9月，全省累计发布采购意向信息986条。

四、“互联网+”政府采购建设

电子化政府采购平台建设情况。广东省正在加快推进建设电子化政府采购平台，印发了《广东政府采购智慧云平台建设方案》，根据“数字财政”的统一部署和规划，按照“全省一张网”的总体要求，推进区块链、人工智能、云计算、大数据、电子商务等新技术新模式在政府采购领域的深度应用，高标准打造一个覆盖省、市、县（区）三级，集监管、交易和服务于一体的政府采购智慧云平台，推动政府采购向数字化、智能化转型，构建全生命周期管理的政府采购生态圈，为建立统一开放、竞争有序的政府采购市场，打造一流营商环境和提升政府治理能力现代化提供有力支撑。目前，政府采购电子招投标系统已开展试点，政府采购智慧云平台计划将于2021年1月1日在全省范围内正式上线运行，实现政府采购全流程电子化线上运行，实现采购计划备案、委托代理机构、项目立项、采购人编制采购需求、供应商在线获取采购文件和提交投标文件、电子开标和评审、在线签订合同、履约验收、信用评价和反馈、提交发票、支付资金全程在线上运行。

电子卖场建设情况。广东省省级实行批量集中采购、电商直购、网上竞价和定点采购“四位一体”的电子化采购模式。由广东省政府采购中心建立了广东省电子化采购执行平台（http：//120.25.245.217：8000/），全面公开电商、网上竞价供应商、定点采购供应商信息，公开网上商城、网上竞价、定点采购商品信息。在采购交易方面，全面公开成交信息和合同信息。此外，对供应商进驻平台采取承诺入围方式，即通过资格性和符合性审查的供应商即可入围，未涉及入围价格以及优惠条件等招标因素。下一步，广东省将按照《广东政府采购智慧云平台建设方案》，构建覆盖全省范围的政府采购电子卖场，完善简易采购程序，提高采购效率，为更多的市场主体提供政府采购市场机会，不断优化政府采购营商环境。

第二节　政府采购信息公开经验

一、建立政府采购智慧云平台，推动营商环境建设和政府治理现代化

根据“数字财政”的统一部署和规划，广东省按照“全省一张网”的总体要求，推进区块链、人工智能、云计算、大数据、电子商务等新技术新模式在政府采购领域的深度应用，自2020年2月起，广东省启动了广东政府采购智慧云平台建设，按照“全程电子化、监管智能化、交易便利化”的总体要求，高标准打造一个覆盖省、市、县（区）三级，集监管、交易和服务于一体的政府采购智慧云平台，推动政府采购向数字化、智能化转型，构建全生命周期管理的政府采购生态圈，为建立统一开放、竞争有序的政府采购市场，打造一流的营商环境和推动政府治理能力现代化提供了有力的支撑。

二、建立采购项目全链条搜索机制，完善动态监管

一是依托广东省政府采购网的政府采购信息闭环管理要求，省、市、县三级政府采购信息全流程在网上运行，采购人需要点选已备案的采购计划后在线委托采购代理机构，采购代理机构需要根据受托的项目按要求发布采购公告、抽取评审专家、发布成交公告、备案采购合同、支付采购合同、开展履约验收的流程，确保所有政府采购全流程纳入监管范围。二是在广东省政

府采购网中点击省级、市级、县级采购单位的采购项目编号，即可展现该项目的执行情况，将政府采购项目全流程纳入动态监管范围。

三、推进第三方政府采购透明度评估，完善参与机制

2019 年 3 月，为进一步规范政府采购信息公开工作，加强各省级一级预算单位、各地级以上财政部门政府采购信息公开管理力度，广东省印发了《广东省财政厅关于开展 2019 年政府采购透明度评估的通知》（粤财采购函〔2020〕8 号），委托第三方专业评估机构开展评估。一是根据广东省情况，采取抽查对象自查、被评估对象书面说明和第三方评估机构随机抽查项目的方式，实行打分制，最终评分为三个方面情况之和。二是根据省级和地市级差异，设计政府采购透明度体系，即省级一级预算单位评估范围和内容为：内部管理情况（30 分）、信息发布情况（50 分）和配合评估情况（20 分）。各地级以上市财政部门评估范围和内容为：监督指导情况（25 分）、市级分网建设情况（17 分）、信息发布情况（50 分）和配合评估情况（8 分）。强化财政部第三方透明度评价结果的运用，对监督检查中发现的信息公开违法违规行为依法追究责任，夯实政府采购透明度基石。

第十四章　浙江省政府采购信息公开实践与经验

浙江省财政厅历来重视政府采购透明度建设，一直把政府采购信息公开作为重要工作来抓。早在2000年10月即开通了“浙江政府采购网”（全国第一家省级政府采购专业网站），作为全省政府采购信息公开的一个重要窗口。截至目前，浙江省政府采购信息公开工作除了按要求高标准完成全部规定动作之外，还在全国先行先试，进行了政采云平台开发运用、采购文件随采购公告同步公开、评标情况同步视频公开等有益探索，着力推进采购流程透明化、信息公开标准化、数据共享开放化，把政府采购透明度建设向纵深推进。

第一节　政府采购信息公开实践

一、监督指导建设情况

在制度建设方面，浙江省先后制定了《浙江省财政厅关于指定浙江省政府采购信息发布媒体及有关事项的通知》（浙财办字〔2005〕32号）、《浙江省财政厅关于进一步加强政府采购信息发布标准化、规范化有关事项的通知》（浙财采监〔2018〕5号）、《浙江省财政厅关于印发浙江省财政厅政府信息公开实施办法的通知》（浙财办〔2019〕7号）、《浙江省财政厅转发财政部关于开展政府采购意向公开工作的通知》（浙财采监〔2020〕5号）四个政府采购信息公开文件，同时要求浙江省各级政府采购信息应发布于《浙江日报》和浙江政府采购网，并明确相应的发布要求、工作机制及监督检查举措。目前，相关工作机制运行顺畅、高效，浙江政府采购网已成为政府采购信息发布的第一官方媒体，囊括浙江省所有政府采购相关信息。

在指导市县信息公开工作方面，第一，浙江政府采购网是中国政府采购网浙江分网，《浙江省财政厅关于指定浙江省政府采购信息发布媒体及有关事项的通知》（浙财办字〔2005〕32号）明确要求浙江政府采购网是各类政府采购信息发布的第一媒体，其他发布媒体应从该网推送，确保信息一致。具体规定如下："在浙江政府采购网上发布信息的同时，信息发布人应当根据本通知第二条的规定，选择确定拟同时发布的指定媒体，即浙江日报、中国政府采购网、中国财经报等，以及其他规定的政府采购协作媒体和专业性媒体。系统将根据信息发布人选定的媒体，自动将有关信息转发到有关的政府采购指定媒体或其他媒体。"第二，政府采购信息公开工作一直是浙江省集中采购机构考核、代理机构监督检查的重点内容。近年来，浙江省大力推进政采云平台建设，实现全省政府采购项目统一通过同一个平台进行操作，利用技术手段实现了对政府采购项目的全流程动态监管，更好落实浙财办字〔2005〕32号有关信息公开工作的要求和奖惩措施。同时，通过每年举办的财政部门、集中采购机构、采购人、社会代理机构培训班，大力培训、宣传信息公开工作，取得不错效果。第三，通过浙财办字〔2005〕32号制定了有关信息公开工作的要求及奖惩措施，并在日常监督检查、考核、投诉举报处理在严格落实上述要求。

在指定媒体监管方面，《浙江省财政厅关于指定浙江省政府采购信息发布媒体及有关事项的通知》（浙财办字〔2005〕32号）明确将浙江政府采购网作为浙江省政府采购信息发布指定媒体，并规定应免费发布、查阅信息，实时发布收到的信息，不得擅自删除、更改收到的信息。通过政府购买服务，引入政采云有限公司作为网站运维公司，建立完善的内控制度，以及有效的安全防护措施。网站不存在收取费用、无正当理由拒绝发布、延迟发布信息，擅自删除或修改信息，泄密或不当发布敏感信息等。

在信息发布机制方面，近年来，浙江省通过制发《浙江省财政厅关于指定浙江省政府采购信息发布媒体及有关事项的通知》（浙财办字〔2005〕32号）、《浙江省财政厅关于进一步加强政府采购信息发布标准化、规范化有关事项的通知》（浙财采监〔2018〕5号）、《浙江省财政厅关于印发浙江省政府采购电子卖场采购管理暂行办法的通知》（浙财采监〔2017〕29号）、《浙江省财政厅关于印发浙江省政府采购项目电子交易管理暂行办法的通知》（浙财采监〔2019〕10号）、《浙江省财政厅关于印发〈政采云网上超市“全省一张网”实施方案〉的通知》（浙财采监〔2019〕2号）、《浙江省财政厅关于加快实施“互联网+政府采购”进一步贯彻落实政府采购政策的通知》（浙财采监〔2019〕8号）等一系列政府采购信息公开有关文件，建立了相关工作机制，实现了浙江政府采购项目统一通过政采云平台进行操作，利用技术手段强制其通过浙江政府采购网发布采购公告，并通过浙江政府采购网向其他媒体推送政府采购相关信息，实现了信息发布的一致性。

在监督考核方面，浙江省对采购人、集中采购机构和社会代理机构每年进行集中培训，并利用座谈会、上门宣传服务等形式，对其信息公开工作给予指导。近年来，浙江还联合公共资源交易平台，对7个国务院确定的基层政务公开试点县市区进行指导和考核验收，相关成果已被国办吸收形成全国性公共资源交易平台信息公开标准。按财政部部署，浙江省每年开展对社会代理机构的监督检查，信息公开情况一直是对社会代理机构考核及监督检查的重点内容。同时，对社会代理机构的项目检查会延伸至采购人，2019年，累计发布行政处罚55条。浙江省对集中采购机构实行两年一次的集中考核，信息公开情况一直作为考核和监督检查的重点内容。

在动态监管方面，浙江省通过制发一系列有关政府采购信息公开文件，实现全省政府采购项目统一通过政采云平台操作，利用技术手段达到了对全省政府采购项目全流程信息公开的动态监管。目前，浙江省利用技术手段，通过政采云平台实现了对全省（包括本级、市级、区县）政府采购项目全流程信息公开的动态监管。

二、平台建设情况

浙江省采用双域名，即 http：//zfcg. czt. zj. gov. cn 和 http：//www. ccgp - zhejiang. gov. cn，其中一个是财政部指定域名；可兼容360、QQ、IE、chrome、Firefox 等主流浏览器；网站常年可访问，不存在异常关闭情况。目前，浙江省所有市县政府采购项目均通过浙江政府采购平台发布相关信息，与中国政府采购网实现数据自动对接推送。

浙江政府采购平台，包含政策法规、采购公告、监督检查功能。其他内容功能有：咨询动态、购买服务、办事指南、采购知识、下载专区、电子卖场等栏目。网站信息可通过地区、采购人、项目编号、发布时间等关键字进行搜索（首页有总体搜索栏目、二级界面含高级搜索）。在线投诉栏目链接“浙江政务服务网”并已对接浙江政府采购网建设平台“政采云”，可由在线投诉栏目提交投诉后。另外，浙江省已建立项目采购全链条搜索机制，在公告顶部展示该项目全部项目信息，并可通过高级搜索中选择不同类型的采购公告，包括但不限于：采购进口产品公示、单一来源公示、资格预审公告、采购公告、采购结果公告、采购合同公告等。且浙江省公共资源平台整合建有常态化工作机制，2017 年 5 月 27 日实现政府采购信息互联共享，目前运行正常。浙江高度重视网站安全规范管理，除了做好自身内控要求外，还需同步督促运维公司制定相应制度及规程，并监督其实施。其数据接口符合财政部发布的最新合同公告和采购公告数据接口规范，并正常运行。同时，对于其相关敏感信息校验功能截图。

三、信息发布情况

在政府采购项目信息发布方面，浙江省统一要求在政府采购项目公告发布时，应上传公开采购文件，相关采购需求、预算、资格要求、评审标准、采购项目等需要落实政府采购政策，应做到尽可能早、尽可能大范围公开。浙江省已经取消协议供货、定点采购，统一通过电子卖场采购小额、零星采购项目。浙江省集中采购机构考核结果已按要求公布于浙江政府采购网，相关投诉、监督检查等处理决定、违法失信行为记录公告已按要求发布，并推送给中国政府采购网。浙江省所有本地区制发的政府采购相关规范性文件（含集采目录）已在浙江政府采购网统一发布，除集中公开财政监督部门联系方式以外，每一个政府采购项目均公开财政部门受理投诉联系方式。多数在线询价、反向竞价项目为预留给中小企业的项目，相关采购结果已公布在外网。浙江省已按规定实现标准化、规范化发布采购相关信息，必要业务已及时提醒、预警采购代理机构或采购人发布公告、公示等项目信息。且已在平台中对公告及公示内容进行要求，包括内容完整（必要信息必填且结构化、并按照相关规则验证），同时提示及预警保证公告及公示的完整性。另外，通过项目相关信息中时间的结构化，由系统判断是否符合发布时间要求，并提前预警及提醒以达到采购项目信息发布符合时间要求。

在监管处罚信息发布方面，其一，浙江省所有应当发布的监管处罚信息均已发布在浙江政府采购网相关栏目中；其二，浙江省所有应当发布的投诉、监督检查等处理决定公告，集中采购机构考核结果，违法失信行为记录均已发布在浙江政府采购网相关栏目中，并且相关内容已按照相关规范要求优化；其三，投诉处理结果公告、其他监管公告已按要求发布，并且发布时间已按照相关规范要求提醒、优化，违法失信行为记录公告已在中国政府采购网中央主网发布。

其他信息方面，本地区制发的政府采购相关规范性文件均已在浙江政府采购网发布，且可通过高级搜索不同类型的文件。省级以上人民政府公布的集中采购目录、政府采购限额标准和公开招标数额标准已在中国政府采购网地方分网集中统一发布。浙江省已于2020年5月1日起试点开展政府采购意向公开工作，内容按照财政部相关要求、确保内容完整、发布及时。

四、“互联网+”政府采购建设情况

浙江省与阿里巴巴集团合作，按照“政府定规则、市场建平台、属地化管理、专业化运营”打造政采云平台，类似一个“政府淘宝”。建设政采云平台的重要目标之一是建立一套能够服务全省乃至全国的政府采购商品标准体系。

目前全省约3万家采购单位通过平台采购，采购人能够像登入“淘宝”网一样搜索和购买全省商品。平台汇聚了49万余家供应商，一地注册、全网销售；一地处罚，全网生效。一个市场连通、监管协同的一体化政府采购网上市场正在形成，促进了充分竞争。同时，浙江公布了每一个商品的成交记录，做到不仅采供双方且全公众均可查询成交记录，真正做到了公开透明。

目前全平台有825万件商品能够精确描述到主要销售属性，并实现了货物服务价格剥离；有4200万件商品能够描述到品牌型号，为采购人选择和政府监管提供了有力依据。这项工作的实现得益于平台“专业化运营”的机制，其工作量就行政部门有限的人力资源而言是无法承受的。但是由于商品数量的不断增加、商品种类的不断迭代更新，商品标准体系建设工作仍然任重而道远。

推动政府采购数字化转型的核心就是强化采购人主体责任，建立“制度定规则、市场定价格、采购人定结果”的交易机制。50万元以下的项目，采购人基于平台所展示的标准商品，充分比较销售属性、价格参数后，可自行选择；50万至200万元之间的项目，采购人可利用平台竞价工具，自行发布需求，通过竞价流程后成交；200万元以上的项目采用电子化招投标。交易决策的全过程都在平台留痕，受到阳光监管，采购人始终作为第一责任人。

通过以上举措，浙江省破解政府采购“慢贵差”问题取得明显成效。项目采购、网上超市、在线询价的核心交易时间分别缩短至23天、0.55天和4.48天，比原先40天左右的时间大大缩短。与传统线下采购方式相比，平台货物服务类采购的平均节资率在7%左右，2019年，全省各类采购单位共节省资金124亿元。

第二节　政府采购信息公开经验

一、推动政府采购数字化转型

充分利用浙江数字经济和数字政府的发展优势，积极推进政府采购数字化转型，将互联网思维与技术引入政府采购领域，率先建立起覆盖全流程、全领域、多用户，集网上交易、监管和服务于一体的政府采购云计算服务平台（简称“政采云平台”），并创造性地出台《浙江省政府采购电子卖场采购管理暂行办法》《浙江省政府采购项目电子交易管理暂行办法》《关于加快实施“互联网+”政府采购进一步贯彻落实政府采购政策的通知》等8个制度文件，全力推进政府采购领域“整体智治”。一是建立数据标准，实现价格和质量可比。由于行政资源有限，传统政府采购商品标准仅能精确到类目，远远无法应用于价格和质量的比较分析。多年来，“专供特供”、货物与服务价格混合等问题是影响政府采购价格和质量监管的主要难题之一，其本质是政府采购缺乏一套与市场接轨的有效的商品标准体系。二是强化采购人责任，发挥择优作用。建立“制度定规则、市场定价格、采购人定结果”的交易机制。因为在交易行为中，采供双方的主体责任是决定采购质效的主要因素。政府采购是“花别人的钱为别人买东西”，因此采购人在比质比价方面的动力天然不足。加上传统政府采购的委托招标、专家评审等规则，采购人的主体责任越来越虚化弱化。

二、推动“技术+制度”信息公开模式

政府采购交易环节是市场行为，价格和质量问题根本上需要通过市场竞争解决。由于各级各地政府“分灶吃饭”，传统政府采购市场也相应以行政区划为单位隔离。在碎片化市场下，每个地区市场的竞争有限，不良供应商可以在A地合规而在B地抬价，监管也无法协同。市场问题用市场手段解决，推动以“技术+制度”破解“慢贵差”问题，整合碎片化市场，实现充分竞争。其一，采购流程透明化。浙江在全国率先实行源头上公开采购文件，涉及采购各环节的文件信息全部上网，同时，采购文件信息不仅向供应商开放而且向社会免费开放，实现面向各类采购主体、所有采购项目、整个采购流程的透明化运行、规范化操作，为“清廉浙江”建设提供了有力支撑。其二，信息公开标准化。2017年，浙江对浙江政府采购网进行了改版升级，建立起全省统一、规范的政府采购信息发布渠道。2020年6月，根据《财政部办公厅关于印发政府采购公告和公示信息格式规范（2020年版）的通知》（财办库〔2020〕50号）要求，浙江省进一步统一规范了政府采购信息发布模板，充分运用信息技术，对政府采购信息发布功能进行系统梳理和完善，完成22项信息发布模板编制，形成涵盖预算导入资金支付采购全流程、各环节有机衔接的采购信息公开链条，实现政府采购信息公开透明。其三，数据共享开放化。政采云平台以数据的统筹、共享、开放为切入点，加快采购数据汇聚共享，释放采购数据价值，一是平台供应商、商品信息、代理机构和评审专家“四库”的相关信息与全国相关资源信息库共享；二是平台采购交易、合同、履约等信息与公共资源交易平台共享；三是平台供应商、专家等主体的诚信数据与信用中国、信用浙江等征信平台数据共享。进一步地，平台积极推动有关信息在预警、监管、决策等业务场景的应用。

第十五章　福建省政府采购信息公开实践与经验

福建省高度重视政府采购信息公开工作，将提升政府采购透明度作为优化营商环境的重要方式，通过建立健全工作机制、强化电子化监管手段运用、加强监督检查和培训指导等措施，认真做好政府采购信息公开工作，进一步提升省内政府采购活动透明度，将政府采购活动置于“阳光”下运行，切实维护采购活动的公开、公平和公正。

第一节　政府采购信息公开实践

一、监督指导建设情况

（一）加强制度建设，明确政府采购信息公开工作要求

福建省结合本省实际，制定印发《关于印发福建省政府采购信息公告模板的通知》（闽财购〔2016〕35号）、《关于提升政府采购领域营商环境的实施意见》（闽财购〔2019〕11号）、《关于认真做好政府采购透明度评估有关工作的通知》等专门文件，加强对本地区信息公开工作的指导。近年来共计印发近20份文件，从平台建设、发布机制、公开要求、安全管理、监督检查等方面对信息公开工作提出了系统、具体的要求。今年在财政部制定《政府采购公告和公示信息格式规范（2020年版）》后，印发《关于规范发布政府采购公告和公示信息的通知》，要求省内各级政府采购监督管理部门、采购

单位、采购代理机构严格按照财政部格式规范编制发布政府采购信息。

（二）细化工作要求，加强对市县信息公开工作的指导

强调政府采购信息集中、统一在中国政府采购网发布，确保政府采购信息“一站式”获取。如《福建省财政厅关于进一步加强政府采购信息网络建设的通知》（闽财购〔2013〕31号）第三点、《福建省财政厅转发财政部关于做好政府采购信息公开工作的通知》（闽财购〔2015〕22号）第二点第（三）项。

将信息公开情况作为对集中采购机构考核，以及对采购人、社会代理机构监督检查的重点内容。如《福建省集中采购机构监督考核管理办法（试行）》（闽财购〔2005〕28号）第四条第（三）项4、5点对集中采购机构发布采购信息、采购结果公告情况进行考核；《福建省财政厅关于进一步加强政府采购代理机构从事省级政府采购代理业务监管的通知》（闽财购〔2007〕9号）第一点第（三）项第5点对社会代理机构按规定在指定媒体上发布政府采购信息情况进行监管；《福建省财政厅印发〈关于进一步加强政府采购管理的意见〉的通知》（闽财购〔2017〕8号）第二点第（六）项要求强化落实采购人履行政府采购信息公开的主体责任，加大对政府采购信息公开的监管力度，规范相关当事人的信息发布行为。

将政府采购项目全流程信息纳入动态监管范围。将政府采购信息公告模板嵌入业务系统，未完整录入公告要素、未按规定完成信息公开将无法进行后续环节的操作。制定印发《关于建立福建省政府采购网上公开信息系统违规预警和处置机制的通知》（闽财购〔2016〕39号）和《关于印发福建省政府采购网上公开信息系统监察材料梳理的通知》（闽财购函〔2016〕106号），违反有关规定时政府采购网上公开信息系统将实行动态预警，辅助监管部门进行动态监管。

加强对政府采购信息公开落实不到位情况的检查督导。《关于印发福建省政府采购信息公告模板的通知》（闽财购〔2016〕35号）第四点要求“对未按照规定在指定媒体发布政府采购项目信息或发布信息不实的，依照有关规定追究责任”，《关于认真做好政府采购透明度评估有关工作的通知》第一点中要求对未按要求做好透明度评估工作的单位，将予以通报。

做好政府采购信息公开培训工作。在日常工作中，注重加强对市县财政

部门政府采购信息公开工作的培训，如《关于举办2018年全省政府采购监管业务培训班的通知》（闽会考函〔2018〕16号）将网上公开的新要求作为培训内容。

（三）加强过程管理，充分发挥信息发布平台的作用

中国政府采购网福建分网（政府采购信息发布媒体）由福建省建设，福建省将平台管理与政府采购信息公开工作有机结合，按照政府采购公开工作要求不断完善优化平台功能，满足政府采购信息公开管理需要。

将中国政府采购网福建分网确定为本地区政府采购信息发布指定媒体，全省政府采购信息都应当在中国政府采购网福建分网集中统一发布。在《福建省财政厅关于印发〈福建省省级政府集中采购目录及限额标准〉的通知》（闽财购〔2018〕29号）第一点第（四）项明确，中国政府采购网及其福建分网为福建省指定政府采购信息发布媒体，提高信息发布的聚合性、权威性。

实行信息免费发布、查阅。中国政府采购网福建分网经费由财政部门保障，采购人、采购代理机构、监管部门等可免费注册账户发布信息，不收取任何信息发布费用，当事人可无门槛在线免费浏览查阅信息。《福建省财政厅转发财政部关于促进政府采购公平竞争优化营商环境的通知》（闽财购〔2019〕17号）第三点要求各地区、各部门及时、完整、准确发布政府采购信息，方便市场主体免费获取、查询。

实现信息无时滞即时发布。政府采购信息由采购人、采购代理机构和监督管理部门使用中国政府采购网福建分网账号自行完成编辑、审核、发布等工作，无须通过第三方，没有中间环节的时滞，全部信息都在中国政府采购网福建分网对应区域实时发布。

采取有效措施防止信息被篡改删除。中国政府采购网福建分网信息公告等数据由独立第三方云平台规范存储、保管，包括监管部门、运维单位在内的当事人都无权限擅自删除或者修改收到的信息内容。

加强安全防护及内控管理。中国政府采购网福建分网通过了三级等保，平台制定了《政府采购网上公开信息系统安全管理制度汇编》，完善安全防护及内控管理制度，保障信息安全。

对信息发布主体身份进行严格认证。中国政府采购网福建分网采购人、采购代理机构账号与CA数字认证证书关联，信息发布需要加盖当事人的电

子印章，CA 数字认证证书发证机构对采购人、采购代理机构的身份进行核验，并承担法律认证责任，保证了信息发布单位的身份真实性。

防范不良行为的发生。中国政府采购网福建分网由福建省建设管理，杜绝了由经营性机构管理的潜在风险，中国政府采购网福建分网不存在收取或变相收取信息发布费用、向市场主体和社会公众收取或以注册付费会员等形式变相收取信息查阅费用，以及无正当理由拒绝发布、延迟发布政府采购信息、擅自删除或者修改政府采购信息的情形。

（四）加强监督考核，切实提升政府采购信息公开工作质量

通过文件等形式加强对采购人、集中采购机构和社会代理机构的信息公开工作指导。福建省通过文件、会议、培训等多种形式，对采购人、集中采购机构和社会代理机构的信息公开工作给予具体指导。如《关于印发福建省政府采购信息公告模板的通知》（闽财购〔2016〕35 号），依据政府采购政策法规，整理出了信息公开的要素及要求，为采购人、集中采购机构和社会代理机构完整、规范发布政府采购信息提供了具体指导。编制了信息发布功能操作手册，并组织系统操作培训，加强信息发布工作的具体指导。

将信息公开情况作为对采购人、社会代理机构监督检查内容。每年按照财政部要求，组织开展对采购人、社会代理机构监督检查，将信息公开情况列入检查内容。如《福建省财政厅转发财政部关于2019 年开展全国政府采购代理机构监督检查工作的通知》（闽财购〔2019〕20 号）中第三点强调对不按规定发布政府采购信息的情况进行重点检查。

将信息公开情况作为对集中采购机构考核内容。如《福建省集中采购机构监督考核管理办法（试行）》（闽财购〔2005〕28 号）第四条第（三）项 4、5 点设定了关于信息公开情况的分值。

（五）推行电子化监管，实现全流程信息公开的动态监管

将政府采购项目全流程信息公开纳入动态监管范围。按照《关于印发〈福建省政府采购网上公开信息系统部署推广实施方案〉的通知》（闽财购〔2017〕3 号）第二点第（三）项和第（五）项，省内依法应当公开的政府采购项目全过程信息，均应当在中国政府采购网福建分网发布，系统推行电子化监督，对交易活动进行动态监督和预警。

实现了对省级采购项目全流程信息公开的动态监管。省级 2017 年 3 月 1 日启用政府采购网上公开信息系统，省财政厅通过电子化监督、日常监督检查等方式对省级采购项目全流程信息公开情况进行动态监管，及时纠正违规情形。

实现了对市县级采购项目全流程信息公开的动态监管。市、县级于 2017 年 5 月 1 日、7 月 1 日启用政府采购网上公开信息系统，实现了对市县级采购项目全流程信息公开的动态监管。

二、平台建设情况

（一）网站运行平稳

中国政府采购网福建分网经过多年的运行，技术稳定成熟，有专门运维团队，可保障 24 小时正常访问。因不可抗力或安全等因素需要紧急关停时，会通过在网站首页发布公告、客户服务电话等方式做好沟通提醒。增加了“疫情防控物资采购专区”“闽宁协作扶贫专区”等栏目，通过“在线客服”等功能加强与当事人互动交流，涉及政府采购当事人政策制定时，在“通知公告”栏目广泛征集调查意见。

（二）按规定向中央主网推送信息

中国政府采购网福建分网通过数据接口实时向中央主网推送预算金额 500 万元以上的地方采购项目信息，2019 年 9 月 1 日至 2020 年 6 月 30 日共推送项目 4511 个（其中采购公告数量 1409 个、结果公告数量 2148 个、更正公告数量 954 个）。

（三）加强信息共享

在系统方案设计时，就在《福建省财政厅关于印发〈福建省政府采购网上公开工作方案〉的通知》（闽财购〔2016〕17 号）第二点第（三）项 3（2）中，明确推进与公共资源交易平台的信息互联互通，实现与公共资源电子服务系统之间的信息共享。社会公众可以通过“福建省公共资源交易电子公共服务平台”的“交易信息”栏目查询到政府采购信息公告。

（四）加强数据安全管理

一方面，制定了安全管理制度和操作规程。平台制定了《政府采购网上公开信息系统安全管理制度汇编》，细化了操作规程，强化安全管理。同时，制作了采购人、采购代理机构、评审专家和供应商操作手册，方便当事人操作使用。另一方面，建立文字校验机制加强提醒。制定印发《福建省财政厅关于加强对政府采购招标文件公告歧视性和倾向性条款审查的通知》（闽财购〔2016〕36号）确定了敏感词条。通过信息技术手段，对采购文件、信息公告内容中的固定搭配、常用短语等文字错误或者敏感信息进行自动筛查、预警和阻止，在信息发布前提醒采购人、采购代理机构复核，提高信息公告的准确性。

三、信息发布情况

（一）完整发布政府采购项目信息

有关项目均在中国政府采购网地方分网发布信息，采购项目信息发布链条完整，采购项目公告、公示内容完整，信息发布时间符合要求。

（二）规范发布监管处罚信息

福建省全省财政部门作出的监管处罚信息均通过中国政府采购网福建分网“监督管理”栏目公开。监督处罚信息公告内容完整，公告发布符合时间要求，违法失信行为记录公告在中国政府采购网主网发布。

（三）落实其他信息公开要求

集中统一发布规范性文件。省级财政部门制定的政府采购相关规范性文件在中国政府采购网福建分网“通知公告”或“政策法规”发布。按要求发布集中采购目录及限额标准等信息。在中国政府采购网福建分网“进口产品清单、高校科研设备品目、集中采购目录”栏目，将集中采购目录、政府采购限额标准和公开招标数额标准统一发布。

公开投诉受理方式。在中国政府采购网福建分网“监督管理”“投诉联系方式”栏目发布县级以上财政部门发布受理投诉的方式、联系部门、联系电话和通讯地址等信息，方便当事人维护合法权益。

公开面向中小企业采购情况。落实财政部、工业和信息化部《关于印发〈政府采购促进中小企业发展暂行办法〉的通知》（财库〔2011〕181号）要求，在“政策法规”栏目“中小企业专区”发布各部门中小企业采购情况。

四、“互联网+”政府采购建设情况

福建积极推进“互联网+”政府采购行动，依托全省统一的“政府采购网上公开信息系统”建设，实现在线发布采购公告、免费获取采购文件、提交采购（响应）文件，实行电子开标、电子评审，与国库支付系统等信息系统衔接，可实现电子合同签订、履约验收、信用评价、用户反馈、提交发票、资金支付等功能。福建省政府采购网上超市2017年6月正式上线运行，具备在线交易等功能，成交记录向社会公开。

第二节　政府采购信息公开经验

一、完善工作机制，确保政府采购信息的规范发布

福建省近年来共计印发近20份文件，从平台建设、发布机制、公开要求、安全管理、监督检查等方面对信息公开工作提出了系统、具体的要求。尤其是建立工作机制，确保政府采购信息的规范发布。福建省出台了《关于印发〈福建省政府采购网上公开工作方案〉的通知》（闽财购〔2016〕17号）、《关于印发〈福建省政府采购网上公开信息系统部署推广实施方案〉的通知》（闽财购〔2017〕3号），建设省、市、县标准统一的政府采购网上公开信息系统，升级改造中国政府采购网福建分网，将其建成“一站式”信息聚合和检索平台。系统于2017年正式上线，省内所有依法应当发布的政府采购信息均通过中国政府采购网福建分网发布，市县级政府采购信息均在中国政府采购网福建分网发布。按照财政部制定《政府采购公告和公示信息格式

规范（2020年版）》，对系统功能进行升级改造，将信息格式规范要求嵌入信息公告模板中，信息公告必须体现需要落实的采购政策等内容。从采购流程来看，固化信息发布格式，从招标公告到中标公告再到合同签订环节，环环相扣，相互关联，避免环节缺失；从公告内容来看，制定相关采购模板，有利于避免公告内容的缺失和遗漏；从公告时间来看，制定文件模板，可提高时间的准确性及规范性。

二、优化地方采购分网的平台建设

中国政府采购网福建分网经过多年的运行，技术稳定成熟，有专门运维团队，可保障24小时正常访问，所辖市（县/区）政府均有发布接口并实现信息有效推送；例如，平台制定了《政府采购网上公开信息系统安全管理制度汇编》，细化了操作规程，强化安全管理。制作了采购人、采购代理机构、评审专家和供应商操作手册，方便当事人操作使用。通过信息技术手段，对采购文件、信息公告内容中的固定搭配、常用短语等文字错误或者敏感信息进行自动筛查、预警和阻止，在信息发布前提醒采购人、采购代理机构复核，提高信息公告的准确性。

网站实现了首页布局合理，实现功能模块清晰，符合本部门性质定位。实现了多维度检索功能，如可按地区、时间维度检索，支持模糊检索和按项目、采购人、采购代理机构、采购方式等不同维度检索；从平台互动来看，实现网站各类信息动态、及时更新，咨询投诉，提问交流等互动渠道真实可用，公众咨询投诉答复信息公开，反馈及时，互动界面友好、使用方便。如“疫情防控物资采购专区”“闽宁协作扶贫专区”等栏目，通过“在线客服”等功能加强与当事人互动交流，涉及政府采购当事人政策制定时，在“通知公告”栏目广泛征集调查意见。

第十六章　云南省政府采购信息公开实践与经验

第一节　政府采购信息公开实践

一、监督指导建设情况

在制度建设方面，2020年8月，云南省财政厅制定《关于进一步规范政府采购信息公开工作的通知》（云财采〔2020〕19号）并印发全省各州（市）、县（市、区）执行。该文件是云南省政府采购信息公开工作的专门指导性文件，进一步明确了“谁实施、谁公开，谁制作、谁公开”和“谁公开，谁负责”的政府采购信息公开原则，并对公开媒体、内容、主体、方式、格式、时限以及信息共享、监督管理等作出了具体规定。

（一）指导州市县信息公开工作

1. 制定政策指导州市县工作。

（1）要求集中统一发布。云财采〔2020〕19号文件规定：“指定发布媒体。云南省政府采购网（中国政府采购网云南分网，网址 www.yngp.com、www.ccgp-yunnan.gov.cn）是云南省政府采购信息发布的指定媒体。云南省政府采购项目信息和监管信息应在云南省政府采购网发布。”

（2）纳入监督检查重点。云财采〔2020〕19号文件规定：“（二）加强监督管理。各级财政部门要切实加强对本地区政府采购信息公开工作的指导，将政府采购信息公开情况作为对采购人、社会代理机构监督检查和集中采购机构考核的重点内容，加大监督检查力度，完善监督检查及考核指标体系，强化财政部第三方透明度评价结果的运用，对监督检查中发现的信息公开违法违规行为依法追究责任”；《云南省关于2019年开展全省政府采购代理机构监督检查工作的通知》（云财采〔2019〕14号）规定：“四、检查内容。本次检查涵盖政府采购活动的全过程，主要包括……信息公告……等十个方面内容。”

（3）纳入动态监管范围。《云南省人民政府办公厅关于推进公共资源配置领域政府信息公开的实施意见》（云政办发〔2018〕35号）规定：“各地各部门要采取日常监督、重点抽查、半年检查和年度考核等方式，定期对公共资源配置领域政府信息公开情况、公开时效、交易平台掌握信息报送和公开情况等进行督促检查，推动各项工作科学有序落地。有关部门半年和年度工作进展情况应于每年6月20日、12月20日前报同级政府信息与政务公开主管部门。”

（4）监督和奖惩措施。云政办发〔2018〕35号文件规定：“各地各部门要将推进公共资源配置领域政府信息公开作为政务公开工作年度综合考评的重要内容，加大考核力度，积极引入第三方评估机制，邀请人大代表、政协委员、行政相对人、新闻媒体等，通过实地检查、调研和填写问卷等多种方式开展社会评议活动，推动工作有效开展；强化激励约束，加强考核评价结果运用，加大追究问责力度，对未按照规定要求履行公开职责的，要及时通报批评，并在年度考核中予以体现；对工作落实到位、社会满意度高的，予以通报表扬。”

2. 指导政府采购系统规范州市县工作。

在云南省政府采购管理信息系统（以下简称政采系统）流程中建立关联预警机制。若审核前公示、采购公告、结果公告、合同公告等任一流程或者采购内容、采购预算、采购结果、采购文件、合同信息等任一要素未完成信息公开，则不得进入下一环节。制作了《云南省政府采购网信息发布用户手册及动态监督预警规程》并上传至云南省政府采购网“办事指南”栏目，指导各级财政部门、采购单位、采购代理机构等做好政府采购信息公开工作。组织线上培训指导州市县工作，如重点培训了财政部《政府采购公告和公示信息格式规范(2020年版)》，讲解《云南省财政厅关于进一步规范政府采购信息公开工作的通知》，指导各地迎接和配合好每年政府采购透明度评估工作。

（二）指定媒体监管工作

云财采〔2020〕19号文件规定：“指定发布媒体”。云南省政府采购网（中国政府采购网云南分网，网址www.yngp.com、www.ccgp－yunnan.gov.cn）

是云南省政府采购信息发布的指定媒体并提出了以下具体要求。

1. 免费发布查阅信息。

云财采〔2020〕19号文件规定："云南省政府采购网无偿提供即时的信息发布功能和方便的信息查询服务。"云南省政府采购网不存在收取或变相收取信息发布费用的情况，不存在任何形式的收取信息查阅费用的情况。

2. 即时准确发布信息。

云财采〔2020〕19号文件规定："云南省政府采购网无偿提供即时的信息发布功能"。采购人在云南省政府采购网发布信息时，提交即发布；采购代理机构发布信息的，采购人在政采系统中审核通过即发布。云南省政府采购网不存在无正当理由拒绝发布、延迟发布信息的情况。

3. 严格信息删除更改。

云南省政府采购网不对采购人、采购代理机构、州市县财政部门等开放信息删改权限。相关信息发布主体不得擅自删除、更改已发布信息；需要澄清、更正的，可以发布澄清、更正公告。涉及国家秘密、商业秘密等特殊情况确有必要撤销信息的，采购人需填写《云南省政府采购网项目数据查询及维护申请单》（可在云南省政府采购网"办事指南"栏目查看）向省财政厅提出申请，省财政厅政府采购管理处经六岗审核后方可撤销信息。云南省政府采购网不存在擅自删除或修改的功能机制，省财政厅不存在擅自删除或修改政府采购信息的情况。

（三）安全防护措施和内控制度

1. 信息安全管理制度。

省财政厅制定了《云南省政府采购管理信息系统内部管理规范》，并设计《云南省政府采购网信息发布审批单》，在省财政厅政府采购管理处内部严格执行信息发布的五岗审核制；制定了《云南省政府采购网信息发布安全管理制度》（可在云南省政府采购网"办事指南"栏目查看），强化采购人、代理机构信息发布安全责任；约束发布主体权限，采购项目信息由采购人或者其委托的采购代理机构（含集采机构）负责发布，且采购人应对其委托发布的信息进行审核确认；监管信息及政府采购制度规定由县级以上财政部门负责发布；部门集中采购目录、面向中小企业预留项目执行情况，由主管预算单位负责发布；政府采购预决算信息由预决算编制部门（单位）负责发布；电子卖场供应商征集公告，由集中采购代理机构负责发布。上述权限约束通过政采系统相应功能实现。采购单位、采购代理机构发布政府采购项目信息，应关联政采系统的采购实施计划。在政采系统中，未编报采购计划的，不能发布项目信息；采购代理机构发布信息的，需要采购人审核确认。涉密政府采购项目和非政府采购项目的有关信息不得通过云南省政府采购网发布。不得发布涉及国家秘密、商业秘密、个人隐私和依法不予公开的其他信息。省财政厅财政数据网络中心和政府采购管理处不定期进行信息安全检查、检测，重点是检测涉密事项、敏感信息、安全漏洞等。

2. 身份核验机制。

各级财政部门信息发布账号由省财政厅按区划及角色权限分配。采购人账号设立需要填写《云南省政府采购网采购单位账号新增及维护申请单》；根据《云南省财政厅关于进一步做好省级政府采购预算一体化管理的通知》（云财采〔2020〕6 号），还需要与地方预算标准化平台的预算单位账号相匹配。根据《云南省财政厅关于加强主管预算单位政采系统账号管理的通知》（云财采〔2020〕12 号），省财政厅设定了主管预算单位审核账号，严格区分主管预算单位和采购单位经办人权限。根据《云南省财政厅关于转发财政部做好政府采购代理机构名录登记有关工作的通知》（云财采〔2018〕7 号），省财政厅为采购代理机构新建账号需要核对中国政府采购网登记信息。新建集采机构账号需要提交编制机构有关文件，并经当地财政部门签章确认。

3. 严格密码核验。

云财采〔2020〕19 号文件规定：信息发布主体应建立健全政府采购信息公开内控管理制度，明确岗位权限和责任，不得将云南省政府采购网账号、密码等泄露给他人。省财政厅对云南省政府采购网设置强密码策略，即密码需要由 8 位以上的数字及大小写字母共同组成，且 100 天内强制更新。云南制定了《云南省政府采购网密码重置申请单》，严格管控云南省政府采购网密码重置申请、审核流程。

（四）强化信息发布机制

1. 指定媒体监管。

云财采〔2020〕19 号文件规定：云南省政府采购网（中国政府采购网云南分网，网址 www. yngp. com、www. ccgp - yunnan. gov. cn）是云南省政府采购信息发布的指定媒体。云南省政府采购项目信息和监管信息应在云南省政府采购网发布。云政办发〔2018〕35号文件规定："依法应当公开的各类公共资源交易公告、资格审查结果、交易过程信息、成交信息、履约信息以及有关变更信息等，在依法指定媒介发布后，与全国公共资源交易平台（云南省）实现信息共享"并依法指定媒介发布。

2. 关联预警机制。

未在云南省政府采购网发布政府采购信息的，无法完成专家抽取、结果公开、合同备案等后续流程。按照《财政部关于印发〈预算管理一体化规范（试行）〉的通知》（财办〔2020〕13号）的要求，完成了政采系统与地方预算标准化平台、国库支付系统之间的衔接。预算系统以采购公告发布认定采购活动开始，以合同信息发布认定采购活动结束，采购活动结束后，采购单位方可在国库支付系统中申请支付。云财采〔2020〕19号文件规定：预算金额在500万元以上的政府采购项目信息，云南省政府采购网通过数据接口同步推送至中国政府采购网中央主网。

3. 全流程在线管理。

根据《云南省财政厅关于全省部署应用云南省政府采购管理信息系统的通知》（云财采〔2019〕1号），政采系统已在全省全面上线使用，实现了省州市县各级政府采购项目计划备案、信息公开、专家抽取、合同备案等全流程在线管理。同时，在云南省政府采购网下建立了全省16个州（市）的政府采购信息公开展示页面，专门展示本州（市）及所属县（市、区）的政府采购项目信息。通过政采系统将政府采购计划关联和预警功能部署到各州（市）、县（市、区）。州市县政府采购项目，未在云南省政府采购网规范、完整发布信息的，不能完成政府采购活动、合同备案和资金支付。

（五）加强监管考核工作指导

1. 严格按规定发布采购信息。

云财采〔2020〕19号文件规定：各信息发布主体应根据政府采购信息类别在云南省政府采购网相应栏目发布信息，其中采购信息栏目发布政府采购项目信息。严格执行财政部《政府采购公告和公示信息格式规范》，其中格式规范中的"其他补充事宜"应是格式规范未明确、但依法依规确需公开的内容。严格执行政府采购法律法规有关信息公开的时限要求，按日计算期间的，从发布次日开始计算；按工作日计算期间的，从发布下一个工作日开始计算；期限的最后一日是国家法定节假日的，顺延到节假日后的次日为期限的最后一日。将政府采购信息发布的内容、格式、时限等要求设计进政采系统的信息发布流程中，不符合法律法规规定的不得发布，从而实现标准化、自动化的信息发布事前校验。

2. 规范信息发布责任。

设置了信息发布有关要求的提示，提醒和指导采购人、采购代理机构规范发布信息。《云南省政府采购网信息发布用户手册及动态监督预警规程》，从信息发布、审核及监督预警等三个方面，具体指导采购人、采购代理机构规范发布政府采购信息。《云南省政府采购网信息发布安全管理制度》，强化采购人、代理机构信息发布安全责任。2020 年 4 月在线培训政府采购信息发布格式规范；2020 年 9 月在线培训云财采〔2020〕19 号文件要点。

（六）强化监督检查和动态监管

1. 采购人、社会代理机构监督检查。

云财采〔2020〕19 号文件规定："将政府采购信息公开情况作为对采购人、社会代理机构监督检查和集中采购机构考核的重点内容，加大监督检查力度，完善监督检查及考核指标体系，强化财政部第三方透明度评价结果的运用，对监督检查中发现的信息公开违法违规行为依法追究责任。"《云南省关于优化省级政府采购管理流程加强事中事后监督的通知》（云财采〔2018〕5 号）规定：对政府采购项目的采购活动合法合规性开展常规检查，"检查内容包括但不限于以下情况：在云南省政府采购网发布采购公告的情况，单一来源采购项目提供单一来源采购审核前公示；在云南省政府采购网发布中标或成交结果公告的情况；在云南省政府采购网发布采购文件和采购合同公告情况"。云政办发〔2018〕35 号文件规定："各地各部门要采取日常监督、重点抽查、半年检查和年度考核等方式，定期对公共资源配置领域政府信息公开情况、公开时效、交易平台掌握信息报送和公开情况等进行督促检查，推动各项工作科学有序落地。有关部门半年和年度工作进展情况应于每年 6 月 20 日、12 月 20 日前报同级政府信息与政务公开主管部门。"

2. 集采机构检查考核。

云财采〔2019〕14 号明确"省级财政部门检查范围包括省级集采机构和其

他政府采购代理机构代理的省级政府采购项目”，并将“信息公开”作为重点检查内容。制定《2019年集中采购机构考核评分表》，检查内容及权重包括：采购执行（30%）、内控制度建设（15%）、职业素质和专业技能（10%）、基础工作（15%）、节约资金（5%）、服务质量（15%）、廉洁自律（10%）。

3. 加强动态监管。

将政府采购项目全流程信息公开纳入动态监管范围。如前所述，运用政采系统对政府采购项目全流程信息公开实施动态监管。在政采系统中，审核前公示、采购公告、结果公告、合同公告等任一流程，以及采购内容、采购预算、采购结果、采购文件、合同信息等任一要素未完成信息公开，不得进入下一流程，无法完成采购活动、合同备案和资金支付。对未完成合同备案的项目，提示财政部门重点关注。省财政厅2017年底对政采系统进行了全面升级开发，完善了信息公开子系统和监督预警功能，已经实现了对省级政府采购项目全流程信息公开的动态监督。州市级政府采购项目动态监督。2019年7月，全省16个州（市）本级财政部门已经全部上线使用政采系统，实现了政府采购项目全流程动态监管。2020年8月，进一步完成州市县政府采购计划关联和预警功能，具体包括：流程预警（信息公开环节缺失的，不得进入下一环节，并提示财政部门重点关注未完成合同备案的项目），时限预警（发布时限不符合规定的，不得发布），格式预警（不符合格式规范的，不得发布），内容预警（存在敏感信息的，不得发布），以上动态监督机制参见《云南省政府采购网信息发布用户手册及动态监督预警规程》。

二、平台建设情况

（一）网站访问与信息推送

1. 网站访问。

中国政府采购网云南分网暨云南省政府采购网，使用了财政部指定域名www. ccgp - yunnan. gov. cn，可兼容IE、360、谷歌、火狐、QQ、百度、搜狗、2345等多种浏览器访问，并支持手机浏览器访问。除为防控信息安全风险而在节假日期间进行安全防护和系统升级以外，云南省政府采购网24小时均可正常访问，未发生因整改等原因临时下线的情况。

2. 信息推送。

州县级政府采购项目全部在云南省政府采购网发布政府采购项目信息，包括单一来源审核前公示、进口产品审核前公示、采购公告、成交结果公告、合同公告等。云财采〔2020〕19 号文件规定：预算金额在 500 万元以上的政府采购项目信息，云南省政府采购网通过数据接口同步推送至中国政府采购网中央主网，且以在中国政府采购网中央主网发布的信息为准。据统计，2019 年 9 月 1 日至 2020 年 6 月 30 日期间，云南省政府采购网共向中央主网推送全省 500 万元以上的政府采购项目 205 个。

（二）网站建设

1. 网站栏目完善。

云南省政府采购网具有“政策法规”“采购信息”“监督管理”等栏目，其中“监督管理”（监督公告）栏目包含投诉处理、监督检查及行政处罚等公告信息，所有栏目均及时更新并均可正常访问。网站信息搜索功能完备，支持全省政府采购项目标题、项目编号、采购单位名称、发布时间、区划、类别等 6 个要素的模糊搜索，文件可正常下载。与公共资源交易平台互联互通。公共资源交易信息在依法指定媒介发布后，与全国公共资源交易平台（云南省）实现信息共享。省财政厅通过系统对接方式，在云南省政府采购网和省公共资源交易平台间建立了数据交换机制，实现了全省政府采购网政府采购交易信息向省公共资源交易平台的同步推送、进场交易项目公告公示信息集中公开。

2. 平台制度建设。

制定《云南省政府采购管理信息系统内部管理规范》，强化政采系统暨云南省政府采购网内部管理。制订《云南省政府采购网信息发布用户手册及动态监督预警规程》《云南省政府采购网信息发布安全管理制度》，指导采购人、代理机构信息发布操作，强化采购人、代理机构信息发布安全责任。根据《财政部办公厅关于印发〈政府采购公告和公示信息格式规范（2020 年版）〉的通知》的要求，全面上线使用新的政府采购信息发布格式，政府采购发布的采购公告和合同公告完全符合财政部信息网络中心提供的数据接口规范。政府采购系统设置了固定搭配、常用短语等文字错误或者敏感信息的文字校验机制，不通过文字校验的不得发布，确需发布的需报财政部门审核。

同时，委托采购代理机构发布的政府采购项目信息，均需经采购人在线审核后方予发布。

三、信息公开建设情况

在政府采购项目信息方面，各级采购单位按照政府采购法律法规政策规定和云南省政府采购网的具体要求，在云南省政府采购网公开采购项目信息。

（一）监管处罚信息公开

1. 投诉、监督检查处理决定公告。

云南省政府采购投诉处理决定、监督检查处理决定、集中采购机构考核结果和行政处罚决定等均在云南省政府采购网发布公告，违法失信行为记录在中国政府采购网中央主网发布。例如，2019 年 9 月 1 日至 2020 年 6 月 30 日期间，云南省各级财政部门共作出并在云南省政府采购网“监督管理”（监督公告）栏目发布投诉处理决定公告 103 条、监督检查处理决定公告 81 条。公告内容包括相关当事人名称及地址、所涉项目名称、投诉或监督检查主要事项、处理依据、处理结果、执法机关名称、公告日期等要素，公告时间符合相关要求。

2. 集中采购机构考核结果公告。

云南省省级集中采购机构考核结果公告内容包括：集中采购代理机构名称、考核项目、考核方法、存在问题、考核结果、考核单位等。公告时间为完成报审程序的当天。

3. 违法失信行为记录信息。

例如，2019 年 9 月 1 日至 2020 年 6 月 30 日期间，云南省各级财政部门共产生政府采购严重违法失信行为记录公告 4 条，均已在中国政府采购网中央主网的“严重违法失信行为信息发布平台”发布，并在云南省政府采购网“违法失信行为”专栏建立链接。公告内容包括当事人名称、具体情形、处理依据、处理结果、处理日期、执法机关名称等。

（二）政府采购信息公开

1. 集中发布相关政策文件、代理机构信息。

云南省政府采购网“政策法规”栏目集中统一发布省政府和省财政厅印

发的相关文件，如《云南省人民政府办公厅关于印发云南省2020年政府集中采购目录及标准的通知》（云政办函〔2020〕25号）、《云南省财政厅关于促进政府采购公平竞争优化营商环境的实施意见》（云财规〔2019〕5号）等。集中统一发布集中采购目录及标准，如《云南省人民政府办公厅关于印发云南省2020年政府集中采购目录及标准的通知》（云政办函〔2020〕25号）及其解读材料，通知内容包括集中采购目录、采购限额标准、公开招标数额标准等。集中统一发布采购代理机构信息，如《云南省财政厅关于转发财政部做好政府采购代理机构名录登记有关工作的通知》（云财采〔2018〕7号）。

2. 财政部门公布投诉受理方式。

根据《政府采购质疑和投诉办法》（财政部令第94号）第七条的规定，云南省各级财政部门已全部在云南省政府采购网的“相关机构”（监管机构）栏目公布了监管机构名称、统一社会信用代码、受理投诉的具体部门、联系电话、通讯地址、受理方式等信息。

3. 支持中小企业情况。

根据部门决算公开的规定，政府采购授予中小企业合同金额应随部门决算一并公开。为确保政府采购统计数据与部门决算数据相一致，省财政厅在云南省政府采购网“面向中小企业”专栏建立了与云南省财政厅门户网站“部门决算”页面的链接，展示“授予中小企业合同金额”情况。

四、“互联网+”政府采购建设

（一）电子化政府采购平台建设

全省上线使用政采系统，实现了省州市县各级政府采购项目计划备案、信息公开、专家抽取、合同备案等全流程在线管理。公开招标数额标准以上的政府采购项目通过省公共资源交易平台电子化交易，实现在线发布采购公告、免费获取采购文件、提交采购（响应）文件、电子开标、电子评审、合同签订等功能。详见《云南省公共资源交易平台政府采购项目电子交易实施细则（试行）》。按照《财政部关于印发〈预算管理一体化规范（试行）〉的通知》（财办〔2020〕13号）的要求，完成了政采系统与地方预算标准化平台、国库支付系统之间的衔接。

（二）电子卖场建设

采用依托政采云平台部署政府采购电子卖场，探索网上超市、电子反拍（反向竞价）、在线询价等交易模式，实现了小额、零星的通用类货物、服务采购在线交易，有效提高了采购效率，降低了交易成本，详见《云南省财政厅关于省级预算单位在政采云电子卖场试行在线询价采购的通知》（云财采〔2019〕3号）、《云南省财政厅关于省级预算单位在政采云电子卖场试行电子反拍和网上超市采购的通知》（云财采〔2019〕7号）和《云南省财政厅关于调整云南省省级政采云电子卖场商品目录的通知》（云财采〔2020〕10号）。在政采云平台和云南省政府采购网“电子卖场”栏目同步公开电子卖场交易信息，包括反向竞价公告、在线询价公告和成交结果公告。

第二节　政府采购信息公开经验

一、加强信息公开制度建设

制定《云南省政府采购网信息发布用户手册及动态监督预警规程》，从信息发布、审核及监督预警等三个方面，具体指导采购人、采购代理机构规范发布政府采购信息。强化信息化监管手段，全面实现州市县政府采购计划关联和预警。实现省州市县各级政府采购项目计划备案、信息公开、专家抽取、合同备案等全流程在线管理。印发《关于进一步规范政府采购信息公开工作的通知》（云财采〔2020〕19号，以下简称《通知》），云南省政府采购信息，包括依照政府采购有关法律法规和制度规定应予公开的云南省政府采购项目信息、监管信息，以及其他政府采购信息。政府采购信息公开遵循“谁实施、谁公开，谁制作、谁公开”的原则，从栏目设置、格式要求、时限要求、发布限制等方面详细规定了政府采购信息的发布要求。印发《云南省关于优化省级政府采购管理流程加强事中事后监督的通知》（云财采〔2018〕5号，附件18）规定：对政府采购项目的采购活动合法合规性开展常规检查，“检查内容包括但不限于以下情况：一是在云南省政府采购网发布采购公告的情况，单一来源采购项目提供单一来源采购审核前公示；二是在云南省政府采购网发布中标或成交结果公告的情况；三是在云南省政府采购网发布采购文件和采购合同公告情况”。

二、完善政府采购信息公开体制机制

健全信息发布预警机制。其具体包括：流程预警（信息公开环节缺失的，不得进入下一环节，并提示财政部门重点关注未完成合同备案的项目），时限预警（发布时限不符合规定的，不得发布），格式预警（不符合格式规范的，不得发布），内容预警（存在敏感信息的，不得发布）。政采系统流程中建立采购计划关联和预警功能，未在云南省政府采购网规范、完整发布信息的项目，不能完成政府采购活动、合同备案和资金支付。完善全链条搜索机制，在首页搜索采购项目时可显示该项目全部相关信息，包括单一来源审核前公示、进口产品审核前公示、采购公告、结果公告、合同公告等。后置环节的公告信息可链接查看前置环节的公告、公示信息，合同公告链接查看全部环节的信息。

参考文献

［1］白志远．当前政府采购信息披露中的问题及原因探讨［J］．财政与发展，2007（02）：28－31.

［2］包兴荣．试论信息公开与公民行政参与［J］．中共宁波市委党校学报，2006（05）：35－39.

［3］鲍绍坤．社会组织及其法制化研究［J］．中国法学，2017（01）：5－16.

［4］财政部科研所课题组．政府购买公共服务的理论与边界分析［J］．财政研究，2014（03）：2－11.

［5］陈都，陈志勇．中国地方政府财政汲取能力影响因素的实证研究——基于2003－2013年省级面板数据的实证分析［J］．湖北社会科学，2016.

［6］陈红．政府信息公开化进程中非政府组织角色分析［J］．浙江工业大学学报（社科版），2007.

［7］邓庆．WTO框架下政府采购透明化的发展与我国对策［J］．特区经济，2008（05）：208－210.

［8］翟峰．论政府采购公共信息公开化与法制化［J］．四川行政学院学报，2013（01）.

［9］翟峰．论政府采购公共信息公开化与法制化［J］．四川行政学院学报，2013（01）：42－44.

［10］董新宇，苏竣．电子政务中政府流程重组的模式选择［J］．理论与改革，2004（04）：44－47.

［11］杜倩博．政府部门内部机构设置的组织逻辑与整合策略——基于中美差异性的比较分析［J］．中国行政管理，2018（09）：111－117.

［12］甘家武，龚旻，张鑫．财政分权对税负波动的影响：基于地区间税收竞争的视角［J］．云南财经大学学报，2017，33（03）：82－88.

［13］高红玲，余晔．试论政府采购制度建设中的信息公开［J］．中国政府采购，2008.

［14］高莹．公开透明应成为政府采购的首要原则［J］．中国政府采购，2007（04）：67－69.

［15］耿凤珠．民营经济发展与地方政府行为［J］．决策 & 信息，2009（3）：87.

［16］郭定方，杨慧芳，陈梁，周晓斌．“互联网＋政府采购”的浙江实践与思考［J］．财政科学，2019（07）：124－129.

［17］郭庆松．机构改革的系统性整体性协同性考量［J］．中共中央党校（国家行政学院）学报，2019，23（01）：21－29.

［18］韩松涛．信息自由与经济平衡发展的关系研究［J］．图书馆，2006（04）.

［19］杭正亚．政府采购透明度提高与信息公开［J］．中国政府采购，2019（03）：34－38.

［20］何增科．公民社会与第三部门研究引论［J］．马克思主义与现实，2000（01）：27－32.

［21］贺东航，孔繁斌．公共政策执行的中国经验［J］．中国社会科学，2011（05）：61－79，220－221.

［22］后向东．论我国政府信息公开制度变革中的若干重大问题［J］．行政法学研究，2017（05）.

［23］后向东．论营商环境中政务公开的地位和作用［J］．中国行政管理，2019（02）.

［24］胡凯，蔡红英，吴清．中国的政府采购促进了技术创新吗？［J］．财经研究，2013.

［25］黄江玉．澳大利亚政府采购透明度制度及经验借鉴［J］．中国政府采购，2017.

［26］季自力，王文华．美国政府采购信息化建设的历程和发展趋势［J］．招标与投标，2017.

［27］姜爱华，陆媛．政府采购信息公开：问题与对策［J］．中国财政，

2017（16）：37－40.

［28］姜爱华，滕怀凯．政府采购公开透明：现实意义与未来挑战［J］．中国政府采购，2015（04）：77－80.

［29］姜爱华，杨秉翰．我国政府采购预算透明度问题研究［J］．中央财经大学，2010.

［30］姜爱华．政府采购信息透明化：文献回顾与思考［J］．经济社会体制比较，2014（02）：257－263.

［31］姜爱华．中国政府采购制度改革：成就、挑战与对策［J］．地方财政研究，2018（04）：60－65.

［32］姜兆盼．地方政府责任清单制度研究［D］．长沙：中南林业科技大学，2018.

［33］蒋纪华．如何优化招标采购领域的营商环境［J］．中国招标，2020（12）：96－98.

［34］蒋思，张文璐，卢军强，李剑峰．基于大数据的政府采购风险防控策略探索［J］．实验技术与管理，2019，36（07）：277－281.

［35］金惠红．民营企业国际化中政府的信息服务与创新［J］．对外经贸实务，2008.

［36］金惠红．我国各地政府面向民营企业信息服务的区际比较［J］．经济论坛，2012.

［37］敬乂嘉．从购买服务到合作治理——政社合作的形态与发展［J］．中国行政管理，2014（07）：54－59.

［38］阚小兰，熊梦华．世贸组织的透明度原则与政府信息公开制度［J］．湖北社会科学，2002（10）：37－38.

［39］康珂．产业结构调整机制研究［D］．中共中央党校学报，2014.

［40］李春阁．我国政府信息公开的影响因素［J］．中共中央党校学报，2013.

［41］李广乾．论电子政务条件下的政府职能［J］．电子政务，2012（05）.

［42］李军鹏．改革开放40年：我国放管服改革的进程、经验与趋势［J］．学习与实践，2018（02）：29－36.

［43］李军鹏．十九大后深化放管服改革的目标、任务与对策［J］．行

政论坛，2018，25（02）：11－16.

［44］李军鹏．责任政府与政府问责制［M］．北京：人民出版社，2009.

［45］李清伟．论服务型政府的法治理念与制度构建［J］．中国法学，2008（02）.

［46］李善阶．应用行政学［M］．北京：中国广播电视出版社，1990.

［47］李文良等．中国政府职能转变问题报告：问题·现状·挑战·对策［M］．北京：中国发展出版社，2003.

［48］李燕凌，贺林波．公共服务视野下的政府责任法治［M］．北京：人民出版社，2015.

［49］李洋，柴中达．信息化与我国政府治理变革［J］．管理世界，2005（02）：146－147.

［50］厉以宁．中国民企的十种死亡［J］．经济管理者，2007.

［51］林钧跃．社会信用体系原理［M］．北京：中国方正出版社，2003.

［52］刘美萍．非政府组织参与腐败治理：优势、困境及出路［J］．求实，2014.

［53］刘细良，吴林生，樊娟．信息披露：政府采购腐败防治的新审视［J］．中国行政管理，2011（10）：43－47.

［54］刘晓明，谭建立，刘小勇．转移支付、政府竞争与区域经济协调——基于省级空间面板数据的实证研究［J］．经济问题，2020（09）：36－45.

［55］刘新玲，陈丽华．社会学视野下的大学生志愿服务意识与行为研究［J］．福建行政学院学报，2010（03）：41－47.

［56］刘毅，王群．“互联网＋”能够提升政府采购绩效吗——基年全国政府采购电梯数据的准实验研究［J］．现代经济探讨，2020（01）：101－107.

［57］娄成武，张国勇．治理视阈下的营商环境：内在逻辑与构建思路［J］．辽宁大学学报（哲学社会科学版），2018，46（02）：59－65，177.

［58］芦艳荣．电子化：完善政采制度的新动力［N］．政府采购信息报，2012－06－15（004）.

［59］芦艳荣．电子化政采组织结构应有统有分［J］．政府采购信息报，2012.

［60］路晓霞．法治化营商环境建设研究［M］．上海：上海人民出版社，2018.

[61] 罗春梅．适应性理论与政府采购预算信息公开［J］．财政监督，2011.

[62] 吕冰洋，李岩，李佳欣．财政资源集中与预算偏离［J］．财经问题研究，2021（01）：74－84.

[63] 吕凯波，邓淑莲．中国省级财政透明度评估（2016）［J］．上海财经大学学报，2017.

[64] 吕艳滨．公开透明是政府采购健康发展的关键［J］．紫光阁，2017.

[65] 马海涛，彭倩茜．促进我国第三产业结构性优化的财税政策研究［J］．河南财政税务高等专科学校学报，2018.

[66] 马全中．非政府组织概念再认识［J］．河南社会科学，2012.

[67] 马冉．政务营商环境研究［D］．对外经济贸易大学，2019.

[68] 麦伟．浅谈政府采购工作的信息化建设［J］．中央财经大学学报，1999（09）：55－59.

[69] 缪瑞生，马海群．法团主义视角下我国社会组织参与政府开放数据政策问题研究［J］．图书馆理论与实践，2018（02）.

[70] 缪瑞生，马海群．法团主义视角下我国社会组织参与政府开放数据政策问题研究［J］．图书馆理论与实践，2018（02）：7－9，15.

[71] 潘波，沈健．政府采购透明化进程仍会继续——“政府采购透明度议题”被搁置后的思考［J］．中国政府采购，2005.

[72] 裴育，史梦昱．我国政府采购监督现状与存在的主要问题［J］．财政监督，2017（04）：31－36.

[73] 裴育，史梦昱．我国政府采购监督现状与存在的主要问题［J］．财政监督，2017.

[74] 彭忠益．政府领导力与政府责任［M］．北京：中国社会科学出版社，2012.

[75] 乔红花．政府采购市场信息公开问题解析和对策［J］．中国政府采购，2010（06）：41－42.

[76] 秦尊文．测度我国民营经济水平对城镇化率的影响［J］．江汉论坛，2013.

[77] 宋凤轩，徐宗欣．政府采购制度现状分析与完善对策——以河北

省承德市为例［J］. 财政监督，2016（14）：51－57.

［78］苏明，贾西津，孙洁，韩俊魁. 中国政府购买公共服务研究［J］. 财政研究，2010（01）：9－17.

［79］谭建立. 论政府财政信息的透明化［J］. 财政研究，2014（02）.

［80］唐斌. 责任政府的逻辑政府道歉的伦理内涵及其效用保障［M］. 北京：中国社会科学出版社，2017.

［81］涂云新. 中央与地方财政划分的宪法治理难题［J］. 法学评论，2017，35（06）：28－43.

［82］王昌林，赵栩. 加快营造国际一流的营商环境——关于当前深化"放管服"改革、优化营商环境的一些思考［J］. 中国行政管理，2019（07）：19－20.

［83］王成栋. 政府责任论［M］. 北京：中国政法大学出版社，1999.

［84］王丛虎. 中国可持续政府采购政策执行问题及对策［J］. 北京行政学院学报，2014（02）：60－64.

［85］王和平. 责任政府建设的制度分析［M］. 海口：海南出版社，2016.

［86］王建明. 政府采购信息披露规范问题研究——基于会计信息披露的视角［J］. 财政研究，2008（10）：64－66.

［87］王建明. 政府采购信息披露规范问题研究——基于会计信息披露的视角［J］. 财政研究，2008.

［88］王名，蔡志鸿，王春婷. 社会共治：多元主体共同治理的实践探索与制度创新［J］. 中国行政管理，2014（12）：16－19.

［89］王名，刘国翰. 公民社会与治理现代化［J］. 开放时代，2014（06）：12－25，5.

［90］王名，朱晓红. 社会组织发展与社会创新［J］. 经济社会体制比较，2009（04）.

［91］王名. 走向公民社会——我国社会组织发展的历史及趋势［J］. 吉林大学社会科学学报，2009，49（03）：5－12，159.

［92］王庆. "互联网＋"背景下规制政府采购问题探析［J］. 西藏民族大学学报（哲学社会科学版），2017，38（04）：125－129.

［93］王锡锌. 以信息公开作为治理改革的最佳支点［J］. 中国法律评

论，2015（02）.

［94］王锡锌．政府信息公开制度十年：迈向治理导向的公开［J］．中国行政管理，2018（05）.

［95］王雪萍．责任政府视角下深化“放管服”改革研究［D］．泉州：华侨大学，2018.

［96］王瑛．推进政府采购信息化建设的思考［J］．中国财政，2010（23）：36－38.

［97］魏星河，陈洪生．政府责任与地方治理［M］．北京：中共中央党校出版社，2005.

［98］魏志华，林亚清，周雄．财政透明度问题研究进展［J］．经济学动态，2017（03）.

［99］温桂荣．政府采购制度中透明度原则的探讨［J］．湖南商学院学报，2001（04）：46－47.

［100］吴宇明．政府采购法之采购信息公开化研究［J］．郑州航空工业管理学院学报，2004（02）：106－109.

［101］夏义堃．民间组织促进政府信息公开与共享的国际经验借鉴［J］．图书情报工作，2013.

［102］肖北庚．我国政府采购法制之根本症结及其改造［J］．环球法律评论，2010，32（03）：30－38，17.

［103］肖北庚．与现代财政制度相适应的政府采购体制机制创新［J］．中国政府采购，2019（01）：16－17.

［104］肖鹏，阎川．中国财政透明度提升的驱动因素与路径选择研究——基于28个省份面版数据的实证分析［J］．经济社会体制比较，2013（04）.

［105］谢媛媛，杨兰蓉．政府采购电子化对寻租行为的遏制浅探［J］．经济前沿，2005（05）：52－54.

［106］辛兵海，张晓云，陶江．资源依赖、政府透明度和经济增长［J］．经济与管理研究，2015.

［107］熊淑君．构建公开透明的政府采购竞争平台［J］．中国政府采购，2012.

［108］许光建，卢倩倩，许坤．破解政策执行困境：基于多任务委托代

理模型［J］. 行政管理改革，2020（09）：48－59.

［109］许小玲，马贵侠. 社会组织培育：动因、困境及前瞻［J］. 理论与改革，2013（05）：39－43.

［110］阳军. 政府信息公开驱动力研究［J］. 中共福建省委党校学报，2019（02）.

［111］尹音频. 政府采购监督机制：实现公开、公平、高效采购的制度基础［J］. 财政监督，2011.

［112］尤根·哈贝马斯. 公共领域的结构转型［M］. 上海：学林出版社，2004：2.

［113］余晔. 电子化政府采购［J］. 中国政府采购，2009.

［114］俞可平. 改善我国公民社会制度环境的若干思考［J］. 当代世界与社会主义，2006（01）：4－10.

［115］俞可平. 中国公民社会：概念、分类与制度环境［J］. 中国社会科学，2006（01）：109－122，207－208.

［116］郁建兴，周俊. 中国公民社会研究的新进展［J］. 马克思主义与现实，2006（03）.

［117］张成福. 电子化政府：发展及其前景［J］. 中国人民大学学报，2000（03）：4－12.

［118］张菁. 印度信息权利法与信息监督机制［J］. 情报杂志，2009.

［119］张克. 省级机构设置自主权的实践路径与理论逻辑——以新一轮地方机构改革为中心的考察［J］. 中国行政管理，2019（10）：33－38.

［120］张明垚. 央地视域下政策执行异化分析——基于京津冀及周边地区"煤改气（电）"政策的实证研究［J］. 中南财经政法大学研究生学报，2019（04）：88－94.

［121］张鸣. 委托代理视域下政府信息公开影响因素研究——基于中国省级面板数据的实证分析［J］. 中共杭州市委党校学报，2015（02）：32－38.

［122］张蕊，朱建军. 官员政治激励与地方财政透明度——基于中国省级面板数据的经验分析［J］. 当代财经，2016（01）.

［123］张三保，康璧成，张志学. 中国省份营商环境评估：指标体系与量化分析［J］. 经济管理，2020，42（04）.

［124］赵丹. 我国第三产业内部结构的优化研究［M］. 大连海事大

学，2013.

[125] 郑志龙. 政府信息化的功能分析 [J]. 中国行政管理，2003 (10)：39 - 41.

[126] 郅力. 我国政府采购监督现状与存在的主要问题探析 [J]. 中国国际财经（中英文），2018 (07)：188 - 189.

[127] 中国政策研究网编辑组. 放管服改革与优化营商环境 [M]. 北京：中国言实出版社，2019.

[128] 周平录，邢小强. 中国式分权下的区域创新绩效研究——基于资源获取与资源配置视角的分析 [J]. 技术经济，2019，38 (09)：97 - 104，137.

[129] 朱兵强. 公众参与国家治理的实效性 [J]. 电子政务，2015 (09).

[130] 朱晓峰，程琳，陆敬筠，潘芳. 微政务信息公开信号博弈研究——基于转移支付的视角 [J]. 情报理论与实践，2017，40 (12)：107 - 111.

[131] 朱奕蓉. 政府采购电子化的法律规制研究 [D]. 西南政法大学，2016.

[132] Adair，Dennis. Bridging the digital divide：Pro - viding essential communication. Design Engineering [J]. 2003，49 (6)：14 - 15.

[133] Arrowsmith，S. Transparency in Government Procurement：The Objectives of Regulation and the Boundaries of the World Trade Organisation [J]. Journal of World Trade. 2003，63 (1)：66 - 73.

[134] Balsevich A，Pivovarova S，Podkolzina E. Information Transparency in Public Procurement：How it Works in Russian Regions [J]. HSE Working papers，2011.

[135] Boehm，Frédéri&Juanita Olaya. Corruption in Public Contracting Auctions：The Role of Trans - parency in Bidding Processes [J]. Annals of Public and Cooperative Economics，2006，77 (3)：43 - 52.

[136] Carmen Dobrin，Marius Cioca. Management Of Agility Process For Surviving In The Competitive Business Environment [J]. Balkan Region Conference on Engineering and Business Education，2014，1，(1).

[137] Chen Xiangyang. Measurements and Legislation Suggestions for Coping with Trade Protectionism under the WTO Mechanism：From the Aspect of Government Procurement [J]. Canadian Social Science. 2013 (5)：98 - 104.

[138] Clara Kabwela Kademaunga, Jackson Phiri. Factors Affecting Successful Implementation of Electronic Procurement in Government Institutions Based on the Technology Acceptance Model [J]. Open Journal of Business and Management, 2019, 07 (04).

[139] Decentralised public Spending [J]. OECD Journal on Budgeting, 2006, 5 (4): 111 - 158.

[140] Deighton - Smith R. Regulatory Transparency in OECD Countries: Overview, Trends and Challenges [J]. Australian Journal of Public Administration, 2004, 63 (1): 66 - 73.

[141] Dimba · M. Preparing to Implement Access to Information [J]. Newsletter Issue, 2012.

[142] Evenett S J, Hoekman B M. Government procurement: market access, transparency, and multilateral trade rules [J]. European Journal of Political Economy, 2005, 21 (1): 163 - 183.

[143] Everitt B, s. and Howell D. C. Encyclopedia of Statistics in Behavioral Science [C]. New York: Wi ley, 2005.

[144] Frederick W Stoss. Technical Reports and Government Information [J]. Information Resources inToxicology, 2009 (4): 591 - 605.

[145] Gibson Bertot, McClure CR. Emerging role of publiclibrarians as e - government providers [J]. Proceedings of the 42nd Hawaii International Conference on System Sciences. 2012.

[146] H · Darbishire. Proactive Transparency: The future of the right to information [M]. 2010.

[147] Hehui Jin, Yingyi Qian, Barry R. Weingast. Regional decentralization and fiscal incentives: Federalism, Chinese style [J]. Journal of Public Economics, 2004, 89 (9).

[148] Herbert N F. Freedom of information and the right to know - The origins and applications of information act [M]. 2013.

[149] Hines, James R, and Richard H, Whaler. The Flypaper Effect [J], Journal of Economic Perspectives, 1995, 9 (4): 176 - 191.

[150] Jennifer Shkabatur. Transparency With Accountability: Open Govern-

ment in the United States [J]. Yale Law & Policy Review, 2012 (31): 79 – 140.

[151] Jonathan D Breul. Practitioner's Perspective—Improving Sourcing Decisions [J]. Public Administration Review. 2010 (70): 193 – 200.

[152] Joseph Mpeera Ntayi, Pascal Ngoboka and Cornelia Sabiiti Kakooza. Moral Schemas and Corruption in Ugandan Public Procurement [J]. Journal of Business Ethics. 2013 (3): 417 – 436.

[153] Khorana S, Ferguson – Boucher K, Kerr W A. Governance Issues in the EU's e – Procurement Framework [J]. JCMS: Journal of Common Market Studies, 2015, 53 (2): 292 – 310.

[154] Kubicek H. Freedom of information as e – government serviceconsiderations on the effectiveness of recent reforms [J]. Computer Science. 2012.

[155] Lawrence EM Oliva: 21st century Challenges to Sharing Information. Information Resources Management Journal [J]. Hershey, 2005 (3): 61 – 66.

[156] Lee J, Oh KT, Kwon H Y. Striving for transparency and efficiency in e – Government: Procurement reform throuqh e – procurement [C]. Proceedings of the 2nd International Conference on Theory and Practice of Electronic Governance, ICEGOV 2008, Cairo, Egypt, December 1 – 4, 2008. DBLP, 2008.

[157] Magrini P. Transparency in Public e – Procurement: The Italian Perspective [J]. OECD Papers, 2005, volume 5 (10): 72 – 116 (45).

[158] Mendel · T. Thoughts from the panel. Freedom of information: Right to know. [EB / OL]. 2012.

[159] Neupane A, Soar J, Vaidya K. Evaluating the Anti – Corruption Capabilities of Public e – Procurement in a Developing Country [J]. The Electronic Journal of Information Systems in Developing Countries, 2012, 55 (1): 1 – 17.

[160] Ohashi, Hiroshi. "Effects of Transparency in Procurement Practices on Government Expenditure: A Case Study of Municipal Public Works" Review of Industrial Organization [J]. 2009, 35: 267 – 285.

[161] Olaya J, Frédéric Boehm. Corruption in public contracting auctions: The role of transparency in bidding processes [J]. Annals of Public and Cooperative Economics, 2006, 77 (4): 431 – 452.

[162] Oseiafoakwa K. How Relevant is the Principle of Transparency in Pub-

lic Procurement? [J]. Social Science Electronic Publishing, 2014.

[163] Panda D P, Sahu GP, Gupta P. Promoting Transparency and Efficiency in Public Procurement: E – Procurement Initiatives by Government of India [J]. Social Science Electronic Publishing. 2010.

[164] Piotrowski S J, Ryzin GGV. Citizen attitudes toward transparency in local governmen [J]. The American Review of Public Administration, 2007, 37 (3): 306 – 323.

[165] Puddephatt A. Exploring the role of civil society in the formulationand adoption of access to information laws: The cases of Bulgaria, India, Mexico, South Africa, and the United Kingdom. [EB / OL]. 2012.

[166] Richard sole. The Information architecture for website design – an empirical study of B to C Ecommerce websites in China [J]. Semantic Technologies For E – Government, 2010 (5): 223 – 240.

[167] Rohana Othman, Husein Zakaria, Norlaili Nordin, Zamzam Shahidan, Kamaruzaman Jusoff. The Malaysian Public Procurements Prevalent System and its Weaknesses [J] American Journal of Economics and Business Administration, 2010, 2 (1).

[168] Salamon. The Emerging Nonpro – fitSector: An Overview [M]. Manchester: Manchester U – niversity Press, 1995: 1 – 10.

[169] Schooner S L, Gordon D I, Wherry J L. Public Procurement Systems: Unpacking Stakeholder Aspirations and Expectations [J]. Social Science Electronic Publishing. 2008.

[170] Seyram Avle, Omolade Adunbi. Whose Freedom? Which information? —Discourses on Freedom of Information policies [J]. Journal of Information Policy. 2015 (5): 179.

[171] Sol, Del D A. The institutional, economic and social determinants of local government transparency [J]. Journal of Economic Policy Reform, 2013, 16 (1): 90 – 107.

[172] Stakeholder Aspirations and Expectations [J]. Social Science Electronic Publishing. 2008.

[173] Strickland, Lee S. Civil liberties vs. intelligence collection: The secret

Foreign Intelligence Surveillance Act court speaks in public [J]. Government Information Quarterly, Vol. 20 Iss. 1, 2003 (2): 1 – 12.

[174] T. S Liao, M. T Wang, H. P Tserng. A framework of electronic tendering for government procurement: a lesson learned in Taiwan [J] Automation in Construction, 2002, 11 (6).

[175] Tashfeen Ahmad, Ruba Aljafari, Viswanath Venkatesh. The Government of Jamaica's electronic procurement system: experiences and lessons learned [J]. Internet Research, 2019, 17 (1).

[176] Terry Cooper. The Responsible Administrator: An Approach to Ethics for Administrative Role [M]. San Francisco: Jossey – Bass, 2006.

[177] Watermayer R. Transparency in Government Procurement: Issues of Concern and Interest to Developing Countries. Journal of World Trade [J]. 2001, 35 (4): 485 – 515.

[178] Xiangyang CHEN. Measurements and Legislation Suggestions for Coping With Trade Protectionism Under the WTO Mechanism: From the Aspect of Government Procurement [J]. Canadian Social Science, 2013, 9 (5).

后　记

如何提高财政资金的使用效果，有效遏制政府采购领域的腐败现象，成为人们普遍关注的焦点问题。阳光是最好的防腐剂，透明化政府采购是服务型政府建设的基本要求。作为财政支出管理“三驾马车”之一的政府采购，是保证财政执行准确性、高效性的基本环节。公开透明是政府采购管理制度的重要原则。做好政府采购信息公开工作，既是全面深化改革、建立现代财政制度的必然要求，也是加强改进社会监督，提升政府公信力的重要举措，对于规范政府采购行为，维护政府采购活动的公开、公平和公正具有重要意义。《中华人民共和国预算法》《中华人民共和国政府采购法实施条例》和《党政机关厉行节约反对浪费条例》从不同层面和角度提出了提高政府采购透明度、推进信息公开、加强社会监督的新要求，并确定了政府采购全过程信息公开的目标导向。

进入新时代以来，财政部为深入贯彻落实党的十八大、十九大历届全会有关推进国家治理体系与治理能力现代化精神，按照建立健全全面规范透明、标准科学、约束有力的预算制度和深化财税体制改革、深化政府采购制度改革方案，持续推进政府采购信息公开工作，财库〔2015〕135 号、财库〔2017〕86 号文要求依法做好政府采购信息公开工作，高度重视并充分认识政府采购信息公开工作的重要性和紧迫性，认真做好政府采购信息公开工作，将政府采购活动置于阳光之下，管好“乱伸的权力之手”。

政府采购透明度是评价财政执行准确性、高效性的重要标准，它要求凡是有关政府采购的法规、规章、政策和采购活动等各种信息和环节，除涉及国家机密和商业秘密外，都要向社会公众公开并保证社会公众能及时获知。受财政部委托，江西财经大学财税与公共管理学院组建了以首席教授匡小平为组长、吴军民教授为副组长的评估团队，在 2017～2020 年对全国 37 个省、自治区、直辖市、计划单列市和新疆生产建设兵团的政府采购信息公开工作进行了量化评估，本书正是这一评估的阶段性成果。本书是团队合作的成果，全书由匡小平教授统筹、吴军民教授组织实施并撰写了部分章节，参加本书撰写的人还有李丹妃（第一章）、余丽敏（第二章）、郭雨欣（第三章）、李辉（第八章）、廖赖艳（第九章）、伍沿树（第十章）、熊高鹏（第十一章）等人，胡善胤、万徐、许梦玲、温琪、程融等硕士研究生参加了一些章节的校稿工作，在此一并向他们表示感谢。

作者

2022 年 12 月